ÉTUDE
SUR LA
PHILOSOPHIE
EN FRANCE AU XIXᵉ SIÈCLE

LE SOCIALISME
LE NATURALISME ET LE POSITIVISME

PAR

M. FERRAZ

PROFESSEUR DE PHILOSOPHIE A LA FACULTÉ DES LETTRES DE LYON

Saint-Simon. — Charles Fourier.
Pierre Leroux.
Jean Reynaud. — Gall. — Broussais. — Auguste Comte. — Proudhon
etc.

DEUXIÈME ÉDITION

PARIS
LIBRAIRIE ACADÉMIQUE
DIDIER ET Cⁱᵉ, LIBRAIRES-ÉDITEURS
35, QUAI DES AUGUSTINS
—
1877

Tous droits réservés

ÉTUDE

SUR LA

PHILOSOPHIE

EN FRANCE AU XIXᵉ SIÈCLE

LE SOCIALISME, LE NATURALISME ET LE POSITIVISME

OUVRAGES DU MÊME AUTEUR

PSYCHOLOGIE DE SAINT-AUGUSTIN, ouvrage couronné par l'Académie française. 2ᵉ édition, 1 vol. in-8°, chez Ernest Thorin. . . . . 7 fr

PHILOSOPHIE DU DEVOIR, ouvrage couronné par l'Académie française. 2ᵉ édition, 1 vol. in-12, chez Didier. . . . . 3 fr. 50

LYON. IMPRIMERIE PITRAT AÎNÉ, RUE GENTIL, 4.

INTRODUCTION

S'il est un sujet propre à intéresser les hommes de notre pays et de notre temps, c'est incontestablement l'histoire des idées et des faits qui se sont produits en France durant ces quatre-vingts dernières années. Les choses nous frappent, en effet, d'autant plus qu'elles nous touchent de plus près ; outre leur importance absolue qui tient à leur grandeur, elles ont une importance relative qui vient de leur proximité : comme l'ordre physique, l'ordre moral a sa perspective. Ajoutons que les personnages historiques nous attachent en raison de la ressemblance qu'ils ont avec nous : ainsi le veut la grande loi de la sympathie qui a tant d'empire sur notre nature. Or, il y a entre les hommes de la même époque, comme entre ceux de la même contrée, non-seulement similitude, mais encore, pour ainsi dire, communauté de vie. Aussi rien de ce qui concerne les uns ne reste indifférent aux autres : il nous semble qu'en nous occupant de nos contemporains, c'est de nous-mêmes que nous nous occupons.

Il est bien naturel, d'ailleurs, que des gens ballottés, comme nous le sommes, par le flot des événements, s'arrêtent de loin en loin au milieu du mouvement qui les emporte et des péripéties qu'ils traversent, pour se demander comment ils ont usé de leur volonté et de leur raison, et pour puiser dans la méditation de leur passé le plus récent les lumières qui doivent éclairer leur avenir. Quand une nation, considérée dans ses classes instruites et réfléchies, se recueille ainsi, elle fait, à proprement parler, son examen de conscience. La nôtre a fait souvent le sien, témoin tant d'histoires de la Révolution, de l'Empire et de la Restauration, qui sont dans toutes les mains et qui toutes ont trouvé des lecteurs. L'a-t-elle toujours fait avec des dispositions convenables, avec le sincère désir de discerner, dans sa conduite antérieure, le bien du mal, et avec le ferme propos de pratiquer l'un et d'éviter l'autre ? C'est une autre question ; mais enfin il est certain qu'elle a cherché à s'éclairer sur son passé.

Peut-être cependant la France s'en est-elle tenue trop exclusivement à l'étude de son passé politique et militaire, qui ébranlait vivement son imagination et qui lui apparaissait plein de bruit, de drapeaux, de fanfares, et a-t-elle été moins soucieuse de son passé philosophique, qui ne s'adressait qu'à sa raison, sous la forme d'idées abstraites plus ou moins justes et plus ou moins bien enchaînées les unes avec les autres. Et pourtant, s'il est bon qu'un peuple se connaisse par le dehors, il importe aussi qu'il se connaisse par le dedans, et qu'il constate, en même temps que les mouvements extérieurs par lesquels se manifeste sa vie, les mouvements intérieurs qui constituent sa vie même. C'est, d'ailleurs, de ces derniers que les premiers dépendent ; car la manière de penser des hommes détermine presque toujours leur manière d'agir. L'histoire de la philosophie d'un pays, c'est-à-dire celle de ses idées générales, est l'histoire de ce pays lui-même, étudiée dans ses causes profondes et, en quelque sorte, à sa source. Or, si notre philosophie contemporaine a donné lieu à un certain nombre de travaux de détail, elle n'a point encore suscité de travail d'ensemble. Nous ne comptons pas l'estimable ouvrage de M. Damiron, qui a bientôt cinquante ans de date et qui ne nous offre, pour ainsi dire, que l'avant-scène de ce siècle aussi plein de révolutions intellectuelles que de révolutions politiques, ni les fortes esquisses de M. Ravaisson et de M. Renouvier, qui ne sont ni assez développées, ni assez complètes pour qu'on puisse les regarder comme de véritables histoires [1]. Chose singulière ! nous avons une grande histoire de la philosophie allemande et une grande histoire de la philosophie italienne au dix-neuvième siècle [2], et nous n'avons pas d'histoire de la philosophie française durant le même laps de temps.

Est-ce donc la matière qui a manqué aux historiens ? Non : ce sont les historiens qui ont manqué à la matière. A quelle époque, en effet, a-t-on vu se produire des doctrines plus curieuses, plus intéressantes et plus intimement unies, par affinité ou par opposition, à ce qui donne de l'intérêt à tout le reste, à la religion et à la politique ? La vieille société mal construite et vermoulue a sombré, corps et biens, dans la tourmente révolutionnaire : clergé, noblesse, royauté, tout ce qui dirigeait la manœuvre, ou tenait le gouvernail a disparu, et c'est à peine si quelque brillante épave miroite encore à travers les ondes, *Troia gaza per undas.* Et voilà qu'aussitôt

---

[1] Ravaisson, *la Philosophie en France au dix-neuvième siècle* ; — Renouvier, *Année philosophique*, 1867, introduction.

[2] *Histoire de la philosophie allemande depuis Kant jusqu'à Hegel*, par Willm, 4 vol. in-8 ; — *Histoire de la philosophie en Italie au dix-neuvième siècle*, par M. Louis Ferri, 2 vol. in-8.

tous les esprits se mettent à l'œuvre, les uns pour refaire la société sur un nouveau plan et avec de tout autres matériaux, d'autres pour la reconstituer telle qu'elle était et avec les mêmes éléments, d'autres enfin pour la reconstruire en la modifiant suivant les données de l'expérience et les règles de la raison : c'est l'école socialiste, l'école traditionaliste et l'école rationaliste. Les deux premières semblent répondre aux aspirations des deux partis politiques extrêmes, et la troisième à celles du grand parti modéré considéré dans toutes ses nuances ; mais ce qui leur est commun à toutes les trois, c'est qu'elles se préoccupent des questions sociales, comme l'exigent les périls de la situation, plutôt que des questions de métaphysique pure et de morale désintéressée. Pour les socialistes et même pour les traditionalistes, la métaphysique et la morale sont moins un ensemble de vérités destinées à satisfaire l'esprit et à nourrir le cœur qu'un ensemble de ressorts nécessaires au fonctionnement du mécanisme social. Sous ce rapport, Saint-Simon et de Maistre, Fourier et de Bonald se donnent la main : les doctrines philosophiques leur apparaissent aux uns et aux autres moins comme vraies que comme utiles, moins comme des fins que comme des moyens. Ce caractère se retrouve, bien qu'à un moindre degré, dans l'école rationaliste elle-même : elle attaque, chez ses adversaires, non-seulement les faux principes dont ils partent et les faux raisonnements qu'ils se permettent, mais encore et surtout les funestes conséquences auxquelles ils aboutissent.

Le socialisme est à la fois une réaction contre le dix-huitième siècle et la Révolution et une continuation de cette période mémorable. Le dix huitième siècle avait été une époque d'examen, de critique et d'analyse, et le socialisme affiche presque toujours la prétention d'inaugurer une ère d'autorité, d'organisation et de synthèse ; à la méthode prudente, réservée, circonspecte jusqu'à la timidité, des sensualistes et des idéologues du temps, il substitue de hardies hypothèses, inspirées par l'imagination, l'opinion, le sentiment, mais désavouées par la sévère raison. Les spéculations religieuses et sociales de Pierre Leroux et de Jean Reynaud, de Charles Fourier et d'Auguste Comte, dans la deuxième période de son existence, sont, toutes proportions gardées, à l'idéologie de Condillac et de Destutt de Tracy, à peu près ce qu'en Allemagne le panthéisme de Schelling et de Hegel est au criticisme de Kant. Ce n'est pas seulement dans le domaine de la spéculation, mais encore dans celui de la pratique, que s'accuse l'opposition qui existe entre le socialisme de notre temps et la philosophie du siècle passé. Celle-ci, en brisant la vieille hiérarchie sociale, avait affranchi l'individu, dans l'ordre industriel comme dans l'ordre politique, et fait prédominer en tout et partout la liberté sur l'autorité ; celui-là combat l'individualisme dans l'industrie et le commerce, sous le nom de concurrence, dans la politique, sous le nom d'esprit critique ou métaphysique, et tend généralement à étouffer les forces vives de la personne humaine sous la pression d'un pouvoir sans limites comme sans contrôle.

Voilà en quoi le socialisme contemporain s'éloigne de la philosophie du dix-huitième siècle : voici en quoi il s'en rapproche. Pour organiser une société en pleine dissolution et dont tous les éléments, mœurs, idées, institutions, sont désagrégés et sans lien les uns avec les autres, il lui faut une conception d'ensemble. Or, cette conception, il ne la demande ni à la théologie qu'il dédaigne, ni au rationalisme qu'il ignore : il la cherche purement et simplement dans une synthèse des sciences, j'entends des sciences physiques et naturelles. De là le libre arbitre méconnu, le devoir nié ou défiguré (car dans le monde physique le libre arbitre et le devoir n'existent pas), et la passion proclamée l'unique loi de la vie; de là, en un mot, le *physicisme* de Saint-Simon et le positivisme d'Auguste Comte, qui ressemblent singulièrement au matérialisme de d'Holbach et de Lamettrie, et les doctrines de la réhabilitation de la chair et de l'attraction passionnelle, qui rappellent par plus d'un point la morale du plaisir naguère professée par Helvétius. Par là le socialisme se rattache au sensualisme de l'âge précédent, ou plutôt il n'est que le sensualisme lui-même, en tant qu'il ne se met plus en peine de prouver ses théories et qu'il se borne à en faire l'application.

Si le socialisme combat et continue tout ensemble le dix-huitième siècle, le traditionalisme le combat sans le continuer sur aucun point et repousse sans distinction toutes les doctrines qu'il a professées. Né dans les classes que la Révolution avait frappées et au milieu des horreurs dont elle donnait alors le spectacle, il la frappe à son tour avec violence, ainsi que la philosophie dont elle est sortie, et n'a pour elle ni indulgence ni ménagement. C'est ce dont il est facile de se convaincre en parcourant les écrits de ses principaux représentants, ceux du comte de Maistre, ceux du vicomte de Bonald et aussi ceux de l'abbé de Lamennais, qui parurent un peu plus tard. Le premier s'attaque surtout à cette opinion, si chère au dix-huitième siècle, que l'homme est bon naturellement et que c'est la société qui le déprave : il cherche à prouver qu'il est mauvais dès le sein de sa mère et qu'il veut, par conséquent, être mené avec une verge de fer. Il repousse également le principe, éminemment révolutionnaire, suivant lui, qu'une société peut être constituée par voie délibérative, et tâche d'établir qu'il en est d'une société comme d'une langue, qu'elle a, pour ainsi dire, sa végétation spontanée et qu'elle se développe d'autant mieux que la réflexion se garde avec plus de soin d'intervenir dans son développement. De là la glorification du despotisme et de l'immobilisme en matière politique.

De Bonald et Lamennais attaquent la philosophie du dix-huitième siècle et la Révolution sur d'autres points. Témoin des ravages qu'avait produits une raison individuelle déréglée et intempérante, le premier fait tous ses efforts pour la rabaisser. Il s'attache à montrer qu'elle ne peut rien, réduite à elle seule ; car les principes qu'on a souvent regardés comme étant son essence même, à savoir, les idées premières et absolues, ne peuvent éclore en elle que par une action venue du dehors : ils supposent le langage qui suppose lui-même l'intervention de la société et de Dieu. D'où il suit que, malgré cette raison dont il est si fier, l'homme tient tout de Dieu et de la société, qu'il doit s'humilier devant les représentants de l'une et devant les ministres de l'autre, en un mot, qu'il a des devoirs, mais qu'il n'a point de droits.

Lamennais porte encore plus loin que ses deux

devanciers la haine de l'esprit d'examen et de réflexion. Persuadé que c'est le principe de la souveraineté de la raison, proclamé par Descartes, qui a produit la philosophie du dix-huitième siècle, laquelle a produit à son tour la Révolution, il laisse là et la Révolution et le dix-huitième siècle, pour s'attaquer au principe cartésien, source de tout le mal. Il renouvelle contre la raison individuelle, considérée sous ses diverses formes, sens, sentiment intérieur, raisonnement, les accusations accumulées par les sceptiques de tous les temps, et, quand il est bien convaincu qu'il lui a démontré son impuissance, il la somme d'abdiquer devant la raison universelle dont l'Église universelle est la plus fidèle représentation : il fait de la philosophie la servante, ou plutôt l'esclave de la théologie. Frappé des désastres qu'avaient amenés les écarts du sens privé et l'abus de l'esprit d'innovation, il montre avec force que l'individu isolé est bien peu de chose et qu'il tire presque toute sa valeur de la société présente, où il vit, et de la société passée, qui lui a fourni les éléments de sa vie. Seulement il va trop loin dans cette voie : au lieu de se borner à coordonner l'individu et le groupe, la liberté et l'autorité, il méconnaît complétement le premier de ces deux termes et ne veut tenir compte que du second.

Tel ne fut pas le défaut de l'école rationaliste ou

libérale. Elle fit, en effet, des efforts louables, sinon toujours heureux, pour concilier les doctrines métaphysiques et sociales les plus opposées en apparence. Le dix-huitième siècle avait prétendu que toutes nos actions et toutes nos idées ont leur principe dans la sensation. Le rationalisme établit, par l'organe de Maine de Biran et en se livrant à d'ingénieuses et profondes analyses, qu'il se produit en nous des actions que la sensation ne suffit pas à expliquer et qui impliquent l'intervention d'une faculté spéciale, qui est la faculté de l'effort, la volonté libre par laquelle nous avons l'initiative de nos actes et en sommes non les simples véhicules, mais les véritables causes : à côté de la sensibilité, il rétablit en nous l'activité. Il prouva par l'organe de Victor Cousin et en s'inspirant avec plus ou moins de bonheur des travaux de Kant, qu'il y a en nous des idées que la sensation ne produit pas, mais qui s'appliquent à elle comme à la simple matière de la connaissance pour lui donner une forme, et que la science, l'art, la morale n'en sont que de simples développements : à côté de l'élément sensible et de l'élément actif, il réintégra au sein de notre nature l'élément rationnel.

Le dix-huitième siècle avait soutenu, en combattant contre l'arbitraire de l'ancien régime, que l'homme a des droits naturels, que le pouvoir social lui-même est tenu de respecter, et avait formulé cette doctrine dans la grande déclaration des droits de l'homme. Le rationalisme admet sans hésiter ce principe, qui est le fond même de la Révolution ; mais, suivant lui, si nous avons des droits, nous avons aussi des devoirs, car le droit n'est que le devoir en tant qu'il est exigible ; et, si nous avons des devoirs, nous sommes libres moralement, car si nous n'étions pas libres, nous ne serions obligés à rien. Or, le devoir et la liberté supposent la raison la volonté : par conséquent, la doctrine de la Révolution, qui se résume dans la déclaration des droits, est incompatible avec le principe sensualiste et ne peu s'accorder qu'avec le principe rationaliste. Ainsi, dans l'ordre métaphysique, le rationalisme condamne le mouvement du dix-huitième siècle ; mais, dans l'ordre politique, il le légitime en le réglant ; car, s'il reconnaît le droit, il lui donne pour limite le devoir et le rattache à tout l'ensemble de l'ordre moral.

Telle est cette école rationaliste française dont Descartes a été dans le passé le métaphysicien profond, Rousseau le politique hasardeux, et qui, après avoir été constituée tant bien que mal, sur de nouvelles bases, au commencement de ce siècle, par Maine de Biran et Royer-Collard, compte encore aujourd'hui, sous des formes diverses et avec des tendances différentes, tant de sectateurs éminents, depuis M. Ravaisson jusqu'à M. Janet, depuis M. Janet jusqu'à M. Vacherot. Elle a sans doute ses défauts comme les autres familles de penseurs ; mais elle a des qualités que les autres n'ont pas. Seule, en effet, elle reconnait à l'homme cette activité essentielle qui fait de lui une personne et par laquelle il s'arrache, suivant l'expression d'Aristote, à la nature et à la coutume, au lieu de s'abandonner mollement à leur impulsion et de suivre passivement, comme une simple chose, le torrent de l'existence ; seule elle lui attribue cette raison souveraine par laquelle il conçoit l'absolu du devoir et du droit et sans laquelle il n'y a ni dignité pour les individus ni grandeur pour les nations ; seule enfin elle peut, en sauvegardant la vie morale, maintenir à la philosophie son rang, son indépendance, son existence même, car de l'école socialiste et de l'école traditionaliste, l'une l'absorbe dans la physique, et l'autre dans la théologie.

Nous voudrions pouvoir écrire en détail l'histoire de ces trois écoles : ce serait une histoire intérieure de la France au dix-neuvième siècle, qui aurait, suivant nous, une importance capitale. Mais comme nous ne savons pas si nous réaliserons jamais une aussi grande entreprise, nous offrons, en attendant, au public un essai sur l'école socialiste, qui peut se lire à part et qui constitue comme une œuvre indépendante.

II

Le socialisme du dix-neuvième siècle se rattache étroitement au naturalisme, qui lui fournit ses principes, et au positivisme, qui n'en est qu'une transformation : en faisant l'histoire du premier de ces systèmes, nous ferons donc celle des deux autres, ou plutôt nous ferons l'histoire de la philosophie des sens considérée dans son ensemble.

Cette philosophie a ses racines dans les doctrines psychologiques et sociales du siècle précédent, qui sont assez connues et qu'il est presque inutile de rappeler. Sa psychologie est tout entière dans le principe condillacien que toutes nos idées dérivent de la sensation, ou plutôt ne sont que la sensation elle-même envisagée sous une autre forme, et qu'il n'y a primitivement en nous aucun élément actif et rationnel. Ce principe posé, il était tout naturel d'en conclure que Dieu et l'âme, ne tombant point sous les sens, ne sauraient exister pour nous, et que le devoir, ne pouvant ni découler de la sensation, ni s'imposer à des êtres purement passifs, il n'y a pour nous d'autre devoir que le plaisir. De là l'athéisme et le matérialisme, tels qu'ils furent enseignés par plusieurs auteurs de cette époque ; de là la morale du plaisir et de l'intérêt, qui ne manqua pas non plus de docteurs pour la répandre.

Pendant la tourmente révolutionnaire, les philosophes sensualistes se turent pour la plupart. Quand on est dans un vaisseau qui sombre, on ne se met pas à résoudre tranquillement un problème : on court à la manœuvre et on se rend utile comme on peut. Mais enfin la tempête se calme, l'orage s'apaise, la Révolution passe de sa période de lutte à sa période d'organisation, les écoles normales sont établies, l'Institut est créé. La philosophie du temps est représentée au sein de ces écoles normales, qui d'ailleurs durèrent si peu, par le brillant Garat, qui développe avec élégance les doctrines psychologiques de Condillac, mais qui laisse prudemment dans l'ombre les conséquences négatives qu'elles contiennent. A l'Institut, elle est plus heureuse encore. C'est pour cette illustre compagnie que sont composés les deux ouvrages philosophiques les plus forts du dix-huitième siècle finissant : les *Rapports du physique et du moral de l'homme*, de Cabanis, qui agrandissent et complètent la psychologie de Condillac en la rattachant à la physiologie, et l'*Idéo-*

logie de Destutt de Tracy, qui coordonne et systématise, non sans originalité, les doctrines du même philosophe et leur donne toute la valeur dont elles sont susceptibles.

Si, en effet, Tracy a eu le tort de subordonner l'idéologie à l'histoire naturelle et de la regarder comme une simple branche de la zoologie, il l'a pourtant conçue d'une manière assez large et assez élevée. Au lieu d'en faire une science minutieusement occupée à analyser quelques phénomènes intellectuels obscurs, il en a fait une étude qui comprend dans ses cadres la philosophie de l'esprit humain, sous le nom d'idéologie proprement dite; la philosophie du langage, sous le nom de grammaire générale; et, avec cela, la logique, l'économie politique, la morale, la législation, la philosophie des sciences, et qui ne laisse en dehors de ses spéculations que ce qu'on appelle aujourd'hui les questions d'origines et de fins. L'idéologie ainsi constituée, il propose de la substituer, comme philosophie première, à l'ancienne métaphysique : il se montre positiviste avant la naissance du positivisme.

Cet esprit ingénieux ne voit pas qu'au lieu de s'exclure, les deux sciences qu'il met en opposition se supposent et se complètent mutuellement. La métaphysique est, en effet, la science des choses, et l'idéologie la science des idées que nous en avons.

Or, il est bien clair que, pour traiter scientifiquement des choses, il faut étudier les idées qui s'y rapportent, distinguer celles qui dérivent de l'expériences de celles dont la raison est la source, séparer celles qui sont de simples conceptions de de notre esprit de celles qui répondent à des réalités vivantes. Il est bien évident, d'un autre côté, qu'on ne saurait traiter des idées sans être amené à se prononcer sur les choses mêmes. On ne peut prétendre que toutes nos idées viennent des sens, sans être conduit à nier les choses qui ne tombent pas sous les sens ; on ne peut rejeter les idées absolues et nécessaires, sans se condamner à rejeter tôt ou tard l'être nécessaire et absolu. Cependant nous ne blâmons pas Destutt de Tracy de s'être renfermé dans l'étude de l'idéologie. Pourquoi cela? Précisément parce que l'idéologie enveloppe, suivant nous, toute une métaphysique. Ce que nous lui reprochons, c'est de s'en être tenu à une idéologie superficielle et erronée et d'avoir méconnu la plupart des idées primitives sur lesquelles reposent et le monde de l'existence et celui de la connaissance.

Mais, à côté de ces livres, qui ont un caractère tout spéculatif et où les conséquences du sensualisme se montrent à peine, il en paraissait d'autres d'un caractère plus pratique, où elles se laissaient voir à découvert. Volney et Saint-Lambert enseignaient ouvertement, l'un dans sa *Loi naturelle*, l'autre, dans son *Catéchisme universel*, la morale de l'égoïsme et méconnaissaient complétement cette loi absolue du devoir que Kant, un esprit aussi indépendant que nos deux sensualistes pouvaient l'être, mais beaucoup plus vigoureux et plus profond, venait de graver en caractères impérissables dans sa *Métaphysique des mœurs* et dans sa *Critique de la raison pratique*. Vers le même temps, un écrivain de peu de portée, Naigeon, publiait ses élucubrations vulgaires, où il niait Dieu et l'âme spirituelle avec un fanatisme bizarre, qui le faisait surnommer par Chénier l'athée inquisiteur, tandis qu'un autre auteur, encore moins sérieux, Sylvain Maréchal, écrivait le *Code d'une société d'hommes sans Dieu* et le *Dictionnaire des athées*, qui marquèrent si tristement la fin du dix-huitième siècle. Ce fut dans ce milieu plein d'incrédulité et de licence (on était alors sous le Directoire) que Saint-Simon et Fourier conçurent la première idée de leurs systèmes. Il ne faut donc pas s'étonner si le saint-simonisme et le fouriérisme, malgré les honorables adhésions qu'ils ont reçues depuis, n'ont jamais pu se laver tout à fait de leur tache originelle et devenir des doctrines édifiantes.

La philosophie sensualiste de notre temps n'a pas seulement été préparée par les doctrines philosophiques du siècle dernier, mais encore par ses doctrines sociales. Nous ne parlons pas de celles que Montesquieu avait exposées avec tant de sagesse, ni même de celles qui se déroulaient, mêlées à bien des témérités et des chimères, sous la plume ardente de Jean-Jacques Rousseau, mais de celles qu'avaient développées presque sans bruit des auteurs de second et de troisième ordre et qui ne devaient avoir que de nos jours tout leur retentissement. Un des premiers socialistes du dix-huitième siècle, Morelly soutient, dans son *Code de la nature*, qu'il n'y a entre la passion et la raison qu'une opposition apparente et qu'au fond elles tendent toutes deux au même but. Suivant lui, en effet, l'homme n'est pas mauvais, comme le prétendent depuis six mille ans les moralistes et les législateurs : au contraire, il est essentiellement bon. Ses passions ne sont pas des vices qu'on doive chercher à détruire, mais des forces qu'il s'agit tout simplement de diriger. La grande affaire est de trouver une organisation sociale qui permette d'en tirer parti et de les utiliser pour le bien de l'espèce humaine. Cette organisation consistera, d'après notre auteur, à supprimer la propriété et à faire de chaque citoyen un homme public, entretenu aux frais de la communauté. Le fouriérisme et le communisme sont déjà, comme on voit, en germe là dedans.

Un autre réformateur, Mably, se préoccupe surtout de faire régner l'égalité parmi les hommes et ne voit pas d'autre moyen d'y parvenir que d'abolir la propriété. N'osant l'attaquer en face, il imagine un ensemble de mesures qui finiront par la réduire à son minimum et par en amener la suppression. Il veut qu'on veille à ce que les richesses ne s'accumulent pas dans les mêmes mains ; qu'on fixe le maximum des terres que chaque citoyen aura droit de posséder, et qu'on frappe d'un impôt exorbitant tous les objets qui ne sont pas absolument nécessaires à la vie. Si, après cela, les hommes ne se relâchent pas dans leurs travaux et ne produisent pas infiniment moins, s'ils ne deviennent pas égaux au sein de la même simplicité, ou plutôt de la même misère, il faudra qu'ils y mettent de la mauvaise volonté. Cette doctrine d'une austérité toute spartiate n'a pas été, comme on sait, sans influence sur les montagnards de 93 et a trouvé plus d'un écho parmi les démocrates avancés de notre temps.

Mais de tous les novateurs de cette époque, le plus radical est peut-être encore Brissot de Warville qui a depuis racheté ses erreurs, en luttant avec ses amis de la Gironde contre les jacobins de la Convention. Cet écrivain commence par distinguer la propriété naturelle de la propriété légale, puis il part de l'idée qu'il se fait de la première pour combattre la seconde.

La propriété naturelle est, dit-il, la faculté que l'animal possède de se servir de toute matière pour conserver son mouvement vital. On voit, d'après cette définition, que si la propriété est respectable aux yeux de notre auteur, ce n'est pas parce qu'elle résulte de la libre activité d'un être moral et n'est en quelque sorte que le prolongement de sa personnalité, mais parce qu'elle sert à l'entretien de la vie animale, et que pour lui, par conséquent, l'homme et l'animal sont propriétaires au même titre l'un que l'autre. Il ne fonde pas seulement le droit de propriété sur l'instinct de nutrition, mais encore sur ceux de locomotion et de reproduction et ne manque pas, comme la plupart des écrivains du siècle de Louis XV, de s'étendre avec complaisance sur ce dernier. Suivant lui, dès que la nature a parlé, nous n'avons qu'à lui obéir : « L'amour, dit-il, est le seul titre de la jouissance, comme la faim de la propriété. » Et il cite, à l'appui de ces belles théories, l'exemple des sauvages d'Otahiti, qui ne se gênent pas pour satisfaire tous leurs caprices. Il est impossible de simplifier la morale plus que ne le fait ici Brissot. Dès qu'elle ne nous interdit rien de ce que nous désirons, on ne voit pas trop, en effet, ce qu'elle pourrait nous interdire, à moins pourtant qu'elle n'ait pour mission de nous interdire précisément ce que nous ne désirons pas.

Aux yeux de Brissot, le besoin n'est pas seulement le principe de la propriété : il en est la mesure. Quiconque possède des biens hors de proportion avec ses besoins naturels vole ceux qui n'en ont pas en quantité suffisante : c'est déjà l'idée de Proudhon, que la propriété est le vol. La conclusion de cette doctrine, d'après Brissot lui-même, c'est que l'homme devrait revenir à la vie sauvage : son idéal, c'est le naturel du Canada errant libre, au sein des forêts, sans chefs, sans lois, sans famille reconnue. On ne saurait avouer plus naïvement que l'application de la théorie précédemment exposée serait la ruine de l'ordre social. Au reste, Brissot était invinciblement conduit là par la philosophie sensualiste, qui était la sienne et celle de son époque. Dès qu'on ôte à l'homme la liberté et la raison, c'est-à-dire ses facultés proprement humaines, pour le réduire à la sensation, qui lui est commune avec la brute, on lui ôte tout ce qui fait sa dignité et son excellence morales, tout ce qui devient, en se développant au dehors, le fond de ce haut état que les anciens nommaient si bien *humanitas* et que nous appelons civilisation [1].

Les idées sociales, semées par les écrivains dont nous venons de parler, étaient restées, pour ainsi

---

[1] V. Franck, *le Communisme;* — Sudre, *Histoire du Communisme;* — Janet, *Histoire de la science politique.*

dire, à l'état latent durant les dernières années de la monarchie; mais elles ne pouvaient manquer d'éclater au grand jour pendant la Révolution. Toutes les fois, en effet, que les peuples ont changé les fondements de la religion ou de l'État, il s'est rencontré parmi eux des esprits excessifs qui, sans tenir compte des limites du possible et de l'impossible, ont prétendu changer ceux de la société dans son ensemble. Jamais révolution ne fut plus purement spirituelle et plus complétement étrangère aux intérêts de ce monde que celle qui inaugura l'avénement du christianisme. Cependant elle ne put s'accomplir sans que quelques-uns des adhérents de la doctrine nouvelle ne conçussent la pensée de transformer du tout au tout les rapports sociaux. Le même phénomène se reproduisit, mais sur une tout autre échelle et avec un caractère épouvantable à l'époque de la Réforme du seizième siècle : c'est l'histoire de Jean de Leyde et de ses anabaptistes, de la guerre des paysans, du siége de Munster et de toutes ces affreuses collisions qui remplirent l'Allemagne de sang et de ruines. La révolution française eut des conséquences analogues. A peine le frein de l'autorité, qui avait jusqu'alors contenu les hommes, eut-il été brisé, qu'ils s'attaquèrent indistinctement aux préjugés de l'ancien régime et aux principes constitutifs des sociétés humaines et confondirent les droits féodaux et la propriété dans la même réprobation. On le vit bien par la conjuration de Babeuf et de Buonarotti, qui essayèrent de réaliser à main armée la communauté que Morelly et Mably avaient conçue.

Mais au-dessus de ces idées de réforme, qui visaient à une réalisation immédiate et qui ne reculaient pas devant la violence pour l'accomplir, il est juste de placer une conception plus spéculative, qui n'avait point la prétention de se passer du temps, cet auxiliaire indispensable de toutes les grandes entreprises, ni d'anticiper imprudemment sur l'avenir : nous voulons parler de cette théorie du progrès qui a eu depuis une si brillante fortune et qui est devenue de nos jours une sorte de religion. Pressentie dès le dix-septième siecle, par Bacon, Pascal, Leibniz et d'autres esprits éminents, elle avait été formulée, vers le milieu du dix-huitième siècle, par Turgot encore inconnu. Elle reçut, sous la Terreur, son achèvement et sa perfection des mains de Condorcet, au moment même où les faits semblaient lui donner le plus éclatant démenti et où l'on aurait pu croire que le philosophe proscrit allait lancer vers le ciel le mot désespéré de Brutus mourant. Il n'en fut rien. Il exhala, au contraire, en présence des réalités navrantes et des poignantes infortunes qui frappaient ses regards, sa foi indéfectible à un avenir meilleur, à un ordre de choses plein d'enchantements, où la fraternité et la science, ces deux divinités du dix-huitième siècle, régneraient de concert et combleraient de prospérités l'humanité rajeunie au sein de la paix et de la lumière. N'ayant plus ni la croyance au paradis chrétien, ni même la croyance à l'âge d'or chanté par les poëtes pour satisfaire leur besoin d'idéal, les hommes de cette génération embrassaient avidement par la pensée la durée indéfinie de la terre qui nous porte pour y placer le meilleur des mondes possibles, conservant ainsi, à défaut de la foi à la providence divine, la foi à l'optimisme, qui en est la conséquence.

C'est par l'influence de ces théories bonnes ou mauvaises, et surtout par celle de l'immense ébranlement qui en avait suivi, accompagné ou précédé l'apparition, qu'il faut expliquer l'éclosion du saint-simonisme, du fouriérisme et des autres systèmes dont nous aurons à retracer l'histoire.

Les auteurs de ces systèmes étaient pour la plupart des hommes passionnés pour le progrès des lumières et zélés pour le bien public, et ils ont quelquefois émis sur les questions sociales des vues aussi profondes qu'ingénieuses. Ce n'était certainement pas un homme ordinaire que ce comte de Saint-Simon qui, après avoir longtemps vécu, comme Mirabeau, de la vie sensuelle de notre ancienne aristocratie, se mit un beau jour à vivre de la vie de l'esprit et découvrit, après bien des travaux et au prix de mille privations, une doctrine qui ne réorganisa pas, il est vrai, la société européenne, comme il en avait nourri l'espoir, mais qui anima des disciples nombreux et intelligents et donna au dix-neuvième siècle une nouvelle physionomie. Ce n'était pas non plus le premier venu que ce Charles Fourier qui, dans sa passion pour l'idée, avait fait comme Spinoza, deux parts de son existence, l'une pour le corps, l'autre pour l'âme ; car, s'il ne taillait pas, comme le philosophe hollandais, des verres d'optique pour vivre, il tenait des écritures de commerce pour pourvoir à sa subsistance et vaquait ensuite, comme lui, à ses hardies spéculations. Nous ne parlons pas d'Auguste Comte dont la vie tout entière a été consacrée à de vastes et sévères études et qui, s'il n'a pas accompli l'audacieux projet qu'il avait formé, de refondre la science et la société tout à la fois, a du moins profondément remué les intelligences soit dans l'ordre philosophique, soit dans l'ordre politique, et imprimé à la pensée de notre temps un mouvement qui dure encore. Aussi ces réformateurs trouveront en nous, malgré les erreurs dans lesquelles ils sont tombés, un historien impartial et un juge équitable. Nous combattrons énergiquement les doctrines : nous en avons le droit, et la conviction du danger qu'elles font courir à la civilisation de l'Occident nous en impose même le devoir[1]. Mais nous aurons pour les hommes tous les ménagements que commandent leur mérite et la pureté de leurs intentions.

[1] V. l'intéressant article de M. Laveleye, intitulé : « le Socialisme en Allemagne, » dans la *Revue des Deux Mondes* du 15 septembre 1876.

LE SOCIALISME

LE NATURALISME ET LE POSITIVISME

CHAPITRE PREMIER

SAINT-SIMON ET LES SAINT-SIMONIENS

La vie et les idées de Saint-Simon. — Les saint-simoniens. — Leur doctrine : la science, l'industrie, l'art, le progrès. — La propriété. — L'éducation et la législation. — La religion. — L'Église saint-simonienne.

I

LA VIE ET LES IDÉES DE SAINT-SIMON

Parmi les systèmes dont nous avons à retracer l'histoire, le premier, non-seulement en date, mais encore en importance, est celui de Saint-Simon. Conçu, comme tous les autres, sous l'influence du sensualisme du dix-huitième siècle, produit par un esprit mobile et inconsistant, mais large et prime-sautier, il se développa péniblement durant l'Empire, recruta quelques adhérents dès le commencement de la Restauration et enleva, vers 1830, la fleur de la jeunesse à la fois surprise et charmée. Après avoir eu ses pontifes et ses missionnaires, en même temps que ses écrivains et ses journalistes, et avoir failli devenir une religion, sans cesser d'être une thèse économique, il enfanta et le sensualisme mystique de Jean Reynaud et le sensualisme matérialiste d'Auguste Comte, qui ont aujourd'hui tant de partisans et qui représentent, s'il est permis d'employer ici la langue parlementaire, l'un la droite, l'autre la gauche de l'école saint-simonienne. Enfin, il donna, par de sérieux travaux sur l'industrie et les finances, une impulsion féconde à toutes les grandes entreprises de l'ordre physique, pendant que, par ses théories audacieuses sur la propriété et sur la famille, il ébranlait les fondements de l'ordre moral. En bien et en mal, il a donc laissé sur notre siècle une empreinte profonde. C'est pourquoi il importe de l'étudier avec soin, soit chez le maître, soit chez les disciples, et d'y faire sans prévention le départ du vrai et du faux.

Claude-Henri, comte de Saint-Simon, naquit à Paris en 1760. Il appartenait à cette noble famille de Saint-Simon qui prétendait descendre de Charlemagne et qui avait donné à la France un grand écrivain dans la personne de l'auteur des *Mémoires*. Le futur réformateur était destiné, si l'ancienne monarchie fût restée debout et s'il eût été bien servi par les circonstances, à occuper un des premiers rangs dans l'État. « Je descends, dit-il dans son autobiographie, de Charlemagne ; mon père s'appelait le comte de Saint-Simon... Le duché-pairie, la grandesse d'Espagne et cinq cent mille livres de rente dont jouissait le duc de Saint-Simon devaient passer sur ma tête. Il s'est brouillé avec mon père qu'il a deshérité. J'ai donc perdu les titres et la fortune du duc de Saint-Simon ; mais j'ai hérité de sa passion pour la gloire[1]. » Cette passion avait été entretenue en lui de bonne heure. Il était encore tout enfant que le domestique chargé de l'éveiller chaque matin lui adressait invariablement ces paroles sacramentelles : « Levez-vous, Monsieur le comte, vous avez de grandes choses à faire. »

Au reste, le jeune comte tint fort peu de sa famille. Il n'en eut ni le tempérament généralement bilieux, ni l'austérité religieuse, ni la morgue aristocratique. En revanche, il porta au plus haut degré le cachet de son temps et fut, par ses qualités comme par ses défauts, un vrai fils du dix-huitième siècle. Élevé d'après un plan d'éducation tracé par d'Alembert, il montra, dès sa première jeunesse, ces sentiments d'humanité, ce goût pour la science, cette passion pour les arts de la paix et aussi, il faut le dire, cet esprit de licence et d'irréligion qu'on respirait en quelque sorte alors avec l'atmosphère. Aussi le voyons-nous sans étonnement partir, à vingt ans, pour la guerre de l'Indépendance, proposer, après la conclusion de la paix, au vice-roi du Mexique d'unir, au moyen de la rivière *in-partido*, les bassins des deux mers, et soumettre peu après au roi d'Espagne un projet analogue, celui de joindre par un canal Madrid à la Méditerranée. Il entrait dès lors dans la voie où son

---

[1] Vie écrite par lui-même (*Œuvres de Saint-Simon et d'Enfantin*, publiées par les membres du conseil institué par Enfantin, t. I, 1865-69.

école devait un jour le suivre, celle de la transformation de la planète par les efforts de la science et pour le plus grand bien de l'espèce humaine; seulement il s'y élançait avec cette audace, cette irréflexion qui était le propre caractère de son génie. Hâtons-nous de dire que ces hardis projets n'eurent pas de suite et que la révolution française, qui éclata sur ces entrefaites, donna à sa pensée une autre direction.

On croira peut-être que le jeune patricien y joua un rôle brillant et qu'il y défendit avec éclat soit les classes qui réclamaient un avenir meilleur, soit celles qui représentaient un passé qui n'avait point été sans gloire. Nous avons le regret de dire qu'il n'en fut point ainsi. Il prit un parti qui dénotait une médiocre foi politique et une délicatesse morale assez contestable. Il se mit à spéculer prosaïquement, lui gentilhomme, lui descennant plus ou moins authentique de Charlemagne, sur la vente des biens nationaux, avec un Prussien, le comte de Redern, dans l'intention louable, mais qui ne suffit peut-être pas pour le justifier, de faire servir la fortune qu'il aurait acquise aux progrès de la science. Ce fut pendant qu'il se livrait à ces entreprises équivoques, qu'il fut, comme tant d'autres, enfermé à Sainte-Pélagie d'abord, puis au Luxembourg, par ordre du gouvernement de Robespierre. Il en sortit le 9 thermidor et reprit aussitôt le train de sa vie ordinaire et le cours de ses spéculations. Dans son livre sur le *Directoire et les Bonapartes*, où il est bien loin de se montrer sévère pour les chefs des écoles socialistes, M. Michelet nous dépeint, d'après un témoin oculaire, ce grand seigneur dépouillé de préjugés et même de quelque chose de plus, entrant dans la bande noire avec un associé véreux et vivant avec un laisser-aller de mœurs et une curiosité d'esprit qui sentent au plus haut degré leur dix-huitième siècle. C'était, dit-il, « un bel homme, très-gai, de figure ouverte et riante, avec des yeux admirables, un beau nez long donquichottique. Il vivait au Palais-Royal et autour avec une liberté cynique de grand seigneur sans-culotte. Entre les femmes et les affaires, ce qui primait dans cette tête cependant, c'était l'idée[1]. »

Dès que Saint-Simon eut gagné une certaine fortune (1797), il résolut de passer des spéculations financières aux spéculations scientifiques, juste le contraire de ce que ses disciples devaient faire un jour. Pour s'y préparer, il se lia successivement avec les professeurs de l'École polytechnique et avec ceux de l'École de médecine, étudiant avec les premiers la physique des corps bruts et avec les seconds la physique des corps organisés, deux sciences qui constituaient à ses yeux, comme aux yeux de la plupart de ses contemporains, la philosophie tout entière. En même temps qu'il complétait ses connaissances théoriques, en amateur et en grand seigneur qu'il était, c'est-à-dire en recevant à sa table les savants de toute espèce, il s'initiait à des connaissances pratiques de plus d'un genre, en voyageant à l'étranger et aussi en menant à dessein la vie la plus irrégulière. C'est ainsi du moins qu'il explique rétrospectivement, dans son autobiographie, sa conduite d'alors. Que de tels procédés d'investigation augmentassent beaucoup son bagage scientifique, il est permis d'en douter : ce qu'il

---

[1] Michelet, *Directoire*, p. 19.

y a de sûr, c'est qu'ils épuisaient rapidement les ressources pécuniaires qu'il avait acquises (cent quarante-quatre mille francs), de sorte qu'un beau jour (1802) il se trouva réduit au plus complet dénûment. On sait qu'il fut obligé, pour vivre, d'accepter une place de copiste au Mont-de-Piété (1805), qui lui imposait neuf heures de travail par jour et lui rapportait mille francs par an ; qu'il ne fut tiré de cette humble position que par un ancien serviteur enrichi, par Diard, qui le prit chez lui et pourvut libéralement à tous ses besoins ; qu'à la mort de ce dernier il retomba dans la misère et fut plus d'une fois dans la nécessité de mendier des secours et en danger de mourir de faim : « Depuis quinze jours, écrivait-il en 1813, je mange du pain et je bois de l'eau, je travaille sans feu et j'ai vendu jusqu'à mes habits pour fournir aux frais de copies de mon travail. » Ce qui soutenait Saint-Simon et sauvait en partie ce que sa situation avait de dégradant, c'était sa passion pour la science et la conviction qu'il possédait une doctrine qui devait faire le bonheur du genre humain. C'est cette doctrine qu'il s'agit de faire connaître.

Le saint-simonisme n'est pas un système composé un beau jour de toutes pièces par un esprit original et adopté ensuite purement et simplement par un certain nombre d'intelligences d'élite. Quand on parle du saint-simonisme, il faut distinguer (bien qu'on ait peut-être, de nos jours, un peu exagéré toutes ces nuances) celui du maître de celui des disciples, qui en fut sensiblement différent ; il faut distinguer, dans le saint-simonisme du maître lui-même, celui de telle date et celui de telle autre, car ils ne se ressemblent pas toujours de tout point. Ce qui domine chez Saint-Simon c'est l'idée que, depuis l'immense dissolution sociale produite par le dix-huitième siècle et la Révolution, la société est en poussière et qu'il importe de la réorganiser. Seulement il cherche le principe de la réorganisation qu'il conçoit tantôt dans un élément, tantôt dans un autre: aujourd'hui dans l'élément scientifique, demain dans l'élément industriel, après-demain dans l'élément religieux, suivant les mouvements de son imagination capricieuse et d'après les oscillations de l'esprit public. A la fin de la République et sous l'Empire, à une époque où les théories philosophiques et politiques étaient fort discréditées et où les sciences mathématiques et physiques étaient seules en honneur, il met ces dernières sur le premier plan et les élève presque à la hauteur d'une religion. C'est ce qu'on peut voir en parcourant ses premiers écrits, notamment ses *Lettres d'un habitant de Genève à ses contemporains*, qui parurent en 1803.

Convaincu que, dans l'état actuel de la civilisation, la foi qui s'impose et le travail qui détruit doivent faire place à la science qui éclaire et au travail qui crée, Saint-Simon propose d'ôter le pouvoir spirituel aux prêtres et le pouvoir temporel aux nobles et de déférer le premier aux savants et le second aux propriétaires. Les propriétaires n'ont pas à se plaindre, comme on voit, du socialisme naissant; on peut même dire qu'il les traite avec une faveur marquée. Quant aux non-propriétaires qui ne figurent pas parmi les notabilités scientifiques, comme ils pourraient être mécontents si on ne leur donnait rien, notre réformateur les investit du privilége de désigner par leurs suffrages les savants qui doivent exercer le pouvoir spirituel. Pour faire prévaloir son système, il s'adresse d'abord aux savants, mais en termes assez brefs, parce qu'ils sont plus intéressés que personne à sa réalisation et n'ont pas besoin d'être stimulés. Il insiste davantage auprès des propriétaires et leur montre qu'il est de leur intérêt de mettre les gens d'esprit en première ligne de considération, sans quoi ceux-ci, se liguant avec les non-propriétaires, comme ils l'ont fait en 1789, auront toujours le dessus et ne laisseront rien de stable dans la société. Quant à la multitude, il lui fait remarquer que, si elle n'a pas d'argent à sa disposition, elle a une monnaie bien autrement précieuse, la considération, au moyen de laquelle elle peut porter et les savants et les propriétaires à travailler activement à son bonheur. Seulement, il faut qu'elle s'applique à user convenablement d'une monnaie de ce genre. Elle doit considérer, non les faux savants, mais les véritables, non les astrologues, mais les astronomes, non les moralistes et les métaphysiciens, mais les physiologistes. C'est dire, en termes peu voilés, que les sciences philosophiques et morales n'ont aucune valeur et ne commenceront à compter que du jour où elles s'appuieront sur les sciences physiques et naturelles. Cette idée, qui est devenue le principe fondamental du positivisme, n'est pas aussi originale qu'on l'a prétendu. On la trouve partout dans ce temps-là : chez Vicq-d'Azyr, qui fait de la psychologie une branche de la physiologie ; chez Destutt de Tracy, qui voit dans l'idéologie un simple chapitre de la zoologie ; chez Volney, qui donne à son *Catéchisme de la loi naturelle* pour sous-titre : *Principes physiques de morale*; c'est le dernier mot du sensualisme de ce temps-là, comme de celui d'aujourd'hui.

A ces conceptions contestables, mais spécieuses, Saint-Simon en ajoute d'autres qui sont extrêmement bizarres et qui, comme on en va juger, frisent même le ridicule, parce que l'esprit mystique d'un autre âge s'y mêle de la manière la plus étrange à l'esprit positif du dix-huitième siècle. Dieu lui apparaît (il ne saurait dire si c'est en songe ou autrement), pour lui déclarer que Rome, le pape et les cardinaux ont cessé de recevoir ses inspirations et qu'il les communiquera désormais à un sacré collége composé de vingt-un savants, élus par l'humanité tout entière et présidés par un mathématicien. Au-dessous de ce conseil suprême il y en aura une infinité d'autres qui exerceront, sous sa direction, le pouvoir spirituel dans les différents pays du globe. Chaque conseil fera bâtir un temple, qui contiendra un mausolée en l'honneur de Newton et qui représentera aux yeux des fidèles, d'une part, le séjour destiné à ceux qui auront été utiles à l'humanité, de l'autre, la demeure réservée à ceux qui auront nui au progrès des sciences et des arts : c'est le paradis et l'enfer saint-simoniens. Le grand conseil aura surtout pour mission d'étudier la pesanteur, la seule loi, s'il faut en croire notre auteur, à laquelle l'univers soit soumis, et de diriger les travaux pacifiques de l'espèce humaine ; car tous les hommes travailleront soit des bras, soit de la tête, comme s'ils faisaient partie d'un seul et même atelier. L'idée socialiste n'est encore là qu'en germe, mais elle commence pourtant à s'y laisser entrevoir.

Un auteur célèbre, M. Michelet, est charmé de cette

conception de Saint-Simon et la proclame tout simplement sublime. Nous avouons que nous ne saurions nous ranger à l'avis de l'illustre historien. Ce n'est pas ainsi, suivant nous, que naissent les institutions destinées à vivre et à se développer parmi les hommes. Cette conception voulue et à froid d'une religion dont l'attraction est le seul dogme; Newton, le seul prophète; le tombeau de Newton, le seul temple; un mathématicien; le souverain pontife, et à laquelle il ne manque qu'une foi et un Dieu, nous fait penser à ces épopées artificielles que d'habiles versificateurs arrangent, aux époques de décadence, en empruntant aux épopées naïves des premiers âges leur merveilleux auquel ils ne croient plus, leurs dieux et leurs déesses, leur Ciel et leur Tartare qui ne les émeuvent plus et où des machines poétiques, plus ou moins industrieusement agencées, tiennent la place de la vie et de l'inspiration. Ce caractère pseudo-religieux qu'affecte, dès le début, le socialisme de Saint-Simon n'est pas, du reste, un fait exceptionnel. Il s'était déjà produit, quelques années auparavant, dans les élucubrations de Chaumette et des autres organisateurs du culte de la déesse Raison, et nous le retrouverons plus tard dans les doctrines d'Enfantin et d'Auguste Comte, qui ont offert aussi à notre siècle humanitaire et scientifique le spectacle d'une religion qui divinise l'humanité et la science, comme pour donner un commentaire imprévu à ces paroles du poëte:

Sua cuique Deus fit dira cupido.

Cette préoccupation de l'idée religieuse, que notre

réformateur montre dès le commencement de sa carrière intellectuelle, n'occupe pas toujours la première place dans cet esprit mobile, mais elle y est toujours présente. Il est facile d'en saisir la trace dans les divers ouvrages qui suivirent les *Lettres d'un habitant de Genève* [1]. Dans tous il déclare que la religion est la seule institution qui soit assez générale pour servir de principe à toute l'organisation sociale. En cela, il n'a pas tout à fait tort et Lamennais et Quinet ont depuis soutenu la même thèse par des raisons assez plausibles. Mais il croit (et ici il se trompe du tout au tout) que la religion est une invention comme une autre, née du calcul et de la réflexion, et va même jusqu'à la définir, avec Dupuis, une philosophie matérialisée. Cette conception superficielle une fois admise, il est clair qu'il ne s'agit plus que d'avoir une philosophie pour constituer une religion. Or, cette philosophie, Saint-Simon ne se met pas beaucoup en frais pour la faire : il la reçoit toute faite, les yeux fermés et avec la foi la plus édifiante, des mains des matérialistes de l'âge précédent. Elle se compose, suivant lui, de deux sciences, de l'astronomie et de la physiologie, de la science du grand monde et de celle du petit. Or, notre nouveau philosophe conçoit la dernière de la manière la plus curieuse : « La physiologie, dit-il, est l'étude de l'univers sur une petite échelle; car la manière la plus simple d'envisager le phénomène de l'intelligence humaine est de considérer le cerveau humain comme une petite machine qui exécute maté-

---

[1] Vie écrite par lui-même; Correspondance avec M. de Redern; Lettre à son neveu; Mémoire sur l'Encyclopédie (*Œuvres*, t. I).

riellement tout ce qui se fait dans l'univers ; on peut, en un mot, regarder l'univers comme une horloge et l'homme comme une montre. Ce sont deux machines semblables, quoique d'une dimension très-différente [1]. » On voit que Saint-Simon est comme Lamettrie, qu'il ne doute de rien. Le passage de la matière à la vie, celui de la vie à la pensée, celui de la pensée à la liberté (si tant est qu'il reconnaisse cette dernière), rien ne l'embarrasse. Nous sommes de petites machines, de petites montres, en qui tout s'opère mécaniquement : c'est une explication qui répond à tout, et il faudrait avoir l'esprit bien mal fait pour ne pas s'en contenter !

Les idées de Saint-Simon sur Dieu ne sont ni plus originales, ni mieux motivées que ses idées sur l'homme : « Le monothéisme, dit-il quelque part, était une invention générale, le physicisme est une observation générale convertie en principe. » Qu'est-ce que cela veut dire, sinon que l'existence de Dieu est une vaine imagination de l'homme, destinée à expliquer l'ensemble des phénomènes, et que la nature, avec ses lois générales, en est la seule explication satisfaisante ? A la vérité, il dit ailleurs : « Je crois en Dieu ; je crois que Dieu a soumis l'univers à la loi de la gravitation [2]; » mais il ne donne, à l'appui de cette croyance, aucune raison sérieuse et en parle de la manière la plus embarrassée. Il trouve, en effet, que d'Alembert et Diderot n'ont pas mal fait de la combattre, au temps où ils vivaient, parce qu'elle était amalgamée avec les idées révélées qu'il s'agissait de

---

[1] Vie écrite par lui-même.
[2] Lettre à son neveu.

détruire; mais il pense que, maintenant que ces idées ont perdu leur crédit, il faut croire en Dieu. L'argument, comme on voit, n'est pas des plus démonstratifs, et pourtant Saint-Simon n'en donne pas d'autre. Il faut convenir que, quand Descartes ou Leibniz cherchaient à prouver l'existence de Dieu, ils s'y prenaient autrement.

Non content de reproduire, à mots plus ou moins converts, le matérialisme et l'athéisme du dix-huitième siècle, Saint-Simon en adopte la morale relâchée. Il glorifie la passion, à l'exemple d'Helvétius, et traite, comme lui, la continence de vertu insignifiante, sans se demander si le vice qui lui est contraire n'est pas le plus énergique dissolvant de la vie physique, de la vie intellectuelle et de la vie morale, soit chez les individus, soit chez les nations. Il résulte de cet exposé rapide que la philosophie de Saint-Simon est extrêmement faible, pour ne pas dire tout à fait nulle, et que l'idée qu'il a de la transformer en religion paraît souverainement absurde; car enfin il paraît impossible de constituer une religion sans croyances morales et religieuses.

Cependant, si on prend le mot *religion* dans un sens moins restreint et si l'on s'en sert simplement pour exprimer l'ensemble des idées générales qui dominent une société, on sera peut-être moins sévère pour le célèbre réformateur et on trouvera peut-être même que ses vues ne manquent ni de profondeur ni d'élévation. Il demande, en effet, seulement une chose qui semble fort raisonnable, c'est qu'il y ait toujours dans la société une conception d'ensemble et que cette conception d'ensemble soit constamment maintenue d'accord avec les conceptions de détail qui lui sont subordonnées. Sans cela, il n'y aurait, suivant lui, ni synthèse ni organisation entre les divers éléments sociaux et la vie sociale elle-même serait en péril. Cette idée capitale paraît avoir été suggérée à Saint-Simon, par la lecture de l'*Encyclopédie*; mais il en a tiré des conséquences neuves et qui lui appartiennent en propre : « L'idée générale, dit-il, est le résumé de la science générale. Ce résumé à un caractère productif dans sa jeunesse et stérile pendant sa vieillesse. — Le cercle des connaissances, ajoute-t-il ingénieusement, en jouant sur l'étymologie du mot *encyclopédie*, roule toujours, toujours il s'agrandit; la science générale lui sert de lien; pendant son ascension, les philosophes produisent des idées neuves ; pendant le surplus de sa révolution, ils critiquent les idées générales admises. » La grande distinction des époques organiques et des époques critiques est déjà en germe là-dedans. C'est en se plaçant à ce point de vue que Saint-Simon reproche à Condorcet d'avoir méconnu l'importance des institutions religieuses, qui peuvent être nuisibles à l'époque de leur caducité, mais qui ont été salutaires au moment de leur jeunesse et de leur vigueur. C'est ainsi, dit-il, que le catholicisme qui paraît, à l'heure qu'il est, un obstacle au progrès, a autrefois régénéré les Romains et civilisé les Barbares [1].

Mais, si l'on veut voir la quintessence de la philosophie des religions, telle que Saint-Simon la comprend, concentrée dans quelques lignes, il faut lire le passage

---

[1] Mémoire sur l'Encyclopédie; Correspondance avec M. de Redern.

suivant de sa lettre à Victor de Saint-Simon, son neveu : « La religion, mon neveu, dit-il, a toujours servi et servira toujours de base à l'organisation sociale. Cette vérité est incontestable, mais elle n'a rien de plus certain que cet axiome : Pour l'homme il n'y a rien de positif dans le monde, il n'existe pour lui que des choses relatives. De ces deux principes combinés je déduis la conséquence que la religion a toujours existé et qu'elle existera toujours, mais qu'elle s'est toujours modifiée et se modifiera toujours ; de manière qu'elle a toujours été proportionnée et le sera toujours à l'état des lumières. » Voilà la religion conçue comme essentiellement progressive et comme se modifiant avec le milieu où elle se développe. A cette opinion hardie Saint-Simon en ajoute une autre dont personne ne contestera la parfaite vérité, c'est « que l'humanité s'est toujours trouvée en crise scientifique, morale et politique, quand l'idée religieuse s'est modifiée » et que la crise que nous traversons aujourd'hui « est déterminée par la modification qui s'opère dans l'idée religieuse. » Enfin, il recommande, en finissant, à son cher Victor, de respecter la religion, mais de se tenir en alerte pour adopter toute modification qui pourra s'y produire dans le sens rationnel et positif et amener une nouvelle organisation de la papauté, des conclaves et des conciles. Ceci explique, sans d'ailleurs lui rien ôter de son caractère chimérique, la conception de la religion de Newton que notre réformateur avait exposée sept ou huit ans auparavant.

Il en est de la philosophie de Saint-Simon comme de sa religion ; considérée à un certain point de vue, elle n'a pas le sens commun ; mais envisagée sous un autre aspect, elle n'est pas dépourvue de valeur. Elle n'a pas le sens commun, si on la considère comme une métaphysique et une morale, c'est-à-dire comme une doctrine de Dieu, de l'âme et du devoir, puisqu'elle nie ou néglige tout au moins ces divers objets ; elle n'est pas dépourvue de valeur si on l'envisage comme une philosophie des sciences, c'est-à-dire comme un ensemble de généralités sur les connaissances que l'auteur tient pour légitimes et sur les réalités auxquelles elles se rapportent. Cela est si vrai qu'il a conçu avec une netteté parfaite l'idée de cette philosophie positive qui est aujourd'hui si populaire et qui occupe en ce moment toutes les bouches de la renommée : « Les sciences particulières, dit-il, sont les éléments de la science générale à laquelle on donne le nom de philosophie ; ainsi, la philosophie a eu nécessairement et aura toujours le même caractère que les sciences particulières [1]. » C'est bien ainsi que les positivistes conçoivent aujourd'hui la philosophie et M. Littré ne dirait pas mieux. Quant aux sciences particulières qui la composent, il les énumère presque dans le même ordre qu'on l'a fait plus tard : astronomie, chimie, physiologie, psychologie, en ayant grand soin de faire de celle-ci une simple dépendance de la physiologie et de la substituer, sous le nom de psychologie physiologique, qu'on croit avoir inventé de nos jours, à la psychologie conjecturale d'autrefois.

Enfin, nous trouvons chez Saint-Simon, soit qu'il l'ait découverte par lui-même, soit qu'il la doive, comme on l'a

[1] Mémoire introductif.

prétendu, au docteur Burdin, jusqu'à la fameuse loi des trois états de la connaissance humaine : « En examinant, dit-il, le caractère relatif et positif du tout et des parties de la science, on trouve que le tout et les parties ont dû commencer par avoir le caractère conjectural ; qu'ensuite le tout et les parties ont dû avoir le caractère mi-conjectural et positif ; qu'enfin le tout et les parties doivent acquérir autant que possible le caractère positif [1]. » Ce sont bien là, sous des dénominations un peu différentes, les trois états théologique, métaphysique et positif, dont on fait si grand bruit de nos jours.

On voit que, si Saint-Simon n'est précisément l'auteur ni de la religion saint-simonienne, inaugurée depuis par Enfantin, ni de la philosophie positive, élaborée par Auguste Comte, il en est bien le précurseur.

En 1814, au milieu de l'ébranlement causé par la chute de l'Empire et par la restauration du régime parlementaire, les idées de notre réformateur prirent pour quelque temps une autre direction. Il publia, avec un jeune disciple plein d'avenir, avec Augustin Thierry, qui professa pendant quelques années ses doctrines, un ouvrage presque exclusivement politique, mais où le sentiment de l'importance de l'élément religieux s'accusait encore. C'est bien à tort, disaient nos deux auteurs, au commencement de ce travail, qui est intitulé : *de la Réorganisation européenne*, que nous méprisons les siècles dits du moyen âge ; ce sont les seuls où le système politique de l'Europe ait été fondé sur sa véritable base et ait eu une organisation générale, grâce au

---

[1] Correspondance avec M. de Redern.

pouvoir spirituel, qui étendait son influence sur toute choses et tenait en bride toutes les ambitions particulières. Il faudrait pouvoir établir aujourd'hui une organisation, non pas identique (les croyances actuelles ne le permettent pas), mais analogue. La première chose à faire pour cela serait de donner aux divers peuples une constitution similaire et la meilleure possible. Elle comprendrait trois pouvoirs, dont le premier représenterait les intérêts généraux, le second, les intérêts particuliers, et dont le troisième servirait d'arbitre aux deux autres : c'est à peu près la constitution de l'Angleterre. Là, en effet, le soin des intérêts généraux est confié à une personne unique, qui identifie sa grandeur avec celle de la nation et n'a point d'intérêts distincts des siens : c'est le roi. Le soin des intérêts particuliers est remis à une réunion d'hommes de diverses provinces et de diverses professions qui examinent, chacun à son point de vue spécial, la question qui leur est soumise : c'est la Chambre des communes. Enfin, pour éviter tout froissement entre les deux pouvoirs et donner plus de maturité aux délibérations, un corps d'hommes éminents par leur naissance, leurs richesses, leurs services, se pose entre eux en modérateur : c'est la Chambre des lords. Une fois que tous les peuples auront établi chez eux cette excellente constitution, rien ne les empêchera, dit Saint-Simon, d'en établir au-dessus d'eux tous une semblable, qui leur permettra de régler à l'amiable leurs différends. C'est ainsi qu'on réorganisera la société européenne, sans porter atteinte à la nationalité des peuples divers.

Dans la pensée de Saint-Simon, le parlement international, une fois constitué, ne se bornera pas, comme la plupart des gouvernements actuels, à empêcher le mal : il fera le bien. Il entreprendra de grands travaux d'utilité publique qu'aucun gouvernement particulier ne pourrait mener à bonne fin. Il joindra, par exemple, le Danube au Rhin et le Rhin à la Baltique par d'immenses canaux. De plus, il tâchera de répandre sur tout le globe la race européenne, qui est si supérieure aux autres, et de le rendre tout entier *voyageable* et habitable comme l'Europe. Enfin, il ne négligera pas plus les intérêts moraux que les intérêts matériels et fera faire un code de morale aussi parfait que possible. L'ouvrage finit par un projet d'alliance entre la France et l'Angleterre, qui, vivant déjà toutes deux sous le régime parlementaire, formeront le noyau des États destinés à constituer plus tard la grande fédération européenne.

Malgré ce dernier trait, qui prouve que Saint-Simon n'a pas renoncé aux utopies, ce livre est incontestablement un des meilleurs, je ne dis pas qu'il ait écrits (car il est peut-être sorti de la plume de son illustre disciple), mais qu'il ait inspirés. Seulement il n'a guère de rapports avec ses précédents ouvrages et trahit chez lui beaucoup de mobilité et d'inconstance. Après avoir cherché, sous le Consulat et l'Empire, le remède de tous les maux de la société dans une religion ayant pour dieu l'attraction, pour prêtres des physiciens et des géomètres, le voilà qui fait tout à coup volte-face, sous le régime que la charte venait d'inaugurer, et qui vante comme un spécifique souverain le gouvernement parlementaire et veut qu'on l'applique, non-seulement à chaque État, mais à la réunion de tous les États d'Europe!

En 1817, nous assistons à une nouvelle évolution de cet esprit singulier. Dès que les diverses classes de la société, longtemps contenues par la forte main de l'empereur, eurent été abandonnées à elles-mêmes, elles se dessinèrent, comme cela devait arriver, dans leur opposition naturelle. C'était, d'un côté, les deux classes théologique et féodale, qui avaient si longtemps dominé la France, de l'autre les deux classes industrielle et commerçante, qui étaient autrefois sorties des communes du moyen âge et qui avaient naguère fait la Révolution. Saint-Simon se prononce fortement contre les premières et prend vivement parti pour les secondes. Il renvoie dédaigneusement aux époques de barbarie les discussions scolastiques et les travaux de la guerre : il ne veut entendre parler que des sciences positives et des arts de la paix. Préludant, comme on l'a très-bien remarqué[1], à l'esprit autoritaire qui devait caractériser son école, il s'adresse à Louis XVIII en personne et l'engage à laisser de côté les théologiens et les militaires, qui ne servent à rien, et même les légistes et les avocats, les rentiers et les propriétaires oisifs, qui ne sont guère plus utiles, pour s'appuyer uniquement sur les industriels et les travailleurs, en comprenant sous cette dénomination ceux qui travaillent de l'esprit comme ceux qui travaillent de la main, les savants et les artistes comme les simples artisans. Ce sont là, suivant lui, les vrais créateurs de la richesse publique, et les descendants de nos anciens rois ne seront solidement assis sur leur trône restauré que le jour où ils auront gagné leur sympathie et substitué à

---

[1] M. Janet, *Revue des Deux Mondes*, 14 avril 1876.

la monarchie féodale épuisée et décrépite la jeune et forte monarchie industrielle.

Pour compléter ces vues, où bon nombre d'idées fausses se mêlent aux idées vraies et où l'on trouverait peut-être en germe certaines déclamations de notre temps, qui nous ont été très-funestes, contre les armées permanentes, contre les militaires en général, contre les juges, contre les propriétaires oisifs et les rentiers, et jusqu'à l'idée aujourd'hui si sinistre de la commune, Saint-Simon eut recours à une parabole bien connue qui fit beaucoup de bruit et attira fortement sur lui l'attention publique[1]. Il supposait, d'une part, la mort soudaine et inopinée des cinquante premiers savants, des cinquante premiers artistes, des cinquante premiers industriels que la France possédait dans tous les genres, de l'autre, celle de tous les princes du sang, y compris Monsieur, frère du roi, de tous les ministres, de tous les grands officiers de la couronne, de tous les maréchaux, de tous les préfets, et montrait que le premier de ces malheurs serait irréparable, pendant que le second serait très-facilement réparé. Sans doute Saint-Simon avait raison de faire ressortir l'importance, trop peu sentie à d'autres époques, des fonctions de production, mais il rabaissait outre mesure celles de protection et de direction. Qu'est-ce qui nous a manqué, dans une crise récente ? Ce ne sont pas les grands producteurs de toute espèce ; ce sont précisément ces grands hommes de guerre et ces grands hommes d'État dont Saint-Simon

---

1 V. l'*Organisateur*, t. XX, p. 17 des *Œuvres de Saint-Simon et d'Enfantin*.

fait si bon marché et qui nous auraient été si utiles pour tenir tête à ceux de l'ennemi.

Quoi qu'il en soit, Saint-Simon est encore plus libéral dans cette troisième phase de son évolution mentale que dans la seconde. C'est un pur économiste qui tient le gouvernement pour un mal nécessaire, mais enfin pour un mal, et croit que l'État le plus heureux est celui qui est le moins gouverné : c'est juste le contraire de l'opinion que ses disciples professeront un jour, quand ils substitueront à la volonté des individus celle d'un pontife infaillible et tout-puissant et qu'ils érigeront ce dernier en loi vivante. Cependant il faut convenir que déjà, à cette date, il manifestait peu de tendresse pour le régime parlementaire, qu'il considérait comme le triomphe des avocats et des parleurs. Son idéal, c'était le gouvernement de la société par des industriels et par des banquiers assez intelligents pour comprendre que la morale des théologiens avait fait son temps et pour en commander aux savants une nouvelle, qui fût purgée de tout élément mystique et appropriée à l'esprit de l'époque. Après avoir mis les savants à la tête de la société, au début de ses spéculations, il y mettait maintenant les industriels. Plus tard, il changea encore cet ordre hiérarchique et plaça en première ligne les artistes ou hommes de sentiment, en attendant qu'il y mît de véritables prêtres. Ce fut même à ce sujet qu'il eut ses premiers démêlés avec son disciple Auguste Comte, auquel il reprochait de trop sacrifier la partie sentimentale et religieuse de la doctrine à la partie logique et scientifique. Ceci nous amène (car nous ne pouvons passer en revue toutes les publications si peu philosophiques, pour la méthode comme pour la matière, de cet esprit mobile et tout en dehors)[1] au dernier et au plus célèbre de ses ouvrages, au *Nouveau Christianisme,* qui a donné à sa doctrine le caractère distinctif qu'elle gardera dans l'histoire.

Dans ce livre, Saint-Simon semble brûler du désir d'améliorer le sort de la classe la plus nombreuse et la plus pauvre, et il faut lui en savoir gré; mais en même temps il fait une profession de foi assez inattendue. Il déclare qu'il croit à l'origine divine du christianisme, et cela, pour une seule raison, pour l'élévation de sa morale. Il n'a pas l'air de se douter qu'il y a eu des doctrines morales élevées, soit en Grèce, soit à Rome, bien avant l'apparition de la morale chrétienne. Il va plus loin, il croit (il le dit du moins) au caractère divin de l'Église. Elle peut, dit-il, sans inconvénient, être réputée infaillible, quand elle a pour chefs les plus capables et qu'ils conduisent la société vers son unique but, qui est l'accomplissement de la charité. Il pense toutefois que les doctrines de la théologie doivent varier comme celles de la physique et de la chimie ; qu'un seul principe doit être tenu pour éternel et immuable, celui qui est sorti d'une bouche divine, et d'après lequel nous sommes obligés de nous comporter comme des frères les uns à l'égard des autres.

Ce principe étant l'essence même du christianisme, on peut s'en servir, suivant Saint-Simon, pour apprécier le catholicisme, le protestantisme et les autres sectes. Au lieu de recommander aux fidèles, de toutes les manières et sous toutes les formes, la seule chose qui soit

---

[1] V. surtout l'*Industrie*, l'*Organisateur* et le *Système industriel*.

réellement importante, à savoir, d'améliorer la condition physique et morale du plus grand nombre, le catholicisme a le tort de disperser leur attention sur mille conceptions mystiques insignifiantes et sur mille petites pratiques sans valeur. Le protestantisme n'est guère moins répréhensible. Quoi de plus insensé, en effet, que la prétention qu'il a de revenir aux pures doctrines de l'Église primitive, comme si le christianisme avait été parfait dès son origine et n'avait rien gagné dans ses développements à travers l'histoire. La seule religion orthodoxe est le nouveau christianisme, tel que Saint-Simon l'entend, puisque seul il s'empare du principe divin, que les hommes doivent se traiter en frères, pour le faire passer de la sphère de la vie privée dans celle de la vie sociale, et qu'il en tire les conséquences les plus heureuses pour l'espèce humaine. Comment s'y prend-il pour cela ? C'est ce que le nouveau révélateur ne nous dit pas, et pour cause. Il se borne à remarquer que le principe chrétien, dégagé des superstitions qui en paralysaient l'efficacité, remue déjà beaucoup de nobles cœurs, sinon parmi les prêtres, qui sont absorbés par les menus détails du dogme et du culte et qui ont perdu le sens de la religion, du moins parmi les laïques, qui se passionnent sincèrement pour le bonheur de leurs semblables. C'est parmi ces derniers qu'il faut chercher maintenant les vrais chrétiens, et jamais, on peut le dire, on n'en vit un aussi grand nombre qu'aujourd'hui. C'est parmi eux aussi qu'il faut chercher les vrais théologiens : « Le meilleur... est celui qui fait les applications les plus générales du principe fondamental de la morale divine ; le meilleur théologien est le véritable pape, il est le vicaire de Dieu sur la terre. » C'est assez dire que ce pape, que ce vicaire de Dieu est Saint-Simon lui-même. Ce dernier en est d'ailleurs tellement convaincu qu'il s'en arroge déjà l'autorité. Il n'a pas encore dix fidèles dans son Église, et déjà il adresse, comme on peut le voir à la fin de son livre, aux princes et aux rois de graves et sévères leçons.

L'auteur du *Nouveau Christianisme* montre certainement un vif sentiment des devoirs qui incombent aux chefs de la société religieuse et du but suprême auquel leurs efforts doivent tendre, à savoir, l'amélioration physique et morale du sort du plus grand nombre, et ce n'est pas tout à fait sans raison qu'il leur reproche d'avoir quelquefois oublié, pour des fins secondaires, ce but essentiel. Mais, à côté de ces nobles sentiments que nous n'hésitons pas à reconnaître, que de choses fausses et même repoussantes, suivant la remarque d'un philosophe contemporain[1], ce livre ne contient-il pas ? Comment Saint-Simon, qui ne croyait ni à l'Église, ni à Jésus-Christ, ni peut-être même à Dieu, et qui, dans tous les cas, n'a jamais laissé échapper une phrase, un mot, qu'on puisse interpréter comme une aspiration vers le monde invisible, comme un élan de l'âme vers le principe divin, ose-t-il bien nous parler de la divinité du christianisme, de l'infaillibilité de l'Église, de celle de ses docteurs, et afficher la prétention de continuer parmi nous leur tradition ? Il y a là évidemment un défaut de bon sens ou un défaut de franchise, peut-être même l'un et l'autre.

---

[1] M. Renouvier, *Année philosophique*, t. I, p. 24.

Quoi qu'il en soit, ce réformateur avide de bruit ne put pas jouir de la vogue bruyante que ses idées allaient avoir. Son *Nouveau Christianisme* n'était pas encore entièrement imprimé et le journal *le Producteur*, qui allait vulgariser ses doctrines, n'avait pas encore paru, quant il mourut, le 19 mai 1825. La préoccupation de son œuvre et l'espérance du succès, qui l'avaient soutenu dans toutes les circonstances de sa vie, ne l'abandonnèrent point à ses derniers moments : « Vous arrivez, dit-il à quelques disciples qui l'entouraient, à une époque où des efforts bien combinés doivent avoir le plus grand succès. La poire est mûre et vous devez la cueillir. La dernière partie de nos travaux sera peut-être mal comprise. En attaquant le système religieux du moyen âge, on n'a réellement prouvé qu'une chose, c'est qu'il n'était plus en harmonie avec le progrès des sciences positives, mais on a eu tort d'en conclure que le système religieux tendait à s'annuler ; il doit seulement se mettre d'accord avec les progrès des sciences. »

Telle fut la vie et telles furent les doctrines de Saint-Simon. Sa vie est loin d'être irréprochable ; car non-seulement il manqua souvent de dignité personnelle, mais encore il se livra, à un certain moment, s'il faut l'en croire, à une immoralité systématique. Or, il n'est permis ni à un philosophe, ni à personne, de s'inoculer des maladies morales, même dans le but d'agrandir le champ de ses observations. Mais une chose le releva et l'ennoblit, ce fut son dévouement à une idée vraie ou fausse, mais enfin à une idée, pour laquelle il oublia tout et s'oublia lui-même. Ses doctrines furent souvent étranges et erronées. S'il eut le sentiment de la prédominance croissante de l'activité scientifique sur l'activité théologique, il ne sut point faire appel, pour régler désormais la vie humaine, aux sciences morales qui seules la connaissent, ainsi que la liberté qui en est l'essence et le devoir qui en est la loi : il s'adressa tantôt aux sciences physiques qui l'ignorent, tantôt à une théologie frelatée que la foi sincère et la raison indépendante repoussent également. Comme beaucoup d'écrivains de notre pays, qui ne soupçonnent même pas qu'il puisse y avoir place, entre le naturalisme pur et le christianisme bien ou mal interprété, pour une science du devoir sévère, mais profane, il flotte toujours entre les sens et la tradition, sans jamais jeter l'ancre dans le domaine de la conscience morale et de la raison. Mais ces erreurs furent rachetées, chez Saint-Simon, par quelques vues générales pleines de profondeur. Il comprit admirablement la nécessité de rétablir l'unité dans la société divisée avec elle-même en y faisant circuler un même esprit, et il revendiqua, avec une singulière persistance pour la science et l'industrie, ces deux grandes puissances des temps nouveaux, une place dans l'État, qui fût en rapport avec le rôle immense qu'elles jouent et joueront de plus en plus parmi nous [1].

[1] V. sur Saint-Simon, outre les travaux bien connus de M. Louis Reybaud et de M. de Loménie, un morceau important de M. Renouvier *(Année philosophique,* 1867) et un article très-intéressant de M. Janet *(Revue des Deux Mondes,* 15 avril 1876).

II

LES SAINT-SIMONIENS. — LEUR DOCTRINE : LA SCIENCE
L'INDUSTRIE, L'ART, LE PROGRÈS

Malgré son peu de culture philosophique et sa profonde ignorance dans les sciences morales, Saint-Simon était, à tout prendre, un homme supérieur, grâce au don qu'il avait de saisir, comme dans l'éclair de l'intuition, quelques idées générales larges et fécondes. Aussi fit-il, comme on sait, une grande impression sur deux esprits vigoureux, sur Augustin Thierry, qui s'est depuis placé si haut parmi nos historiens, et sur Auguste Comte, qui devait, lui aussi, acquérir par des travaux d'un autre genre une renommée européenne. Après ces disciples éminents, qui le quittèrent de bonne heure, parce qu'ils avaient trop de valeur pour rester longtemps disciples, il lui en vint d'autres qui devaient vulgariser, en les modifiant à leur manière, les diverses parties de sa doctrine. Le premier fut l'israëlite Olinde Rodrigue, qu'il connut dans les bureaux d'un de ces banquiers auxquels il promettait le pouvoir temporel, et qui le fréquenta assidûment durant les dernières années de sa vie. Ceux qui suivirent n'avaient, comme Enfantin, qu'entrevu Saint-Simon, sur la fin de ses jours, ou ne l'avaient connu que par ses écrits ; mais tous étaient fortement pénétrés de ses idées et brûlaient de les répandre. Pour cela, il leur fallait un organe. Ils le trouvèrent dans le *Producteur* dont la fondation avait si vivement préoccupé le maître, à ses derniers moments, et qui parut quelques mois après sa mort. Les principaux rédacteurs furent Olinde Rodrigue, Bazard, Enfantin, Buchez, Laurent, Cerclet et Rouen. Armand Carrel écrivit aussi quelquefois dans la nouvelle feuille, mais sans s'inspirer positivement du saint-simonisme.

Des trois grands points de vue auxquels l'esprit mobile de Saint-Simon s'était successivement placé dans ses spéculations sociales, du point de vue scientifique, du point de vue industriel et du point de vue religieux, ce fut le second qui domina dans le *Producteur*. Enfantin, qui, après être sorti de l'École polytechnique, était entré dans la carrière commerciale et avait étudié les économistes, y traitait des sociétés anonymes et en commandite par actions, de la baisse progressive du loyer des objets mobiliers et immobiliers, des banques d'escompte, du système des emprunts et des impôts, toutes questions qui n'avaient qu'un rapport assez éloigné avec les questions religieuses qu'il devait agiter plus tard. Buchez, en sa qualité de médecin, étudiait la physiologie individuelle et accessoirement la physiologie sociale, préparant ainsi la voie aux hommes politiques que la faculté de médecine a produits de nos jours. Les articles de Bazard, qui avait été mêlé à la politique, comme l'un des chefs du carbonarisme, et ceux de Laurent, qui avait enseigné quelque temps la philosophie, touchaient plus directement aux choses de l'ordre moral. Ils contenaient des vues plus ou moins élevées sur la foi et l'examen, sur l'esprit critique, sur la nécessité d'une nouvelle doctrine générale, ainsi que des appréciations, faites au point de vue saint-simonien, des *Frag-*

ments philosophiques de V. Cousin et du *Mémorial catholique* de Lamennais. Le *Producteur* était rédigé avec talent, il abordait des sujets de la plus haute importance et tâchait de prendre position entre la presse libérale, qui ne comprenait rien au passé, et la presse ultramontaine qui ne voulait rien comprendre à l'avenir. Malgré cela ou plutôt à cause de cela, il était condamné à ne pas réussir dans un temps et dans un pays où la politique militante était seule en possession de passionner l'opinion publique : au bout d'un an, il avait cessé de vivre.

Privés de ce moyen de propager leurs doctrines, les saint-simoniens en cherchèrent un autre : ils essayèrent de les répandre par la parole. Ils ouvrirent, vers la fin de l'année 1828, dans la rue Taranne, des conférences d'un caractère très-sérieux et très-élevé, en même temps qu'ils organisaient des prédications proprement dites sur d'autres points de Paris. Les idées qui devaient faire le fond de ces conférences étaient élaborées en commun, d'une séance à l'autre, dans les réunions du sacré collège, car l'école commençait dès lors à se changer en Église ; Bazard s'en emparait ensuite et les développait oralement, puis Enfantin et lui répondaient aux objections qui pouvaient se produire ; enfin Carnot, Fournel et Duveyrier étaient chargés de la rédaction. Ces conférences furent publiées plus tard (1832), sous le titre d'*Exposition de la doctrine saint-simonienne*. Cet ouvrage contient la plupart des idées du célèbre réformateur, mais coordonnées, transformées et rendues sur plus d'un point, sur la propriété, par exemple, tout à fait méconnaissables. Saint-

Simon, en effet, n'était vraiment pas ce qu'on appelle
de nos jours un socialiste, tandis que ses disciples professent le socialisme le plus net et le mieux caractérisé.

Ainsi ils commencent par établir la nécessité d'une
réorganisation générale de la société et d'un remaniement complet de la science, de l'industrie et de
l'art. S'il est une chose, disent-ils, qui nous inspire
aujourd'hui une admiration sans réserve ; c'est la
science. Cependant, malgré l'éblouissement que nous
causent ses découvertes récentes, il doit être permis de
dire qu'elle n'est pas ce qu'elle pourrait être. D'abord,
la plupart des savants négligent l'étude des théories, qui
ne pourrait leur procurer de quoi subvenir à leurs besoins, et s'attachent uniquement aux applications qui
seules sont lucratives. Et pourtant la partie pratique des
sciences ne tarde pas à s'appauvrir, quand elle n'est pas
alimentée par des théories fécondes. De plus, les
savants, en très-petit nombre, qui consacrent leurs
veilles au perfectionnement des théories se perdent
dans l'observation minutieuse des faits et ne cherchent
pas à établir entre eux une coordination puissante ; ils
font une multitude de travaux particuliers, mais aucune
vue d'ensemble ne les dirige ; ils s'arrêtent à l'analyse,
sans s'élever jusqu'à la synthèse. Si les savants de notre
temps, quel que soit leur mérite, restent bien au-dessous
des Descartes, des Newton, des Leibniz, cela tient à
ce que nulle grande pensée philosophique ne ramène
leurs conceptions à l'unité et à ce que leur regard n'embrasse point un vaste horizon. Il en serait tout autrement
si la science était centralisée, c'est-à-dire si le pouvoir
social rémunérait dignement le perfectionnement des

théories scientifiques, au lieu de l'abandonner à l'initiative individuelle, et s'il tirait parti des beaux génies, qui sont nés pour le bien de l'humanité, au lieu de les laisser végéter stérilement dans des occupations qui leur répugnent.

Mêmes observations au sujet de l'industrie. Dans l'état actuel de la civilisation, elle devrait être une simple déduction de la science. Or, qu'a-t-on fait pour qu'il en fût ainsi, c'est-à-dire pour mettre, sur toute la ligne, les pratiques industrielles à la hauteur des théories scientifiques et pour éliminer complétement les procédés routiniers de la production matérielle? Absolument rien. Quand « un rapprochement s'opère entre la théorie et la pratique, c'est fortuitement, isolément et toujours d'une manière incomplète. Les rapports de la production et de la consommation ne laissent pas moins à désirer que ceux de la production et de la science : *Laissez faire; laissez passer*, tel est l'unique principe des économistes. De là la concurrence avec les crises commerciales qu'elle entraîne, et dont l'organisation du travail est le seul remède.

Quant aux beaux-arts, ils sont aujourd'hui, s'il faut en croire les saint-simoniens, en pleine décadence. Or, c'est là un fait des plus déplorables aux yeux de ceux qui savent que l'art est l'expression la plus haute de l'une des trois grandes formes de notre nature, du sentiment, et qu'il s'élève ou s'abaisse avec lui. Il était, en effet, plein d'élévation et de force dans la cité antique, quand une même passion, le patriotisme, animait tous les cœurs à la défendre ; il n'avait ni moins de vigueur, ni moins de sublimité, au moyen âge, alors qu'un même élan de l'âme, l'enthousiasme religieux, précipitait les peuples de l'Europe contre les musulmans. Mais aujourd'hui que toutes les croyances publiques ont disparu, que tous les sentiments communs sont éteints, le poëte n'a plus de chants ou n'en a que de sinistres ; il ne sent vibrer en lui qu'une seule corde, celle de la plainte : c'est l'ère de l'élégie et de la satire.

Ce tableau de la société présente ne manque ni d'énergie, ni même de vérité. Il est positif que l'art n'a pas toujours offert de nos jours le caractère d'universalité et de calme qui l'a distingué à d'autres époques, et qu'il y a eu parfois quelque chose de trop individuel et même de maladif dans les sentiments qui lui ont servi d'inspiration. Il est incontestable que les sciences n'ont eu ni le caractère théorique, ni le caractère unitaire qu'elles auraient dû avoir, et qu'il n'eût pas été impossible de remédier à cet état de choses, en faisant briller aux yeux des théoriciens d'aussi magnifiques avantages que ceux que les praticiens pouvaient se proposer. Bacon avait déjà émis, au dix-septième siècle, cette grande idée et les saint-simoniens ont bien fait de la reproduire. Quant à l'industrie, ces réformateurs ont eu raison de soutenir qu'elle n'a pas avec la science des rapports assez suivis et assez réguliers ; mais nous doutons que la suppression de la concurrence et l'organisation du travail soient bien propres à guérir les souffrances dont elle est atteinte. Le remède serait, suivant nous, pire que le mal ; car il aurait pour effet d'éteindre l'émulation, de paralyser l'activité et, par conséquent, de diminuer la production générale.

Après avoir décrit la situation de notre société, les

saint-simoniens en recherchent la cause. Ils la trouvent dans le mouvement qui nous a fait passer d'une époque organique, pour parler le langage de Saint-Simon, à une époque critique. On sait en quoi consiste cette division ingénieuse, qui ne manque pas d'analogie avec la distinction des époques spontanées et des époques réfléchies admise par V. Cousin. Une époque organique est celle où tous les éléments sociaux sont intimement unis entre eux et concourent avec régularité et avec ensemble au même but; les époques critiques, au contraire, sont celles où chacune des parties du corps social s'isole des autres et prétend avoir sa vie propre et indépendante, si bien qu'il y a dans la société autant de buts particuliers qu'il y a d'individus qui la composent. La période de l'histoire grecque qui a précédé Socrate, a été une époque organique; celle qui s'étend de Socrate à Jésus-Christ a été une époque critique. Les éléments sociaux, désorganisés par la critique pendant quatre siècles, sont ensuite réorganisés par l'Église et une nouvelle époque organique commence. Elle dure jusqu'à Luther, qui inaugure une nouvelle époque critique, c'est-à-dire une nouvelle ère de destruction. Cette époque est celle où nous sommes depuis trois siècles et d'où nous avons tant de peine à sortir.

Ainsi, ce qui caractérise les époques organiques, c'est l'union et l'harmonie, et ce qui distingue les époques critiques, c'est la désunion et l'antagonisme. Dans les unes, tous les hommes professent, sous le nom de croyances religieuses, les mêmes idées fondamentales; dans les autres, ils ont, sous le nom d'opinions philosophiques, des idées fondamentales divergentes. Dans les premières, ils éprouvent les mêmes sentiments essentiels et les expriment par un culte uniforme ; dans les secondes, ils ont des sentiments essentiels différents et les traduisent par des productions diverses dans les beaux-arts. Bien plus, l'égoïsme et l'individualisme dominent dans celles-ci, tandis que la fraternité et la sociabilité règnent dans celles-là. C'est assez dire auxquelles les saint-simoniens donnent la préférence : disciples infidèles du dix-huitième siècle, ils sacrifient l'examen et la liberté à la foi et à la charité.

Suivant eux, l'organisation du moyen âge devait être détruite parce qu'elle ne répondait plus aux besoins des esprits et qu'elle avait perdu l'estime et la sympathie des peuples ; mais c'est une erreur de croire que l'idée de liberté dont on s'est servi pour la détruire puisse être elle-même un principe d'organisation et de vie. Elle est propre à empêcher l'ancien ordre social de renaître, mais non à engendrer l'ordre social nouveau. M. Cousin, M. Guizot et les autres philosophes qui la défendent, ainsi que le régime constitutionnel qui en est la réalisation, ne s'aperçoivent pas qu'ils défendent un principe et un régime essentiellement provisoires, destinés seulement à marquer la transition entre ce qui fut et ce qui sera. Malgré les services actuels qu'ils rendent à la société, il ne faut donc attendre d'eux rien de définitif. Le libéralisme ne peut que diviser, la critique ne peut que détruire : il n'appartient qu'à la nouvelle doctrine sociale d'unir et de vivifier. Il est impossible de déclarer plus nettement que la liberté n'aura pas plus sa place dans le monde de Saint-Simon que dans celui de J. de Maistre, et que le socialisme ne sera pas plus tolérant que l'ultramontanisme.

Mais cette société organique dont les saint-simoniens nous décrivent d'avance les merveilles est-elle réalisable? Ils en sont bien convaincus. Ils se fondent pour cela sur la doctrine du progrès et établissent cette doctrine elle-même sur l'histoire de notre espèce. L'humanité est, en effet, suivant eux et suivant Saint-Simon, un être collectif qui grandit et se développe comme un individu : le progrès est sa loi essentielle. Or, ce progrès s'accomplit par le passage d'un état organique imparfait à un état organique plus parfait, à travers des crises plus ou moins longues. Il est évident, dans la sphère de l'intelligence, qui est toujours allée s'élargissant et qui a gagné chaque jour plus de terrain sur l'ignorance. Il est manifeste dans le domaine du sentiment ; car, d'un côté, la sympathie de l'homme pour son semblable s'est étendue successivement de la famille à la cité, de la cité à la nation, de la nation à l'humanité, et, de l'autre, elle a substitué graduellement au meurtre des prisonniers l'esclavage, à l'esclavage le servage et au servage le prolétariat. Enfin, il est facile à constater dans le domaine de l'activité matérielle, où la guerre tend de plus en plus à disparaître devant l'industrie, l'exploitation de l'homme par l'homme devant l'exploitation de la seule nature. Si, en effet, on fait encore la guerre aujourd'hui, on n'ose plus avouer qu'on la fait pour la faire ; en rangeant ses soldats en bataille, Napoléon leur dit qu'ils vont conquérir la paix et la liberté du commerce.

Si l'alternance des époques organiques et des époques

critiques est la condition du progrès, et, si le progrès est la loi de l'humanité, l'association universelle, c'est-à-dire la combinaison des forces humaines dans la direction pacifique, est le but où elle tend. C'est un point sur lequel l'histoire largement comprise, comme elle l'a été par Saint-Simon, ne peut laisser aucun doute. Elle constate, en effet, la décroissance constante de l'esprit d'antagonisme et la croissance non moins constante de l'esprit d'association au sein des races humaines, de sorte que tout doit nous porter à croire que les sociétés, primitivement constituées pour la guerre, finiront par se fondre en une seule et vaste association, empreinte du caractère le plus pacifique et dont les divisions ne répondront plus qu'à celles du travail sur la face de notre planète. Cette association sera plus compréhensive et plus étendue que l'association catholique, la plus imposante cependant qui ait existé jusqu'ici ; car celle-ci, aujourd'hui dissoute par les travaux critiques des trois derniers siècles, n'embrassait dans son amour, ne sanctifiait par sa loi qu'un des modes de l'existence de l'homme et ne régnait que sur une portion de l'humanité, tandis que l'association nouvelle sanctifiera toutes les manifestations de notre nature, l'industrie comme la science, la science comme le sentiment, et qu'elle étendra sa domination sur tous les habitants de notre globe. Suivant Saint-Simon, en effet, tous seront appelés et tous seront élus.

Nous aimons, nous l'avouons, cette distinction des époques en organiques et critiques que les saint-simoniens avaient imaginée ; mais nous ne croyons pas qu'on puisse en déduire toutes les conséquences qu'ils en tirent. Ainsi, de ce que ces deux sortes de périodes se sont succédé régulièrement dans le passé (ce qui du reste n'a pas encore eu lieu bien souvent) il ne s'ensuit pas qu'elles se succéderont de même dans l'avenir. Il viendra peut-être un moment ou la critique sera assez avancée et assez forte pour organiser la société d'une manière purement rationnelle et en éliminant les éléments que les saint-simoniens considèrent comme le fond même de l'état organique. Or, dans ce cas, leurs prévisions touchant la prochaine transformation de la société moderne seraient tout à fait en défaut. Ajoutons que ni les époques organiques n'ont tous les mérites, ni les époques critiques tous les défauts qu'il a plu aux saints-simoniens d'y voir. Sans doute, dans les premières, la plupart des sciences sont ramenées à l'unité au sein du dogme, ce qui paraît, au premier abord, une fort belle chose ; mais c'est là une unité imparfaite, qui tient à leur état d'enveloppement et qui ne vaut pas la riche variété qui la suit. C'est l'unité de la fleur qui est encore en bouton et qui ne s'est pas encore épanouie à la lumière. Sans doute la plupart des arts y sont ramenés à l'unité au sein du culte : l'architecture, la sculpture, la peinture, la poésie, la musique, comme Lamennais l'a depuis très-bien remarqué, coexistent dans le temple [1]. Mais ce n'est pas une raison pour qu'elles n'en sortent pas et ne se répandent pas sous mille formes dans la vie civile. Sans doute les hommes ont pu, aux époques reculées, soumettre utilement leur volonté individuelle à celle d'un ou de plusieurs personnages d'élite ; mais cela

---

[1] Lamennais, *Esquisse d'une philosophie*, t. III.

ne veut pas dire qu'ils ne doivent pas, aux époques avancées, aspirer à une sage indépendance. Si les saint-simoniens ne sentent pas cela, c'est qu'ils n'ont pas le sentiment de la personnalité humaine, et s'ils n'ont pas ce dernier sentiment, c'est qu'ils inclinent, comme Saint-Simon, à dénier à l'homme ses attributs distinctifs et à le confondre avec le reste du règne animal.

Quant à cette association universelle à laquelle le saint-simonisme nous convie et qu'il considère comme le but final auquel tend l'humanité, nous ne devons pas trop nous presser d'y croire. Pour établir entre nous une pleine harmonie, il faudrait commencer par nous refaire sur un nouveau plan et avec des éléments tout autres. Il faudrait arracher de notre cœur le sentiment qui nous porte à nous aimer de préférence aux autres hommes et n'y laisser que celui qui nous dispose à nous dévouer pour eux. Mais, comme ce miracle n'est pas près de s'accomplir, nous devons nous attendre à voir encore longtemps ces sentiments qu'on appelle l'amour et la haine, la générosité et l'égoïsme, se mêler dans le tissu de la vie humaine et susciter des mouvements divers de peuple à peuple, comme ils en suscitent d'individu à individu dans les familles les mieux unies. Il en a toujours été ainsi (l'histoire, que les saint-simoniens invoquent si volontiers, est là pour en rendre témoignage), et il n'est pas probable qu'il en soit autrement à l'avenir. Faisons donc tous les sacrifices possibles à la concorde ; mais ne comptons sur la réciproque qu'à moitié. Ce sera mêler à la bonté ce grain de bon sens qui l'empêche de tourner en bonhomie et éviter le désagrément fâcheux d'être interrompus par le canon de l'ennemi au beau milieu d'une tirade sur la paix perpétuelle et sur la suppression des armées permanentes.

III

DOCTRINE DES SAINT-SIMONIENS (SUITE)
LA PROPRIÉTÉ

Jusqu'ici les saint-simoniens se sont bornés à féconder d'une manière plus ou moins heureuse les idées du maître : sur la question de la propriété, ils renoncent à ses vues, généralement conservatrices et aristocratiques, pour adopter des opinions d'un caractère démocratique et même communiste plus ou moins marqué. Si l'exploitation de l'homme par l'homme, suivant une expression qu'ils ont mise en circulation les premiers et qui a fait depuis une brillante fortune, existe encore aujourd'hui, cela tient, disent-ils, à ce que la propriété est encore répartie d'une manière vicieuse. Ce que l'esclave était au maître, ce que le serf était au seigneur, l'ouvrier l'est encore au patron, le fermier au propriétaire, sous une forme plus adoucie, et cela parce que tous les priviléges de la naissance n'ont pas pas encore été abolis et qu'on naît dans certaines familles propriétaire et dans d'autres prolétaire. La cause du mal connue, il est facile d'y remédier : il suffit de supprimer le seul privilége que la Révolution ait laissé debout, la transmission de la richesse par héritage au sein des mêmes familles.

S'il faut en croire nos réformateurs, une telle suppression a pour elle la justice, puisque l'héritage permet à certains hommes de vivre sans rien faire, c'està-dire aux dépens d'autrui. Elle n'a contre elle que des préjugés dont des esprits libres ne doivent tenir aucun compte. On s'appuie, par exemple, pour la défendre, sur cette raison banale, que la propriété est une chose sacrée et immuable. Comme si on n'y avait pas touché à toutes les époques et comme si elle n'avait pas constamment changé quant à sa nature, quant à son usage et quant à sa transmission! Quant à sa nature, car l'homme a été la propriété de l'homme et a cessé de l'être ; quant à son usage, car la propriété a reçu de la loi, suivant les temps, diverses limites ; quant à sa transmission, car, après avoir longtemps légué la plus grande partie de ses biens à son fils aîné, l'homme les partage aujourd'hui également entre tous ses enfants. Puisque la propriété a déjà subi tant de modifications, il est bien naturel, au dire des disciples de Saint-Simon, qu'elle en subisse une de plus. Elle consistera à faire passer les richesses, par voie d'héritage, à l'État, qui est la collection des familles, et non plus aux familles particulières. On prétendra peut-être que c'est là le système de la communauté des biens, qui éteint toute émulation et toute activité, parce que l'homme oisif et l'homme laborieux y sont rétribués de la même manière. Les saint-simoniens le nient et protestent contre une telle assimilation. Leur système, disent-ils, n'est pas celui de l'égalité, mais celui de la hiérarchie ; car les hommes, au lieu d'y être rangés sous un niveau brutal, y sont classés suivant leur capacité et rétribués suivant leurs œuvres. C'est là, en effet, une différence dont il faut tenir compte et qui sépare le saint-simonisme du pur communisme. Dans l'avenir que nos réformateurs appellent de leurs vœux, le seul titre à la propriété sera la capacité en matière de travail pacifique ; car les terres, les usines, les machines, les instruments de travail de toute sorte seront remis aux mains de ceux qui seront les plus capables d'en tirer parti, et leur seul titre à la considération sera dans les résultats qu'ils auront obtenus. Leur nom de propriétaire, s'ils le conservent encore, n'emportera pas l'idée de la possession, mais seulement celle de la direction, de l'emploi et de l'exploitation de la propriété. On ne verra plus alors comme aujourd'hui, s'écrient les saint-simoniens qui partagent les préjugés du maître contre le métier des armes et qui semblent vouloir flétrir aux yeux des populations les braves gens qui les protègent, on ne verra plus des millions de fainéants armés parader sur nos places et vivre des sueurs du peuple. Ils rentreront dans les rangs des travailleurs et contribueront, eux aussi, à la prospérité publique. La nouvelle organisation sera donc juste et féconde tout ensemble.

En ce moment les capitalistes et les propriétaires, qui sont les détenteurs des instruments de travail et qui doivent les distribuer entre les travailleurs, s'acquittent fort mal de leurs fonctions. Comme ils veulent vivre et vivre largement sans rien faire, ils prêtent ces instruments à un prix très-élevé, connu sous les noms d'*intérêt*, de *loyer* et de *fermage*. Il en résulte qu'une charge très-lourde grève, de leur fait, la production annuelle. Comme, d'un autre côté, ils ne reçoivent leur mission que du hasard de la naissance et qu'ils restent étrangers aux travaux dont ils fournissent les instruments, ils rem-

plissent fort mal leur mission de distributeurs de travail.
Il ne faut pas s'en étonner ; car, pour la bien remplir,
ils devraient connaître à fond les rapports de la production et de la consommation, et une telle connaissance
n'est pas commune. Quoi qu'il en soit, ce défaut de connaissances de leur part a les conséquences les plus graves ; il amène la plupart des crises violentes qui désolent
si souvent le commerce et l'industrie. Pour obvier à cet
inconvénient, il faut remettre tous les instruments de
travail aux mains de l'État : c'est toujours là que les
saint-simoniens en reviennent. Seul, suivant eux, il est
placé assez haut pour embrasser d'un vaste regard les
ressources de la production et les besoins de la consommation et pour faire concourir les unes à la satisfaction
des autres. Seul aussi il est assez bien renseigné pour
apprécier sainement les hommes capables, de sorte qu'il
utilisera pour de grandes entreprises industrielles des
talents que de simples capitalistes, abandonnés à eux-
mêmes, n'auraient pas manqué de laisser improductifs.

Les saint-simoniens, qui ont fourni depuis, comme on
sait, tant d'hommes habiles à la finance, entrevoient
déjà le germe de l'organisation qu'ils ont conçue dans
une institution encore fort modeste, mais qui prend
chaque jour plus d'extension, dans l'institution des banquiers. Ceux-ci, en effet, servent d'intermédiaire entre
les possesseurs des instruments de travail et les travailleurs, et comme ils connaissent mieux les garanties que
peuvent offrir ces derniers que des particuliers isolés et
oisifs, ils parviennent sans peine à faire baisser le prix
de loyer des instruments de travail et des capitaux. Ce
n'est pourtant encore là, suivant les disciples de Saint-

Simon, qu'un rudiment grossier de l'organisation qu'ils ont en vue. Une banque ordinaire ne saurait, en effet, ni connaître un bien grand nombre d'industries et d'opérations industrielles, ni apprécier, dans leur ensemble, les besoins respectifs de chacune des parties de l'atelier social, ni activer ou ralentir le travail sur un point donné, suivant les besoins de la consommation. Tout cela ne serait possible que par la centralisation des banques les plus générales en une banque unitaire directrice, qui balancerait les divers besoins de crédit que l'industrie éprouve, et par la spécialisation de plus en plus grande des banques particulières, dont chacune serait affectée à un seul genre d'industrie. Encore faudrait-il, pour que ces deux systèmes de banques produisissent des résultats décisifs, que toute la richesse qui alimente le corps social y passât constamment, comme le sang qui nourrit notre corps, passe constamment dans les deux systèmes veineux et artériel. D'après cette théorie, tout doit être entre les mains du gouvernement, qui est le banquier général : « l'actif du budget est la totalité des produits annuels de l'industrie ; son passif est la répartition de ces produits aux banques secondaires. »

Les saint-simoniens protestent, en terminant, contre l'intention qu'on leur prête de bouleverser la société, en modifiant la propriété dans son essence. L'idée de bouleversement implique celle de recours à la force brutale, et ils ne veulent demander le triomphe de leurs doctrines qu'à l'examen ; elle implique celle de destruction, et ils ne veulent pas détruire, mais reconstruire. Ce qu'ils désirent, ce n'est pas une nouvelle révolution, mais une nouvelle évolution des sociétés humaines.

Nous voulons bien croire que les saint-simoniens étaient sincères dans leurs déclarations ; mais leurs doctrines n'en étaient pas moins dangereuses. En opposant les misères de la société présente aux prétendues félicités dont nous pourrions jouir, si certaines classes d'hommes n'y mettaient pas obstacle, ils allumaient contre ces classes des haines ardentes qui devaient plus tard faire explosion. En représentant les propriétaires comme des oisifs qui exploitent les travailleurs, ils préparaient ceux-ci à revendiquer, les armes à la main, leurs prétendus droits ; car, quand on se croit lésé et qu'on ne peut obtenir justice par des moyens pacifiques, il est naturel qu'on ait recours à la force.

Des assertions si grosses de péril étaient-elles au moins fondées en raison? Nous ne le croyons pas. Les saint-simoniens nous parlent de l'inégalité des fortunes, résultant de l'héritage, comme d'un dernier privilége de naissance qu'il s'agit de détruire. Mais sont-ils bien sûrs que ce soit le dernier? Si les hommes naissent inégaux en richesses, ne naissent-ils pas aussi inégaux en force et en capacité et n'y aurait-il pas lieu de corriger également sur ces deux points les erreurs de la nature? Et si cela n'est pas possible, ne devra-t-on pas au moins traiter le faible aussi bien que le fort, l'incapable aussi bien que le capable? Car enfin, si un homme a moins de force et de capacité qu'un autre, ce n'est pas sa faute. On voit que les conséquences rigoureuses du principe des saint-simoniens renversent la doctrine saint-simonienne. Elles conduisent à substituer à la formule de Saint-Simon, que chacun doit être classé suivant sa capacité et rétribué suivant ses œuvres, celle de M. Louis

Blanc, que chacun doit travailler suivant ses forces et recevoir suivant ses besoins, ce qui est la formule même du communisme.

Les saint-simoniens nous représentent les propriétaires, non comme une classe flottante, toujours ouverte et soumise à des renouvellements continuels, mais comme une classe immobile et fermée, où l'on se transmet de père en fils, depuis de nombreuses générations, le privilège de posséder sans souci une grande fortune et de vivre dans l'oisiveté, du travail des autres. Or, c'est là un tableau de fantaisie et qui ne ressemble pas du tout à la réalité. Il lui ressemble si peu qu'un esprit éminent de ce temps-ci trouve à notre société le défaut précisément contraire à celui que les saint-simoniens lui reprochent. Il se plaint que, depuis la suppression du droit d'aînesse, les familles et les fortunes sont dans une instabilité déplorable, qui oppose un obstacle invincible à l'accomplissement des grandes choses. Un homme qui est à la tête d'une grande industrie importante, ne peut la transmettre à un seul de ses fils, parce que la loi l'oblige à partager à peu près également ses biens entre tous ses enfants : il est obligé de la vendre à un tiers qui la vendra, à son tour, plus tard. Ainsi, dans notre pays, le capital, le travail, l'expérience d'une génération sont perdus pour la suivante : il n'y a pas de tradition. Or, cela nous donne une grande infériorité industrielle à l'égard des pays où les familles et les fortunes offrent plus de consistance. Nous n'avons pas à discuter ici les vues théoriques de M. Le Play ; mais nous devons reconnaître que l'instabilité des familles et des fortunes sur laquelle il les appuie est un fait réel et qui s'explique, du reste, très-bien par nos lois sur les successions. Tous ceux qui connaissent un peu la campagne savent que cette classe de propriétaires oisifs, dont parlent les saint-simoniens, ou n'existe pas ou disparaît tous les jours. Un propriétaire est aujourd'hui obligé de s'occuper de son domaine, comme un commerçant de sa maison, comme un industriel de son usine, sans quoi il ne la garde pas longtemps : au bout d'une génération ou deux, elle passe en des mains plus actives et plus diligentes. Que d'homme ne voit-on pas aujourd'hui qui avaient commencé par être de simples travailleurs et qui sont venus s'installer, vers l'automne d'une vie laborieuse, dans des demeures presque seigneuriales ! N'est-ce pas là le triomphe du travail plébéien, et que peut-on demander de plus pour lui ?

D'ailleurs, la suppression de l'héritage que les saint-simoniens réclament si vivement offre les inconvénients les plus graves. S'il est une fois bien établi que l'homme actif et intelligent ne peut transmettre à sa famille les produits de son travail, il ne travaillera que pour jouir, sa vie durant, d'une certaine aisance et ne songera point à former de grandes entreprises dont ni lui ni les siens ne devront recueillir le fruit. Dira-t-on que ces inconvénients seront largement compensés par la puissante impulsion que l'État donnera aux travaux, quand il possèdera tous les instruments de travail et pourra les faire fonctionner avec ensemble ? C'est là un point qui n'est nullement démontré. Il paraît, au contraire, parfaitement prouvé aujourd'hui que le plus souvent l'initiative de l'État est moins féconde que celle des particuliers et que de simples ressorts, placés dans sa main, ne produiraient pas d'aussi grands résultats que des forces vives, abandonnées à elles-mêmes et se déployant dans toute leur indépendance. Il n'y a pas de protection qui vaille, pour le développement du commerce et de l'industrie, la liberté et la concurrence, parce que l'intérêt personnel, étant plus actif que le dévouement au pays, est aussi plus clairvoyant. Il est singulier que les disciples de Saint-Simon n'aient pas vu cela et qu'ils aient pu oublier sur ce point les anciens principes du maître. Pendant que celui-ci déclare avec les économistes, durant sa phase industrielle, il est vrai, que l'État le plus prospère est celui où le gouvernement agit le moins, ceux-là prétendent que le plus heureux est celui où il ne laisse rien à faire aux citoyens. Ils substituent à cette organisation libérale, qui laisse tout son jeu aux facultés de la personne humaine, une organisation despotique, où l'homme n'est plus qu'une simple machine qui obéit à l'impulsion d'autrui. Peut-être faut-il voir là encore une conséquence de leur conception de l'homme.

IV

DOCTRINE DES SAINT-SIMONIENS (SUITE)
L'ÉDUCATION ET LA LÉGISLATION

Les saint-simoniens appellent de tous leurs vœux l'organisation de l'éducation, comme celle de la propriété ; car l'une ne leur paraît pas moins importante que l'autre. A la différence des moralistes, qui la considèrent surtout comme une discipline propre à perfectionner l'homme pour lui-même, ils la regardent avant tout comme un moyen d'améliorer la société prise dans son ensemble. C'est ce qui ressort de la définition qu'ils en donnent : « L'éducation, disent-ils, est l'ensemble des efforts employés pour approprier chaque génération nouvelle à l'ordre social auquel elle est appelée par la marche de l'humanité. » De l'idéal immuable qui s'impose à chaque homme, par cela seul qu'il est homme, et de l'énergie interne qui lui permet de le réaliser, il n'en est pas question pour les saint-simoniens. On croirait, à les entendre, que l'humanité marche toute seule, indépendamment des individus qui la composent, et que le rôle de ces derniers consiste uniquement à s'adapter au milieu que son mouvement engendre.

Malgré ce défaut capital, qui lui vient du sensualisme du temps, leur théorie pédagogique est intéressante et curieuse. Partant de la division trichotomique des facultés en sympathie ou sentiment, raison et activité, qu'ils n'ont établie scientifiquement nulle part, mais qui tient beaucoup de place dans leur système, les saint-simoniens veulent que l'éducation développe dans l'homme la sympathie, source des beaux-arts, la faculté rationnelle, principe de la science, et l'activité matérielle, instrument de l'industrie. Mais, au-dessus de cette éducation qui forme l'homme en vue de l'art, de la science ou de l'industrie, c'est à-dire de quelqu'une des professions spéciales de la vie humaine, et qu'ils appellent pour cette raison éducation spéciale ou professionnelle, les disciples de Saint-Simon en placent une autre qu'ils ne définissent pas très-nettement, car ils semblent la faire consister tantôt dans la culture de la seule sympathie, tantôt dans celle de nos trois facultés réunies, c'est-à-dire de notre nature tout entière : c'est celle qu'ils nomment indifféremment éducation morale ou éducation générale.

Suivant les saint-simoniens, l'éducation professionnelle est la seule dont on s'occupe aujourd'hui : l'éducation morale est totalement négligée. Il n'y a pas lieu d'en être surpris. Toute éducation morale suppose que le but de la société est nettement défini et ardemment aimé : or, aujourd'hui, disent-ils avec un vif sentiment de nos divisions présentes, non-seulement on ne le connaît pas et on ne l'aime pas, mais encore on ne croit pas qu'il soit possible de le déterminer avec exactitude. La destinée sociale apparaît à la plupart comme un mystère insondable ; car, si on admet un enchaînement dans les faits physiques, on n'en admet pas dans les faits moraux : on s'imagine que, dans cette dernière sphère, tout flotte au gré du caprice et du hasard. Que si quelques esprits plus vigoureux que les autres croient à la possibilité de systématiser l'éducation morale, ils pensent qu'il y aurait plus d'inconvénients que d'avantages à le faire et que ce serait rétrograder vers le despotisme de l'antique Orient ou tout au moins vers la barbarie du moyen âge. Ils ne nient pas que l'homme ait des devoirs envers ses semblables, mais ils sont convaincus que sa raison suffit pour les lui faire connaître, et que l'intérêt personnel et la crainte des lois sont des stimulants assez énergiques pour les lui faire accomplir. Il ne leur vient pas à l'esprit que l'éducation morale puisse jouer là un rôle quelconque ; ils ne demandent qu'à la raison individuelle et à la force matérielle la garantie de l'ordre social.

Voilà certainement des considérations qui ne manquent ni de vérité ni de noblesse et qui mettent dans un très-beau jour l'importance de cette éducation morale qui fait la vie, non-seulement de la société, mais encore de chacun des êtres sociaux. Celles qui suivent ne sont pas moins remarquables.

L'éducation, suivant nos réformateurs, doit principalement s'adresser à la jeunesse; car, le jeune homme a une flexibilité morale qu'il ne possède plus par la suite au même degré. De plus, ses désirs ont tant d'intensité et de fougue que, s'ils ne sont pas dirigés vers le bien, ils se portent inévitablement vers le mal. Enfin, les impressions, bonnes ou mauvaises, qu'il reçoit, sont si profondes que rien ne peut les effacer et qu'il les conservera durant tout le reste de sa vie. Cependant l'éducation ne doit pas cesser avec la jeunesse : elle doit se prolonger dans tout le cours de l'existence ; car l'homme est toujours sollicité par ses penchants, et la prévoyance sociale doit veiller à ce que ceux-là seuls se développent en lui qui sont conformes au but que la société doit atteindre.

Chez les anciens, le citoyen était constamment sur la place publique et avait sans cesse l'esprit occupé des grands intérêts de l'État. Par conséquent, il était placé à un point de vue assez élevé pour embrasser lui-même par la pensée la destinée générale. Cependant on avait senti le besoin de lui révéler d'avance la société dont il faisait partie. Les jeux olympiques, les mystères, les initiations de toute sorte étaient un enseignement vivant qui le préparait de bonne heure au rôle qu'il devait remplir dans la cité. L'homme moderne est placé dans des conditions beaucoup moins favorables que le citoyen antique. Aujourd'hui, la division du travail, qui est si utile à la société, est funeste à l'individu ; car elle tient son esprit constamment fixé sur des détails minutieux et l'empêche d'embrasser un horizon étendu. De là la nécessité d'une éducation qui le replace au point de vue général, dont ses travaux spéciaux l'écartent sans cesse, éducation qui ne peut lui être donnée que par ces esprits privilégiés qui font leur unique étude de la contemplation des faits généraux, et qui agrandissent ainsi les vues de l'espèce humaine. C'est dire que l'enseignement de la morale est absolument nécessaire dans nos sociétés positives et que les esprits généralisateurs en sont les dispensateurs naturels.

Cependant il ne suffit pas, pour exercer sur les hommes une influence salutaire, d'avoir des idées générales : il faut encore éprouver des sentiments généraux et partant généreux ; car ces deux choses vont ordinairement ensemble. La direction de l'éducation, et par suite celle de la société, appartiennent aux plus aimants, c'est-à-dire à ceux qui ont le plus à cœur les destinées sociales. L'importance du sentiment, en matière pédagogique, ressort encore de ce fait, que la science, dans toute son étendue et dans toute sa rigueur, avec l'appareil imposant de ses démonstrations, n'est à la portée que d'un petit nombre. La plupart des hommes manquent et de la capacité et des loisirs nécessaires pour l'aborder. Il convient donc, suivant les saint-simoniens, qui s'accordent parfaitement sur ce point comme sur tant d'autres, avec les catholiques, il convient de leur en présenter seulement les grands résultats et les vues essentielles sous une forme dogmatique. De plus, pour que ces vues aient de l'effet sur eux et les poussent à l'action, il faut qu'elles aient passé par le cœur en même temps que par l'esprit et qu'elles joignent la chaleur du sentiment à la lumière qui leur est propre ; car il n'y a que le sentiment qui nous pousse à agir, parce qu'il n'y a que lui qui nous fasse aimer le but de la vie et qui nous sollicite à y tendre.

Les saint-simoniens complètent cette théorie, en ajoutant que le sentiment s'est de tout temps exprimé sous deux formes différentes, sous celle du culte aux époques organiques, sous celle des beaux-arts aux époques critiques, et que c'est par ces deux grands moyens d'expression que les hommes de cœur ont de tout temps agi sur le cœur de leurs semblables, pour les pousser vers le but que la société regardait comme le meilleur. La confession elle-même, disent nos réformateurs, qui semblent à la fois répondre aux critiques de Paul-Louis Courrier et préluder aux excentricités du père Enfantin, la confession, qui est aujourd'hui si vivement attaquée et que l'on considère comme un moyen de maintenir un despotisme repoussé par les consciences, a eu à d'autres époques sa raison d'être et sa légitimité. Dans le temps où le catholicisme était la doctrine morale la mieux appropriée aux besoins de la société et où tous les cœurs se soumettaient avec amour à son empire, elle n'était qu'un mode de consultation par lequel les hommes les moins éclairés et les moins moraux s'éclairaient auprès de leurs supérieurs en lumières et en moralité. Pendant que la prédication s'adressait à tous et se renfermait dans le cercle des cas généraux, la confession s'adressait à chacun et entrait dans le détail des cas particuliers. Elle donnait à chaque esprit les enseignements, à chaque cœur les consolations dont il pouvait avoir besoin. C'était un moyen d'éducation de la plus haute valeur et plus puissant que tous ceux que les anciens avaient imaginés.

De l'éducation morale ou générale, qui a pour but de former l'homme, les saint-simoniens passent à l'éducation professionnelle ou spéciale qui est destinée à approprier les individus aux divers travaux que comporte l'état de la société. Suivant eux, l'éducation a été jusqu'à présent faussée par le grand fait qui domine tout le passé de notre espèce, par l'exploitation de l'homme par l'homme. Les hommes ayant été distribués, sous l'empire de la force physique, en classes plus ou moins tranchées et immobiles, les enfants ont été destinés à telle carrière ou à telle autre, d'après la condition à laquelle ils appartenaient plutôt que d'après leurs goûts et leurs dispositions naturelles. Aujourd'hui qu'un nouvel ordre de choses a été inauguré, il ne doit plus en être ainsi. Chacun doit entrer dans la carrière où l'appelle, non sa naissance, mais son aptitude, et recevoir l'éducation spéciale qui le rendra capable de la parcourir avec honneur. Le soin de fixer, d'après l'étude de leurs penchants et de leurs dispositions, la vocation des jeunes gens et de leur donner une éducation appropriée constituera pour le corps enseignant de l'avenir une tâche entièrement nouvelle et qui aura des conséquences incalculables. Les fonctions, étant réparties suivant la capacité de chacun, seront exercées aussi bien qu'elles peuvent l'être, ce qui amènera d'immenses progrès dans toutes les sphères où l'activité humaine se déploie ; d'un autre côté, les inclinations contrariées et les vocations manquées étant devenues plus rares, on ne verra plus de ces déclassés et de ces révolutionnaires qui produisent dans la société de si grandes perturbations.

Ce que nous reprochons à ce travail sur l'éducation, c'est de ne pas reposer sur des bases philosophiques assez profondes. Les saint-simoniens sentent vaguement que l'éducation, se proposant de diriger l'homme vers un certain but, suppose une certaine conception de l'homme et une certaine conception de la fin à laquelle il doit tendre ; mais, au lieu d'analyser scientifiquement ces deux conceptions, dont l'une résume toute la psychologie, et l'autre toute la morale, ils les acceptent telles que l'opinion vulgaire les leur fournit et en font les fondements fort mal assurés de leurs spéculations. Ils nous affirment que l'homme a trois facultés ; mais ils ne nous disent pas pourquoi. Ils ajoutent que ces facultés sont le sentiment, l'intelligence et l'activité ; mais ils ne nous disent pas que cette dernière implique la liberté : il s'expriment même de façon à nous faire croire tout le contraire. Jamais, en effet, ils ne nous représentent l'homme comme un agent libre et responsable. Aussi cherchent-ils à le développer par le dehors, comme un animal ou une plante, non par le dedans, comme un être doué de volonté et qu'il s'agit avant tout de mettre en état de se perfectionner lui-même. Ils font l'éloge de la morale ; mais ils n'ont pas l'air d'en avoir une idée bien claire. Ils nous parlent du bien, qui est le but de la vie ; mais ils ne déterminent pas rationnellement et avec précision ce bien souverain, ce suprême désirable, comme l'appelait Aristote. Ils le caractérisent vaguement, en nous disant que c'est le but que la société regarde comme le meilleur, ce qui est subordonner la science à l'opinion. Ils repoussent l'intérêt comme règle de nos actions; mais c'est pour y substituer le sentiment, sans s'apercevoir que le sentiment, tout noble qu'il est, a lui-même besoin d'être réglé par la raison. Ils semblent ignorer les débats qui se sont élevés sur ce sujet à toutes les époques et jusqu'à cette longue polémique de Kant et de Jacobi qui avait eu naguère un si long retentissement. En un mot, ils ne connaissent pas la philosophie et la remplacent tantôt par le sentiment, tantôt par l'opinion. Ils finissent même par la remplacer, à l'exemple de Saint-Simon dans son *Nouveau Christianisme*, par la théologie arrangée à leur façon, et par vanter les pratiques du catholicisme de la manière la plus édifiante, ce qui est une manière commode de se tirer d'affaire, quand on n'est pas moraliste et qu'on veut néanmoins faire de la morale.

Cependant cette étude sur l'éducation, malgré la faiblesse qui la caractérise au point de vue philosophique, offre des vues élevées et des sentiments louables. Les saint-simoniens y montrent, en même temps qu'un vif amour pour l'humanité, une ardente passion pour la diffusion des lumières, et c'est peut-être à leurs théories que deux institutions populaires très-utiles, l'enseignement professionnel et les écoles d'adultes, ont dû leur naissance.

Si les vues de ces réformateurs sur l'éducation sont assez remarquables, il n'en est pas de même de leurs idées touchant la législation, cet autre grand moyen de direction sociale auquel on est bien obligé de recourir, vu l'insuffisance du premier. Ils lui donnent pour fondement, non l'austère raison, qui est incompatible avec le sensualisme, où ils puisent leurs inspirations, mais la sympathie, qui est encore le principe le plus élevé que leur doctrine comporte. Aussi ils se préoccupent moins des moyens de protéger les droits que la raison pratique reconnaît aux citoyens, que de la voie à suivre pour adoucir le sort des pauvres gens qui ont eu le malheur de voler ou d'assassiner leurs semblables : c'est de la sympathie. Ils déplorent (et Dieu sait si leurs plaintes ont trouvé de l'écho parmi nos romanciers !) la condition de ces tristes victimes de notre civilisation imparfaite, qui, faute de direction et d'appui, se sont égarées et sont tombées de l'innocence dans le crime, et du crime dans les prisons, où d'autres malheureux ne tarderont pas à les rejoindre : c'est de la sympathie. Ils déclarent que dans la société future, telles qu'ils la conçoivent, le premier devoir du magistrat sera de s'attendrir sur le criminel et de ne lui administrer que des corrections salutaires : c'est encore là de la sympathie. Sans méconnaître ce qu'il y a de généreux et de philanthrophique dans ces vues des saint-simoniens, il faut bien convenir que ces novateurs inclinent trop à traiter le crime comme on traiterait une fièvre ou toute autre maladie physique, et qu'ils méconnaissent trop cet énergique sentiment de la responsabilité qui nous fait mépriser ce qui est méprisable, haïr ce qui est haïssable et qui ne peut s'éteindre entièrement dans les âmes sans péril pour la civilisation. Après cela, pouvaient-ils faire autrement, les principes tout sensualistes de leur système une fois posés ? Il est évident que non. Ce sont donc, avant tout, ces principes qu'il faut répudier, non-seulement comme faux en eux-mêmes, mais encore comme inconciliables avec les vérités essentielles de l'ordre pratique.

V

DOCTRINE DES SAINT-SIMONIENS (SUITE)
LA RELIGION

Quelle que soit l'importance de la question économique, de la question pédagogique et de la question juridique, elle n'égale pas celle de la question religieuse ; car, suivant qu'on résout cette dernière d'une manière ou d'une autre, tous les faits sociaux prennent un caractère différent. Les saint-simoniens se la posent, comme toutes les autres, non en philosophes, mais en politiques : ils se demandent, non si Dieu existe et si l'âme est en rapport avec lui, mais si l'humanité a ou n'a pas un avenir religieux.

Après avoir résolu tant bien que mal cette question, ils cherchent quel sera, en vertu de la loi du progrès, la religion de l'avenir et essaient d'en tracer les principales lignes. Ils veulent bien convenir que le christianisme, auquel le saint-simonisme doit succéder, enda ru des services : qu'il a brisé les chaînes de l'esclave, qu'il a relevé la femme de son abaissement, qu'il a révélé aux hommes le côté spirituel de leur nature ; mais ils se hâtent d'ajouter (tant ils ont foi dans leurs doctrines !)

que son plus grand honneur sera encore d'avoir préparé
les voies à la religion nouvelle. Bon pour le temps où il
a paru, le dogme chrétien a, en effet, suivant nos réformateurs, des défauts qui frappent tous les yeux et qu'il
importe de faire disparaître au plus vite. Le plus grand
celui auquel se ramènent presque tous les autres, c'est
qu'il implique, au moins à un certain degré, la croyance
a deux principes, à un principe du bien et à un principe du mal.

Cette croyance est partout dans l'histoire de la pensée humaine. Elle est dans le fétichisme qui, parmi les
êtres qu'il déifie, en distingue ordinairement de bons et
de mauvais ; elle est dans le polythéisme, qui reconnaît
des dieux célestes et des dieux infernaux ; elle est dans
les antiques religions orientales, qui nous montrent le
dieu du bien et celui du mal luttant, sans paix ni trêve,
sur tous les points de cet univers ; enfin, elle est dans
le mosaïsme et le christianisme, qui nous représentent
Satan corrompant l'œuvre de Dieu, séduisant notre premier père et faisant entrer, avec le péché, le mal dans
le monde.

Sans doute le christianisme est en progrès sur toutes
les autres religions de la terre, en ce qu'il ne reconnaît
qu'un seul principe éternel, qui est celui du bien, et qu'il
considère les démons comme de simples créatures, qui
étaient bonnes primitivement et qui sont devenues mauvaises par leur faute. Mais il n'en est pas moins vrai
qu'il nous représente l'homme sollicité toute sa vie par
deux principes contraires, qui doivent, au dernier jour,
se partager notre espèce pour toute l'éternité. Il reste
là des traces profondes de la vieille doctrine du dualisme,

bien plus, de l'antagonisme universel. L'instrument dont le mauvais principe se sert pour nous conduire au mal, c'est la chair, ce qui a fait dire à saint Paul : « La chair c'est le péché. » Aussi la religion chrétienne nous prescrit sans cesse la répression des appétits physiques. Que si elle sanctifie le mariage, où la chair a sa place comme l'esprit, elle a grand soin de le mettre au-dessous de la virginité qui exclut toute relation charnelle. Les conséquences de cet anathème lancé contre la matière ont été curieuses. C'est par là qu'il faut expliquer la division des pouvoirs en spirituel et temporel ; le caractère tout spirituel de la poésie que l'Église a couvée sous son aile, et le caractère sensuel de celle qui s'est développée en dehors de son influence ; la nature purement théologique et métaphysique des sciences ecclésiastiques, et la nature toute physique des sciences profanes. Il n'a fallu rien moins que la prépondérance de l'esprit laïque pour élever ces dernières à une certaine hauteur. Quant à l'activité matérielle, l'Église ne l'a pas moins découragée que la poésie des sens et que la science de la matière, en mettant la pauvreté et les privations physiques au rang des vertus. C'était là, en effet, ôter à l'industrie tout stimulant et la faire considérer comme une sorte d'impiété. Contrairement aux religions antiques qui avaient trop donné au corps, elle a trop donné à l'esprit.

Après avoir décrit le mal avec un peu d'exagération, mais assez de finesse, comme on en peut juger, les saint-simoniens en cherchent le remède. Ils croient le trouver dans l'élaboration réfléchie et voulue d'un dogme plus complet que tous ceux du passé, qui donnera à la société un plus large développement, en sanctifiant également tous les éléments qui la composent. A les en croire, le progrès de l'humanité dépend avant tout aujourd'hui de la réhabilitation de cette matière, que le christianisme a si injustement flétrie, et de la réintégration de cet élément dans l'ordre providentiel et au sein de Dieu même. C'est là l'essence du dogme saint-simonien ; nous sommes au cœur de la doctrine. Aussi laissons-nous la parole à ceux qui l'ont conçue : « Dieu, disent ils, est un. Dieu est tout ce qui est ; tout est en lui, tout est par lui, tout est lui, l'être infini, universel, exprimé dans son unité vivante et active, c'est l'amour infini, universel, qui se manifeste à nous sous deux aspects principaux, comme esprit et comme matière, ou, ce qui n'est que l'expression variée de ce double aspect, comme intelligence et comme force, comme sagesse et comme beauté. L'homme, représentation finie de l'être infini, est, comme lui, dans son unité active, amour, et, dans les modes, dans les aspects de sa manifestation, esprit et matière, intelligence et beauté. Nous verrons plus tard quelle transformation cette triple expression de l'existence doit recevoir pour l'homme considéré dans son activité sociale. L'esprit et la matière, sur lesquels tant de discussions se sont engagées et se perpétuent encore, ne sont donc point deux entités réelles, deux substances distinctes, mais seulement deux aspects de l'existence, infinie ou finie, deux abstractions principales à l'aide desquelles nous analysons la vie, nous divisons l'unité pour la comprendre [1]. »

---

[1] *Exposition de la doctrine de Saint-Simon*, p. 410.

Telles sont les idées religieuses des saint-simoniens : ils font de l'esprit et de la matière non plus deux substances distinctes, mais deux faces d'une seule et même substance, qui est la substance divine. Ils tirent de cette conception plusieurs conséquences sociales : la première, c'est qu'en se développant matériellement, l'homme n'accomplit pas une œuvre moins religieuse qu'en se développant spirituellement ; la seconde, c'est que la vie terrestre n'est pas une vie de misère, un temps d'exil et d'expiation, mais une carrière illimitée de progrès, de gloire et de bonheur, où l'homme est appelé à donner un égal essor à toutes les puissances de son être ; car l'âge d'or, suivant la grande parole du maître, n'est pas derrière nous, mais devant nous. Ils professent, comme on voit, en métaphysique, le panthéisme, car ils placent en Dieu la matière et l'esprit ; ils professent, en morale, malgré leurs prétentions humanitaires, une sorte d'épicurisme sentimental, car ils mettent les appétits corporels sur la même ligne que les aspirations spirituelles.

Si on considère ces doctrines dans leur opposition avec les doctrines anthropomorphiques et ascétiques d'une autre époque, on trouvera qu'elles ne sont pas entièrement dépourvues de raison. Elles ne sont, en effet, à certains égards, qu'une forme nouvelle de ce grand naturalisme que la Renaissance avait inauguré en face de l'idéalisme mystique du moyen âge, et qu'une nouvelle protestation de la nature contre ce que Michelet appelle l'antinature. Cependant, à les prendre en elles-mêmes, elles nous semblent fausses et inadmissibles. Agissons conformément à la nature, rien de mieux, mais distinguons en nous la nature animale et la nature proprement humaine, et sans refuser à la première de légitimes satisfactions, subordonnons-la, en toute circonstance, à la seconde. Neséparons pas Dieu et la nature matérielle par un abîme mais ne les identifions pas non plus ; car nous n'arriverions par là qu'à produire un être sans nom, monstrueux assemblage de toutes les perfections et de toutes les imperfections que l'esprit peut concevoir. Les saint-simoniens n'ont su ni suivre de telles règles, ni se prémunir contre de tels écarts. Aussi leur morale n'en est pas une et ne contient rien de ce qu'une morale suppose. La raison et la liberté c'est-à-dire les attributs essentiels de la nature humaine, n'y tiennent aucune place : l'instinct de la sympathie y figure seul, et cela sans y être décrit nulle part, et sans que le droit qu'on lui accorde de gouverner la vie soit nulle part démontré d'une manière sérieuse. Leur métaphysique n'en est pas une non plus. Leur Dieu Esprit et Matière, si sommairement établi, sans l'ombre d'une discussion sur la nature divine et sur les attributs divins, est bien tout ce que l'on peut imaginer de plus grossier. Il nous fait remonter, non pas au panthéisme savant et profond d'un Spinosa ou d'un Plotin, mais au naturalisme des premiers âges de la Grèce, c'est-à-dire à l'enfance et aux premiers bégaiements de l'esprit humain. L'âme n'existe pas non plus à l'état séparé et distinct, pour nos réformateurs : elle n'est, à leurs yeux, qu'un des aspects de la vie abstraitement considéré. Et c'est avec de telles idées sur le devoir, sur Dieu, sur l'âme, c'est avec une telle morale et une telle métaphysique, ou plutôt avec une telle absence de métaphysique et de morale, qu'ils espèrent constituer une religion !

Non-seulement les saint-simoniens professent une doctrine erronée, mais ils y arrivent en suivant une méthode vicieuse. Au lieu de traiter les questions pour elles-mêmes, ils les traitent en vue d'une théorie sociale préconçue qu'ils font entrer dans une métaphysique improvisée pour la circonstance, afin de se donner ensuite le facile mérite de l'en faire sortir. Ils ne font pas valoir des raisons tirées des entrailles mêmes du sujet, mais des raisons purement extrinsèques et qui ne reposent que sur de vagues analogies : ils suivent la méthode analogico-historique [1].

Avant les saint-simoniens, quand on avait une question à résoudre, on cherchait dans la question même des arguments appropriés, pour en obtenir la solution. Étant donné, par exemple, le problème moral, on se demandait si la raison, qui est le trait distinctif de l'homme et le caractère essentiel de notre espèce, n'est pas supérieure aux sens qui nous sont communs avec les animaux, et si ce n'est pas, par conséquent, à la raison, non aux sens, qu'appartient légitimement le gouvernement de notre vie. Étant donné le problème religieux, on examinait si les choses ne s'expliquent pas par un principe parfait plutôt que par un principe imparfait, et en quoi cette perfection consiste ; si elle n'implique pas l'unité, la simplicité, l'immutabilité, l'intelligence, et n'exclut pas leurs contraires. Les saint-simoniens, eux, procèdent autrement. Au lieu d'étudier les questions, ils en étudient l'histoire et prétendent que,

---

[1] V. sur ce point M. Renouvier : *Année philosophique*, 1867, introduction, p. 79.

telle solution en ayant été donnée à une certaine époque, il est bon que maintenant telle autre solution ait son tour. Le corps a été placé au premier rang dans l'antiquité ; l'esprit a été placé au premier rang au moyen âge : il faut aujourd'hui les mettre *ex æquo*. Voilà l'argument qu'il nous donnent en faveur de cette forme de l'hédonisme qu'ils appellent la réhabilitation de la chair. Cet argument leur paraît même si triomphant et ils en ont si peu d'autres à leur disposition, qu'ils s'en servent encore pour établir le panthéisme. Pour les anciens, Dieu était matière ; pour les chrétiens, il est esprit pur ; pour les saint-simoniens, il sera matière et esprit tout ensemble.

Tout cela, comme on voit, est passablement hypothétique, arbitraire, puéril, et assez peu en rapport avec cet esprit positif, rigoureux, scientifique, dont on semble revendiquer pour soi le privilége. Il n'y a donc nulle témérité à soutenir que, si le contenu du saint-simonisme est peu religieux, la forme en est peu philosophique, et que, par conséquent, cette doctrine est une doctrine bâtarde que la religion et la philosophie repoussent également.

Cela ressort non-seulement de l'étude du saint-simonisme considéré en lui-même, mais encore de celle des conséquences sociales que les saint-simoniens en ont déduites. Ces novateurs rejettent avec dédain l'opinion des économistes et des libéraux, que le gouvernement est un mal et prétendent qu'on ne saurait trop étendre et trop multiplier ses attributions. C'est à lui, disent-ils, que doivent appartenir « la détermination du but de l'activité de la société, celle des efforts nécessaires pour l'atteindre ;

la direction à donner à ces efforts, soit dans leur division, soit dans leur combinaison ; le règlement de tous les actes collectifs et individuels ; celui enfin de toutes les relations des hommes entre eux, depuis les plus générales jusqu'aux plus particulières. Bien loin donc d'admettre que l'on doive se proposer de réduire toujours de plus en plus l'action directrice, dans le sein des sociétés, nous pensons qu'elle doit s'étendre à tout et qu'elle doit être toujours présente ; car, pour nous, toute société véritable est une hiérarchie [1]. »

Cette hiérarchie embrassera toutes les sphères de l'ordre social : la religion, la science, l'industrie ; car les saint-simoniens tiennent à ce que l'État prenne l'initiative en toute chose et à ce que l'individu se borne à recevoir l'impulsion. Le pouvoir souverain appartiendra au plus aimant. Ce mortel privilégié possédera à la fois le pouvoir spirituel et le pouvoir temporel ; il sera pape et roi tout ensemble : le prêtre de la science et celui de l'industrie ne seront que ses subordonnés : « il partage entre eux, disent les disciples de Saint-Simon, tous les autres individus, selon leur aptitude à suivre l'une ou l'autre carrière. Placé au point de vue général des besoins de la société, et sachant sur quel point elle manque de science ou d'industrie, il prescrit aux savants et aux industriels, par les chefs qu'il leur a donnés, la direction dans laquelle ils doivent porter leurs efforts, et attribue aux uns et aux autres la part du revenu social qui leur est nécessaire pour remplir la tâche qui leur est imposée [2]. » Il est impossible, comme

---

[1] *Exposition*, p. 428.
[2] *Exposition*, p. 479.

on voit, de disposer plus souverainement des hommes et des choses et d'exercer un pouvoir plus absolu : l'idéal de théocratie que de Maistre a rêvé n'approche pas de celui-là. Le pouvoir du chef de la société (et il faut en dire autant de celui des chefs secondaires) ne sera, en effet, limité par aucune loi, suivant les saint-simoniens; la loi, c'est lui, c'est sa volonté, laquelle constitue non pas une loi morte, mais une loi vivante. « Dans l'avenir, disent-ils, toute loi est la déclaration par laquelle celui qui préside à une fonction, à un ordre quelconque de relations sociales, fait connaître sa volonté à ses inférieurs, en sanctionnant ses prescriptions par des peines ou par des récompenses [1]. » En d'autres termes, la loi c'est le bon plaisir de celui qui commande. Voilà les droits de l'homme et du citoyen bien garantis !

Si la conception politique des saint-simoniens est profondément vicieuse, cela tient, au moins en partie, à la fausse morale sur laquelle elle repose; car avec de la mauvaise morale on ne fera jamais de bonne politique. C'est parce que les saint-simoniens méconnaissent, en morale, la liberté et la personnalité de l'homme, qu'ils nous poussent, nous autres hommes des races latines, du côté où nous penchons déjà, je veux dire à compter sur l'État plutôt que sur nous-mêmes, à chercher notre salut dans des réformes mécaniques et extérieures, non dans la réforme de notre volonté et dans l'énergique développement de nos forces vives. Comme si nous n'étions pas, tous tant que nous sommes, des êtres doués de pensée, de sentiment, d'activité, on tient à nous don-

[1] *Exposition*, p. 485.

ner quelqu'un d'infaillible qui pense, qui sente, qui agisse à notre place. On cherche à nous persuader qu'il fera tout mieux que nous, que nous n'avons qu'à nous abandonner à sa direction et à remercier le ciel de nous avoir mis dans sa main et de nous avoir envoyé un tel sauveur. Ces lâches doctrines ont pénétré dans la politique, dans l'histoire, dans la littérature sous toutes ses formes. Les hommes s'en sont nourris dans les journaux, les femmes et les jeunes gens dans les romans, et elles n'ont pas peu contribué à débiliter notre génération. Elles la débiliteront encore davantage, si le rationalisme libéral ne les étouffe pas et ne les remplace pas par des croyances plus sensées et plus mâles.

VI

L'ÉGLISE SAINT-SIMONIENNE

Les saint-simoniens n'étaient pas de simples spéculatifs : ils avaient, au contraire, la prétention de refaire, d'après un nouveau modèle, toute la société ! Aussi, non contents de répandre leurs idées par les conférences de la rue Taranne, ils essayèrent de les vulgariser par la fondation d'un nouveau journal, l'*Organisateur*. Ils firent plus, ils se constituèrent en famille d'abord et un peu plus tard en Église. Par droit d'ancienneté, le chef de la famille aurait du être Olinde Rodrigues, le premier disciple de Saint-Simon et l'héritier direct de sa pensée ; mais, aux yeux de la nouvelle école, l'ancienneté devait céder le pas au talent, en vertu du grand principe : A chacun selon sa capacité, à chaque capacité selon ses œuvres. C'est pourquoi les deux hommes jugés unanimement les plus capables, Bazard et Enfantin, furent proclamés les chefs ou plutôt les pères de la famille saint-simonienne, au milieu des fidèles réunis, qui se donnèrent, à l'exemple des premiers chrétiens, le baiser de paix. Ce fut le 31 décembre 1829, dans un appartement de la caisse hypothécaire, transformé en cénacle pour la circonstance, que la papauté saint-simonienne fut inaugurée, à la voix du juif Olinde Rodrigues, qui avait eu le premier, suivant la singulière expression d'Enfantin, le sens prophétique de la Bourse et qui avait le premier compris ce qu'il y avait de puissance pacifique dans des hommes comme Rothschild, Laffite et autres banquiers, qui devaient bientôt mener la politique française. École curieuse que celle où l'on mêlait ainsi, sans la moindre ironie et de l'accent le plus convaincu, les choses du ciel et celles de la terre, la religion et la finance, la poésie et la prose !

En même temps que la religion saint-simonienne s'organisait à Paris, comme dans son centre, elle rayonnait de toutes parts vers les provinces et constituait dans nos principales villes, à Toulouse, à Montpellier, à Lyon, à Dijon et à Metz, cinq véritables Églises. Enfantin écrivait à ceux qui en avaient pris la direction des lettres apostoliques, comme il les appelait, pour les mettre au courant des progrès de la doctrine et pour les engager à redoubler d'ardeur. Ces lettres, qui nous paraissent aujourd'hui tantôt communes, tantôt ampoulées, et toujours profondément vides et ennuyeuses, produisaient sur des esprits prédisposés à l'admiration le plus grand effet. La plus célèbre fut sa lettre sur le calme. L'ancien polytechnicien, l'ancien représentant de commerce y prend son rôle de pape tout à fait au sérieux : « Avez-vous bien songé, dit-il, que nous n'avons, Bazard et moi, personne au-dessus de nous, personne que celui qui est toujours *calme* parce qu'il est l'éternel amour. » Puis, passant de la note solennelle à la note attendrie, il songe que cette majesté dont il est revêtu a bien ses misères : s'il est le père de tout le monde, il n'a pas de père, et cette triste pensée lui fend le cœur. Aussi, s'écrie-t-il du ton qu'aurait pu prendre un poëte incompris du temps : « A quel homme dirons-nous : mon père, je vous aime? Quelle bouche s'appuiera sur notre front et nous dira, mon fils, je t'aime? » Mais il se console à la pensée qu'ils vont, lui et Bazard, qu'il emporte toujours avec lui dans les rayons de sa gloire, de pair à compagnon avec Saint-Simon, Moïse et Jésus-Christ. On admirait ces tirades sans pensées et sans style, et (chose plus curieuse!) les derniers survivants du saint-simonisme les admirent encore : « Tel était, écrivent-ils à propos du morceau dont nous parlons, l'exorde d'une lettre qui remua profondément la famille saint-simonienne et dont l'impression devait rester ineffaçable [1].

Cependant le saint-simonisme continuait à faire des progrès. Il s'était transporté de la rue Taranne à la rue Monsigny, où il était plus grandement installé et faisait, en outre, des conférences dans plusieurs autres quar-

---

[1] *Œuvres de Saint-Simon et d'Enfantin*, t. II, p. 166-67.

tiers de Paris. Ses prédicateurs, Barrault, professeur de littérature, Transon, ingénieur des mines, Laurent, que nous connaissons déjà, rivalisaient d'onction et d'éloquence avec ceux qui occupaient les chaires chrétiennes. Le 7 juin 1830, Enfantin écrivait : « Bazard et moi sommes enchantés de Barrault : il a été grand, et ce n'est pas dire assez, notre fils, notre frère a été sublime... Deux fois l'auditoire a tressailli... La vie s'est fait jour. A la place de *messieurs* et *mesdames*, sont venus se placer dans sa bouche ces mots si tendres : *mes fils*, *mes filles*, et cela avec l'inspiration la plus chaude et la plus heureuse, à la suite d'un *qui êtes-vous* et *qui suis-je?* Barrault s'est placé en prêtre ; la prédication est vraiment commencée. » Le 12 juillet de la même année, le pontife le plus entreprenant du saint-simonisme écrivait encore : « Transon a tellement remué un auditoire nombreux hier (hommes et femmes) ; il a été si grand, si beau, qu'il est monté le jour même au collège. » Enfin, le 20 juillet, il ajoutait : « La prédication d'hier, superbe de grandeur, mais moins remuante que les autres. Barrault a fait pour la première fois une invocation à ses pères. — Le père Laurent prêchera probablement dans la quinzaine et je crois que c'est là sa véritable vocation ; il sera vigoureux et bon... Transon est l'apôtre des dames [1]. »

Il y a eu, au dix-septième siècle, des dames cartésiennes et malebranchistes [2] : il n'est donc pas étonnant qu'il y ait eu, au dix-neuvième, des dames saint-simoniennes. Elles commençaient à affluer autour des chaires

[1] *Œuvres de Saint-Simon et d'Enfantin*, t. II, p. 174, 181
[2] V la savante *Histoire de la philosophie cartésienne*, de M. Bouillier.

de la doctrine nouvelle et les deux pontifes comptaient bien faire d'elles d'actifs instruments de propagande. Mais, en même temps qu'ils s'occupaient du côté spirituel du saint-simonisme, ils n'en négligeaient pas le côté matériel. La matière n'était-elle pas réhabilitée et mise sur la même ligne que l'esprit ? L'argent n'arrivait pas encore, mais Enfantin déclarait qu'il viendrait bientôt : « Je vous en donne, disait-il en oubliant un peu sa dignité et son calme, je vous en donne mon billet de pape. » Il arriva, en effet. Les saint-simoniens les plus riches commencèrent à apporter leurs biens aux pieds des princes des apôtres : Fournel, directeur du Creusot, mille francs ; Resseguier, un ardent méridional, autant ; d'Eichthal, trois mille ; d'autres membres anciens ou nouveaux, Duveyrier, Carnot, Lechevalier contribuèrent aussi, chacun suivant ses moyens. La recette était bonne, la pêche des âmes miraculeuse, quand un grave événement imprima au saint-simonisme un mouvement plus accéléré encore : la révolution de Juillet venait d'éclater.

En voyant le trône des Bourbons renversé et le drapeau tricolore flottant dans les airs, Enfantin dit, en souriant, à Bazard et à Laurent : « Eh bien, est-ce le moment d'aller aux Tuileries ? — Pas encore, répondit le dernier. Vos disciples pourront y entrer un jour, à un titre ou à un autre ; mais vous, ce sera plus difficile. » Le socialisme saint-simonien était, en effet, encore trop inconnu des masses pour leur servir de centre de ralliement. C'était un point sur lequel les chefs de la doctrine ne pouvaient se méprendre. Aussi conseillèrent-ils à leurs disciples de ne point se mêler aux agitations du moment et se contentèrent-ils d'adresser au peuple une proclamation fort creuse et fort déclamatoire, comme toutes les pièces de ce genre, mais en somme assez inoffensive. Elle ne parut point telle à quelques députés d'alors. Ils la signalèrent à la Chambre et montrèrent quels dangers pouvait faire courir à la société une secte dont la communauté des biens et celle des femmes étaient les dogmes essentiels. Les deux pontifes répondirent à cette accusation par une pièce justificative assez remarquable, que nous ne reproduirons pas, parce qu'elle a été souvent citée.

A partir de 1830, le saint-simonisme prit un caractère plus démocratique que par le passé et fit usage, avec un redoublement d'ardeur, des deux grands moyens qu'il avait d'agir sur le public, de la plume et de la parole. Un de ses plus brillants écrivains, M. Michel Chevalier, traita, dans l'*Organisateur*, une question palpitante d'actualité, celle des émeutes, et d'Eichthal y aborda la question, si souvent débattue depuis, des coalitions des ouvriers. En même temps, le *Globe*, qui avait joué un si grand rôle sous la Restauration et qui avait servi d'organe à l'élite du parti libéral, se montrant de plus en plus favorable à la jeune école, des pourparlers eurent lieu avec ses rédacteurs, P. Leroux, Lherminier, Sainte-Beuve, et il fut convenu que le journal passerait, avec armes et bagages, dans le camp des saint-simoniens. Quelques jours après, en effet, il paraissait sous le nom de *Globe, Journal de la doctrine de Saint-Simon*, avec l'épigraphe suivante, qui contient la quintessence du saint-simonisme : « Religion, science, industrie, association... A chacun selon sa capacité ; à chaque capacité selon ses œuvres. »

Non-seulement le saint-simonisme se répandait par la voie de la presse, mais il se propageait par celle de la prédication et de l'enseignement. Enfantin, qui continuait à partager avec Bazard le pouvoir spirituel et qui l'exerçait avec toute la gravité d'un pontife de vieille création, non content de dire à Michel, à d'Eichthal, à Duveyrier : « Écrivez ! » avait dit à Barrault et à Laurent : « Prêchez ! » à J. Lechevalier et à Carnot : « Enseignez ! » et à Mme Bazard elle même, comme si elle eût été sur le point de fonder un établissement conventuel : « Claire, vous êtes la première de nos filles ; donnez-nous des filles ! » Aussi chacun s'acquittait de son mieux de la mission que lui confiait si solennellement l'hiérophante. Le saint-simonisme parlait par la voix de ses nouveaux Bossuets et de ses nouveaux Massillons, dans la rue Taranne, dans la salle Taitbout à l'Athénée et dans la rue Monsigny. Il se mettait également en frais d'éloquence en province : Pierre Leroux et Jean Reynaud, qui avaient été envoyés à Lyon comme missionnaires, enseignaient le nouvel Évangile, dans la ville des Pothin et des Irénée, devant des milliers d'auditeurs. La nouvelle Église comptait bien quelques renégats, Lherminier et Margerin, par exemple, mais ils étaient bientôt remplacés par des néophytes pleins d'avenir. C'étaient Guéroult, qui a depuis tenu une place élevée dans la presse, Théodore Bac, qui a figuré avec éclat dans les rangs du barreau, E. Péreire et Stéphane Mony, qui contribuèrent puissamment à la création du chemin de fer de Saint-Germain. En même temps que l'Église saint-simonienne recrutait de nouveaux fidèles, la foi des anciens semblait s'aviver de plus en plus ; car elle se manifestait par des actes et on ne pouvait pas dire d'elle :

> La foi qui n'agit point, est-ce une foi sincère ?

Ils consacraient aux besoins de la communauté des sommes considérables et, l'un deux, Fournel, n'offrait pas à son Église moins de quatre-vingt-neuf mille francs.

Malgré ces signes éclatants de prospérité, le saint-simonisme renfermait dans son sein des germes de dissolution, qui ne tardèrent pas à produire leurs fruits. Il avait deux chefs d'un tour d'esprit fort différent, et qui n'avaient vécu jusqu'alors en bonne intelligence que parce qu'ils avaient senti le besoin de réunir leurs forces contre les ennemis du dehors, mais qui devaient se diviser à l'approche du triomphe. Bazard était un politique d'une austérité relative et chez qui le sens pratique n'était point tout à fait oblitéré ; Enfantin était un pur socialiste habitué à regarder comme réalisables les utopies les plus hardies et les plus contraires aux mœurs du temps. La question qui les mit aux prises fut celle des rapports des sexes.

Les deux pontifes reconnaissaient bien l'un et l'autre que la femme devait être l'égale de l'homme. Le moyen de faire autrement ? Dès que le saint-simonisme condamnait l'exploitation de l'homme par l'homme, il ne pouvait pas tolérer celle de la femme par son conjoint. Le point délicat était de savoir quel degré de stabilité comportait l'union conjugale. Or, Enfantin professait là-dessus les idées les plus audacieuses et les plus étranges. Il voyait dans l'espèce humaine deux catégories de sujets fort dissemblables, les sujets à sentiments constants et profonds, qui s'attachent obstinément et pour toujours à la même personne, et les sujets doués d'affections vives et mobiles, qui trouvent un charme infini à voltiger sans cesse d'une beauté à une autre, sans jamais se fixer à aucune ; d'un côté, les Othellos ; de l'autre, les dons Juans. Or, il paraissait clair au jeune et beau pontife, auquel sans doute les rôles de don Juan ne déplaisaient pas, que, si le mariage définitif était le fait des premiers, le mariage provisoire convenait seul aux seconds : c'était la dissolution, au moins partielle, de la famille et une demi-promiscuité. Il ne s'en tenait pas là ; il voulait que le couple-prêtre, placé au sommet de la hiérarchie saint-simonienne, se mît en rapport intime avec les divers époux et s'assurât par lui-même du genre d'union auquel chacun d'eux était propre : conception impudique qui rappelait les pratiques des sectaires les plus décriés de l'histoire et que, de l'autre côté de l'Atlantique, le chef des mormons n'eût point désavouée. L'honnêteté de Bazard se révolta. Il déclara qu'il n'admettrait jamais de pareilles doctrines et mit les fidèles en demeure de se prononcer entre son collègue et lui. Dans les révolutions sociales, comme dans les révolutions politiques, la victoire est toujours au plus avancé et au plus audacieux. Entre Bazard, qui s'arrêtait à mi-chemin dans la voie que le sensualisme saint-simonien avait ouverte, et Enfantin, qui la suivait jusqu'au bout sans se préoccuper des conséquences, la nouvelle Église n'hésita pas. Elle se prononça pour ce dernier, et Bazard, d'ailleurs épuisé et mourant, ne reparut pas dans son sein. Mais bientôt, après des scènes indescriptibles, pleines d'émotion, d'enthousiasme, de larmes, telles, en un mot, qu'on n'en voit que dans l'histoire des religions les plus sérieuses et les plus touchantes, et où Enfantin déploya inutilement ce don de fasciner les âmes, qui était inhérent à sa personne et qu'on ne trouve plus du tout dans ses écrits, plusieurs membres distingués de l'Église saint-simonienne, et parmi eux des membres du grand collége, la quittèrent, ne pouvant se décider à professer les doctrines immorales de son chef. Il suffit de citer Jules Lechevalier, Abel Transon, Pierre Leroux et Jean Reynaud.

Enfantin restait, il est vrai, maître du champ de bataille, et le gros de la secte demeurait soumis à sa direction ; mais sa victoire était une victoire à la Pyrrhus et fut bientôt changée en une vraie déroute par la désertion d'Olinde Rodrigues, l'héritier direct de Saint-Simon, et, qui plus est, le trésorier de l'Église saint-simonienne. Ce fut alors que le Père suprême, comme on l'appelait, se décida à emmener ses enfants dans une grande maison qu'il possédait à Ménilmontant. Nous nous garderons bien de refaire, après le spirituel auteur des *Études sur les Réformateurs* et de *Jérôme Paturot*, le tableau de la vie que les saint-simoniens menèrent dans cette nouvelle résidence. Contentons-nous de dire qu'ils s'y appliquèrent (puisque aussi bien les circonstances les y contraignaient), à vivre de la vie des travailleurs et à leur servir ainsi de modèle et d'exemple. Cette domesticité qu'ils se proposaient de supprimer pour l'avenir, ils la supprimèrent dès lors entre eux, se rendant les uns aux autres toute sorte de soins fraternels et de bons offices. Ces occupations manuelles, qu'ils voulaient réhabiliter, ils les ennoblirent en s'y livrant eux-mêmes, car ils exerçaient indifféremment et à tour de rôle les fonctions de cuisinier, de sommelier, de jardinier et d'autres encore. La fraternité qui les unissait avait son expression dans un costume gracieux et original, qui était à peu près le même pour tous et qui leur rappelait à chaque instant qu'ils étaient comme les membres d'une même famille.

Cependant la position n'était plus guère tenable, et le Père suprême avait déjà dû se demander bien des fois, dans sa sagesse, comment il sortirait de ce mauvais pas, quand le gouvernement se chargea de l'en tirer et même de le mettre sur un piédestal, où malheureusement il ne sut pas se tenir. Il fut assigné à comparaître devant la cour d'assises, avec Michel Chevalier, Barrault, Duveyrier et même Rodrigues, parce que l'instruction avait commencé avant le schisme de ce dernier. Tout le monde sait comment les choses se passèrent. Les accusés se défendirent, comme des hommes de talent qu'ils étaient et qui n'étaient pas fâchés de poser, non plus devant le public de leurs conférences, mais devant la France entière. Seulement Enfantin, qui avait été longtemps gâté par l'engouement des siens, eut le tort de prendre la cour d'assises pour une Église saint-simonienne et de se flatter qu'il y jouirait de la même faveur et y exercerait le même empire. Il promena à plusieurs reprises et en silence ses regards sur la cour, sur le jury, sur l'auditoire : « Désirez-vous vous recueillir, lui demanda le président un peu étonné? — Non, Monsieur le président, répondit-il en continuant à regarder l'assistance. — Si vous avez besoin de quelques instants de méditation, poursuivit le magistrat, la cour est prête à vous les accorder. — Je n'ignore pas, répliqua Enfantin, la vertu du recueillement, de la méditation, si bien comprise par le christianisme; mais ce n'est pas ce que je désire en ce moment. Je veux agir sur vous par les sens (et il les regardait toujours), par la forme, par la beauté ; je veux essayer sur vous la puissance du regard. » La cour, ne sachant trop si elle devait rire ou se fâcher, condamna Enfantin et ses amis à quelques mois de prison. A partir de ce jour (27 août 1832), l'école saint-simonienne cessa d'être prise au sérieux par le public : on ne put plus y penser, sans se représenter l'attitude du Père suprême prenant une pose fascinatrice et essayant de magnétiser ses juges.

Nous avons cru devoir exposer avec quelque détail l'essai de religion tenté par les saint simoniens, malgré le peu de rapport qu'il semble avoir avec les questions philosophiques, parce que c'est un des phénomènes historiques les plus curieux du dix-neuvième siècle. C'est une chose curieuse, en effet, de voir des hommes intelligents, élevés pour la plupart à l'École polytechnique dans l'étude des sciences exactes et dans la pratique des méthodes modernes, essayer de forger de toutes pièces une religion nouvelle et de la faire accepter par un siècle ironique et moqueur. On ne peut s'expliquer une telle tentative que par la pensée, alors si répandue, que non-seulement il n'y a pas de société sans religion, mais encore qu'une nouvelle évolution religieuse est nécessaire, à certaines époques, pour rajeunir la société vieillie. Bien que cette dernière opinion, qui était celle de Chateaubriand et de Joseph de Maistre, ne fût appuyée que sur le fait assez peu concluant de la transformation du monde romain par le christianisme, elle devait être admise facilement par les saint-simoniens, puisqu'ils étaient convaincus, d'une part, de l'importance des croyances religieuses, de l'autre, du mouvement progressif des choses humaines.

Il ne faut donc pas s'étonner que, de 1828 à 1832, c'est-à-dire à cette époque de fermentation où le romantisme donnait à toutes les imaginations un ébranlement profond, où l'hégélianisme déroulait, jusque dans les murs de la vénérable Sorbonne, ses synthèses hardies et où le libéralisme emportait le vieux trône des Bourbons, le saint-simonisme, à son tour, ait passionné un certain nombre d'hommes jeunes et pleins de feu et ait failli passer à l'état de religion. Si cette transformation n'eut pas lieu, c'est qu'une nouvelle religion ne peut s'imposer qu'à des âmes simples et naïves et que de telles âmes sont assez rares dans un temps comme le nôtre ; c'est qu'elle suppose chez ceux qui la répandent une foi plus ou moins ardente, et que nos apôtres improvisés cachaient mal, sous leur enthousiasme de commande, un certain fonds de scepticisme, c'est enfin qu'elle implique un certain nombre de dogmes, comme ceux de l'existence de Dieu, de la loi du devoir, de la vie future, et que ces dogmes, le saint-simonisme ou les répudiait entièrement ou leur faisait subir de graves altérations.

On voit, d'après tout ce qui précède, quelle a été l'origine et quelle a été la nature du saint-simonisme. Partant du sensualisme du dix-huitième siècle, comme d'une doctrine acquise à toujours et placée désormais au-dessus de la discussion, le saint-simonisme s'est abstenu d'en vérifier les bases. Il ne s'est demandé ni ce que c'est que l'homme, ni ce qu'il peut savoir, ni ce qu'il doit faire, ni ce qu'il peut espérer ; les grandes questions de la psychologie, de la logique, de la morale, de la théodicée, lui sont restées complétement étrangères, il n'a pas été, à proprement parler, une philosophie. Mais, par cela seul qu'il a admis le principe sensualiste, il a été conduit à toutes les conséquences que ce principe entraîne. Ne reconnaissant dans l'homme que les sens, qui lui sont communs avec les autres animaux, et méconnaissant la raison et la volonté, qui lui sont propres et qui constituent sa personnalité, il a déféré le gouvernement de la vie, tantôt à la sympathie, qui est un instinct supérieur, mais enfin un instinct, tantôt et plus logiquement à tous les instincts sans distinction, et préconisé la sensualité dans tous ses écarts, y compris la promiscuité.

Voilà sa morale. Sa pédagogie n'en est qu'une application. Elle ne consiste pas, en effet, dans cet art d'*élever l'homme*, qui n'a de sens que pour ceux qui admettent dans notre nature une partie inférieure et une partie supérieure, mais dans celui de le dresser, comme un animal, de manière à le rendre propre à produire abondamment tout ce qui sert à satisfaire ses tendances sensibles. Le même dédain de la personnalité humaine et des grandes fins de la vie éclate dans la manière dont il organise la société qu'il livre tout entière aux mains de quelques individus, qui en disposeront arbitrairement et sans contrôle. Ici, comme toujours, le sensualisme engendre le despotisme. On s'élève quelquefois contre les principes d'une compagnie célèbre, qui veut que l'homme soit sous la main de son supérieur, comme un bâton dont il fait tout ce qu'il veut. Or, c'est précisément là la doctrine du saint-simonisme dans l'ordre politique et religieux. Il traite l'homme comme un instrument inanimé, comme une simple machine, et il ne faut pas en être surpris, puisque son fondateur expliquait tout par l'attraction, c'est-à-dire par le mécanisme, et voyait dans chacun de nous une machine comme une autre. Uniquement préoccupé de la matière et de ses lois, le saint-simonisme n'a exercé une influence heureuse que dans l'ordre matériel. Il a favorisé la création de nos grands établissements de crédit, poussé à la construction de nos premiers chemins de fer, conçu l'idée de ces expositions immenses où l'industrie du globe entier vient étaler ses merveilles. Reste à savoir si ces résultats, qui auraient sans doute été obtenus sans lui, suffisent pour compenser le mal qu'il a fait dans l'ordre moral et politique en émoussant le sentiment du devoir et celui du droit. Quant à nous, nous ne le croyons pas [1].

---

[1] V. sur l'influence du saint-simonisme, Sainte-Beuve, *Nouveaux Lundis*, t. IV, p. 145, article « Guéroult. »

CHAPITRE II

CHARLES FOURIER ET L'ATTRACTION PASSIONNELLE

La vie de Fourier et ses premiers travaux. — L'association agricole et l'attraction passionnelle. — Les douze passions radicales. — L'éducation phalanstérienne. — Le mécanisme de l'attraction passionnelle. — Les évolutions de la société et de la nature. — La vie future. — L'école de Fourier. — Conclusion.

I

LA VIE DE FOURIER ET SES PREMIERS TRAVAUX

La doctrine de Fourier a cela de commun avec celle de Saint-Simon qu'elle n'est pas née dans l'enceinte de l'Église ou de l'école et qu'elle n'a pas été le simple développement de quelque tradition antique et respectée, mais qu'elle a jailli, pour ainsi dire, des entrailles mêmes du siècle et en a été une des productions les plus spontanées et les plus vivantes. Comme Saint-Simon, Fourier s'inspire de ces idées sensualistes qui avaient été semées à pleines mains dans l'âge précédent, et ne conçoit pas de plus magnifique idéal que celui d'une ample satisfaction donnée aux tendances de notre vie sensible. Comme lui, il s'enivre du spectacle de la grande industrie partout triomphante des forces de la matière, et ne voit rien de si beau que le globe entier soumis à tous les caprices de l'homme. Comme lui enfin, il commence à réfléchir sur l'organisation de la société sous le Directoire, c'est-à-dire à une époque où la France était dans un état de complète dissolution, non-seulement au point de vue politique, mais encore au point de vue moral et religieux, de sorte que les spéculations les plus audacieuses et les plus contraires à notre nature s'y produisaient impunément. Il n'y avait plus, en effet, ni dans les idées, ni dans les institutions, de principe généralement accepté auquel on pût se référer comme à une règle invariable de pensée et de conduite : mœurs, croyances, lois, tout était remis en question et la raison individuelle ne connaissait plus de frein. C'est par là, et aussi par la vie de l'auteur, qu'il faut expliquer le caractère étrange qu'offre la doctrine phalanstérienne.

Charles Fourier naquit à Besançon, le 7 avril 1772. Il montra, dès l'âge le plus tendre, s'il faut en croire le docteur Pellarin, son biographe, beaucoup de goût pour les fleurs, pour la musique, pour la géographie et pour les petits pâtés, et (chose singulière!) chacune de ces passions a laissé, comme on le verra plus tard, sa trace dans ses livres. Il avait pour père un marchand de drap et eut de bonne heure sous les yeux, sans pouvoir s'y habituer ni en prendre son parti, le spectacle des fraudes commerciales. Puni, à l'âge de cinq ans, pour avoir dit la vérité, avec une candeur enfantine, à un client qu'on voulait abuser, il en conçut, à l'égard de la duplicité en matière de commerce, une haine que le temps et l'expérience devaient encore envenimer. Devenu lui-même commerçant, il voyagea successivement à Paris, à Rouen, à Lyon, et finit par s'établir dans cette dernière ville, où il fonda un magasin d'épiceries. Il avait mal pris son temps pour cela ; car, bientôt après, la ville s'étant révoltée contre la Convention, fut assiégée par l'armée républicaine, et les denrées du pauvre épicier disparurent dans la bagarre. Sa tête même faillit y rester ; car il fut jeté dans les prisons de la Terreur, d'où il eut bien de la peine à sortir. Les dangers qu'il avait courus durant cette partie critique de son existence le brouillèrent avec la Révolution et avec la philosophie qui l'avait provoquée, et c'est sans doute à cela qu'il faut attribuer en partie la haine dont il les poursuit dans tous ses ouvrages. Ils ne le disposèrent pas mieux, comme on pense bien, à l'égard du commerce, qui ne lui avait procuré que des déboires ; mais il se résigna à s'y livrer encore pour gagner sa vie. Nous le retrouvons, quelques années après, à Marseille, dans une situation qui ne dut pas lui faire voir cette profession sous un plus beau jour. Il s'était placé chez des négociants avides qui le chargèrent plusieurs fois de jeter à la mer des provisions de denrées qu'ils avaient laissé pourrir pour attendre une hausse : « Moi-même, dit-il, j'ai présidé, en qualité de commis, à ces infâmes opérations, et j'ai fait un jour jeter à la mer vingt mille quintaux de riz qu'on aurait pu vendre, avant leur corruption, avec un honnête bénéfice, si le détenteur eût été moins avide de gain [1]. »

Ce sont là des indications précieuses et qui décèlent assez bien le point de départ et la direction des pensées de Fourier à cette époque. Nous en avons d'autres qui ne sont pas moins caractéristiques et qui projettent aussi la clarté la plus vive sur le mouvement de cet esprit si singulier, mais si actif et si sincère. Dans un discours qu'on pourrait rapprocher, toutes proportions gardées, du *Discours de la Méthode,* car il contient aussi et des règles curieuses et de curieuses confidences intellectuelles, Fourier nous raconte le changement qui se produisit en lui à cette date. Il avait, dit-il, été longtemps indifférent au problème des destinées, parce qu'il le jugeait insoluble ; mais il fut tiré de sa torpeur par la Révolution, qui lui posa la question de manière qu'il se sentit entraîné irrésistiblement à l'agiter. En présence de l'affreux spectacle qu'elle offrait à ses yeux, il commença à soupçonner qu'il pourrait bien y avoir, par delà ces sciences morales et politiques, qui avaient fait aux nations de si pompeuses promesses et qui n'avaient entassé que des ruines, une science sociale plus capable de faire le bonheur de l'humanité. Ce qui le portait encore à le croire, c'étaient les maladies sans nombre dont le corps social est affligé, telles que l'indigence, la privation de travail, le monopole commercial, les succès de la fourberie : Ne sont-ce pas là, disait-il, autant de fléaux dont la persistance, en face de l'industrie moderne, semble prouver qu'il y a dans le monde quelque

---

[1] *Quatre Mouvements*, p. 239.

grand renversement de l'ordre naturel et que la société se meut dans un sens contraire aux lois que Dieu lui avait primitivement tracées ? On ne peut remédier à de si grands maux qu'en revenant à l'ordre de la nature, et on ne peut trouver cet ordre qu'en doutant de l'excellence de cette civilisation si vantée et en s'écartant des routes suivies, pendant tant de siècles, par les sciences incertaines que la catastrophe de 93 a discréditées sans retour. C'est la double règle de méthode que Fourier appelle, dans son langage expressif, le *doute absolu* et l'*écart absolu*.

Cette méthode une fois adoptée, Fourier ne l'appliqua pas immédiatement, comme on pourrait le croire, aux problèmes de l'ordre le plus élevé. Il ne fut amené à discuter ces derniers que graduellement et parce que, toutes les questions étant liées entre elles, derrière celles qu'on résout s'en dressent toujours d'autres qui demandent aussi leur solution. Il commença par étudier des questions de commerce, d'industrie, de politique courante, comme il convenait à un commerçant, et ce ne fut que peu à peu qu'il arriva à se poser le problème des destinées. Le livre où il consigna les premiers résultats de ses méditations sur ce grand sujet, était intitulé : *Théorie des quatre mouvements*, et parut à Lyon en 1808. Ce qui y domine et frappe tout d'abord, c'est l'esprit de chimère qui obsède Fourier, c'est l'ambition démesurée qu'il a de remanier et de refondre complètement le monde moral, le monde social et le monde physique lui-même. On reconnaît à ces prétentions le solitaire qui traverse la vie sans s'y mêler suffisamment et que le sentiment d'autrui n'avertit jamais de ce qu'il y a d'excessif dans le sien propre.

Suivant notre auteur, la vie de l'univers se manifeste sous quatre formes, qui sont le mouvement social, le mouvement animal, le mouvement organique et le mouvement matériel. Il faut découvrir les lois de ces mouvements divers pour posséder la science universelle et avec elle la félicité parfaite qui en est la conséquence. C'est là le problème qui a été posé par Dieu, non-seulement aux habitants de la terre, mais encore à ceux de tous les globes et qu'ils doivent s'efforcer de résoudre. On ne l'avait jusqu'ici résolu que partiellement ; car, Newton et Leibniz n'avaient découvert que les lois du mouvement matériel, le moins élevé de tous. Fourier l'a résolu complétement, car il a découvert les lois des quatre mouvements, c'est-à-dire les lois de la vie universelle. En présence d'une découverte si prodigieuse, qui surpasse, à elle seule, tous les travaux scientifiques accomplis depuis l'existence du genre humain, les civilisés ne doivent avoir pour le moment d'autre objet que d'en vérifier l'exactitude. Cela fait, ils pourront jeter au feu toutes leurs théories politiques, morales, économiques, et s'apprêter à passer du chaos social actuel à l'harmonie universelle qui les attend.

Dans la première partie du livre, qui est adressée aux curieux, l'auteur annonce, comme la chose du monde la plus simple et la plus naturelle, que la terre doit vivre quatre-vingt mille ans, ni plus ni moins : cinq mille ans de malheurs et d'épreuves (c'est la période ascendante que nous traversons en ce moment et qui heureusement touche à sa fin) ; soixante-dix mille de bonheur et de prospérité (c'est la période d'apogée qui comprend elle-même plusieurs subdivisions) ; enfin, cinq mille ans de maux et de calamités de tout genre (c'est la période descendante, qui mettra fin aux destinées du globe que nous habitons). Notre planète a, en effet, suivant Fourier, son enfance, son âge mûr et sa vieillesse, et il ne faut pas en être surpris ; car, d'après ce singulier rêveur, les planètes ont des âmes et même des sexes, ni plus ni moins que les êtres vivants qui nous environnent.

La deuxième partie de l'ouvrage, qui est à l'adresse des voluptueux, est presque aussi excentrique que la précédente ; car notre réformateur ne prend guère moins de liberté avec les lois du monde moral qu'avec celles du monde physique. Ainsi, il ne peut pas comprendre que les civilisés, comme il les appelle, aient pu supporter jusqu'ici une institution comme le mariage permanent : Elle est, dit-il, à la fois pénible pour l'homme et pour la femme et semble avoir été inventée par un troisième sexe, qui voulait se donner le malin plaisir de faire le malheur des deux autres. Fourier, qui est un esprit méthodique et classificateur, lui attribue huit inconvénients bien comptés : le malheur hasardé, et il y va de celui de toute la vie ; la dépense, dont on ne se rend bien compte que quand il est trop tard ; la vigilance, sans laquelle la dépense n'aurait pas de bornes ; la monotonie, dont la fréquentation des cafés, des cercles et des spectacles par les hommes mariés rend si hautement témoignage ; la stérilité, qui déjoue tous les projets d'avenir des époux ; le veuvage, qui réduit le survivant au rôle de forçat ; l'alliance, le plus souvent si fâcheuse, et enfin une dernière disgrâce, à la fois affligeante et ridicule, à laquelle il est presque impossible d'échapper, car elle se produit sous une multitude de formes différentes. Le seul remède qu'on puisse utilement appliquer à tant de maux est la liberté amoureuse, principe de toute perfection et de tout bonheur. Les peuples les meilleurs et les plus heureux sont, en effet, ceux où la femme jouit de la liberté la plus grande, les Otaïtiens parmi les sauvages, les Japonais parmi les barbares, les Français parmi les civilisés. Qu'on lui accorde, ainsi qu'à l'homme, une indépendance complète, et la félicité humaine ne connaîtra plus de bornes. Telle est la conclusion fort peu édifiante à laquelle Fourier arrive, à travers mille détails scabreux, qu'il exprime avec une liberté de langage tout harmonienne, mais que les exigences de nos mœurs civilisées ne nous ont pas permis de reproduire.

Nous ne voulons pas vider ici le procès que Fourier intente au mariage, parce que nous aurons occasion d'y revenir. Bornons-nous à remarquer que si le mariage permanent était une chaîne aussi lourde qu'il lui plaît de le soutenir, sans le savoir par expérience, puisqu'il a toujours vécu célibataire, il serait difficile de comprendre comment ceux qui en sont délivrés par la mort de leur conjoint se hâtent si généralement de la reprendre. Ajoutons que, s'il a huit inconvénients bien caractérisés, le mariage provisoire que l'auteur des *Quatre Mouvements* voudrait lui substituer en a encore plus : il suffit, pour s'en convaincre, de considérer le viveur blasé, qui traîne tristement les restes d'une existence inutile autour d'un foyer désert, songeant avec amertume à l'emploi qu'il a fait de sa vie et à celui qu'il en aurait pu faire ! Comment supposer d'ailleurs que cette noble monogamie, que les races supérieures de notre planète ont établie peu à peu parmi les hommes et qui règne maintenant sans contestation chez l'élite de notre espèce, au grand avantage de la civilisation, puisse disparaître désormais et faire place au régime sauvage ou plutôt bestial de la promiscuité ?

Le caractère lubrique du livre de Fourier ne s'accuse pas seulement dans la seconde partie, qui est adressée aux voluptueux, mais encore dans la troisième, qui avait été écrite pour les esprits critiques. L'auteur remarque, en effet, tout d'abord, que le passage de l'ordre civilisé à l'ordre harmonien aurait pu être brusqué pendant la Révolution, si les philosophes avaient eu des vues plus larges, une humeur plus entreprenante et un sentiment plus net de la situation. Ils n'avaient qu'à opposer à la religion ancienne, qui est celle de l'austérité, une religion nouvelle, celle de la volupté, dont ils se seraient institués les prêtres et les pontifes. Il y avait là, ajoute-t-il, un grand coup à faire, et il est d'autant plus étonnant qu'ils ne l'aient pas tenté, qu'ils avaient sous la main un instrument éminemment propre à leur assurer la victoire, la secte des francs-maçons qui était admirablement organisée et qui se serait prêtée le mieux du monde à une entreprise de ce genre. Au lieu de cela, ils se bornèrent à fonder le culte de la *déesse Raison* et la *Théophilanthropie*, deux religions mortes avant d'être nées ; car elles ne s'adressaient ni aux sens, ni aux passions, les seuls ressorts par lesquels on mène les hommes, mais à la pure intelligence. Ils ne comprirent pas qu'en face d'une religion qui divinise les privations, il fallait hardiment en poser une qui divinisât les voluptés ; car on ne triomphe d'une passion qu'à l'aide d'une autre. C'est, comme on voit, le programme de la religion saint-simonienne, tracé vingt ans d'avance par un réformateur d'une autre école.

Les réflexions de Fourier sur le commerce sont plus justes et dénotent un esprit versé dans la matière. Il fait voir avec autant d'esprit que de bon sens que parmi nous un voleur peut impunément s'approprier le bien d'autrui, pourvu qu'il prenne enseigne de marchand et qu'il donne à sa friponnerie le nom adouci de banqueroute. Il y a là quelques pages finement touchées, qui montrent que Fourier, dont le style est ordinairement très-bizarre, n'écrivait pas mal, quand il exprimait des idées qu'il possédait bien et qui lui tenaient au cœur. C'est de la littérature de bon aloi et marquée au bon coin [1]. Il ne critique pas l'accaparement avec moins de bonheur que la banqueroute : il le représente comme « le plus odieux des crimes commerciaux en ce qu'il attaque toujours la partie souffrante de l'industrie. » Ceux qui le pratiquent « font, suivant lui, dans le corps industriel, l'effet d'une bande de bourreaux qui iraient sur le champ de bataille déchirer et agrandir les plaies des blessés. » Il ne ménage pas non plus ce qu'il appelle le parasitisme commercial. N'est-il pas étonnant, dit-il, que, dans un siècle où on a poussé l'économie jusqu'aux détails les plus minutieux, on ne se soit pas aperçu que la principale économie doit être l'économie des bras ? Or, c'est dans le commerce qu'on les économise le moins.

[1] *Quatre Mouvements*, p. 229, 230, 231, 232.

On emploie trois ou quatre mille personnes à la répartition des aliments nécessaires à la consommation d'une ville, là ou trois ou quatre cents suffiraient, à peu près comme on employait autrefois, avant l'invention des moulins, cinquante ouvriers à triturer le grain que broie aujourd'hui une seule meule. En matière commerciale, nous en sommes encore à l'enfance de l'art. Le monopole, dont les Anglais étaient en possession, au moment où Fourier publia son livre, et la grande lutte à laquelle il donna lieu, fournissent également à notre auteur le texte de considérations curieuses. Il y voit, dans le cas où l'Angleterre triompherait du continent, comme dans celui où le continent triompherait de l'Angleterre, un acheminement à l'unité administrative du genre humain, c'est-à-dire à la ligue fédérale du globe et à la pacification universelle.

Nous avons beaucoup insisté sur ce premier ouvrage de Fourier, non-seulement parce qu'il contient en germe tous les autres, mais encore parce que les critiques que l'auteur s'y permet contre la société de son temps font comprendre comment il fut amené à imaginer une société nouvelle. Parmi les vues qu'il y développe, celles qui ont trait aux abus du commerce ne sont pas entièrement dénuées de raison, malgré l'exagération dont elles sont empreintes. Quant à celles qui se rapportent à la création d'une religion nouvelle et à l'établissement de l'unité du genre humain, elles ne supportent pas un seul instant l'examen. En les émettant sérieusement, le célèbre réformateur montre qu'il n'a pas le sens de la réalité historique. Il ne comprend pas ce que de Maistre avait si bien dit dans un livre publié quelques années auparavant, et ce que les saint-simoniens devaient démontrer plus tard par leur exemple, qu'une religion ne saurait être fabriquée artificiellement, mais qu'elle doit être produite par la végétation spontanée de la société et en être comme l'épanouissement naturel. Il ne voit pas non plus que, si la paix universelle doit jamais régner dans le monde (ce dont il est permis de douter), un fait aussi considérable ne pourra être amené que lentement, par le cours insensible des choses et non décidé, sur un champ de bataille ou autour d'un tapis vert, par deux ou trois capitaines ou par deux ou trois diplomates, et qu'en attendant cette paix qui est si problématique, il faut se préparer à la guerre qui l'est beaucoup moins, si l'on ne veut être la proie des populations qui ne respirent que les combats et sur lesquelles les prédications pacifiques n'ont aucune prise.

II

DE L'ASSOCIATION AGRICOLE ET DE L'ATTRACTION PASSIONNELLE

Fourier avait terminé son livre des *Quatre Mouvements* par un avis aux civilisés, où il leur recommandait de ne plus se battre, parce que les édifices comme ceux d'aujourd'hui tomberaient bientôt à vil prix, faute d'être appropriés aux exigences de l'ordre de choses qu'il allait inaugurer : il les engageait à employer de préférence leurs capitaux à acheter des carrières et des bois de haute futaie, qui devaient infailliblement augmenter de valeur, dans un avenir prochain, vu la multitude des nouvelles constructions que nécessiterait l'établissement de l'état sociétaire. Ces paroles naïves prouvent quelle foi il avait en ses idées et de quelles illusions il se berçait, en les communiquant au public. Mais il s'aperçut bientôt que le monde était moins pressé qu'il ne l'avait cru de s'arracher aux horreurs de la civilisation et de se mettre sous l'heureux régime de l'harmonie. Après comme avant l'apparition du livre, il continua d'aller le même train, sans avoir seulement l'air de se douter qu'un sauveur lui était venu, qui devait lui procurer sur cette terre une félicité céleste. Ce ne fut même que huit ans après (en 1816) que Fourier eut la fortune de trouver dans la personne de M. Muiron, chef de division de la préfecture du Doubs, son premier et longtemps son seul disciple.

Cependant cet insuccès ne le découragea pas. En 1822, il publia sous le titre d'*Association agricole*, qui fut depuis changé en celui d'*Unité universelle*, un nouvel ouvrage où il exposait en détail toutes les parties de son système et le fit suivre, en 1829, d'un autre plus bref et plus méthodique, intitulé : *Nouveau Monde industriel*, qui est comme un résumé de toute la doctrine.

Pour remédier aux maux qu'il a précédemment décrits et qui résultent soit du ménage morcelé et du mariage permanent, soit de la concurrence, qui est actuellement l'âme du commerce, notre réformateur propose aux hommes de former une immense association, qui aura pour base l'agriculture et qui finira par embrasser dans ses cadres le genre humain tout entier. Il montre que les avantages de l'association sont incalculables et qu'ils ont été de tout temps, sinon compris, au moins sentis au sein même du chaos de la vie civilisée, comme l'attestent certaines pratiques de la vie rurale : « Un village de cent familles, dit-il, reconnaît que, s'il fallait construire, entretenir et chauffer cent fours, il en coûterait, en maçonnerie, combustible et manutention dix fois plus que ne coûte un four banal. » On reconnaît aussi que, « si chaque ménage faisait sa bière, comme il fait son vin en pays de vignobles, cette bière coûterait environ le décuple de celle du brasseur, qui trouve le gage de l'économie dans une grande entreprise, préparant pour un millier de personnes, » sans compter qu'elle serait d'une qualité inférieure, « les petits ateliers ne pouvant réunir ni les connaissances ni les moyens qu'on rassemble dans les grands. » Tout le monde convient aussi que, si chaque soldat, au régiment, chaque religieux, au monastère, était, obligé de faire sa chétive cuisine, les frais seraient au moins triples et la nourriture moins bonne, de sorte qu'il y a tout profit à substituer la gestion unitaire à la gestion morcelée et incohérente.

Comment, s'écrie Fourier, les politiques, qui ont agité tant de questions minutieuses et inutiles, ne se sont-ils jamais demandé s'il n'y aurait pas moyen de développer ces germes d'économie sociétaire et d'étendre à l'ensemble de la société ce qui a si bien réussi dans certaines de ses parties? Ne serait-il pas possible, par exemple, d'amener trois cents familles de cultivateurs à se constituer en une réunion d'actionnaires, où les biens seraient exploités en commun et où chacun serait rétribué suivant son capital, son travail et son talent? Ces gens-là n'auraient-ils pas un grand avantage à avoir pour eux tous un grand grenier bien surveillé, au lieu de trois cents greniers exposés à l'humidité et aux charançons; une seule cuverie, meublée de quelques foudres économiques et gérée habilement, au lieu de cent petites cuveries et de mille petits fûts où le vin aigrit et moisit trois fois sur quatre?

Fourier continue longtemps sur ce ton et expose les bénéfices de l'association d'une manière réellement très-plausible et très-séduisante: « Osons, dit-il, envisager l'immensité des économies sociétaires dans les plus petits détails. Cent laitières, qui vont perdre cent matinées à la ville, seraient remplacées par un petit char suspendu portant un tonneau de lait. Cent cultivateurs, qui vont avec cent charrettes ou ânons, un jour de marché, perdre cent journées dans les halles et les cabarets, seraient remplacés par trois ou quatre chariots que deux hommes suffiraient à conduire et à servir. Au lieu de trois cents cuisines, exigeant trois cents feux et distrayant trois cents ménagères, la bourgade aurait une seule cuisine à trois feux et trois degrés de préparation pour les trois classes de fortunes ; dix femmes suffiraient à cette fonction qui, aujourd'hui, en exige trois cents. On est ébahi quand on évalue le bénéfice colossal qui résulterait de ces grandes associations [1]. »

Tels sont les principaux avantages de l'association.

---

[1] *Unité universelle*, t. I, p. 11.

Mais, pour qu'elle donne tous les résultats qu'elle comporte, il faut, suivant Fourier (et ici nous entrons dans le cœur de son système), il faut que les associés soient attirés ou plutôt entraînés au travail par un charme invincible et trouvent plus de bonheur à s'y livrer qu'à ne rien faire ou à se divertir. Il s'agit donc de découvrir un mode d'association qui détermine une attraction ou plutôt un entraînement de ce genre : « Jusqu'ici la politique et la morale ont échoué dans leur projet de faire aimer le travail : on voit les salariés et toute la classe populaire incliner de plus en plus à l'oisiveté ; on les voit dans les villes ajouter un chômage du lundi au chômage du dimanche ; travailler sans ardeur, lentement et avec dégoût. Pour les enchaîner à l'industrie, on ne connaît, après l'esclavage, d'autres véhicules que la crainte de la famine et des châtiments : si pourtant l'industrie est la destinée qui nous est assignée par le Créateur, comment penser qu'il veuille nous y amener par la violence, et qu'il n'ait pas su mettre en jeu quelque ressort plus noble, quelque amorce capable de transformer les travaux en plaisirs[1] ? » Ce ressort, cette amorce existent : c'est la passion ou, pour parler le langage de Fourier, l'attraction passionnelle.

Jusqu'à présent la passion a eu un caractère subversif, au point qu'on a pu se demander si, au lieu d'être fille du ciel, elle ne serait pas issue de l'enfer en droite ligne. Dans tous les temps et dans tous les lieux elle a produit, en se développant, un certain nombre de fléaux auxquels Fourier donne le nom bizarre de fléaux *lym-*

---

[1] *Unité universelle*, t. II, p. 14.

biques, parce qu'ils sont particuliers aux lymbes obscures, aux sombres labyrinthes dans lesquels le mouvement social est encore engagé. Ces fléaux sont l'indigence, la fourberie, l'oppression, le carnage, les intempéries outrées, les maladies provoquées, le cercle vicieux, l'égoïsme général et la duplicité d'action sociale. Pour y remédier, les moralistes et les législateurs ont combattu la passion même, soit au nom du devoir, soit au nom du code, au lieu de chercher à modifier le milieu où elle se développe et de l'abandonner ensuite à son essor naturel, duquel seul peut résulter l'universelle harmonie. Le devoir et le code viennent des hommes : la passion, l'attraction vient de Dieu. Elle est le seul interprète connu entre lui et l'univers, et au lieu de résister à son action, il faut lui obéir; car Dieu a voulu que l'attraction passionnelle jouât dans le monde social le même rôle que l'attraction matérielle joue dans le monde physique.

Fourier s'exprime quelquefois au sujet de cette loi merveilleuse avec une naïveté qui fera sourire les métaphysiciens, comme, par exemple, quand il dit que, si l'auteur des choses ne l'a pas établie dans le principe sous l'inspiration de sa sagesse souveraine, l'*expérience qu'il a acquise*, en gouvernant les mondes inférieurs, a dû plus tard le porter à l'établir. Mais quelquefois il en parle avec une élévation qui rappelle les spéculations des penseurs les plus éminents. A l'exemple de Malebranche, qui ne se lassait pas d'admirer la Providence dans la simplicité de ses voies, Fourier s'extasie sur l'art avec lequel Dieu a su économiser les ressorts, en faisant d'une loi comme l'attraction passionnelle une révélation et une impulsion tout ensemble, puisque, en même temps qu'elle nous révèle clairement le bien, elle nous y pousse énergiquement par l'appât du plaisir. Il se rapproche encore, à son insu, de l'illustre oratorien, malgré ce qu'il y a de charnel dans sa doctrine, quand il cherche à établir que la loi qu'il a découverte satisfait à toutes les exigences de l'ordre moral, en ce qu'elle agit sur la liberté sans la détruire ; « car on reste libre, dit-il, quand on n'obéit qu'à l'attrait et qu'on trouve son plaisir dans cette obéissance. » C'est ce que Fourier appelle, dans un langage presque mystique, « le concert affectueux du Créateur et de la créature. » Enfin il semble se borner à donner une formule précise à cette assertion de l'auteur de la *Recherche de la Vérité*, que les inclinations sont aux esprits ce que les mouvements sont aux corps, quand il affirme que l'attraction régit également l'homme et l'univers, sans quoi il y aurait solution de continuité dans l'ensemble des choses, brisement et dédoublement dans le régime de la création, ce qui serait diamétralement contraire au grand principe de l'analogie universelle.

Telles sont les idées de Fourier, d'une part, sur l'association agricole, de l'autre, sur l'attraction passionnelle, qui en est le fondement. Celles qui se rapportent au premier point sont pour la plupart assez plausibles et le genre humain, comme le célèbre réformateur le reconnaît, n'a pas attendu sa venue pour en apprécier la valeur et pour les mettre, au moins partiellement, en pratique. L'institution du four banal et l'établissement des cafés, des restaurants, des cercles le prouvent suffisamment. Il y aurait peut-être moyen d'étendre encore à d'autres objets le principe de l'association et de réaliser ainsi de notables économies ; mais quant à l'étendre à tout, cela ne paraît pas possible : la nature humaine s'y oppose. Tout en reconnaissant les économies qu'on peut faire, en se réunissant pour vivre à une table commune, comme les moines ou les soldats, chacun aime assez à avoir un chez-soi et à manger son propre pot-au-feu, dût-il être moins succulent. Les enfants d'une même famille n'ignorent pas, quand ils se marient, qu'il y aurait plus d'économie pour eux à rester tous ensemble sous le même toit, avec leurs père et mère, et à exploiter ensemble leurs biens communs, qu'à établir cinq ou six foyers différents. Ils n'hésitent pourtant pas à prendre ce dernier parti. La raison en est bien simple, c'est qu'ils éprouvent le besoin de vivre de la vie propre et indépendante que comporte la vraie personnalité, au lieu de rester confondus dans une sorte de promiscuité. En cela, ils obéissent à une tendance naturelle, à une attraction universelle, car elle agit toujours et partout de la même manière et produit les mêmes effets à toutes les époques et sous toutes les latitudes. Fourier ne s'aperçoit pas qu'en exagérant le principe d'association il a contre lui cette même attraction dont il s'est constitué le révélateur et l'apôtre.

Quant à la doctrine de l'attraction passionnelle, elle ne manque pas de grandeur et rappelle par plus d'un point ces antiques conceptions de la philosophie grecque naissante, qui faisaient de l'amour l'unique principe des choses et soumettaient à une loi commune et le monde physique et le monde moral, au lieu de les considérer comme deux sphères distinctes et plus ou moins indépendantes l'une de l'autre. Cependant elle est loin d'être irréprochable et prête le flanc à plus d'une objection. Quand Fourier parle de l'attraction et qu'il nous dit qu'elle régit tous les êtres, ou il prend ce mot *attraction* dans le sens propre, ou il le prend dans le sens figuré. Dans le premier cas, il ramène les lois de la vie et de la pensée à celles du mouvement et fait de l'histoire naturelle et de la morale de simples applications de la géométrie et de la mécanique. Dans le second cas, l'attraction dite passionnelle n'ayant plus rien de commun que le nom avec l'attraction matérielle, cette unité absolue de toutes les sphères de la création que Fourier avait rêvée s'évanouit et disparaît entièrement. Ajoutons que la passion ou attraction passionnelle qui sollicite l'être humain est d'un ordre plus élevé et plus noble que celle qui sollicite le simple animal, parce qu'elle est constamment modifiée par la pensée et gouvernée par le libre arbitre, si bien qu'entre elle et la passion pure et qu'entre elle et l'attraction matérielle, à plus forte raison, il y a un abîme. N'est-ce pas vouloir tout brouiller et tout confondre que d'assimiler trois choses aussi dissemblables et que de partir de cette assimilation pour se lancer dans une longue série de conséquences? Enfin, si l'homme doit se conduire uniquement par passion, comme Fourier le prétend, pourquoi Dieu lui a-t-il donné la pensée et la liberté? Pourquoi a-t-il mis en lui des facultés qui ne doivent servir à rien? Ce grand principe de l'économie des ressorts, que le grand réformateur invoque si volontiers, se retourne contre lui. Nous sommes des êtres pensants et libres en même temps que des êtres passionnés : pourquoi veut-il que nous agissions par passion, non par réflexion et par liberté, et que nous obéissions à une partie de notre nature, et encore à la moins noble, non à notre nature tout entière ? Ce surplus de notre nature qu'il nous engage à mettre en suspicion ou tout au moins à regarder comme non avenu, pourquoi donc l'avons-nous reçu ? Il y a là une contradiction dont il est impossible à Fourier de sortir.

Le défaut que nous signalons ici dans la système fouriériste est celui de tout naturalisme, de tout sensualisme conséquent. L'auteur tend, sans oser affirmer nettement cette tendance, à expliquer l'homme par la nature, la vie intellectuelle et morale par la vie sensible, et la vie sensible elle-même par le pur mécanisme, en un mot, le supérieur par l'inférieur, le plus par le moins, l'être par le non-être, ce qui est absurde. Au lieu de concevoir le monde comme un tout plus ou moins homogène, soumis à une loi unique, il aurait dû l'envisager comme un tout composé de parties solidaires, mais de plus en plus relevées et régies par des lois de plus en hautes : au bas de l'échelle, des êtres qui ne possèdent que l'étendue et la capacité de recevoir le mouvement ; au-dessus, ceux qui sont doués de vie et de sensibilité ; au-dessus encore ceux qui ont en partage la raison et le libre arbitre et qui, sans cesser d'obéir aux lois des êtres inférieurs, ont néanmoins des lois qui leur sont propres et qui sont en rapport avec leur essence. Alors il aurait compris que, si le bien des êtres vivants et sentants n'est pas dans l'étendue et le mouvement, mais dans la vie et le sentiment, le bien des êtres libres et raisonnables n'est pas dans la vie et le sentiment, mais dans la raison et la liberté. Il aurait vu que notre loi n'est pas l'attraction passionnelle, mais le devoir, ce devoir qu'il a tort de regarder comme purement artificiel et conventionnel ; car il est naturel au premier chef, puisque, s'il n'émane pas de notre nature inférieure et animale, il a son principe dans notre nature supérieure et vraiment humaine. L'unité qu'il préconise et la diversité qu'il méconnaît se seraient ainsi conciliées, dans son système, au sein d'un terme supérieur qui est l'harmonie.

III

DES DOUZE PASSIONS RADICALES

Après avoir cherché à établir que l'attraction passonnelle est la loi de l'homme, comme l'attraction matérielle est celle des choses, et que le monde moral et le monde physique ne forment ainsi qu'un seul et même système, Fourier étudie l'attraction passionnelle en détail et s'efforce d'en déterminer les fins principales et les principaux ressorts. C'est sa théorie des passions, théorie fort vicieuse à certains égards, comme nous le verrons tout à l'heure, mais fort curieuse, fort neuve et qui abonde en observations justes et piquantes.

L'attraction passionnelle tend à trois buts ou foyers et nous y pousse par douze aiguillons ou passions radicales, cinq sensuelles, quatre affectueuses et trois *mécanisantes*, comme notre auteur les qualifie. Les cinq sensuelles ont pour but le luxe, soit le luxe interne, qui comprend la santé, la vigueur corporelle et le raffinement des sens ; soit le luxe externe, qui se résume dans la richesse : elles répondent aux cinq sens. Les quatre affectueuses ont pour but les groupes : ce sont l'amitié, l'ambition, l'amour, le familisme, dont les deux premières engendrent les groupes les plus grands ou majeurs ; et les deux autres, les groupes les plus petits ou mineurs. Les passions dites mécanisantes, auxquelles Fourier donne les noms bizarres de *cabaliste*, *papillonne* et *composite*, ont pour but la mécanique des passions ou celle des séries de groupes, ce qui signifie qu'elles tendent à faire concorder les cinq ressorts sensuels et les quatre ressorts affectueux et à réaliser ainsi l'harmonie, soit en jeu interne, soit en jeu externe, c'est-à-dire à faire régner la paix dans l'individu et dans la société tout à la fois. Il est remarquable, en effet, que les diverses passions se contrarient dans le même homme et qu'il ne peut guère satisfaire l'une sans mécontenter les autres. S'il donne trop à l'amour, l'ambition gronde et réciproquement ; s'il lâche la bride à la gourmandise, sa santé en souffre, et, s'il se préoccupe trop de sa santé, la gourmandise réclame. Les passions ne produisent pas moins de désordres au dehors de nous qu'au dedans. Celles de chacun sont en opposition avec celles de tous, de sorte que la société n'est, à vrai dire, qu'une guerre sourde, mais permanente, de l'individu contre la masse et de l'individu contre lui-même. Pour établir un peu d'ordre, soit dans l'homme, soit entre les hommes, les moralistes nous conseillent de réprimer nos passions ; mais ce n'est pas de les réprimer qu'il s'agit : c'est de les harmoniser en déterminant leur mécanisme naturel, sans en réprimer aucune. Il suffit pour cela, s'il faut en croire Fourier, de donner un libre essor, dans un milieu approprié, aux trois passions mécanisantes : elles établiront spontanément, entre les neuf autres, par contre-poids de plaisirs, ce bel équilibre qu'on nomme la sagesse. Ajoutons, pour ne rien oublier, que toutes ces passions ont pour couronnement l'*unitéisme,* qui nous porte en toute chose, comme son nom l'indique, à l'unité d'action et qui tend à réaliser l'harmonie universelle. Enfin, il est bon de savoir qu'elles forment, en se combinant entre elles, 810 caractères, qui se divisent, pour employer la singulière terminologie de notre réformateur, en *solitones, bitones, tritones, tétratones, pentatones, hexatones,* suivant qu'une, deux, trois, quatre, cinq, six passions maîtresses y dominent et y donnent le ton. Ainsi, Henri IV était un *tétratone,* Bonaparte, un *hexatone.*

La première des passions mécanisantes dont traite Fourier est la papillonne. C'est, comme l'indique son nom, le besoin de voltiger de plaisir en plaisir et de passer périodiquement d'une situation à une autre, de manière à rompre agréablement la monotonie de l'existence. Ce besoin se fait sentir modérément d'heure en heure et vivement de deux heures en deux heures, et, s'il n'est pas satisfait, l'homme tombe dans l'ennui et la langueur. Il ne faut donc pas vaquer plus d'une heure et demie ou de deux heures de suite à la même occupation. Il en résultera que le travail aura toujours de l'attrait et qu'on s'y portera toujours avec ardeur.

La cabaliste consiste proprement dans l'esprit d'intrigue et de cabale. Elle joue un rôle important chez les ambitieux, chez les commerçants et dans les différentes corporations, où elle apparaît comme une des formes les plus curieuses de l'esprit de corps. Ce qui la caractérise, c'est qu'elle mêle toujours le calcul à la passion et qu'elle opère avec réflexion et célérité tout à la fois. Elle est pour l'esprit humain, dit Fourier, qui se montre ici observateur fin et sagace, un besoin si impérieux qu'à défaut d'intrigues réelles, il en cherche de factices dans le jeu, au théâtre et dans les romans. Si vous avez chez-vous des personnes qui s'ennuient, le meilleur moyen de les désennuyer est de leur mettre des cartes à la main ou de les faire entrer dans quelque cabale plus ou moins artistement tissue. Les hommes possédés de cette passion meurent de langueur, s'ils ne peuvent la satisfaire. Rien de plus malheureux que l'homme de cour exilé dans une petite ville de province sans intrigues, si ce n'est le commerçant retiré des affaires et qui ne peut plus se livrer à ses cabales mercantiles. Le propre de la cabaliste est de provoquer des rivalités ardentes entre les groupes assez rapprochés pour pouvoir se disputer la palme : c'est pourquoi il importe si fort qu'il y ait entre eux rapprochement ou compacité. Les groupes qui cultiveront des fruits fort différents ne rivaliseront pas entre eux, tandis que ceux qui en cultiveront d'à peu près semblables seront jaloux et discordants. Or, leurs discordances et leurs jalousies seront on ne peut plus favorables à l'excellence des produits, aux jouissances des consommateurs et à l'intimité des sociétaires du même groupe, qui se montreront d'autant plus unis entre eux que la victoire sur ceux du groupe voisin aura été plus disputée. Mais, pour que la cabaliste donne ces brillants résultats, il faut que le goût des consommateurs réponde à l'ardeur des producteurs. Si ces derniers avaient affaire à un public morose, mangeant uniquement pour vivre et dédaignant tout raffinement en matière d'alimentation, les producteurs ne seraient point stimulés à perfectionner leurs produits et les comestibles resteraient aussi mauvais, dans cet Eldorado que Fourier appelle harmonie, qu'ils le sont en civilisation.

La composite produit des accords d'enthousiasme. Elle diffère de la cabaliste en ce qu'au lieu d'être une fougue réfléchie, elle est une fougue aveugle, qui exclut tout calcul, tout raisonnement : c'est la plus romantique des passions. Elle naît de l'assemblage de plusieurs plaisirs des sens et de l'âme goûtés à la fois : quand elle résulte de plusieurs plaisirs du même ordre, soit animiques, soit sensuels, elle a un caractère bâtard. Elle s'appliquera à tous les travaux sociétaires, dans le monde que Fourier imagine et remplacera, ainsi que la cabaliste, comme aiguillon et stimulant, la crainte de mourir de faim, la peur du dépôt de mendicité et la plupart des mobiles avilissants qui poussent seuls aujourd'hui au travail certains civilisés. La papillonne aura aussi sa part dans cette substitution du travail attrayant au travail forcé. Le célèbre réformateur résume tout cela dans une formule bien connue : Les séries, dit-il, doivent être rivalisées par la cabaliste, qui engendre les discords entre les groupes contigus, quand ils forment une échelle compacte et serrée ; elles doivent être exaltées par la composite, qui résulte de plusieurs plaisirs des sens et de l'esprit goûtés simultanément ; elles doivent enfin être engrenées par la papillonne, qui soutient les deux autres passions, en prévenant la satiété et la langueur.

Fourier ne se lasse pas de célébrer ces trois passions maîtresses qui donnent à la vie tant de mouvement et tant de charme. La papillonne, dit-il, produit la santé, grâce aux séances courtes et variées qu'elle détermine, tandis que le principe contraire engendre des maladies de toute sorte. L'homme qui se livre douze heures par jour au même travail, soit de la culture, soit de bureau, n'exerce pas, comme il le devrait, toutes les parties de son organisme. C'est bien pis, s'il continue ce même travail dans des conditions semblables, pendant de nombreuses années. De là viennent les rhumatismes et l'obésité de la classe riche, les hernies de la classe ouvrière et les autres maladies qui résultent pour le corps humain du défaut d'équilibre, tandis qu'en variant leurs occupations et leurs plaisirs, en exerçant tour à tour leurs diverses facultés, tant corporelles que spirituelles, les hommes seraient dans l'état le plus heureux possible.

La cabaliste n'est pas moins utile que la papillonne au bonheur de l'espèce humaine. Aussi, pendant que les moralistes la blâment, les économistes et les littérateurs cherchent à l'exciter par les controverses en matière d'affaires et de beaux-arts. Ils font bien; car c'est par là que le goût se raffine et que les jouissances augmentent. Au contraire, nos corps constitués qui demandent l'esprit de paix, dans leurs messes d'installation, ont grand tort, car, si l'esprit de discorde et de cabale, qui existe parmi les hommes venait tout à coup à disparaître, la société resterait plongée dans une éternelle torpeur.

Quant à la composite, elle est tellement inhérente à la nature humaine qu'on méprise tout homme qui a le goût des plaisirs simples, c'est-à-dire de ceux où l'âme et le corps ne sont pas de moitié. Quel cas fait-on de celui qui a une bonne table, mais qui en profite seul, au lieu de relever par le charme d'une réunion amicale le plaisir des bons morceaux ? Quelle estime a-t-on pour celui dont l'ambition ne vise qu'à un intérêt sordide ou à une gloire chimérique, au lieu de fondre ces deux tendances en une seule plus noble que l'une et plus positive que l'autre ? Quel état fait-on de celui qui n'aime qu'avec ses sens ou qu'avec son âme, au lieu de fortifier et d'exalter ces deux affections en les réunissant ?

Il résulte de tout cela que, dans la pensée de Fourier, le travail attrayant et le bonheur parfait, qui en est la conséquence, sont déterminés « par ces trois moteurs les plus réprouvés de la morale, par deux fougues contrastées que tempère l'inconstance, » ce qui revient toujours à dire que c'est à la passion, non au devoir qu'appartient le gouvernement de la vie.

Cette curieuse théorie peut donner lieu à plusieurs observations graves. D'abord l'auteur, qui spécule tant sur la passion, ne la définit nulle part et n'en fait nulle part une analyse exacte et précise. Tous les philosophes reconnaissent que la passion, considérée dans son élément primitif qui est l'instinct, est essentiellement bonne et légitime et qu'elle a été donnée à l'homme dans l'intérêt de sa conservation et de son développement, de sorte que la raison n'a d'ordinaire qu'à en approuver les impulsions. Mais tous ils remarquent aussi qu'elle est susceptible d'une surexcitation, qui peut la rendre funeste et au sujet qui l'éprouve et à ceux qui l'environnent, et qu'alors elle doit être sévèrement réprimée. Cette distinction qu'il importait tant de bien faire, Fourier ne l'a faite qu'à moitié et n'en tient nul compte dans la pratique, sous le beau prétexte qu'il a une recette pour ôter à la passion le caractère subversif et malfaisant qu'elle affecte quelquefois et pour la rendre de tout point inoffensive. La conséquence la plus claire de cette doctrine, c'est, comme on l'a vu, la glorification de la passion, même dans ses déviations et ses écarts, à la seule condition qu'elle se déploie dans un milieu où elle cesse de nuire ; c'est la négation et la dérision du devoir, c'est-à-dire d'un principe qui s'impose à tous les hommes, depuis les plus civilisés jusqu'aux plus sauvages, et devant lequel les sophistes eux-mêmes s'arrêtent comme devant l'élément sacré et divin de notre nature.

Ce n'est pas le seul reproche que j'adresse à la théorie de Fourier. Cet auteur divise, suivant moi, les passions d'une manière capricieuse et arbitraire et s'appuie pour cela sur des raisons singulières et bizarres. Pourquoi, en effet, croit-on qu'il admette douze passions radicales, ni plus ni moins ? Parce qu'il a profondément observé le cœur de l'homme, parce qu'il en a compté un à un tous les ressorts et qu'il a vu qu'il devait en reconnaître juste douze, s'il voulait que sa division fût à la fois complète et irréductible ? Pas le moins du monde. Toutes ces menues précautions étaient bonnes pour la morale et la politique des civilisés, c'est-à-dire pour les sciences incertaines. Mais la science morale inaugurée par Fourier procède plus librement : elle n'a pas besoin, à ce qu'il paraît, de se soumettre aux règles de la logique pour arriver à la certitude. S'il y a douze passions, c'est (nous autres philosophes, nous n'aurions jamais deviné cela) parce qu'il y a douze notes dans la gamme, en y comprenant les tons et les demi-tons ; c'est aussi parce qu'il y a dans le prisme douze couleurs distinctes ; c'est enfin (car Fourier abonde en raisons que le vulgaire ne soupçonnerait pas), parce que nous avons douze côtes qui tendent vers les trois os du sternum. Il est bien clair, après cela, que, si nous n'avions pas douze passions qui tendent aux trois foyers, luxe, groupes et séries, l'analogie universelle serait en défaut.

Voilà pour l'ensemble de la théorie ; voyons maintenant les détails.

Fourier ne choque-t-il pas toutes nos habitudes de pensée et de langage, quand il classe nos passions physiques suivant nos différents sens ? Le nez, le tact même servent-ils de sièges à des passions véritables ? La passion dont la vue est l'instrument n'est-elle pas un cas particulier d'une passion tout animique, qui est la curiosité? Le goût n'est-il pas l'organe, non d'une seule passion, mais de deux parfaitement distinctes : l'appétit du boire et celui du manger, qui prennent les noms d'ivrognerie et de gourmandise, quand ils s'exaltent et qu'ils dévient ? Quant aux passions dites mécanisantes, elles ne sont pas des passions primitives et ayant chacune leur objet propre. La cabaliste est un simple mode d'action de l'ambition ou de la cupidité, plutôt qu'une tendance spéciale et *sui generis*. La composite n'est que l'effet d'une combinaison de passions, non une passion simple et originale. La papillonne suppose deux passions, une qui est satisfaite, une autre qui demande satisfaction, sans être aucune des deux : elle est moins une passion qu'un rapport entre deux mouvements passionnels consécutifs. Ajoutons qu'elle ne saurait produire toutes les merveilles que Fourier en attend et qu'elle offre même plusieurs inconvénients graves. Ce n'est pas, pour nous borner au côté intellectuel de la question, avec des séances d'une ou de deux heures, coupées par les distractions de la pêche, de la chasse, du jardinage, qu'on apprendra sérieusement la géométrie, l'algèbre, la physique, et qu'on se livrera avec succès au travail de la composition. Il en est du cerveau comme des autres organes, il faut qu'il fonctionne assez longtemps avant de s'échauffer et de pouvoir produire.

S'il est des passions que Fourier invente, il en est d'autres qu'il supprime et ce sont précisément les plus nobles de toutes. Nous voulons parler de l'amour du vrai, qui est le principe de la science ; de l'amour du beau, qui est le principe de l'art ; de l'amour du juste, qui est le principe de la morale et de la législation ; du sentiment de l'infini, qui est le fondement de la religion elle-même. Toutes ces aspirations élevées, qui font la vie des grandes âmes, qui inspirent les actions et les œuvres sublimes, destinées à vivre dans la mémoire des hommes et à composer comme le bandeau de pourpre qui relève le tissu uniforme et vulgaire de l'histoire, Fourier les méconnaît et les oublie, et il était condamné par sa philosophie terre à terre à les méconnaître et à les oublier. Quand on néglige la raison, c'est-à-dire la faculté de l'idéal et du divin, on néglige nécessairement les passions qui s'y rattachent et qui naissent de son action sur notre nature sensible.

Nous insisterions moins sur ces critiques, si Fourier n'avait pas prétendu que tout le mécanisme de la société dépend du jeu des passions, que celles-ci sont juste au nombre de douze et qu'une seule note de plus ou de moins dans ce qu'il nomme sa gamme passionnelle, en détruirait complétement l'harmonie. Il en résulte que, si sa théorie des passions comprend des passions qui n'existent pas, au moins à l'état simple, comme la cabaliste, la composite et la papillonne, et que, si elle en exclut qui existent réellement, comme celles du beau, du vrai, du juste et du divin, le système social qui repose sur elle est condamné d'avance ; car il sera complétement irréalisable.

IV

DE L'ÉDUCATION DU PHALANSTÈRE

Après avoir exposé les principes de Fourier, il s'agit de les suivre dans les applications qu'il en fait. Cette attraction, qu'il a posée comme la loi de l'humanité ; ces douze passions qu'il a distinguées et étiquetées comme autant de ressorts par lesquels elle s'exerce ; ces huit cent dix caractères qu'il a eu soin de compter et qui sont comme les éléments sur lesquels elle opère, quel parti va-t-il en tirer dans son organisation sociale? Comme l'harmonie ne peut régner dans une agglomération d'hommes qu'à la condition que ces huit cent dix caractères s'y trouvent réunis, qu'ils obéissent aux douze passions radicales et soient soumis à la loi de l'attraction, et comme dans toute agglomération les non-valeurs, à savoir, les enfants, les vieillards, les malades figurent à peu près pour moitié, il faudra, pour avoir une société susceptible d'harmonie, multiplier 810 par 2 : on obtiendra ainsi un chiffre de 1620 personnes qui, associant leur travail, leur capital et leur talent, formeront une phalange. Cette phalange, à peu près équivalente, comme on voit, à une de nos communes rurales, exploitera une lieue carrée de terrain et occupera un splendide bâtiment, comme le Palais-Royal, qui prendra le nom de phalanstère.

Les fonctions de l'organisme social ne s'exerceront pas de la même manière dans l'âge impubère qui est borné à dix passions, et dans l'âge pubère qui en a douze. Fourier traite d'abord des relations de l'âge impubère, et partant de l'éducation harmonienne, car c'est à cet âge qu'elle se donne.

Le but qu'il assigne à l'éducation s'accorde parfaitement avec l'ensemble de son système. Elle devra, suivant lui, développer pleinement les facultés de l'enfant et les appliquer immédiatement à l'industrie productive, de manière à lui procurer le luxe interne, c'est-à-dire la santé et le raffinement des sens, et le luxe externe, c'est-à-dire la richesse, qui est une source inépuisable de plaisirs. Il trouve, bien entendu, que, sur ce point comme sur tous les autres, les civilisés procèdent au rebours du bon sens. Au lieu de fortifier la santé de l'enfant, ils l'affaiblissent, non-seulement dans les classes pauvres, où ils sont contraints d'imposer au jeune sujet des privations de toute sorte, mais encore et surtout dans les classes opulentes, où ils l'énervent volontairement par la mollesse. Au lieu d'utiliser son activité naissante et de faire éclore de bonne heure ses diverses vocations industrielles, ils lui rendent l'industrie odieuse et ne cherchent même pas à réprimer ses instincts de destruction. Au lieu de cultiver ses sens, en le mettant en rapport avec les choses qui l'environnent et qui doivent servir à ses jouissances, ils le tiennent constamment cloué sur son rudiment. Fourier propose de remplacer cet enseignement rebutant et contre-nature par un autre plein de charme et qui serait sans doute voté à une majorité considérable, si les enfants étaient consultés : au rudiment il veut substituer l'opéra et la cuisine, pour lesquels l'enfance a beaucoup plus d'attraction et qui sont d'ailleurs, au point de vue pédagogique, d'une utilité incontestable. Par l'opéra, en effet, l'enfant exerce ses deux sens passifs, l'ouïe et la vue ; par la cuisine, ses deux sens actifs, le goût et l'odorat. Le premier lui donne le sentiment de l'harmonie en toute chose, dans les voix, dans les instruments, dans la poésie ou parole mesurée, dans la gymnastique, dans le geste, dans la danse ; la seconde l'initie à la connaissance de la plupart des productions du règne animal et du règne végétal, tout en procurant à son palais des sensations délicieuses.

Fourier ne s'en tient pas à ces vues générales. Il suit l'enfant depuis sa naissance jusqu'à l'âge d'homme et indique, chemin faisant, le mode d'éducation qui lui paraît le mieux approprié à chacune des diverses phases de la vie. Il s'occupe d'abord de la prime enfance, c'est-à-dire des enfants au-dessous de deux ans, qu'il divise suivant l'âge, en nourrissons ou allaités et en poupons ou sevrés, et, suivant le caractère, en bénins, malins et diablotins. A chaque séristère d'enfants sera affecté un certain nombre de bonnes et de sous-bonnes : les moins patientes se chargeront des bénins ; les moyennes, des malins, et les moins vives, des dablotins. Du reste, ces fonctions, assez peu agréables par elles-mêmes, emploieront, en harmonie, quatre fois moins de personnes qu'en civilisation et ne les occuperont qu'un jour sur trois et par courtes séances, ce qui leur ôtera presque tout le désagrément qui y est attaché. De plus, elles seront relevées par le chiffre du traitement et par des distinctions honorifiques, ce qui leur communiquera une sorte d'attraction indirecte très-propre à agir sur les natures intéressées et glorieuses. Les bonnes rivaliseront d'ardeur, non-seulement pour soigner les enfants, mais encore pour les instruire, même à un âge si tendre, et la cabaliste leur fera imaginer pour cela mille moyens que nous ne soupçonnons pas. Au lieu de se borner, comme celles d'aujourd'hui, à chanter faux en présence des enfants et à leur faire peur du loup, elles s'attacheront à former et à raffiner leurs sens. Non-seulement elles leur donneront l'ouïe fine des rhinocéros et des Cosaques, mais elles leur rendront l'oreille juste en faisant chanter des trios et des quatuors dans les salles où ils seront réunis ; non-seulement elles les habitueront à se servir indifféremment de la main gauche et de la droite, mais elles les exerceront, ajoute naïvement Fourier, à faire de la musique avec les doigts de pied, comme avec les doigts de la main, car elles n'auront pas la sottise de laisser ces organes inutiles, comme on le fait en civilisation.

De la prime enfance sur laquelle il nous a laissé tant de détails, les uns puérils, les autres intéressants, Fourier passe à la basse enfance qui comprend, pour employer son langage, les lutins et les bambins, c'est-à-dire les enfants de deux ans à quatre et demi. C'est la période d'initiative en attraction industrielle. Comme, à cet âge, l'enfant commence à marcher, on le mènera dans les ateliers les plus voisins, pour voir si l'aspect des travaux qu'on y exécute ne lui inspirera pas l'envie de s'y livrer et ne fera pas éclore en lui quelques-uns des instincts industriels qu'il possède en germe et qui ne s'élèvent pas à moins d'une trentaine, tant primaires ou dirigeants que secondaires. Il est impossible que l'enfant ne morde pas à l'hameçon qu'on lui présente, et qu'à la vue de tel petit outil manié par un enfant plus âgé que lui de quelques mois, il ne trahisse pas sa véritable vocation. Tous les pères et tous les maîtres se plaignent que les enfants sont de petits paresseux. Suivant Fourier, ils ont grand tort. Les enfants, remarque-t-il très-finement, ont plusieurs goûts très-vifs dont un seul suffirait, si on savait le mettre en jeu, pour les tirer de l'inertie dont on se plaint : 1° le furetage ou penchant à tout manier ; 2° le fracas industriel ou goût pour les travaux bruyants ; 3° la singerie ou manie imitative ; 4° la miniature industrielle, goût des petits ateliers ; 5° l'entraînement progressif du faible au fort. Notre auteur insiste principalement et avec raison sur ce dernier penchant. Il est remarquable, en effet, que l'enfant cherche toujours à imiter, non pas l'homme fait ni l'enfant de son âge, mais l'enfant d'un âge un peu supérieur au sien, comme s'il sentait qu'il est son modèle naturel, c'est-à-dire celui dont il peut le plus facilement approcher. Aussi choisit-il toujours spontanément et passionnément pour chef de file un enfant qui est d'un tiers ou d'un quart plus âgé que lui. L'enfant de trois ans révère celui de quatre; l'enfant de huit ans, celui de dix; l'enfant de douze ans, celui de quinze, ainsi de suite. C'est assez dire que le vrai instituteur de l'enfant n'est pas le père, comme J. J. Rousseau l'a prétendu, mais un enfant un peu plus âgé que lui-même.

La moyenne enfance comprend les chérubins et les séraphins, les lycéens et les gymnasiens, c'est-à-dire des enfants qui ont, les uns de quatre ans et demi à neuf ans, les autres de neuf ans à quinze ans et demi. C'est parmi eux que se recrutent les petites hordes, comme Fourier les appelle, et les petites bandes. Cet auteur avait remarqué, avec cet esprit d'observation qui s'alliait en lui à l'esprit de chimère, que beaucoup d'enfants, surtout parmi les garçons, inclinent à la saleté et sont en même temps pleins d'audace et même de mutinerie, tandis que d'autres, surtout parmi les jeunes filles, sont pleins de goût et en même temps de timidité. Partant de cette idée que les vices ne sont plus des vices et deviennent même des vertus, quand on sait les utiliser, Fourier fait entrer les premiers de ces enfants dans les petites hordes, qui sont affectées aux travaux immondes, tels que le curage des égouts, et chargées des travaux dangereux, tels que la poursuite et la destruction des reptiles, et range les seconds dans les petites bandes, qui se distinguent par leur goût pour les fleurs, pour la parure, pour les belles manières, pour la belle littérature, en un mot, pour les belles choses en tout genre, et qui donnent le ton au reste de la société.

La partie la plus délicate de l'éducation harmonienne est celle des jouvençaux et des jouvencelles (de quinze ans et demi à dix-neuf ans), parce qu'elle s'applique à des sujets chez qui la passion la plus incompressible de toutes, l'amour, commence à se produire. Dans le but d'établir ce qu'il appelle des mœurs phanérogames, c'est-à-dire de faire régner dans les relations amoureuses une pleine franchise, Fourier distribue ces jeunes gens et ces jeunes filles en deux corporations entre lesquelles il leur est permis de choisir : le vestalat, pour lequel optent ordinairement les sujets de forte trempe, et le damoisellat, qui reçoit ceux qui sont plus faibles et plus tendres à la tentation. Ce dernier corps diffère du premier comme les petites bandes diffèrent des petites hordes, en ce qu'il va au bon par la route du beau, au lieu d'aller au beau par la route du bon. Si ceux qui le composent ne se piquent pas de briller par leur chasteté, comme leurs rivaux, ils tiennent à honneur de se distinguer par leur fidélité. Ce n'est pas que Fourier mette cette vertu à une bien rude épreuve : il décerne, en effet, de grandes récompenses à ceux qui l'auront pratiquée pendant trois ans, ce qui montre bien que, dans sa pensée, ce sera le petit nombre.

Cette étude sur l'éducation offre de bons et de mauvais côtés. La vie sensible y est bien décrite, et les moyens de la diriger vers le but où elle tend y sont indiqués avec finesse et précision ; mais la vie rationnelle et morale et les grandes fins qu'elle poursuit y sont complétement omises. Suivant nous, l'homme doit réaliser son idéal en tant qu'homme, c'est-à-dire développer avant tout les tendances et les facultés qui lui appartiennent en propre et qui le distinguent des autres animaux, et ne cultiver celles qui lui sont communes avec ces derniers que dans la mesure nécessaire pour donner aux autres leur plein épanouissement. Eh bien ! Fourier semble renverser les termes de cette formule. Au lieu de faire de notre vie physique une simple condition de notre vie intellectuelle et morale, il fait de cette dernière un simple moyen à l'égard de la première ; au lieu de mettre la bête au service de l'homme, il met l'homme au service de la bête. Sa morale est avec la nôtre dans une opposition flagrante et radicale[1]. Il ne se borne pas, en effet, à nous porter au bien sensible : qu'il le veuille ou non, il nous détourne du bien moral. Il se flatte d'avoir trouvé un moyen infaillible de raffiner tous nos sens et même d'utiliser en nous des organes qui actuellement ne nous servent à rien. Mais il ne songe pas que nous n'avons, tous tant que nous sommes, qu'une certaine somme d'activité interne, et qu'elle n'afflue largement sur un point qu'à la condition de délaisser plus ou moins tous les autres. Il est difficile que le même homme ait à la fois les sens subtils du rhinocéros et du Cosaque, pour employer sa curieuse expression, et l'esprit méditatif du civilisé ; qu'il possède à la fois le goût délicat du gastronome et la fermeté invincible du héros.

Nous admirons autant que personne les expédients merveilleux auxquels Fourier a recours pour stimuler l'esprit des enfants et pour faire éclore les vocations industrielles : c'est là une des parties les plus ingénieuses de sa doctrine. Cependant nous doutons qu'il obtienne, même dans cet ordre d'idées, tous les résultats qu'il se promet, et qu'on voie jamais se produire dans le phalanstère tous les faits qu'il déroule avec complaisance

---

[1] V. notre *Philosophie du devoir*, liv. IV.

sous nos yeux, comme s'ils étaient déjà arrivés. Ces enfants qui touchent à tout, dans les ateliers, sans s'appliquer à rien d'une manière exclusive, pourraient bien ne réussir à rien, et même devenir, si on n'y prend garde, de petits vagabonds. D'ailleurs, l'éducation attrayante que Fourier préconise est aujourd'hui jugée. Ce n'est pas, quoi qu'il en dise, en ne faisant que ce qui lui plaît, mais en s'efforçant, en peinant, en résistant à l'attrait de la jouissance présente, que l'homme se développe largement et acquiert toute sa valeur [1].

La théorie pédagogique de Fourier, malgré l'exactitude et la finesse de certains détails, est donc fausse, à la prendre dans son ensemble. Cet auteur n'a pas compris que l'homme est, avant tout, une force pensante et voulante et que l'éducation, comme la morale, dont elle n'est qu'une application particulière, a pour principale mission de lui apprendre à bien penser et à bien vouloir, c'est-à-dire à vivre comme il convient à un être raisonnable et libre, à une vraie personne, qui est capable d'intervenir elle-même dans sa destinée, parce qu'elle est capable de connaître et d'aimer sa véritable fin, et qui sent qu'elle doit se porter de tout son élan et sans regarder en arrière vers la vérité et la justice. Il n'a vu dans l'homme, quoi qu'il en dise, que le corps ; il ne lui a pas assigné d'autres fins dernières que celles du corps, le plaisir, la santé, la richesse. Il a cru que l'éducation, cette discipline si sainte et si noble, qui a pour but d'*élever* l'homme, comme la langue le dit si bien, n'était faite que pour le laisser à terre, confondu avec les êtres

[1] V. Maine de Biran, *Œuvres inédites*, t. I, p. 111.

les plus vils de la création, vraie machine à produire et à jouir que n'anime aucun souffle généreux et que les mots sacrés de Dieu, de vertu et d'honneur frappent comme les vains sons d'une langue étrangère !

V

MÉCANISME DE L'ATTRACTION PASSIONNELLE

Suivant Fourier, l'attraction passionnelle n'est pas seulement le principe de l'éducation, mais encore celui de toute l'organisation sociale. Or, des douze passions qui la constituent, celle qui agit la première est incontestablement la gourmandise, et ce n'est pas en mal, comme on pourrait se l'imaginer, mais en bien, que son action se fait sentir. Elle attire d'abord l'enfant au travail productif, celui-ci y attire la mère et celle-ci y attire le père, en vertu de l'influence que le faible exerce toujours sur le fort. C'est là un ressort extrêmement important et qui mérite l'attention de tous les esprits éclairés. Mais nos gastronomes actuels ne s'en doutent pas le moins du monde. Ils en traitent d'un ton plaisant et comme d'une chose sans conséquence, tandis qu'en harmonie la gourmandise sera révérée comme le principe de toute industrie et de tout perfectionnement social. Le sens du goût a, en effet, sous sa dépendance quatre grandes fonctions qui sont : la gastronomie, la cuisine, la conserve et la culture, fonctions qui engendrent, en se combinant, la gastrosophie ou sagesse hygiénique, science tout à fait inconnue en civilisation. Aujourd'hui un père n'est pas fâché que son fils s'occupe à cultiver et à conserver et trouve très-bon que sa fille cultive, conserve et cuisine en même temps ; mais il n'aime pas qu'ils se livrent ni l'un ni l'autre à la gastronomie, qui est pourtant le plus puissant mobile qui puisse les pousser à cuisiner, à conserver et à cultiver. Il n'en sera pas de même en harmonie. La gastronomie y sera appliquée, comme stimulant, aux autres fonctions du goût, et sera, par conséquent, engrenée et mariée avec le travail de culture, de conservation et de préparation. Ces diverses choses doivent aller ensemble, et non pas les unes sans les autres.

Les philosophes ont très-bien vu que tout est lié dans la nature et que c'est pour cela qu'elle forme un tout harmonieux ; mais ils auraient dû voir que rien n'est lié dans l'industrie et que c'est pour cela que le monde social n'est qu'un chaos plein de confusion et de discordance. C'est à la gastronomie qu'il faut recourir pour en coordonner les éléments et pour en former le lien. Aucune passion n'aura donc plus d'influence que celle du goût, surtout au début du régime harmonien. Celles du tact, de la vue, de l'ouïe, de l'odorat, n'auront d'abord que fort peu de prise sur des brutes à peine échappées aux ténèbres de la civilisation. Il en sera de même de l'ambition, de l'amour, de la paternité, en un mot, des diverses passions affectueuses ; leur tour viendra plus tard ; mais elles devront, dans le principe, céder le pas à la gourmandise, mère de toute industrie et de toute sagesse. Du reste, dans la pensée de Fourier, la gourmandise aura toujours en harmonie un rôle important. On sait l'histoire de ces six cent mille hommes qu'il échelonne tout le long de l'Euphrate, à l'unique fin de disputer la palme en matière de petits pâtés. Il y a là cent vingt bataillons de pâtissiers de ligne qui rivalisent avec ardeur pendant toute une semaine, en présence du grand sanhédrin gastrosophique de Babylone. A la fin de la campagne, Apicius est proclamé vainqueur et reçoit une médaille d'or au milieu d'un grand dîner et au bruit de trois cent mille bouchons qui partent à la fois.

Voilà la théorie de la gourmandise et des passions qu'elle sert à engrener : il s'agit maintenant de savoir quelle en est la valeur. Fourier a raison de remarquer que la gourmandise pousse les hommes à s'occuper des préparations culinaires : chacun sait, en effet, qu'il n'est pas de gourmand qui n'aime à faire de temps en temps un tour de cuisine et à mettre quelquefois la main à la poêle. Mais nous sommes tenté de croire que là s'arrête à peu près l'influence de cette passion. Si le gourmand aime à cuisiner, il aime encore mieux à trouver la cuisine toute prête; et, s'il est obligé de la faire lui-même, il en simplifie volontiers les apprêts. C'est bien autre chose, s'il s'agit, non de cuisiner, mais de cultiver. On peut aimer le bon pain, sans aller jusqu'à arroser de ses sueurs le sol qui le produit ; on peut aimer la bonne viande, sans avoir la patience de faire paître tous les jours les bœufs et les moutons qui la donnent. D'ailleurs, dans le monde éblouissant de Fourier, les capitalistes dont il nous parle seront-ils bien disposés à se déranger, au beau milieu d'un banquet, où ils mangent des truffes exquises, pour aller en déterrer quelque part, et à laisser là le vin délicieux qu'ils boivent, pour aller cultiver la vigne qui le produit? Nous en doutons beaucoup. La gourmandise elle-même les en empêchera sans compter la paresse qui lui tient volontiers compagnie et la vanité qui, en harmonie pas plus qu'en civilisation, ne perdra ses droits. A tort ou à raison, l'homme, animal superbe, comme dit Bossuet, a toujours été fier de pouvoir vivre sans rien faire et digérer paisiblement sur un sopha, pendant que de pauvres hères allaient gagner sa vie et la leur en portant le poids du jour. Il est alors heureux, suivant l'expression du poëte, de son bien premièrement, puis du mal d'autrui. C'est là un assez vilain côté de la nature humaine ; mais Fourier est-il bien sûr qu'il l'effacera complètement et qu'il ne reparaîtra pas? Nous ne disons rien de cette gastrosophie révérée, qui doit régner dans l'avenir, ni de ce grand sanhédrin qui y rendra ses oracles, ni de cet Apicius que ses petits pâtés couvriront de gloire. Le ridicule que ces termes, ennoblis jusqu'à présent par l'expression des qualités morales, offrent tout à coup à l'esprit, quand on les applique aux vulgaires exploits des cuisiniers et des gâte-sauces, aurait dû avertir Fourier qu'il faisait fausse route et qu'en voulant glorifier son système, il en faisait, sans s'en douter, la plus sanglante critique.

Il en est, suivant notre réformateur, de la cupidité qui tend au luxe externe, comme de la gourmandise qui tend au luxe interne. Jusqu'à présent elle a pu être funeste et subversive, parce qu'elle avait uniquement pour but l'intérêt individuel ; mais désormais elle sera utile et salutaire, parce qu'elle servira l'intérêt personnel et l'intérêt général tout à la fois. Il suffit, pour qu'elle affecte ce caractère, que chacun appartienne, dans la nouvelle organisation sociale en travail, capital et talent, à une quarantaine de séries et exerce une vingtaine de professions : alors l'intérêt des uns sera celui des autres et le bonheur de chacun sera celui de tous. Cette condition, qui paraît toute simple à l'inventeur du phalanstère, nous semble impossible, à nous qui savons combien l'exercice passable, non pas de vingt professions, mais d'une seule, offre de difficultés. Mais ce qui nous repousse encore plus que l'esprit chimérique de Fourier, c'est la vulgarité dont ses conceptions sont empreintes. Il déclare hautement que la cupidité doit être le principal mobile de nos actions et que la pratique de la justice, quand elle n'est pas d'accord avec l'intérêt personnel, est une pure duperie. Ce n'est certes pas lui qui aurait trouvé, si elle n'avait pas jailli depuis longtemps du fond de tous les nobles cœurs, la fière devise : « Fais ce que dois ! advienne que pourra. »

Fourier veut aussi qu'on encourage l'ambition, au lieu de la réprimer. Il prétend que les hommes civilisés, même les plus insatiables de pouvoir, de conquêtes et de richesses, n'ont pas le quart de l'ambition nécessaire en harmonie. « Là, dit-il, chaque homme sera élevé à aspirer au trône du globe, et celui-là sera regardé comme un bien pauvre sujet qui sera enclin à se contenter d'un poste subalterne, comme le trône de France. Mais ces ambitions une fois déchaînées et portées à leur maximum d'intensité, comment Fourier s'y prend-il pour les satisfaire ? De la manière la plus simple. Il multiplie et diversifie tellement les sceptres, qu'il y en aura, à ce qu'il semble, pour tout le monde ; il établit des sceptres d'hérédité, des sceptres d'élection, des sceptres de favoritisme et bien d'autres encore. Mais enfin ou il y en aura réellement pour tous, et alors ce sera comme s'il n'y en avait pour personne, car là où tout le monde est roi, personne n'est roi ; ou il n'y en aura que pour un nombre relativement restreint d'individus, pour cent mille sur un million, par exemple, et alors voilà tous les autres profondément malheureux, puisqu'ils auront une ambition immense, celle de l'empire de la planète, et qu'elle restera inassouvie. Tous ces porte-sceptres eux-mêmes, à l'exception d'un seul, seront singulièrement déçus dans leurs espérances, puisqu'ils visaient au trône du globe et qu'ils seront obligés de se contenter du gouvernement de quelque chétif royaume. Nous ne sommes même pas sûr que celui qui aura la chance d'arriver à l'empire de l'univers éprouvera une satisfaction sans mélange, et qu'à l'exemple du héros de la tragédie, monté sur le faîte, il n'aspirera pas à en descendre. Tout ce bonheur que nous promet Fourier n'est évidemment qu'un tissu de rêveries et de chimères.

Si notre singulier réformateur lâche ainsi la bride à la gourmandise, à la cupidité et à l'ambition, on pense bien que ce n'est pas pour laisser l'amour à la chaîne. Il lui accorde, au contraire, de telles libertés que nous hésitons à en retracer le tableau, et que nous ne le faisons que pour montrer à quel excès de dévergondage l'abus d'un principe faux peut conduire un esprit conséquent. Parmi les personnes du sexe, celles que Fourier préfère sont les dames de la cour dont les manières, dit-il, sont si aimables et les mœurs si faciles, les courtisanes de bon ton, qui sont, suivant lui, cordiales, obligeantes, charitables, et qui seraient vraiment sublimes, si elles avaient de bonnes rentes (il n'a pas l'air de se douter qu'elles savent bien s'en procurer, sans devenir sublimes pour cela), et enfin les petites bourgeoises, boutiquières, ouvrières, qui prennent, dans leur jeunesse, toute sorte de licences refusées aux demoiselles d'un rang supérieur et qui ne laissent pas de faire d'excellentes ménagères, quand elles sont sur le retour. Ce sont ces mœurs libres et franches, comme il les appelle, que Fourier voudrait voir régner dans tout le sexe féminin, pour son bonheur et le nôtre, à la place d'une licence secrète ou d'une ennuyeuse virginité. Il est difficile, comme on voit, de célébrer à mots moins couverts le libertinage.

Non content de le célébrer, notre auteur essaie de lui donner une sorte d'organisation et d'état légal. Les femmes, une fois parvenues à la majorité amoureuse, pour parler son langage, devront se classer en trois corporations : celle des épouses, c'est-à-dire des femmes ayant contracté, comme celles d'aujourd'hui, un mariage permanent ; celle des demoiselles ou demi-dames, qui pourront faire divorce indéfiniment, et celle des femmes galantes, dont la liberté sera plus grande encore et ne connaîtra, pour ainsi dire, pas de limites. Si on ajoute à cela que Fourier subdivise les épouses en constantes, douteuses et infidèles, et qu'il permet à chaque femme de changer de corporation à volonté, on verra qu'il organise en définitive la promiscuité universelle. Un jour viendra, s'il faut en croire notre cynique rêveur, où, la gamme érotique étant portée à sa perfection, il y aura à la fois, dans les relations des sexes, trois sortes d'accords : l'amour pivotal, l'amour de passions successives et l'amour de passade. Au lieu d'être fixe et uniforme, comme aujourd'hui, le mariage sera essentiellement progressif, car il comprendra des favoris et des favorites en titre, sans parler des autres, des géniteurs et des génitrices, des époux et des épouses, vivant tous entre eux (Fourier s'en porte garant) avec la plus grande courtoisie et la plus grande fidélité, pendant que les enfants resteront sous la surveillance des bonnes, au sein des séristères. De cette nouvelle organisation résultera non-seulement le bonheur des individus, mais encore celui de la société tout entière. Il est prouvé, en effet, que le libre amour est une cause de stérilité. Il suffira donc de l'étendre à tous les sujets du phalanstère, pour résoudre le redoutable problème de l'équilibre de la population et des subsistances dans le sens de l'intérêt général.

Il est à peine besoin de discuter une doctrine semblable : elle est suffisamment réfutée par la conscience publique. C'est, en effet, la glorification la plus impudente, comme la plus ridicule, qui ait jamais été faite de la polygamie et de la polyandrie, c'est-à dire de cette promiscuité primitive dont la disparition graduelle a toujours et partout mesuré les progrès de la civilisation. A mesure que les hommes se spiritualisent et que les nations se civilisent, l'amour d'un sexe pour l'autre se dégage de plus en plus des fatalités de la chair et du sang et devient de plus en plus délicat et exclusif. C'est au point que, pour un cœur bien placé et doué de quelque élévation, tous les autres objets ne sont rien au prix de l'objet aimé, et que, si ce dernier vient à lui être ravi, il ne veut entendre à aucune consolation et reste pour la vie enseveli dans son deuil. Comment comprendre qu'un tel cœur puisse se partager et souffrir le partage du cœur auquel il est uni, non-seulement celui du cœur, mais encore celui de la personne même, sans se soulever dans tous ses sentiments de noble jalousie et d'exquise délicatesse? Pour qu'il en fût autrement, il faudrait substituer à l'amour, tel que l'homme civilisé le conçoit, à l'amour qui idéalise son objet, le simple prurit des sens, tel qu'il règne au sein de la sauvagerie et de l'animalité.

C'est bien ainsi, du reste, que Fourier l'entend. L'esprit libidineux, tendant à se satisfaire *per fas et nefas*, est, en effet, tellement le fond et l'essence de sa doctrine, que, pour nous donner une idée des félicités des harmoniens, il nous dit du ton le plus pénétré que les plaisirs d'une Laïs, d'une Ninon, d'un duc de Richelieu ne sont rien au prix de ceux qu'on goûtera au phalanstère. Ce sont là les saints et les saintes qu'il propose à notre vénération et à notre imitation. Il va plus loin, il réhabilite les infamies du Parc-aux-Cerfs auxquelles, avec une naïveté cynique, il juge étrange que la philosophie trouve à redire. Elle a, en effet, grand tort et devrait les célébrer avec enthousiasme! Enfin, il n'hésite pas à prendre la défense de l'infanticide dont il faut accuser, dit-il, non les filles mères qui le commettent, mais l'opinion publique qui les force à le faire, en attachant de la honte aux plaisirs les plus naturels et les plus innocents [1]. Ce sont là des doctrines très-conformes

---

[1] *Quatre Mouvements*, p. 142.

aux principes d'un auteur qui glorifie la passion et condamne le devoir ; mais elles n'en sont pas moins aussi odieuses qu'extravagantes et appelleraient, comme dit Cicéron en parlant de celles d'Épicure, non la réfutation d'un philosophe, mais la répression d'un censeur et d'un juge. Elles impliquent, en effet, un souverain mépris pour les bonnes mœurs et justifient le mot énergique de Proudhon, que « le phalanstère est le dernier rêve de la crapule en délire. »

Autant Fourier est favorable à la gourmandise, à la cupidité, à l'ambition, à l'amour, tel qu'il l'entend, autant il est hostile aux affections domestiques. Suivant lui, le familisme ou amour paternel est un principe de désorganisation, car il tend à constituer la société la plus petite et, par conséquent, la plus contraire aux vues de Dieu, le grand et suprême économe, l'organisateur de la société universelle. Comme si la société universelle ne devait être composée que d'individus et ne supposait pas une multitude de sociétés partielles qui en sont les éléments ! Ce sentiment produit encore, ajoute-t-il, l'instabilité de l'industrie ; car souvent, à la mort du père, ses enfants ne peuvent pas ou ne veulent pas ou ne savent pas continuer ses travaux, tandis que, dans une association plus étendue, il se trouverait toujours quelqu'un pour les poursuivre. Notre réformateur ne songe pas que, si la famille actuelle a ses inconvénients au point de vue industriel, la famille transformée aurait aussi les siens, et que d'ailleurs la famille n'est pas faite pour l'industrie, mais l'industrie pour la famille. Il se fonde même, pour condamner cette dernière institution, sur le désespoir où la perte d'un enfant aimé plonge un père ou une mère, comme si ce désespoir ne prouvait pas précisément la force de l'amour paternel ou maternel et ne démontrait pas qu'il est le plus invincible de ces attractions dont Fourier parle tant et qu'il ne veut pas reconnaître là où elles lui crèvent les yeux ? D'après lui, ce serait les moralistes qui amèneraient les pauvres gens à se marier par leurs exhortations intempestives. Comme si les pauvres gens étaient capables de les lire et de les comprendre et comme si, sur tout coin de terre cultivable et disponible, il ne se fondait pas spontanément une famille, comme dans tout bouquet d'arbres il se bâtit un nid ! Un dernier argument que Fourier fait valoir contre la famille et qui n'est pas moins étrange que les précédents, c'est que ce groupe n'est point libre comme ceux que forment les autres passions affectueuses, comme le groupe d'amitié, le groupe d'ambition et celui d'amour. On peut, en effet, changer d'amis, d'associés, de maîtresses : on ne peut pas changer de père et d'enfants. Nous rougirions de discuter une raison aussi saugrenue : elle trouve dans le cœur de tout père et dans celui de tout enfant bien né une réfutation suffisante.

A quoi ce singulier réformateur veut-il donc en venir, avec ses déclamations contre l'amour paternel et familial ? A lui donner un objet plus vaste et plus étendu. De même, dit-il, que notre amitié doit embrasser tous les hommes comme des frères, que notre ambition doit nous lier au plus grand nombre de commerçants possible et que notre amour doit s'étendre au moins à autant d'objets que celui du sage Salomon, notre paternité doit s'appliquer, non-seulement à nos enfants par le sang, mais encore à nos adoptifs industriels, c'est-à-dire aux héritiers de nos travaux, et à nos adoptifs sympathiques, c'est-à-dire à ceux pour lesquels nous avons du goût et dont la liste sera souvent assez longue. C'est dire que le groupe de la famille « doit être absorbé pour devenir apte aux accords généraux ; qu'on doit noyer l'égoïsme familial, à force de ramifications et d'extensions données aux trois branches décrites plus haut. »

On voit que Fourier semble s'attacher à prendre, en toute chose, le contre-pied de la morale et du sens commun, brûlant tout ce que l'humanité a adoré et adorant tout ce qu'elle a brûlé. Non content de réhabiliter tous les vices que la conscience réprouve, la gourmandise, la cupidité, l'ambition, le libertinage, il finit par déprécier le plus noble des sentiments, l'amour paternel et maternel, et par s'attaquer à la dernière religion des peuples qui n'en ont plus d'autres, à la religion du foyer domestique.

On nous dira peut-être que cette gourmandise, cette avidité, cette ambition, cette luxure que nous regardons aujourd'hui comme des vices seront des vertus dans un autre ordre de choses, puisque alors elles contribueront au bien de la société tout entière. A cela nous répondons que ces vices seront toujours des vices, parce que l'homme n'est pas seulement un fragment de ce grand tout qu'on appelle la société, mais qu'il est lui-même un tout moral, et qu'à ce titre il ne saurait se livrer à ses passions, c'est-à-dire subordonner d'une manière ou d'une autre sa personne morale à son être corporel, sa nature raisonnable et libre à sa nature animale, sans manquer à sa dignité d'homme et sans se sentir dégradé et avili Or, il ne doit ni s'avilir ni se dégrader, lors même que, par impossible, la société serait intéressée à son avilissement et à sa dégradation. Mais elle ne saurait y être intéressée ; car il n'est pas possible que Dieu ait mis une opposition aussi criante entre les lois de la société humaine et les lois de l'être humain, et attaché la prospérité de l'une à l'abjection de l'autre. L'expérience historique confirme hautement sur ce point le témoignage de la raison ; car elle nous montre constamment la fortune des nations s'élevant ou s'abaissant avec le moral des individus qui les composent. C'est, en effet, par la pratique de la vertu qu'elles s'affermissent et s'accroissent, et c'est par l'oubli de cette même vertu qu'elles s'affaiblissent et meurent, témoin la Grèce et Rome, qui montrèrent une vitalité si énergique, tant que le souffle moral les anima, et qui s'éteignirent et tombèrent en dissolution, dès qu'il se retira d'elles.

VI

ÉVOLUTIONS DE LA SOCIÉTÉ ET DE LA NATURE
VIE FUTURE

Il est facile maintenant de se rendre compte de la marche que suit la pensée de Fourier. Frappé des maux que la concurrence commerciale engendre, le célèbre réformateur essaie d'y porter remède par un ensemble d'associations auxquelles il donne le nom de phalanstères ; puis il remarque que ces associations supposent l'accord des passions, en même temps que celui des intérêts, et il tente de l'établir au moyen de sa théorie de l'attraction passionnelle, qui doit, suivant lui, gouverner l'humanité, comme l'attraction matérielle gouverne la nature. C'est en partant de cette loi qu'il organise, non-seulement l'éducation, mais encore la société considérée dans son ensemble. Mais cette société, qu'il transforme ainsi au gré de son imagination, n'est pas née hier et ne mourra pas demain ; elle a déjà un long passé, elle aura sans doute un avenir plus long encore. Qu'a-t-elle été autrefois ? Que sera-t-elle plus tard, et que deviendront les individus qui en sont comme les molécules constitutives ? Ici s'ouvre devant Fourier un nouveau champ de spéculations, où il se précipite avec sa hardiesse accoutumée.

S'il faut l'en croire, la terre fut d'abord le théâtre d'une création d'essai qui, ayant été conçue sur des proportions colossales, ne put pas subsister et fut détruite par un cataclysme universel. Plus tard, une autre création eut lieu, qui donna naissance à seize espèces d'hommes, neuf pour l'ancien continent et sept pour le nouveau. L'humanité, une fois créée, passa par plusieurs phases. La première fut la société édénique, où l'homme vivait heureux, parce qu'il y développait ses passions sans obstacle, comme il fera un jour dans l'état d'harmonie; mais elle fut détruite par plusieurs causes dont la principale fut le mariage permanent auquel Fourier attribue la plupart des maux de l'espèce humaine. La société sauvage vint ensuite, puis la société patriarcale, qui ne fut nullement un état d'innocence, comme on se le figure ordinairement. Les hommes, étant alors exempts de préjugés, ne songeaient pas à réprimer la liberté amoureuse, l'orgie et l'inceste : il paraît qu'on est plein de préjugés, suivant le fougueux adversaire des turpitudes de la civilisation, quand on songe à réprimer ces belles choses-là ! La barbarie et la civilisation, qui suivirent, diffèrent seulement, d'après Fourier, en ce que l'action est simple dans l'une, composée dans l'autre. Un pacha vous somme de lui payer l'impôt, en menaçant de vous couper la tête : il n'a recours qu'à la violence : il y a action simple. Un prince civilisé vous demande de l'argent en vous envoyant des garnisaires, mais en vous parlant en même temps de devoirs, de droits et autres sornettes renouvelées des Grecs : il a recours à la force et à l'astuce tout ensemble : il y a action composée. Nous n'avons pas besoin de faire remarquer ce qu'il y a d'absurde et d'odieux dans ces considérations. Comment Fourier ose-t-il bien assimiler à la brutalité d'un pacha, qui extorque à des populations tremblantes l'argent qu'il lui plaît, la conduite irréprochable d'un chef d'État civilisé, qui demande aux citoyens de subvenir, conformément aux lois et d'après le vote de leurs mandataires, aux dépenses publiques? Comment ose-t-il donner à entendre que l'impôt n'est jamais qu'une exaction arbitraire, quand il est si manifestement parmi nous la prime d'assurance que chacun paie pour être protégé dans sa personne et dans sa propriété? Comment peut-il traiter de niaiseries, renouvelées des Grecs, ces devoirs et ces droits qui font la dignité de l'homme, pendant qu'il exalte outre mesure les appétits qui lui sont communs avec la brute?

De la cinquième période, qui est la civilisation, nous passerons plus ou moins vite (cela dépend de nous) à la sixième, qui est le garantisme, puis à la septième, qui est le sociantisme, puis à la huitième, qui est l'harmonisme, où nous jouirons de tous les biens qu'on peut imaginer. Alors la nature se mettra à l'unisson avec l'humanité. La terre, qui n'a produit jusqu'à présent que deux créations sur dix-huit qu'elle doit successivement opérer, redeviendra féconde. Cette planète est, en effet, sans qu'on s'en doute, un être qui a deux âmes et deux sexes et qui procrée par la conjonction de son fluide boréal et de son fluide austral, comme l'animal et le végétal par la réunion des deux substances génératrices. Fourier, qui ne s'étonne de rien, ne voit rien là qui ne soit très-simple et très-naturel. Nous ne le suivrons pas dans l'énumération des autres merveilles qu'il déroule sous nos yeux, parce que ses assertions sont complètement dénuées de preuves, et qu'au lieu de les discuter, nous serions réduits à les écarter comme non avenues. Qu'objecter, en effet, à un homme qui nous assure gravement que l'eau de l'Océan sera prochainement changée en limonade et qu'il naîtra dans quelque temps des anti-baleines et des anti-lions tout exprès pour remorquer nos navires ou pour nous porter sur leur dos? Que lui dire quand il nous déclare que le chou est l'emblème de l'amour réservé, le chou-fleur celui de l'amour libre, et que chacun des végétaux et des animaux de cet univers est ainsi le symbole de quelqu'une de nos vertus ou de quelqu'un de nos vices, par suite de ce qu'il nomme l'analogie universelle?

Les idées de Fourier sur l'immortalité de l'âme ont quelque chose de plus plausible et sont appuyées sur des arguments qui méritent d'être examinés. Le célèbre réformateur a raison de dire que nos aspirations sont proportionnelles à nos destinées, et que, si nous aspirons en ce moment à des biens fort supérieurs à ceux que cette vie peut nous offrir, cela prouve que nous sommes réservés à une autre vie, où ces biens nous seront libéralement accordés. C'est ainsi, dit-il très-bien, que l'attraction qui pousse l'abeille vers les fleurs et qui la tourmente, quand elle n'en trouve point autour d'elle, montre qu'elle est faite pour se nourrir de leur suc. Seulement il est à remarquer que Fourier s'en tient à cette preuve de l'immortalité de l'âme, qui est connue sous le nom de preuve par les causes finales, et qu'il laisse de côté la cause métaphysique, qui consiste à partir de l'unité, de l'identité et de l'activité du principe pensant, pour établir qu'il peut survivre au corps, et qu'il néglige également la preuve morale, qui s'appuie sur le bonheur des méchants et le malheur des bons, d'un côté, et sur la justice de Dieu, de l'autre, pour affirmer une autre vie où la justice, plus ou moins violée ici-bas, sera réalisée dans sa plénitude. De la part de Fourier, cette double omission est parfaitement logique. Il ne pouvait prouver l'immortalité de l'âme par sa spiritualité; car cette spiritualité, il ne la démontre nulle part et elle est peu d'accord avec sa conception de l'homme qu'il ne considère ordinairement que par son côté physique et animal. Il ne pouvait non plus la prouver par la nécessité de réaliser la loi du mérite et du démérite; car cette loi suppose la liberté, dont il parle assez peu et qu'il comprend assez mal, et le devoir qu'il rejette absolument. Si, en effet, je ne suis ni libre ni obligé, je ne puis ni mériter ni démériter, et, si je ne puis ni mériter ni démériter, je suis mal venu à exiger que Dieu récompense ou punisse dans une autre vie les mérites et les démérites oubliés dans celle-ci.

Les idées de Fourier sur l'état de l'âme après la mort offrent aussi un singulier mélange de vérité et d'erreur. Il a très-bien compris que la vie future doit être plus heureuse que celle-ci, puisque c'est sur le désir, non pas d'une vie quelconque, mais d'une vie plus heureuse qu'on se fonde pour l'affirmer. Seulement il croit que cette vie nouvelle sera fort analogue à celle d'aujourd'hui, puisque c'est toujours une vie de ce genre que le vieillard mourant appelle de ses vœux. D'ailleurs, dit-il, l'âme humaine, possédant comme Dieu le clavier intégral des douze passions, ne peut descendre que dans un corps qui lui soit approprié, tel que le corps humain. Un corps de bête ne saurait lui convenir, dit Fourier qui était musicien et qui mêle ici, à l'exemple d'Aristoxène, la musique à la philosophie, attendu qu'il ne renferme que quelques touches disséminées et qu'il est seulement coffre d'âmes simples, réduites à certaines branches de passions. Ce qu'il lui faut c'est un coffre d'âmes riches et complètes, comme celle de Dieu même, et admises à l'usage du feu qui, selon notre auteur, est corps de Dieu et interdit à l'animal, parce que ce dernier est exclu de l'unité divine et incapable de se rallier intentionnellement à l'être divin.

Le corps que nous animerons, dans la vie future, sera un corps léger et aromal, où nous vivrons d'une vie plus libre et plus éthérée que dans notre corps actuel. Nous aurons les mêmes sens qu'aujourd'hui : seulement ils seront plus fins et plus pénétrants. Notre œil verra à travers les objets les plus épais ; notre tact sentira les aromes les plus déliés ; notre corps tout entier glissera sans effort dans l'espace, comme l'aigle qui plane dans l'air, les ailes immobiles, ou comme l'enfant que l'escarpolette emporte d'un mouvement doux et régulier tout ensemble. D'avance et rien qu'à cette pensée, l'âme de Fourier en tressaille d'allégresse.

C'est là, comme on voit, sous une forme plus ou moins nouvelle, l'antique doctrine de la métempsychose. Elle s'accorde assez bien avec le système de notre auteur ; car, quand on ramène toute la vie de l'homme à la vie des sens, il est naturel qu'on mette dans les plaisirs des sens le souverain bien. Mais elle est en opposition avec les données de la saine philosophie. Cette dernière, en effet, ne place pas le souverain bien dans le développement de la vie végétative et de la vie sensitive, qui nous sont communes avec les êtres inférieurs de la création, mais dans celui de la vie rationnelle et morale qui nous est propre et qui caractérise essentiellement notre humanité. C'est pourquoi elle ne voit dans un tact subtil, dût il sentir toutes les émanations aromales possibles, dans une vue perçante, dût-elle pénétrer à travers les corps les plus opaques, et dans une locomotion facile, dût-elle surpasser le mouvement de toutes les escarpolettes du monde, que l'idéal d'un bonheur grossier. Pour elle, le vrai bonheur de l'homme réside, non dans ses sens qui lui sont communs avec les bêtes et qui le mettent en rapport avec la matière, mais dans son esprit qui le rapproche de Dieu et le met en communication avec lui. Les idées de Fourier sur Dieu ne sont pas moins étranges que ses idées sur la vie future. Tantôt il nous le représente, à la manière de Malebranche, comme un être parfait, qui agit toujours par les voies les plus simples et les plus dignes de lui ; tantôt il lui donne un corps de feu et lui attribue, comme à nous, douze passions, cinq sensuelles, quatre affectueuses et trois mécanisantes, et nous assure qu'il s'est instruit, en administrant d'autres globes, à bien administrer le nôtre. Or, c'est là, on en conviendra, de l'anthropomorphisme le plus positif et le mieux conditionné.

On voit avec quelle tranquille audace Fourier pénètre dans ces domaines de l'inconnu et de l'*inconnaissable*, devant lesquels tant de grands génies se sont arrêtés, et avec quelle naïve assurance il tranche des questions sur lesquelles les penseurs les plus profonds se sont tenus dans une sage réserve. Lui qui montre tant d'admiration pour les sciences dites positives et tant de dédain pour celles qu'il qualifie d'incertaines, il émet sur le monde, sur la terre, sur les origines de l'homme et sur sa destinée future les opinions les plus incertaines et les moins positives qu'on puisse imaginer. On croit parfois, en le lisant, lire quelqu'un de ces aventureux chercheurs du seizième siècle, qui n'imposaient point de règle à leur imagination et ne savaient pas la soumettre au frein de la raison, un Cardan, un Bruno, un Campanella. Du reste, la race de ces esprits hardis, mais mal équilibrés, ne s'éteint jamais complétement, même aux époques les plus scientifiques, parce que le besoin du merveilleux est naturel à l'homme et qu'il faut bon gré mal gré qu'il lui donne satisfaction. N'avait on pas vu, peu de temps avant Fourier et sous les yeux mêmes de Voltaire, ce prince des moqueurs, Lavater, Saint-Martin et beaucoup d'autres se livrer à des spéculations transcendantes et indémontrables sur l'ensemble des choses ?

VII

ÉCOLE DE FOURIER. — CONCLUSION

Pendant longtemps Fourier n'eut pas d'autre disciple que M. Just Muiron ; mais la chute du saint-simonisme lui amena plusieurs adhérents distingués, notamment Jules Lechevalier et Abel Transon, qui ne contribuèrent pas peu à vulgariser son système. Le premier en fit l'objet d'un cours public où il l'opposa hardiment au système de Saint-Simon, et le second lui consacra, dans la *Revue encyclopédique* de P. Leroux et de J. Reynaud, un article plein d'intérêt. Bientôt la jeune école se sentit assez forte pour fonder un journal hebdomadaire, nommé le *Phalanstère*, où Fourier et ses disciples exposèrent la nouvelle doctrine. Ils allèrent plus loin, ils essayèrent de faire passer leurs idées du domaine de la théorie dans celui de l'application. La tentative de Condé-sur-Vesgres, dont M. Baudet-Dulary avait été le promoteur, ne réussit pas ; mais les phalanstériens purent soutenir, avec quelque apparence de raison, qu'elle ne prouvait rien contre leur système, attendu qu'elle n'avait pas été faite dans des conditions convenables.

Fourier ne survécut pas longtemps à cet échec : il mourut à Paris, le 9 novembre 1835, à l'âge de soixante-cinq ans. Ses disciples, après l'avoir entouré de soins affectueux durant sa dernière maladie, lui firent des funérailles décentes, en attendant (ce qui, suivant eux, ne pouvait pas manquer d'arriver dans un avenir prochain) que le globe tout entier lui rendît des honneurs dignes de lui.

Après la mort du fondateur, l'école phalanstérienne continua à se développer. Seulement elle prit un caractère un peu différent. Contrairement aux saint-simoniens qui avaient exagéré les idées de leur maître, afin de frapper plus fortement les esprits, les fouriéristes atténuèrent celles du leur, afin de les rendre plus plausibles et plus acceptables. Ils ne parlent presque plus de ses vues excentriques sur le principe et la fin des choses, et observent, touchant la doctrine peu édifiante du libre amour, le silence le plus prudent. Ils se renferment presque entièrement dans la théorie de l'association agricole et croient ou veulent faire croire qu'elle est indépendante de celle de la liberté amoureuse et qu'on peut très-bien organiser l'une sans tenir compte de l'autre [1]. Non-seulement V. Considérant, le nouveau chef de l'école, adoucit les idées du maître, pour les faire mieux entrer dans l'esprit des lecteurs, mais il les présente sous un tout autre jour. Au lieu de placer, comme lui, dans le plaisir et dans la richesse le but de l'existence et de regarder le dévouement à autrui comme une duperie, il s'élève, comme pourrait le faire le plus ardent philanthrope, contre les tendances égoïstes de son temps et fait appel aux hommes de sacrifice; au lieu de criti-

---

[1] V. sur ce point, le travail aussi solide que spirituel de M. de Loménie sur Fourier (*Galerie des contemporains illustres*, par un homme de rien, t. X).

quer sans ménagement la révolution de 1789 et de se poser en face d'elle comme un ennemi, il glorifie les principes qu'elle a apportés au monde et prétend que le fouriérisme en est la plus complète réalisation. Non-seulement cet esprit du nouveau fouriérisme est très-sensible dans la *Destinée sociale* et dans les autres ouvrages de cet écrivain, mais il s'accuse jusque dans le titre du journal *la Démocratie pacifique*, qu'il a si longtemps rédigé.

V. Considérant fut le plus célèbre, mais non le seul disciple de Fourier. On peut encore ranger dans son école, indépendamment de J. Muiron, de J. Lechevalier et d'A. Transon, dont nous avons déjà parlé, Renaud, Barrier, Paget, MM. Cantagrel, E. de Pompéry, Pellarin et jusqu'à des dames, comme Mme Vigoureux et Mme Gatti de Gamond, qui a tenté l'entreprise méritoire de moraliser une doctrine qui ne s'y prêtait guère. Un de nos romanciers les plus célèbres, E. Sue, s'y rattache également par plus d'un point, comme on peut s'en assurer en parcourant une série de sept romans qu'il publia de 1847 à 1849, sous le titre significatif des *Sept péchés capitaux*. L'auteur, s'inspirant des doctrines de Fourier, tente de justifier les sept vices que le christianisme nomme ainsi et de montrer qu'au lieu de leur lancer des anathèmes, il vaudrait beaucoup mieux leur décerner des éloges et leur prodiguer des encouragements; mais cette justification n'est rien moins que concluante, comme nous pourrions le faire voir en détail, si c'était ici le lieu.

Nous n'insisterons pas davantage sur les disciples de Fourier, parce que aucun d'eux n'a déployé un esprit original ni modifié le système d'une manière sensible. Nous aimons mieux revenir à Fourier lui-même et essayer de porter un jugement définitif sur lui et sur sa doctrine.

Tout le monde convient que ses idées cosmologiques, théologiques et anthropologiques ne soutiennent pas l'examen. Il s'agit donc seulement de savoir si ses vues psychologiques, morales et sociales offrent plus de solidité et de consistance. Pour ce qui nous concerne, nous ne le croyons pas. Comment, en effet, cet auteur conçoit-il l'être humain? Comme un être à la fois sensible, raisonnable et libre, qui doit user de sa liberté pour épurer sa sensibilité en la conformant à sa raison et atteindre ainsi à toute la perfection que sa nature comporte? Pas le moins du monde. Sans nier positivement sa raison et sa liberté, il en méconnaît la nature et l'excellence et semble moins les considérer comme des attributs à développer que comme des obstacles à détruire, pour faire triompher sa sensibilité, c'est-à-dire la partie la plus humble de son être, celle qui lui est commune avec les êtres inférieurs. Au lieu d'élever l'homme au-dessus de la nature, en le soumettant à la raison, qui est sa loi propre et la loi de Dieu même, il veut le confondre avec le reste de la nature, en le soumettant à la loi qui entraîne et les animaux et les autres êtres créés, à la loi de l'attraction. Il est impossible de se tromper sur l'homme d'une manière plus radicale et plus complète.

Comment a-t-il résolu cette grande question du devoir que Kant avait formulée avec tant de précision dans sa *Critique de la raison pratique?* Y a-t-il un devoir, un impératif catégorique que nous sommes tenus de respecter pour lui-même et que nous ne saurions enfreindre sans essuyer les reproches sanglants de notre raison et sans nous sentir immédiatement avilis et dégradés ? Kant n'en doute pas. Le devoir lui paraît même une vérité si ferme, si inébranlable, qu'il en fait la pierre angulaire de sa philosophie et élève là-dessus son système tout entier. Fourier, qui méconnaissait la raison, sur laquelle le devoir est fondé et ne connaissait que la passion, qui ne saurait lui servir de base, déclare que le devoir n'est qu'une invention arbitraire de l'homme et que la passion seule a un caractère sacré et divin, assertion en parfait accord avec l'ensemble de sa doctrine, mais absurde et ridicule au premier chef !

Par cela seul qu'il rejette le devoir, Fourier rejette toutes les vertus qui en dépendent. S'il admet la prudence, ce n'est pas celle qui consiste, comme le dit Platon, dans le plein développement de notre raison morale et qui subordonne la partie inférieure à la partie supérieure de notre nature ; c'est celle qui consiste, comme le veut Épicure, à mettre notre intelligence au service de nos appétits pour leur donner toute la satisfaction possible. Aussi il n'admire rien tant que ces sybarites qu'on voit tout « occupés à calculer leurs jouissances par poids et par mesure » et qui « sont des prodiges de raison, mais d'une raison positive ou épicurienne qui s'accorde avec le jeu des passions et n'intervient que pour les seconder et raffiner. » Quant à la continence, on sait quel cas il en fait ! Cette vertu, que l'antiquité païenne elle-même plaçait si haut, et qu'Homère célébrait comme le plus beau joyau, la plus éclatante parure de ses héroïnes, Fourier la méprise. C'est que la pureté est incompatible avec une doctrine qui nie la dignité personnelle, et qu'en subordonnant l'homme moral à l'homme sensible, cet auteur détruit non-seulement la dignité personnelle, mais encore la personne même. Il rejette même la vertu qui reste la dernière dans les cœurs où il n'y en a plus d'autre, le courage. Il s'identifie avec le conscrit qui refuse d'aller combattre à la frontière et il tourne en ridicule les idées de patrie et d'honneur qu'on pourrait invoquer pour le porter à faire son devoir. Il n'est pas plus favorable à nos droits qu'à nos devoirs et n'a pas assez de railleries pour ce qu'il appelle les prétendus droits de l'homme. Il ne faut pas s'en étonner, puisque le droit implique le sentiment de notre dignité et qu'il n'y a pas de dignité dans son système.

Fourier fait dépendre tout le mécanisme sociétaire du jeu d'un certain nombre de passions, et il se trompe, non-seulement sur leur nombre précis, comme nous l'avons montré, mais encore sur leur portée et sur leur fonctionnement. Comment admettre, par exemple, que la gourmandise pousse l'homme au travail, quand on sait que les plaisirs de la table l'allourdissent, au lieu de le stimuler? Comment croire que l'amour puisse se déployer en harmonie, sans donner lieu à la moindre jalousie et à la moindre querelle, pendant qu'il suscite tant de duels, tant de meurtres, tant de guerres en civilisation? Amour, tu perdis Troie! dit le poëte. Si le système phalanstérien eût été réalisé dans ce temps-là, l'amour n'aurait pas perdu une si belle ville; Pâris et Ménélas se seraient partagé les titres et les grades si ingénieusement imaginés par l'inventeur du phalanstère et auraient vécu en fort bonne intelligence. Nous parlons de l'amour;

de ses jalousies et de ses transports comme pouvant fort bien déranger le petit monde de Fourier. Mais que dire de l'ambition, la plus âpre et la plus violente de toutes les passions? Comment cet auteur a-t-il la naïveté de croire qu'il pourra satisfaire avec des hochets cette passion dévorante, insatiable, dont le propre est précisément de viser à la réalité du pouvoir, au lieu de se contenter de ses emblèmes, et qui ferait, comme le prouve l'histoire d'Aman, exterminer tout un peuple parce que un seul homme a refusé de fléchir devant elle ?

Que reste-t-il donc de la doctrine morale de Fourier ? Il reste deux choses également dangereuses et qui tendent également à la dégradation des individus et à celle des nations, il reste la glorification de la passion et la dérision du devoir. Par là, malgré la différence des détails, le fouriérisme se rapproche singulièrement du saint-simonisme qu'il surpasse encore en immoralité. Dans l'un comme dans l'autre, la destinée de l'homme et celle de la société consistent à se procurer la plus grande somme de plaisirs possible et à se la procurer, non par le libre jeu de la volonté et de la raison, mais par une organisation sociale d'une certaine espèce, c'est-à-dire par des moyens tout mécaniques. La réhabilitation de la chair elle-même, qu'on a tant reprochée à Saint-Simon, a son pendant, chez Fourier, dans le développement immodéré qu'il donne à la gourmandise, à l'amour libre, à la sensualité en tout genre.

On peut voir, d'après toutes ces considérations, que l'influence du fouriérisme sur notre temps n'a pas dû être heureuse. En peignant la société réelle sous les couleurs les plus noires, et sa société imaginaire sous les couleurs les plus brillantes, Fourier a, en effet, contribué pour sa part à répandre parmi les hommes un sombre mécontentement et à développer en eux un fâcheux esprit de chimère, deux dispositions qui ne valent rien, ni pour les individus, ni pour les peuples. En accusant sans cesse les institutions sociales des malheurs et même des vices des citoyens, il a habitué ces derniers à s'en prendre à la société plutôt qu'à eux-mêmes de leurs insuccès et de leurs fautes, énervant ainsi en eux ce noble sentiment de la responsabilité personnelle, sans lequel il n'y a ni mâles caractères, ni nations fortes et puissantes. En exaltant sans cesse la passion et en déclamant sans cesse contre le devoir, il a surexcité parmi ses contemporains les appétits matériels, les instincts brutaux en même temps qu'il coupait les freins moraux qui pouvaient les retenir. Il n'a pas vu que, si la passion est une force, elle n'est pas une loi, que la seule et unique loi est la raison, et que, par conséquent, si la passion réglée par la raison peut produire de grandes choses, la passion séparée de la raison ne peut accumuler que des ruines et que se ruiner elle-même : *Mole ruit sua vis consilii expers.*

Fourier, qui se récrie si fort contre le simplisme, c'est-à-dire contre la manie des esprits étroits qui ramènent tout à un seul principe, a été lui-même simpliste de la pire manière dont on puisse l'être, je veux dire en ramenant tout à un principe inférieur. Pendant que, par une préoccupation exclusive, qui a pourtant sa noblesse, des esprits élevés comme les stoïciens sacrifient la passion à la raison, notre réformateur sacrifie la raison à la passion. Il ne comprend pas, lui qui parle tant d'harmonie, qu'il faut admettre également ces deux principes de notre nature, sauf à subordonner le plus humble au plus relevé et que c'est précisément en cela que la véritable harmonie consiste. L'homme n'est ni un pur animal, ni une pure raison, mais un animal raisonnable : c'est pourquoi il faut tenir compte des deux éléments qui le constituent, sauf à donner à chacun d'eux la place qui lui convient. Ce n'est pas ainsi que Fourier l'entend. Au lieu de s'occuper, avant tout, de l'homme raisonnable, c'est-à-dire des aspirations qui nous portent vers le beau, vers le juste, vers le vrai, vers tout ce qui fait l'honneur et la grandeur de la vie, il s'occupe uniquement de l'homme animal, c'est-à-dire des penchants qui nous matérialisent, nous dégradent, nous courbent vers la terre. Aussi peut-on le ranger parmi ceux qui ont le plus activement travaillé à rabaisser notre génération.

Cependant il faut être juste envers tout le monde, même envers Fourier, qui ne le fut jamais envers personne et qui déprécia constamment tous les autres philosophes, pour se faire valoir lui-même. Il faut convenir qu'il a mis en lumière mieux que nul ne l'avait fait avant lui, tous les avantages de l'association, et qu'en poursuivant la chimère grandiose d'une association universelle, il a préparé des associations plus modestes, mais parfaitement réalisables, à peu près comme ces alchimistes du moyen âge qui, en cherchant la pierre philosophale, faisaient des découvertes plus humbles, mais éminemment utiles. Il faut reconnaître aussi qu'il a émis sur l'attraction passionnelle des idées ingénieuses, et que, s'il a complètement échoué dans sa tentative d'en faire la loi de la vie et le fondement d'un nouvel ordre social, il nous en a laissé une analyse très-curieuse, très-intéressante, et qui mérite, malgré ses défauts, l'attention des éducateurs et des psychologues. Cela suffit pour placer Fourier au-dessus de la plupart des socialistes de notre temps qu'il a surpassés à la fois par l'étendue de ses vues d'ensemble et par la précision de ses vues de détail. Ajoutons que son école s'est distinguée de toutes les autres en ce qu'elle n'a jamais rêvé entre les hommes une égalité chimérique et qu'elle a toujours fait la part du capital en même temps que celle du travail et du talent, en ce qu'elle a toujours montré des sentiments éminemment pacifiques et ne s'est jamais mêlée aux troubles civils qui ont ensanglanté notre pays. Enfin, les hommes qui la composaient, médecins, ingénieurs, professeurs de mathématiques, étaient pour la plupart non-seulement intelligents et éclairés, mais encore foncièrement honnêtes. Ils envisageaient le système surtout par son côté économique ; mais ils auraient certainement reculé devant ses conséquences morales, si leur tour d'esprit et leur genre d'études leur avaient permis de s'en occuper comme nous l'avons fait.

Cette justice rendue aux hommes, nous devons déclarer, pour conclure, que la doctrine nous paraît contenir beaucoup plus de mal que de bien, et que nous ne souhaitons pas qu'elle se relève du discrédit où elle est maintenant tombée.

CHAPITRE III

CABET OU LE COMMUNISME ICARIEN

Le saint-simonisme et le fouriérisme ont été incontestablement les deux systèmes socialistes les plus complets et les plus importants de notre siècle. Non-seulement, en effet, ils ont fait des réponses bonnes ou mauvaises à la plupart des questions que l'homme se pose touchant sa destinée, mais encore ils ont rallié autour d'eux un grand nombre d'esprits d'élite et ont donné naissance à deux véritables écoles. Le système de Cabet n'a pas eu, à beaucoup près, la même grandeur et la même influence. Cependant, comme il a formulé tant bien que mal les dernières conséquences du socialisme et les a fait pénétrer assez avant dans les classes populaires, nous avons cru devoir lui faire ici, malgré son insignifiance, une petite place.

Étienne Cabet naquit à Dijon, en 1788. Il était fils

d'un tonnelier et travailla, dès l'âge de sept ans, dans l'atelier paternel. Admis, à douze ans, comme boursier, à l'école centrale de la ville, il y termina ses études et fit ensuite son cours de droit. Comme la carrière du barreau ne lui paraissait pas sans difficultés dans sa ville natale, il se décida à partir pour Paris. Là il s'affilia à la société des carbonari et prit part à toutes les luttes de l'opposition libérale contre le gouvernement des Bourbons. Aussi, quand la révolution de 1830 éclata, il fut nommé procureur général à Bastia ; mais l'exaltation de ses opinions politiques le fit bientôt révoquer de ses fonctions. Pour se venger de la disgrâce qui l'avait frappé, il écrivit un grand nombre de pamphlets contre le gouvernement et attaqua violemment le roi lui-même dans son journal *le Populaire*. Condamné à la prison et à l'amende, il s'enfuit à Londres, où il passa plusieurs années. Il en revint imbu des doctrines communistes, soit qu'il les eût puisées dans la lecture de Thomas Morus, soit qu'il les eût déduites des principes du socialisme français. Quoi qu'il en soit, il les exposa à sa manière et dans son *Voyage en Icarie* et dans son journal, dont il avait repris la direction. Il n'en fallut pas davantage pour qu'il devînt, en peu de temps, l'idole des faubourgs : ce fut au point que, suivant un de ses plus fervents admirateurs, ses adeptes lui donnaient le nom de *père*, et que les ouvriers et les ouvrières lui apportaient dans ses bureaux d'immenses bouquets [1].

Le *Voyage en Icarie*, où Cabet expose sa théorie *ex professo*, ne justifie pas, à beaucoup près, ces trans-

---

[1] *Exposé des écoles socialistes*, par B. Malon, p. 96-97.

ports d'enthousiasme. En voici à peu près le contenu : un jeune Anglais, lord Carisdall, part, un beau jour de décembre de l'année 1835, pour l'Icarie, un pays où tous les biens sont communs et où tous les gens sont heureux. Il se lie, en arrivant, avec un jeune homme, nommé Valor, qui lui fait les honneurs de cette merveilleuse contrée et qui le présente à tous les membres de sa famille : à son grand'père, un duc d'autrefois, ancien compagnon d'armes du charretier Icar, organisateur de l'Icarie ; à son père, magistrat d'un rare mérite et serrurier de son état, ainsi qu'à sa sœur, jeune personne de la plus brillante éducation, qui exerce la profession de couturière. On trouvera peut-être que, dans tout ceci, notre auteur méconnaît un peu les lois de la vraisemblance, mais on conviendra qu'il connaît assez bien le chemin qui mène au cœur du peuple. Aussi je m'imagine que c'était après avoir lu des traits comme ceux-ci que des députations d'ouvriers et d'ouvrières se croisaient dans les bureaux du *Populaire* et apportaient à Cabet ces bouquets superbes dont parle M. Malon. Si M. Jourdain ne marchandait pas les pourboires aux garçons tailleurs qui l'appelaient mon gentilhomme ou qui lui donnaient du *monseigneur*, comment les gens du peuple auraient-ils marchandé leurs sympathies et leurs bouquets à un homme qui les mettait de plain-pied avec les magistrats, voire même avec les ducs de l'ancien régime ?

Cabet ne s'adresse pas seulement à l'amour-propre du simple populaire, de ce bon *demos*, qui n'a guère changé depuis Aristophane jusqu'à nous, il sait encore toucher en lui d'autres cordes sensibles, notamment celle de la gourmandise, qui est toujours prête à vibrer chez des pauvres hères qui n'ont rien à manger avec leur pain. En Icarie, s'il faut l'en croire, la république nourrit en bonne mère tous ses enfants. Un comité de savants de premier ordre est préposé au choix des aliments, et Dieu sait comme il s'en acquitte ! Il fournit aux diverses familles de plantureux repas, qu'eût enviés Pantagruel, tout en prenant bien garde qu'aucune n'ait plus ni mieux que les autres ; car il ne faut, dans aucun cas, déroger à la sacro-sainte égalité. « Tu vois donc, mon pauvre ami, écrit à son frère un jeune Français qui s'est réfugié en Icarie depuis la révolution de Juillet et que lord Carisdall y a rencontré, tu vois que le gouvernement fait ici bien autre chose que notre monarchie : tandis que la royauté fait tant de bruit pour un bon roi qui voulait que chaque paysan pût mettre la *poule au pot le dimanche*, la république donne ici sans rien dire à tous et tous les jours (on dirait que c'est déjà fait) tout ce qui ne se voit ailleurs que sur la table des aristocrates et des rois[1]. » Pour Cabet, on le voit, comme pour Saint-Simon et Fourier, la satisfaction des appétits sensuels est la grande affaire de la vie : son socialisme n'est, comme le leur, que le sensualisme appliqué.

Mais où la république prend-elle de quoi nourrir et aussi de quoi vêtir, loger et meubler tous ses enfants ? Dans le capital social qu'elle possède tout entier et d'une manière indivise ; car les Icariens forment entre eux comme une famille de frères, qui exploite son domaine

---

[1] *Voyage en Icarie*, p. 53.

en commun et partage ensuite les produits entre ses membres aussi également que possible. Il n'est permis à personne d'y vivre sans travailler; mais le travail y est facile et même attrayant: la république y a pourvu. Sous son influence salutaire, les machines se sont multipliées à tel point qu'elles remplacent deux cent millions de chevaux ou trois milliards d'ouvriers: ce bon Cabet en a fait le compte. Il en résulte que les hommes ont assez peu de chose à faire. La durée du travail est la même pour tout le monde : « Elle est aujourd'hui, dit notre réformateur, fixée à sept heures en été et six heures en hiver, de six ou sept heures du matin jusqu'à une heure. » Pendant deux heures les travailleurs observent un silence religieux ; pendant deux heures ils peuvent causer avec leurs voisins, et pendant le reste du temps chacun chante pour soi ou pour les autres. Ainsi, cette belle uniformité qu'un ministre de l'instruction publique, ancien saint-simonien d'ailleurs, voulut un jour établir dans les travaux de nos lycées, Cabet la fait régner dans ceux de la société tout entière. Pour la rendre plus complète, il veut même que tous ses Icariens soient levés à cinq heures du matin et couchés à dix heures du soir. Et qu'on ne lui dise pas qu'il y aura peut-être des paresseux en Icarie. Comment y en aurait-il, répond-il magistralement, « quand le travail y est si agréable, et quand l'oisiveté et la paresse y sont aussi infâmes que le vol l'est ailleurs ? »

C'est la république qui assigne leur tâche aux travailleurs de chaque catégorie et ceux-ci se bornent à l'accomplir. Les savants et les écrivains ne font pas exception : ils sont des ouvriers nationaux comme les autres. Comment, s'écrie le grand-prêtre du communisme, qui n'admet, en fait de liberté, comme certains ultramontains de nos jours, que la liberté du bien, entendue à sa manière, comment l'État pourrait-il permettre au premier venu de débiter des ouvrages, quand il ne permet qu'aux seuls pharmaciens de préparer et de vendre des médicaments? N'y a-t-il donc pas de poisons moraux, comme il y a des poisons physiques? Il faut donc que l'art d'écrire soit une profession réglementée, comme la médecine et la pharmacie. Non-seulement on n'écrira des livres nouveaux qu'avec la permission ou plutôt sur la commande de l'État, mais on brûlera tous les livres anciens qu'on jugera dangereux ou inutiles. Cependant il vient sur ce sujet un scrupule à notre vieux libéral : il se demande si ce n'est pas là imiter les tyrans qu'il a combattus. Mais il se tranquillise bientôt en se disant que c'est faire en faveur de l'humanité ce que ses oppresseurs faisaient contre elle : c'est le célèbre principe que la fin justifie les moyens.

Cabet se borne à transformer les écrivains; mais il est d'autres personnages qu'il supprime tout à fait. Ainsi, les juges et les bourreaux, les avocats et les gendarmes, les avoués et les huissiers devront, suivant lui, disparaître à tout jamais. On n'aura plus besoin de ces gens-là dans un monde d'où la propriété sera bannie et où les vols, les incendies, les assassinats, dont elle est l'unique source, seront inconnus. Que s'il se commet encore quelque délit en Icarie, les citoyens seront suffisamment aptes à en juger, car pour de véritables crimes, il ne saurait y en avoir. Mais si par hasard il s'en produisait un, on ne mettrait pas le criminel en prison : on l'enfermerait dans une maison de santé. Il faudrait, en effet, qu'il fût atteint de folie pour se porter, sans raison aucune, à un acte de ce genre. Il n'y a pas jusqu'aux actes coupables qui n'ont aucun rapport avec la propriété que l'air de la communauté ne prévienne et ne rende impossibles. En Icarie, tous les époux sont tendres, toutes les épouses fidèles, toutes les jeunes filles chastes, tous les jeunes gens respectueux : on ne pourrait citer (c'est tout dire), dans cet heureux pays, un seul exemple d'adultère, ni de concubinage, ni même de faiblesse. Le bon génie qui y a tout transformé dans l'ordre physique ne s'est pas montré moins prodigue de métamorphoses dans l'ordre moral.

Voilà quelques-unes des belles choses que notre héros, lord Carisdall, voit dans son voyage en Icarie ou qu'il apprend par la fréquentation de Valor et des autres amis qu'il s'y est faits. Nous ne voulons pas les discuter en détail. Nous nous demandons seulement si Cabet ne pousse pas jusqu'à la déraison le dédain pour la science, qui est la manifestation la plus haute de la nature humaine, quand il propose de transformer les savants en autant de manœuvres auxquels des administrateurs, souvent inintelligents, imposeraient leur tâche journalière, et qui se borneraient à s'en acquitter d'une manière passive et machinale, et s'il ne porte pas jusqu'à la brutalité le mépris de cette liberté dont, pendant sa vie politique, il avait prétendu être l'apôtre, quand il refuse aux citoyens le droit d'exprimer leurs opinions personnelles et qu'il en supprime l'expression jusque dans les écrits du passé. Que dire du peu de souci qu'il montre des grandes conditions de l'ordre social, quand il déclame et contre les juges qui le protégent et contre la force publique qui le défend, sapant ainsi jusque dans ses dernières assises la société tout entière? Il se fonde pour cela sur ce qu'il n'y aura plus de crimes sous le régime de la communauté. Comme si un régime, quel qu'il soit, pouvait changer dans ses éléments essentiels la nature de l'homme ! Comme si l'amour, la jalousie, l'amour-propre, la colère, l'ambition qui grondent aujourd'hui dans les cœurs et qui éclatent quelquefois en forfaits épouvantables, allaient demain, sur l'ordre de M. Cabet, ou se calmer tout doucement ou s'évaporer en paroles inoffensives !

Mais ce qui me paraît le plus insoutenable dans les rêves vulgaires et insensés de notre réformateur, c'est la prétention qu'il affiche d'augmenter dans des proportions fabuleuses la richesse publique, en supprimant précisément le principe qui en est la source, je veux dire l'intérêt personnel. Tout le monde sait, en effet, que le sol exploité en commun ne donne jamais la moitié des produits qu'il donnerait dans des conditions différentes. Les hommes le défrichent alors avec tant de mollesse et d'une main si nonchalante qu'ils n'en font presque rien sortir. Quand, au contraire, ils travaillent un terrain qui est bien à eux, et qu'ils sont sûrs d'en retirer une quantité de fruits en rapport avec leur peine, ils ne se ménagent pas et font pousser des céréales jusque sur les rochers les plus arides. On nous dit, à la vérité, que le travail sera si agréable en Icarie qu'on trouvera beaucoup de plaisir à s'y livrer. Mais on en trouvera encore plus à ne rien faire. On nous assure qu'on y travaillera par point d'honneur, attendu que le travail sera honoré et la paresse flétrie. Mais si l'honneur peut pousser un homme à se faire tuer à la frontière dans un moment de généreux enthousiasme et d'exaltation héroïque, il ne le portera jamais, comme l'a très-bien fait remarquer M. Thiers, à raboter plus ou moins bien, tous les jours que Dieu fait, deux ou trois planches, et à limer plus ou moins bien une pièce de fer. Convaincu que ce n'est pas à l'honneur que touchent ces matières, il s'endormira dans une paresse incurable, et si cette paresse se généralise, comme cela arrivera indubitablement, elle amènera la misère générale. Il n'y aura pas d'autre moyen de la prévenir que de forcer au travail les récalcitrants; mais alors, au lieu de la liberté et du bonheur qu'on nous promettait, nous aurons les châtiments et la servitude. Ce n'était vraiment pas la peine d'aller en Icarie pour aboutir à un résultat semblable! La belle existence, en effet, et bien conforme à la dignité humaine que celle de ces malheureux auxquels le chant, la conversation, le silence même sont dictés par une volonté capricieuse! Ce ne sont pas là des hommes libres, ni même des hommes : ce sont des automates!

On voit que le communisme a pour effet soit de détruire le travail, en supprimant l'intérêt personnel qui en est le mobile, soit de détruire la liberté en imposant à l'État le devoir d'entretenir tous les citoyens et en lui conférant tous les droits nécessaires pour cela, même celui de disposer à son gré des personnes et des choses. Il aurait encore pour résultat, s'il était poussé à ses dernières conséquences, d'abolir la famille et d'établir sur ses ruines la promiscuité universelle. Comment, en effet, l'homme pourrait-il avoir une femme et des enfants, sans s'attacher à eux plus qu'aux autres membres de la communauté et sans chercher à leur procurer un bien-être exceptionnel, en s'appropriant, pour les en faire jouir seuls, certains objets qui appartiennent à tous ? Il importe donc, si l'on veut empêcher la propriété de renaître, d'extirper la famille qui en est la racine. Aussi les communistes vraiment logiques ont-ils proscrit à la fois ces deux institutions et proclamé la communauté des biens et celle des femmes tout ensemble. Cabet, lui, ne va pas jusque-là : il s'arrête à mi-chemin. S'il abolit la propriété, il laisse subsister la famille et prétend même l'élever à un degré de pureté inconnu jusqu'à présent et peu compatible, il faut le dire, avec la faiblesse humaine. Est-ce chez lui défaut de logique, tactique ou bon sens ? c'est ce qu'il est difficile de déterminer. Des disciples, plus conséquents que le maître, ayant protesté dans le journal *l'Humanitaire*, en faveur de la communauté des femmes, il essaya de leur répondre. N'était-ce pas, leur disait-il, une assez grande entreprise que celle de l'abolition de la propriété, et était-il bien opportun de venir la compliquer de celle de l'abolition de la famille ? Était-ce un bon moyen de gagner à leur cause un plus grand nombre d'adhérents que de leur prêcher une doctrine qui avait l'apparence de la débauche et de l'immoralité, et qui ne manquerait pas de soulever contre eux le hourra de tous les champions de la morale et de la pudeur ? Comment ne voyaient-ils pas que cette idée pouvait, non-seulement les compromettre dans l'opinion, mais encore fournir des armes contre eux au parquet et les perdre, comme elle avait perdu les saint-simoniens ? Si Cabet est un ennemi du vice, c'est, comme on en peut juger, un ennemi assez débonnaire ; car il se borne, en définitive, à l'avertir de ne pas trop se démasquer pour le moment, crainte des honnêtes gens et de la police.

L'organisation politique de l'Icarie est un peu moins étrange que son organisation sociale. Cependant elle est de tout point inadmissible. Le but de l'auteur qui l'a imaginée est de faire régner parmi les hommes une égalité absolue. Mais comment ne comprend-il pas que, s'il n'y a pas dans la nature deux animaux, deux végétaux d'une égalité parfaite, il ne saurait y avoir dans la société deux hommes parfaitement égaux ? L'expérience historique confirme sur ce point les données de la raison ; car elle nous atteste que toujours et partout l'inégalité des conditions a été le trait distinctif des sociétés humaines. Sans admettre avec un écrivain contemporain, M. Renan, que le genre humain est fait pour quelques hommes supérieurs, il faut bien reconnaître qu'une nation, pas plus qu'une armée, ne saurait subsister sans chefs et sans hiérarchie. De cette erreur capitale Cabet fait sortir beaucoup d'erreurs secondaires. Par amour pour l'égalité, il regarde le suffrage universel comme infaillible et tient tous ses résultats pour admirables ; par amour pour l'égalité, il combat la création d'une Chambre haute, au risque d'établir, avec la souveraineté du nombre, un gouvernement absolu et sans contre-poids, comme celui de la Convention ; par amour pour l'égalité, il énerve le pouvoir exécutif en le subordonnant au pouvoir législatif, en le divisant entre cinq ou six personnes, comme sous le Directoire, en lui ôtant ses gardes, sa police, son armée, tout ce qui fait sa force au dedans et au dehors, en ne lui laissant, en un mot, que le droit dérisoire de commander, sans la faculté de faire exécuter ses commandements : utopies funestes autant qu'insensées qui auraient, si elles avaient prévalu dans l'opinion, corrompu l'esprit public et faussé le bon sens national !

En attendant le triomphe définitif de la communauté et de l'égalité qui doivent faire leur bonheur, Cabet propose aux hommes d'établir un régime transitoire qui les y conduira infailliblement. Il demande d'abord qu'on supprime l'armée. Nous avons assez vu ce qui arrive, quand elle n'est plus là pour maintenir l'ordre, pour qu'il soit inutile de discuter une telle ineptie. Il veut qu'on prélève chaque année cinq cent millions sur le budget pour fournir du travail aux ouvriers et payer les logements des pauvres. Il ne voit pas que ce serait là obérer le trésor et voler une partie des citoyens pour faire l'aumône aux autres, sans rendre d'ailleurs ces derniers plus heureux. Dès que les ouvriers, en effet, seraient sûrs que les ateliers de la nation leur seraient toujours ouverts, ils quitteraient, au moindre mécontentement, ceux des particuliers, sauf à faire dans les ateliers nationaux la besogne que l'on sait. De là une épouvantable diminution de la production et partant de la richesse nationale. Quant aux pauvres, dès qu'ils sauraient que l'État se charge de leur logement, ils exigeraient qu'il se chargeât aussi de leur nourriture. Dans tous les cas, ils travailleraient un peu moins et consommeraient un peu plus. Que dis-je ? ils rendraient ceux qui seraient presque aussi pauvres qu'eux si jaloux de leur sort qu'ils ne tarderaient pas à se mettre à leur niveau pour le partager. On sait assez, par l'exemple de la Grande-Bretagne, que la taxe des pauvres est le plus sûr moyen de développer le paupérisme. Je ne parle pas de l'idée de faire fixer le salaire de l'ouvrier et le prix des objets de consommation par l'autorité publique, idée devant laquelle Cabet ne recule pas. Il aurait dû savoir, lui qui prétend améliorer le sort des hommes, que l'autorité l'a toujours empiré, quand elle s'est avisée de réglementer les intérêts de l'industrie et du commerce, et que le mieux est encore de laisser aux citoyens le soin de les débattre librement entre eux. Il n'aurait pas dû ignorer, lui qui étudiait alors l'histoire de la Révolution, les désastres que produisit, en 1793 et en 1794, la loi du maximum, et dans quels inextricables embarras elle jeta les pauvres économistes de la Convention, Robespierre et Saint-Just tout les premiers [1].

A ces règlements provisoires Cabet ajoute le suivant : « La richesse et le superflu seront imposés progressivement. » C'est là un petit article, qui n'a l'air de rien et qui contient pourtant en germe les plus graves conséquences. Tant que l'impôt est considéré comme une assurance mutuelle et qu'il est proportionné, comme toutes les assurances, à la valeur de la chose assurée, on a une règle fixe, et le travail de la production peut se donner carrière en toute sécurité. Si l'impôt atteint la rente dans la proportion de dix pour cent, je sais que, si j'ai mille francs de rentes, je paierai cent francs

---

[1] V. sur cette question l'excellente *Histoire des classes ouvrières* de M. Levasseur.

d'impôts, et que, si mon voisin a dix mille francs de rentes, il paiera un impôt de mille francs. Il n'y a rien là d'arbitraire ni d'aléatoire. Mais, si, au lieu d'être proportionnel, l'impôt devient progressif, je n'ai plus de mesure fixe, je ne sais plus où il s'arrêtera et je sens se paralyser d'avance toute mon activité. Aujourd'hui vous me prenez un dixième de mon revenu, si j'ai mille francs de rentes ; un cinquième, si j'en ai deux mille ; la moitié, si j'en ai dix mille. Mais qui m'assurera que vous vous en tiendrez à une telle proportion ? Dans tous les cas, elle n'est déjà pas bien faite pour me pousser à m'enrichir, c'est-à-dire à produire, car je ne trouve guère plus d'avantages à être riche qu'à être pauvre, puisqu'à mesure que je m'élève en richesse, l'État semble prendre à tâche de me replonger dans ma pauvreté. Ma production, ou plutôt celle de tous les gens actifs qui me ressemblent, diminuera donc et avec elle la fortune publique.

Le régime transitoire, esquissé ici par Cabet, n'est donc pas moins inadmissible que le régime définitif qu'il a décrit précédemment, car il aboutit au même résultat ; mais il est encore plus dangereux, parce qu'il est assez spécieux pour séduire les âmes simples et honnêtes qu'un communisme sans voile aurait immédiatement repoussées.

Cabet n'eut pas, à proprement parler, de disciples. Il inspira seulement quelques écrivains peu connus du grand public, mais fort admirés du socialisme militant, Villegardelle, l'ami de Proudhon, Pecqueur, que M. Malon nomme un publiciste plein de verve, et François Vidal, qu'il proclame aussi grand que Cabet, comme si c'était là le comble de l'éloge. Mais il jouit d'une grande vogue dans les classes inférieures, comme le prouvent les démonstrations enthousiastes dont il fut l'objet et aussi la triste odyssée des malheureux qui l'accompagnèrent dans les solitudes du Texas, où ils essayèrent vainement de donner un corps à cette insaisissable Icarie qu'il avait fait miroiter si longtemps devant leurs imaginations grossières.

Il fut, au demeurant, un courtisan de la multitude; car il n'acquit l'influence qu'il exerça sur elle qu'en flattant ses appétits et en caressant ses passions. C'est par là qu'il se rattache, sinon au sensualisme théorique qu'il était incapable de comprendre, du moins au sensualisme pratique qui en est inséparable. Il s'y rattache encore par le dédain qu'il montre, dans son organisation du travail, pour la volonté, pour les droits, pour la libre initiative de l'homme. Un tel dédain suppose, en effet, qu'il conçoit l'homme, au moins vaguement, comme une simple machine plutôt que comme une véritable personne, ce qui a été toujours et partout le propre caractère du sensualisme[1].

[1] V. sur Cabet l'*Histoire du communisme*, par M. Sudre.

CHAPITRE IV

PIERRE LEROUX ET JEÀN REYNAUD OU LE SEMI-SAINT-SIMONISME

I. PIERRE LEROUX, *la Réfutation de l'Éclectisme*. — Le livre *de l'Humanité*, l'immortalité terrestre. — II. JEAN REYNAUD, *Terre et Ciel*, la terre, les âges. — L'origine des âmes, la préexistence. — Le ciel, l'infinité du monde, l'immortalité sidérale.

Première Section

PIERRE LEROUX

I

LA RÉFUTATION DE L'ÉCLECTISME

La doctrine de Fourier offrait des formes trop précises et trop arrêtées pour pouvoir se développer sans cesser d'être elle-même, et celle de Cabet avait un fond trop maigre et trop pauvre pour être susceptible de développement. Aussi ni Fourier ni Cabet ne trouvèrent des disciples originaux. La doctrine de Saint-Simon avait, au contraire, un certain vague et une certaine ampleur, qui la rendaient très-propre à recevoir de nouveaux remaniements et une nouvelle mise en œuvre. Les conceptions religieuses du célèbre socialiste, toutes hasardées qu'elles étaient, avaient de la grandeur, surtout au point de vue historique, et de plus elles présentaient de graves lacunes, car la question de la vie future y était entièrement laissée dans l'ombre. Quant à ses spéculations scientifiques, elles ne consistaient que dans la réunion de quelques principes généraux, entrevus d'instinct, mais qui avaient besoin d'être légitimés par des raisonnements serrés et des observations positives. C'est pourquoi Saint-Simon eut, indépendamment de Bazard et d'Enfantin, deux classes de disciples presque également remarquables, qui donnèrent les uns plus au sentiment et à l'enthousiasme, les autres plus à la méthode et à la science. Les premiers furent Pierre Leroux et Jean Reynaud; les seconds, Auguste Comte et ses adhérents, qui ont été aussi, bien qu'ils soient plus connus sous le nom de positivistes, des semi-saint-simoniens.

Pierre Leroux naquit à Paris, en 1797, de parents peu aisés. Il commença ses études au lycée Charlemagne et les termina au lycée de Rennes, où ses succès lui avaient valu une bourse du gouvernement. Il fut ensuite admis à l'École polytechnique; mais sa position ne lui permit pas d'y entrer. Son père venait de mourir, sa mère avait quatre enfants sur les bras, et Pierre, qui était l'aîné, devait subvenir immédiatement aux besoins de la famille. Après bien des mécomptes et des déboires, qui ne furent pas sans influence sur ses sentiments et ses opinions, il parvint à se placer comme correcteur dans une imprimerie, où il se distingua par son zèle et son intelligence. En 1824, cette imprimerie s'étant trouvée à vendre, Leroux la fit acheter par un de ses amis et s'en servit pour fonder, avec son ancien camarade Paul Dubois, un nouveau journal: c'était le *Globe*, qui devait représenter si noblement la France moderne en face de la réaction triomphante. Leroux fut à la fois attaché à l'imprimerie comme prote et au journal comme écrivain, et eut à ce dernier titre pour collaborateurs tout ce que l'opposition libérale comptait alors d'hommes distingués : il suffit de nommer le duc de Broglie, Guizot, Rémusat, Jouffroy, Damiron et Duchâtel.

Quand les fameuses ordonnances de Charles X parurent, certains rédacteurs prudents inclinaient à les laisser passer sans mot dire. Tel ne fut point l'avis de Pierre Leroux. Il inséra et signa la protestation rédigée dans les bureaux du *National* et attendit dans les siens que la police vînt l'arrêter. Son courage profita à ses confrères : ils devinrent ministres, ambassadeurs, tout au moins pairs de France ou députés. Quant à lui, soit qu'il eût plus de savoir que de savoir-faire, soit qu'il eût plus de goût pour la popularité que pour le pouvoir, il resta simple rédacteur de sa feuille. Il semble pourtant en avoir voulu dès lors à ceux de son parti qui se laissèrent porter aux affaires par le triomphe de leur politique et qui adoucirent les aspérités de leurs doctrines spéculatives pour les faire passer dans les faits. C'est ainsi peut-être qu'il faut expliquer l'évolution qui le jeta, à un certain moment, dans les bras des saint-simoniens, et les attaques qu'il dirigea plus tard soit contre le gouvernement de transaction de Louis-Philippe, soit contre la philosophie conciliante de Victor Cousin.

Après avoir rompu avec les disciples de Saint-Simon, dont il ne put souffrir les doctrines impures et avoir vu le nouveau *Globe* mourir entre ses mains, Pierre Leroux écrivit successivement dans plusieurs recueils considérables, dans la *Revue encyclopédique*, dans l'*Encyclopédie nouvelle* et enfin dans la *Revue des Deux Mondes*. Ce dernier journal ne lui ayant pas paru assez avoué, il créa, en 1841, avec Viardot, Petetin et G. Sand, la *Revue indépendante*, où il combattit simultanément le catholicisme, l'éclectisme et la monarchie de Juillet. Nous ne le suivrons pas à l'Assemblée constituante de 1848, où il vota constamment avec la gauche et défendit les victimes de nos discordes civiles; ni à Jersey, où il se réfugia après le coup d'État et tomba avec sa famille dans un état voisin de l'indigence; ni en Suisse, où le vieux socialiste malade se plaignait que le congrès de Berne se souvînt si peu de ses services; ni à Paris, où il mourut le 11 avril 1871, sous le règne de la Commune, qui lui fit le triste honneur d'envoyer deux de ses membres à ses funérailles, moins par sympathie pour ce qu'elle appelait ses idées mystiques que par reconnaissance pour sa défense des vaincus de Juin. Nous avons hâte d'arriver à l'étude de ses ouvrages, qui ne sont, du reste, pour la plupart, que des articles de revue amplifiés et publiés sous une nouvelle forme. Les plus importants sont sa *Réfutation de l'Éclectisme*, son livre *de l'Humanité* et ses opuscules intitulés *Égalité* et *Christianisme*. Le premier contient la partie polémique de son œuvre, et les autres en renferment la partie dogmatique.

L'apparition de la *Réfutation de l'Éclectisme* a son

importance dans l'histoire des idées de notre temps ; car elle marque, pour ainsi dire, la première rencontre ou plutôt le premier choc des deux grandes philosophies qui se sont disputé les esprits au dix-neuvième siècle, de la philosophie rationaliste et de la philosophie saint-simonienne. Pierre Leroux, qui représente la dernière, n'est pas un simple spéculatif, faisant de la philosophie pour en faire : il est, avant tout, un homme de parti qui regarde les divers systèmes comme des moyens à utiliser ou comme des obstacles à vaincre, pour réaliser l'idéal politique et religieux qu'il a conçu. Révolutionnaire et même socialiste exalté, il voit dans l'éclectisme rationaliste une doctrine qui affiche la prétention de réconcilier l'esprit du moyen âge et celui du dix-huitième siècle, l'esprit de l'ancien régime et celui de la Révolution, en faisant à chacun d'eux sa part et en montrant que le devoir et le droit, le spiritualisme ancien et le libéralisme moderne ne sont pas faits pour se combattre, mais pour vivre en bonne intelligence et se compléter mutuellement : aussi l'attaque-t-il avec furie. Il croit, en effet, avec son école, que la religion du passé doit faire place à une nouvelle religion et que, sur les ruines du vieil édifice social, doit s'élever un édifice tout nouveau. Voilà ce qui est au fond de la polémique, purement personnelle en apparence, de Pierre Leroux contre Victor Cousin. Ajoutons que Leroux y montre des qualités que nous n'avons point encore rencontrées chez les autres socialistes, nous voulons dire un talent philosophique sérieux, ainsi que des connaissances philosophiques étendues. Il est fâcheux qu'il gâte tout cela par l'acrimonie vraiment excessive qu'il montre contre ses adversaires.

Il se demande d'abord ce que c'est que l'éclectisme. Il répond que c'est une doctrine qui consiste à choisir, entre les opinions d'autrui, celles qui paraissent les plus vraisemblables, et il n'a pas de peine à montrer que ceux qui professent ce système ainsi entendu, n'ayant que des idées qu'ils ont reçues de toutes mains et qui se combinent chez eux comme elles peuvent ou ne s'y combinent même pas du tout, sont des philosophes sans philosophie. La philosophie digne de ce nom consiste, suivant lui, dans la synthèse par laquelle un esprit vigoureux, sans s'isoler de ses devanciers ni de ses contemporains, s'assimile leurs idées, au moyen de son énergie interne, de son activité innée, et les transmet épurées et agrandies aux penseurs de l'avenir. Prenez Potamon ou Juste-Lipse, qui cherchent dans les livres les membres épars de la philosophie et les ajustent entre eux mécaniquement, vous avez un éclectique; prenez Plotin ou Leibniz, qui vivent de la vie de leur temps, s'inspirent de ses besoins et en fondent ensemble les manifestations variées, par une élaboration en quelque sorte organique, vous avez un esprit synthétique, c'est-à-dire un vrai philosophe. La conclusion de tout cela serait que Victor Cousin n'est qu'un érudit sans portée, qu'un penseur de dixième ordre, comme Potamon ou Juste-Lipse, non un philosophe véritable.

Sans vouloir le moins du monde surfaire Victor Cousin, nous trouvons que c'est là une appréciation peu équitable de ce philosophe. Des deux systèmes que Pierre Leroux caractérise si finement, sous les noms d'éclectisme et de synthèse, et qui seraient encore mieux nommés faux et vrai éclectisme, c'est moins vers le premier que vers le second qu'incline, à ce qu'il nous semble, Victor Cousin. Ses idées, en effet, ne sont pas aussi décousues que P. Leroux voudrait le faire croire ; elles sont, au contraire, assez étroitement unies entre elles. D'abord, sa psychologie contient sa logique, son esthétique, sa morale, sa théodicée, comme le livre *du Vrai, du Beau et du Bien* en fait foi. Ensuite, sa philosophie est si loin d'être sans rapports avec les systèmes de ses devanciers immédiats qu'elle les résume tant bien que mal et leur fait en même temps subir d'assez graves modifications, témoins les théories de la sensibilité, de la volonté et de la raison, que Condillac, Maine de Biran et Kant avaient conçues et qu'on retrouve plus ou moins heureusement transformées dans son œuvre. Enfin, l'esprit de sa doctrine est si loin d'être étranger à celui de la société de son temps qu'il en est peut-être la plus fidèle expression. A une époque où des publicistes, comme Thiers et Guizot, cherchaient à concilier le principe d'autorité et celui de liberté, où des critiques, comme Villemain et Sainte-Beuve, tentaient de faire également leur part à l'esprit de tradition et à l'esprit d'innovation, où des historiens, comme Michelet et Augustin Thierry, rendaient une égale justice au moyen âge et aux temps modernes, il était tout simple que des philosophes, comme Cousin et Jouffroy, essayassent d'accorder le présent et le passé, l'examen et la foi.

Non content de combattre l'éclectisme en lui-même, P. Leroux l'attaque dans ses origines. Il serait né, s'il fallait l'en croire, de l'esprit de réaction qui régnait sous l'empire et dont l'École normale était un des principaux foyers. C'est se faire une singulière idée de Royer-Collard, qui fut, sous l'Empire, le vrai précurseur de l'éclectisme, que de se le figurer, avec le caractère altier, qu'on lui connaît, allant prendre le mot d'ordre des chambellans de l'empereur; c'est aussi se faire une idée bien étrange de l'École normale que de se la représenter comme une pépinière de jeunes gens inféodés au gouvernement impérial et se pliant sans hésiter à tous ses caprices. Loin d'être animée de pareils sentiments, elle vit tomber l'Empire sans regrets et assista avec sympathie au réveil de nos libertés parlementaires. Bien plus, quand l'esprit de réaction souffla sur notre pays, ce fut à elle qu'il s'attaqua tout d'abord. Ses portes furent fermées, ses chaires renversées, ses professeurs dispersés, sans en excepter Cousin et Jouffroy; ces philosophes que Leroux nous donne comme des séides de l'ancien régime.

Au fond, ce qui déplaît à Pierre Leroux, c'est qu'au lieu de se traîner servilement sur les traces de la génération précédente, nos rationalistes aient le courage d'être eux-mêmes et d'opposer, sur certains points, l'esprit du dix-neuvième siècle naissant à celui du dix-huitième. Mais, franchement, ont-ils tout à fait tort? Les vues de Voltaire sont-elles donc assez profondes et assez systématiques pour ne plus rien laisser à faire aux penseurs de notre temps? Les doctrines de Diderot sont-elles donc tellement morales qu'on doive désespérer d'arriver à un idéal de vertu plus élevé? Les idées de Rousseau sont-elles donc tellement sensées qu'il ne soit pas permis d'en contester, sur quelques points, la justesse et le caractère pratique? Ce qui déplaît encore à Pierre Leroux, c'est que Victor Cousin s'occupe trop de la philosophie pure et ne remue pas assez ces questions politiques et sociales pour lesquelles il manifeste, quant à lui, une vive prédilection. Mais Cousin n'est pas le seul penseur français qui se comporte ainsi : Descartes, Malebranche, Condillac, Maine de Biran, c'est-à-dire les plus grands philosophes de notre nation, font exactement de même. La nature de l'homme absorbe si complétement leur attention qu'il ne leur en reste plus pour étudier la société. Enfin, ce qui ne déplaît pas moins à Pierre Leroux que tout le reste, c'est que les éclectiques ne songent pas, comme les néoplatoniciens, pour ne pas dire comme les saint-simoniens, à constituer une religion nouvelle, en se servant pour cela des innombrables matériaux que leur offrent les philosophies et les religions du passé. Alors il les proclamerait sans difficulté des génies synthétiques et reconnaîtrait à leur tentative, comme à celle des alexandrins, un incontestable caractère de puissance et de grandeur. Mais les esprits sensés trouveront peut-être que ces philosophes, malgré les défauts qu'ils peuvent avoir, n'ont pas trop mal fait de s'en tenir, à l'exemple de Platon et d'Aristote, de Descartes et de Leibniz, aux recherches de la pensée réfléchie et de décliner les rôles d'hiérophantes et de révélateurs qu'on voulait leur imposer.

Pierre Leroux n'est pas moins sévère à l'égard de la méthode de l'école éclectique qu'à l'égard de ses origines. Il reproche à son fondateur d'avoir admis la méthode d'observation, qui est celle de Bacon et des naturalistes, et d'avoir rejeté la méthode de raisonnement, qui est celle de Descartes et des géomètres. La vérité est que ce philosophe les a admises toutes deux, sans toutefois, j'en conviens, en approfondir suffisamment la nature, et qu'il s'est montré éclectique sur ce point, comme sur tant d'autres. Pierre Leroux croit qu'il faudrait compléter cette méthode, qui paraît pourtant déjà passablement complète, en y introduisant un élément nouveau auquel les saint-simoniens attachaient beaucoup d'importance, le sentiment. Nous ne voulons pas rechercher si le sentiment doit intervenir dans l'étude de la philosophie et des autres sciences morales ou s'il doit en être totalement exclu. Nous tenons seulement à faire remarquer une chose, c'est qu'on a adressé sur ce point à l'éclectisme des reproches diamétralement opposés et qui se détruisent par leur opposition même. Pierre Leroux, qui écrivait sous l'influence encore toute récente des saint-simoniens et des romantiques, lui reproche de manquer de sentiment, d'inspiration, d'enthousiasme, et de ne savoir faire que de froids raisonnements et des analyses glaciales. M. Taine, qui est venu à l'époque des positivistes et des réalistes, lui reproche, au contraire, de consulter le cœur de préférence à la raison, et d'étaler de beaux sentiments là où il faudrait se livrer à des analyses sévères. Le premier blâme Cousin de n'avoir pas vu que la philosophie est moins une science qu'un art et a moins pour objet de connaître l'homme que de l'améliorer. Le second le blâme de n'avoir pas compris qu'elle est moins un art qu'une science et a moins pour but de réaliser les vues des hommes d'État et des pères de famille que de rechercher la vérité pour elle-même, abstraction faite de ses conséquences. L'un le condamne sans rémission, parce que, dans son amour pour la science pure, il a essayé de se soustraire à tout esprit de parti et de nationalité et déclaré qu'il n'y avait pas plus de philosophie française que de géométrie française. L'autre le regarde comme un homme jugé, parce que, dans sa préoccupation du bien public, il n'a pas toujours oublié qu'il était français et fils de la Révolution : « Est-ce qu'il y a des Français ? » s'écrie-t-il en s'inspirant d'un mot de Descartes. Et il s'attache à prouver au chef de l'éclectisme qu'il ne devrait être l'homme d'aucune nation et d'aucun temps, mais être un simple « instrument doué de la faculté de voir, d'analyser et de raisonner..., notant, décomposant, comparant et tirant les conséquences pendues au bout de ses syllogismes. » — Cousin, comme on voit, ne pouvait satisfaire tout le monde.

Après avoir traité de la méthode de Victor Cousin, Pierre Leroux traite de sa philosophie et principalement de sa psychologie. Il trouve que cette dernière étude, qui n'était qu'une simple introduction à la philosophie proprement dite, a reçu de l'éclectisme contemporain un développement beaucoup trop considérable, en quoi il est, suivant moi, dans l'erreur la plus complète. Dire qu'on a eu tort d'agrandir cette science et qu'on aurait dû lui laisser les maigres proportions qu'elle avait autrefois, c'est se tromper du tout au tout sur son importance et ne pas voir qu'elle est, en définitive, la science de l'homme et que c'est d'elle que toutes les autres sciences morales dépendent. Il est mieux dans le vrai, quand il reproche aux éclectiques et à leurs maîtres de l'Écosse d'avoir un peu amoindri et stérilisé la psychologie, en la séparant de la physiologie dont elle est inséparable et qui peut lui fournir tant de lumières. Il a également raison de distinguer plusieurs espèces d'observation intérieure, et de dire que Victor Cousin n'en a peut-être jamais fait nettement la différence : celle de Locke et de ses prédécesseurs qui porte sur nos souvenirs ; celle des Écossais qui porte sur les phénomènes qui se produisent actuellement dans le moi, et celle de Maine de Biran qui pénètre jusqu'au moi lui-même. Il a même un sentiment assez profond de l'excellence de cette dernière et fait très-bien remarquer que c'est en la pratiquant « que nous nous sentons vivre dans chaque phénomène. » Ce n'est pas seulement le *moi*, ajoute-t-il, mais encore le *non-moi* que nous saisissons, dans tout phénomène, par une intuition rapide et sûre, de sorte que le sujet de la pensée et son objet, l'esprit et le corps, avec le rapport qui les unit, nous sont toujours donnés ensemble. Pierre Leroux convient que Cousin a admis cette dernière méthode et l'a même pratiquée quelquefois d'une manière remarquable, mais il lui reproche de n'en avoir par tiré tout le parti possible. Ce reproche n'est pas sans fondement ; mais on peut demander à Leroux quel parti il en a tiré lui-même.

Mais de toutes les objections que Pierre Leroux élève contre Victor Cousin, celle qui concerne la question religieuse est encore la plus grave. Il lui reproche de considérer la philosophie et la religion comme deux choses différentes, pendant qu'elles sont une seule et même chose, puisqu'elles ont un seul et même objet, qui est la vie. « Toute philosophie, en effet, dit-il dans un assez mauvais style, a pour but de faire une religion ou d'en défaire une précédemment établie, dans le but d'une à venir [1]. » Comme la vie, qui est l'objet et de la religion

---

[1] *Réfutation de l'Éclectisme*, p. 249.

et de la philosophie, varie sans cesse, et qu'en vertu des lois du progrès le *moi*, c'est-à-dire le sujet qui la sent et la connaît, varie également, on peut dire que l'esprit humain passe sans cesse d'une religion à une philosophie et d'une philosophie à une religion. C'est à peu près la doctrine saint-simonienne des époques organiques et des époques critiques et de notre passage alternatif des unes aux autres. C'est du haut de cette théorie que Pierre Leroux attaque Victor Cousin, qui prétendait que la philosophie et la religion sont deux institutions *sui generis*, qui peuvent se développer parallèlement et ne sont point condamnées à s'entre-détruire.

La thèse de Pierre Leroux, qui est aussi celle des saint-simoniens, est loin d'être solidement démontrée. Elle consiste, en effet, à prétendre que toute religion est une ancienne philosophie, qui s'est organisée peu à peu et qui a fini par s'imposer avec empire, et que toute philosophie est une nouvelle religion en germe, qui se détache peu à peu de l'ancienne, en attendant qu'elle puisse la remplacer. Or, cette transformation qu'on nous donne pour une loi de l'histoire n'en est pas une; car elle ne repose que sur deux faits, sur la substitution de la philosophie grecque au polythéisme et sur celle du christianisme à la philosophie grecque elle-même. Mais deux faits ne suffisent pas pour fonder une loi, pas plus dans l'ordre historique que dans l'ordre physique. Ajoutons que l'un de ces faits au moins a été mal interprété. Le christianisme n'est pas né de la philosophie grecque : il s'est seulement assimilé quelques-uns des éléments qu'elle lui a fournis. Il est né d'une religion antérieure, qui est la religion juive. Or, les saint-simoniens pourraient-ils nous dire de quelle religion actuelle leur religion à eux pourrait sortir ?

II

LE LIVRE DE L'HUMANITÉ : IMMORTALITÉ TERRESTRE

Après avoir combattu avec un demi-succès la philosophie régnante, Pierre Leroux se devait à lui-même d'établir la sienne. C'est ce qu'il essaya de faire dans son livre *de l'Humanité*, qui suivit de près la *Réfutation de l'Éclectisme*. C'est un ouvrage qui ne manque pas d'une certaine force spéculative, mais qui ne brille ni par l'ordre ni par l'unité. L'auteur y définit l'homme sensation-sentiment-connaissance, en s'inspirant de la division saint-simonienne des hommes en industriels, artistes et savants, et nous fait espérer qu'il tirera de cette définition, d'une exactitude plus que douteuse, les plus riches conséquences, puis il la laisse là pour aborder deux questions qui ne s'y rattachent nullement et qui remplissent de leurs développements presque tout son livre, la question de notre destinée présente et celle de notre destinée future.

Suivant Pierre Leroux, tous les maux de la vie actuelle viennent de ce que le principe de l'unité du genre humain n'est encore ni bien compris, ni bien appliqué. Le christianisme, il est vrai, l'a entrevu, puisqu'il a proclamé la fraternité des hommes et fait de la charité la loi même de la vie ; mais il a eu tort de séparer la charité de l'égoïsme, puisque celui-ci est le fond même de notre nature et qu'il faut bien lui faire sa place dans les choses humaines. D'ailleurs, la charité, telle qu'il la conçoit, consiste moins dans l'amour des hommes que dans l'amour d'un Dieu abstrait et devait engendrer des pratiques ascétiques plus nuisibles qu'utiles au progrès social. Le vrai principe de la morale n'est pas la charité, mais la solidarité, qui embrasse l'égoïsme et la charité, le *moi* et le semblable, le droit et le devoir tout ensemble.

Certainement l'égoïsme, ou mieux l'amour de soi, est naturel et partant légitime ; mais il n'a, quoi qu'en dise Pierre Leroux, ni la même noblesse ni la même dignité que la charité, et, quand ces deux principes sont en compétition, la grandeur morale consiste à obéir à l'un et à résister à l'autre. Ajoutons qu'il est parfaitement inutile de recommander aux hommes l'égoïsme, comme notre auteur voudrait qu'on le fît ; car ils sont toujours assez disposés à lui faire sa part. Quand un général mène ses soldats au feu, il les exhorte à se battre héroïquement, sans se croire tenu de leur recommander de ménager en même temps leur vie. Quand un philanthrope veut porter ses concitoyens à soulager d'immenses infortunes, il fait appel à leur générosité, sans se croire obligé de les avertir de ne pas épuiser leurs ressources et de ne pas se mettre complétement à sec.

Pierre Leroux reproche encore au christianisme d'avoir fait consister la charité dans l'amour de Dieu plutôt que dans l'amour des hommes et d'avoir ainsi donné naissance à un vain mysticisme. L'observation ne manque ni de finesse, ni même de profondeur ; mais le reproche n'est pas parfaitement fondé. Dans la doctrine chrétienne, comme dans la doctrine platonicienne, l'amour de Dieu n'est autre chose que l'amour du bien en soi, du bien absolu et universel. Or, il est clair qu'un tel amour doit primer l'amour de chaque bien particulier et relatif et lui servir de règle. Je dois aimer ma famille, je dois aimer ma patrie et chercher à leur être utile; oui, mais dans les limites où le permet l'amour de la justice, du bien, de Dieu même; car tous ces termes sont synonymes : je dois, suivant la formule consacrée, les aimer par rapport à Dieu, c'est-à-dire par rapport au bien. Cette doctrine a pu être mal interprétée et on a pu en tirer des conséquences fâcheuses; mais, à la prendre en elle-même, elle est certainement des plus élevées et des plus philosophiques.

Pierre Leroux ne traite pas seulement de la vie présente, mais encore de la vie future, et c'est peut-être là la partie la plus curieuse et la plus originale de son système. De même, dit-il, qu'on a opposé sur la terre la charité à l'égoïsme, au lieu de les fondre dans un principe supérieur, celui de la solidarité, de même on a opposé, dans l'univers, la vie céleste à la vie terrestre, au lieu de les unir entre elles et de faire de l'une le simple prolongement de l'autre. En plaçant le paradis hors de l'humanité et de la terre, dans des espaces imaginaires, on a rendu l'homme indifférent à l'amélioration de son espèce et à celle du globe qu'il habite : on a fait de lui un ascète ou, par voie de réaction, un incrédule et un athée. Dans un cas comme dans l'autre, la terre a été pour ainsi dire *désanctifiée*, avilie et abandonnée au mal. Cette double erreur est venue de ce que les uns ont conçu Dieu comme habitant par delà les limites du monde, dans je ne sais quel ciel, et de ce que les autres ont conçu le monde comme se suffisant à lui-même et n'ayant pas besoin de Dieu. Or, ce sont là deux conceptions radicalement fausses. Dieu est dans le monde ou plutôt le monde est en lui ; car c'est en Dieu, suivant la grande parole de saint Paul, que nous vivons, que nous nous mouvons et que nous sommes.

Mais, pour être uni au monde, Dieu n'en est pas moins distinct de lui. Il est l'Être immuable et absolu, où toute existence a son principe, il est le ciel invisible et infini ; le monde, au contraire, est l'ensemble des êtres relatifs et changeants, il est le ciel fini et visible dont la terre elle-même fait partie. Faute d'avoir distingué le ciel absolu et le ciel relatif, les hommes se sont imaginé qu'après la mort ils existeraient dans le premier et vivraient ainsi d'une vie sans analogie avec la vie présente. Ils n'ont pas réfléchi que ce serait là vivre de la vie même de Dieu, ce qui est impossible à des êtres finis et créés. Notre union avec Dieu dans la vie future sera la même que dans la vie présente : elle n'en différera que par le degré. Nous ne verrons point Dieu face à face, car il est l'invisible ; mais nous participerons plus largement à sa puissance, à son intelligence et à son amour, car il se doit à lui-même de nous procurer une somme de biens de plus en plus grande. Si nous nous pénétrons bien de cette croyance, nous serons plus justes envers la vie actuelle et mieux disposés à la bien vivre. Elle nous apparaîtra, non comme une séparation d'avec Dieu, mais comme une union avec lui que la mort ne fera que rendre plus intime. Nous la regarderons, non comme une vie hors du ciel, mais comme une vie dans le ciel, dans ce ciel relatif dont la terre fait partie et qui est le seul auquel nous puissions prétendre. Il en résultera que, ne mettant pas tout le ciel dans l'autre vie, nous en garderons, en quelque sorte, pour celle-ci, et que nous ne considérerons pas cette dernière comme une vie maudite, mais comme une vie divine dans sa mesure et à sa manière.

Mais avant de savoir ce que nous serons après la mort, il serait bon de savoir si nous serons après la mort. Pierre Leroux n'en doute pas. «Vous êtes, dit-il, donc vous serez. Car, étant, vous participez de l'être, c'est-à-dire de l'être éternel et infini.... Donc ce qui est éternel en vous ne périra pas [1]. » Or, ce qui est éternel en nous, c'est notre essence, et notre essence n'est pas l'être nu, indéterminé, privé de toute espèce d'attributs, mais notre nature en tant qu'hommes. Mais le perfectionnement de cet ensemble de qualités que nous appelons notre nature, notre humanité, et qui n'est autre que l'humanité en nous, l'humanité subjective, est inséparable du perfectionnement de cet ensemble d'êtres que nous nommons notre espèce, l'humanité dont nous faisons partie, et qui n'est que l'humanité hors de nous, l'humanité objective. C'est en agissant sur ses semblables en bien ou en mal que l'homme agit en bien ou en mal sur lui-même et qu'il s'améliore ou se corrompt moralement. Tout nous porte donc à croire que l'homme et l'humanité sont inséparables, qu'ils doivent toujours se pénétrer réciproquement et vivre pour ainsi dire de la même vie. Dans l'ordre actuel des choses, l'homme isolé n'est pas :

---

[1] *De l'Humanité*, t. I, p. 195.

c'est une pure abstraction, un être impossible. L'homme ne se développe qu'au sein de ce grand Tout qu'on nomme l'humanité ; c'est là qu'il puise à la fois la vie physique, la vie intellectuelle et la vie morale. Les grands hommes n'échappent pas à cette loi. Ils sont même d'autant plus grands qu'ils résument mieux en eux la vie générale. Otez-les de leur milieu, privez-les de tous les courants de sentiments et d'idées dont ils se sont nourris et qu'ils ont fait passer en leur propre substance, et leur grandeur s'évanouit. Puisqu'il y a comme une harmonie préétablie entre l'homme et l'humanité, et que l'humanité dure toujours, il est impossible que l'homme n'existe qu'un instant, comme quelques-uns le disent, ou qu'il ne vive qu'un moment au sein de l'humanité, comme d'autres le prétendent, et qu'il s'en aille ensuite continuer sa vie sur d'autres planètes et sous d'autres cieux. Cela est contraire à l'allure ordinaire des choses, à la loi de continuité, en un mot, à l'harmonie de l'œuvre divine.

Puisque notre vie est intimement liée à celle de l'humanité, qui est elle-même intimement liée à celle de la terre, il est vraisemblable qu'après être nés, qu'après avoir vécu, qu'après être morts sur la terre, nous y renaissons et y revivons indéfiniment. Nous sommes, non pas simplement les fils de ceux qui ont vécu, mais ceux qui ont vécu eux-mêmes, rappelés par les lois qui régissent les êtres humains, dans la carrière de la vie. Et qu'on ne dise pas que cela est impossible. Comment celui qui peut nous faire naître ne pourrait-il pas nous faire renaître. Qu'on ne dise pas non plus que nous n'avons conservé de nos existences antérieures aucun souvenir. L'homme ne vient point au monde à l'état de table rase, comme certains auteurs l'ont prétendu. Il naît avec certaines prédispositions internes que les plus grands métaphysiciens, un Platon, un Descartes, un Leibniz, n'ont pas hésité à reconnaître, le premier sous le nom de réminiscences, les deux autres sous celui d'idées innées. Or, ces prédispositions, dit ingénieusement Leroux, que sont-elles, sinon des traces à demi effacées, mais réelles, de nos vies précédentes ? Chaque créature contient, selon un profond penseur, une suite d'états liés entre eux, de telle sorte que son présent naît de son passé et est gros de son avenir. Aussi a-t-elle, outre la perception qui lui révèle le présent, une espèce de réminiscence et une espèce de prescience qui lui donnent une idée vague, mais enfin une idée, du passé et de l'avenir. Quand elle vient au monde, elle ne naît donc pas, mais elle renaît, et elle renaît dans un état qui, sans être le même que celui où elle était auparavant, en est la suite et y était pour ainsi dire impliqué. L'état du papillon préexistait dans celui de la chenille et n'en est, malgré les apparences contraires, que le développement. La vie de l'enfant préexistait de même dans celle de quelqu'un qui n'est plus et n'en est que la continuation. Que si l'enfant n'en a pas conservé la mémoire formelle, il n'y a pas lieu d'en être surpris : que de souvenirs ne laissons-nous pas s'évanouir d'un jour à l'autre pendant notre vie présente ! Il n'y a pas lieu non plus d'en être affligé : l'oubli du passé est peut-être la condition *sine qua non* de la prise de possession de l'avenir. « Voulez-vous vivre, oubliez ; n'est-ce pas ce que nous nous disons souvent les uns aux autres, dans les crises de notre vie ? Et nous voudrions continuer à être obsédés, de vie à vie, par tous les détails de notre existence !... Oh ! que les anciens étaient plus dans la vérité avec leur mythe du fleuve Léthé ! Les plus nobles héros, les plus grands sages, n'aspiraient, suivant eux, qu'à boire à longs traits ces eaux d'oubli, sans croire perdre pour cela leur existence, leur être, leur identité, leur personnalité [1]. »

Non content de soutenir par des raisons bonnes ou mauvaises que l'homme renaît éternellement dans l'humanité, Pierre Leroux prétend que les anciens ont cru universellement à une telle renaissance. On trouve, il est vrai, chez certains peuples, l'idée de la migration des âmes dans les diverses espèces animales, celle de leur anéantissement au sein de Dieu et celle de leur séjour dans un paradis ou dans un enfer placés hors de l'humanité et du monde. Mais ce sont là, suivant Leroux, de simples altérations de la croyance à notre renaissance dans l'humanité, et elles s'expliquent par l'ignorance où les anciens étaient de la perfectibilité de l'homme sur la terre. Sentant instinctivement qu'il est fait pour la perfection et ne concevant pas qu'il pût s'en rapprocher indéfiniment dans le monde actuel, ils le faisaient revivre dans un autre. Mais la croyance à la renaissance de l'homme au sein de l'humanité perce, malgré tout, sous les conceptions qui la défigurent. Les Égyptiens s'imaginent que l'âme de l'homme passe successivement, après la mort, dans le corps d'une multitude d'animaux, mais ils donnent pour terme à ses pérégri-

---

[1] *De l'Humanité*, t. I, p. 228.

nations son retour dans un corps humain. Les Chaldéens, les Perses, les Gaulois, les Indiens croient à la renaissance de l'homme au sein de l'humanité, et, si parmi ces derniers un certain nombre aspirent au *nirwana*, c'est-à-dire à l'anéantissement au sein de l'Être infini, cela vient de ce qu'ignorant la doctrine du progrès, ils regardent le retour à la vie terrestre, telle qu'elle est, comme un mal plutôt que comme un bien. Les premiers chrétiens eux-mêmes ont professé des doctrines peu différentes de celles de Pierre Leroux. Au lieu d'admettre un paradis tout spirituel et peuplé de purs esprits, ils ont fait sortir les morts de leurs tombeaux, avec leurs anciens corps, et leur ont donné pour paradis la terre renouvelée. En un mot, la croyance à la renaissance de l'homme au sein de son espèce a toujours été le fond de la foi antique : les croyances particulières qui s'en éloignent n'en sont que des modifications.

Pierre Leroux retrouve sa propre doctrine non-seulement dans les traditions religieuses, mais encore dans les systèmes philosophiques de l'ancien monde. Il la retrouve dans Pythagore, qui est l'un de ses philosophes favoris. Les pythagoriciens, dit-il, regardaient l'âme comme l'image de Dieu, ils connaissaient sa vraie nature, car ils la considéraient à la fois, suivant Diogène de Laerte, comme connaissance, sensation et sentiment. Par conséquent ils n'ont jamais pu songer, quoi qu'on en ait dit, à faire descendre cette triade divine jusqu'à l'animalité. Ils n'ignoraient pas que le corps est la manifestation de l'âme et se moule en quelque sorte sur elle, ou plutôt que l'âme figure elle-même son corps et lui imprime un caractère céleste ou infernal, suivant qu'elle porte en elle le ciel ou l'enfer; mais ils savaient aussi que cette action de l'âme sur le corps a ses bornes et qu'elle ne peut aller jusqu'à détruire la nature des choses, en brisant les limites qui séparent les espèces. Leroux invoque, à l'appui de ses assertions, un petit *Traité de l'âme* qu'il attribue au pythagoricien Timée de Locres, ce qui n'est pas fait, cela soit dit en passant, pour donner une bien haute opinion de sa critique.

Notre auteur retrouve également son système, bien qu'un peu altéré, chez l'auteur du *Phédon*. Suivant Platon, en effet, les vivants naissent des morts, et le séjour que les âmes font dans les enfers marque seulement l'intervalle qui sépare une vie d'une autre; ou plutôt la vie est aux yeux de ce penseur comme un fleuve qui, après avoir longtemps roulé à la lumière du jour, cache quelque temps ses eaux sous la terre et reparaît ensuite à sa surface entre de nouvelles rives et sous un nouveau ciel. Mais au lieu de s'en tenir à cette idée si simple et si naturelle de l'alternative de la mort et de la vie, de l'état d'enveloppement et de l'état de développement, Platon y mêle des hypothèses inacceptables, comme celle de la migration des âmes dans des corps d'animaux et celle de leur absorption dans le sein de Dieu. Comment le grand philosophe ne voit-il pas, dit Leroux, que la créature doit rester une créature d'une certaine espèce et ne doit point passer d'un ordre dans un autre, sans quoi il y aurait confusion dans les œuvres de l'Être divin?

Après Pythagore et Platon, c'est leur disciple Virgile, le poëte théologien, que les chrétiens ont toujours admiré et que Dante a pris pour guide dans son enfer, qui vient rendre témoignage à la vérité du système de notre philosophe. Il nous montre son héros, armé du rameau d'or, descendant sur les pas de la Sibylle dans les royaumes du vide *(inania regna)*, et ne trouvant sur son chemin que des formes vides et sans consistance, « Ces êtres vides étaient nommés *ombres*. Aussi Énée, dans son voyage, ne rencontre, à travers les Champs Élysées, que des *ombres*, c'est-à-dire des êtres privés de la vie véritable, quoique vivant néanmoins en tant qu'essences. Cette permanence de l'être dans les Champs Élysées n'est donc qu'un état d'attente, un passage qui n'a pour but que d'amener un certain oubli, après lequel l'être renaîtra de nouveau à la vie véritable, en reprenant une forme nouvelle [1]. »

Un de nos philosophes les plus distingués, M. Franck [2], déclare qu'il ne peut s'expliquer logiquement cette théorie de Pierre Leroux et qu'il ne sait comment la rattacher à l'ensemble de son système. Il nous semble, quant à nous, qu'elle s'explique parfaitement par la situation et le but de son auteur et qu'elle est dans le rapport le plus étroit avec le reste de sa doctrine. Pierre Leroux est, en effet, un ancien saint-simonien qui se propose avant tout, à l'exemple du maître, de procurer à l'espèce humaine la plus grande somme possible de bonheur, et qui subordonne par conséquent la vérité spéculative à l'utilité pratique, le point de vue philosophique au point de vue social. Or, le moyen le plus efficace de rendre les hommes heureux lui paraît être d'organiser une re-

---

[1] *De l'Humanité*, t. I, p. 246.
[2] *Dictionnaire des sciences philosophiques*, article « Pierre Leroux. »

ligion nouvelle qui porte l'homme à améliorer sa condition terrestre et qui soit d'ailleurs, si cela est possible, en harmonie avec les derniers résultats de la science. Mais quelle religion peut mieux nous porter à améliorer le sort de notre espèce que celle qui nous affirme qu'en travaillant pour les générations futures, c'est pour nous, en définitive, que nous travaillons, puisque ces générations ne sont que les générations présentes elles-mêmes indéfiniment rappelées à la vie ? Et quelle religion s'accorde mieux avec la doctrine dans laquelle se résument les dernières découvertes de la science, avec la doctrine d'un progrès graduel et sans terme, que celle qui nous montre l'homme renaissant continuellement au sein d'une humanité progressive, au lieu de passer brusquement et malgré la loi de continuité, qui veut que rien ne se fasse par sauts et par bonds, de la vie actuelle à une vie toute différente, que ce soit la vie suprasensible et immobile admise par les spiritualistes purs, ou la vie sensible et progressive, mais étrangère à la terre, que Jean Reynaud a rêvée? Loin d'être un hors-d'œuvre inexplicable dans le système de Pierre Leroux, cette théorie en est la conclusion naturelle.

Ce n'est pas à dire qu'une telle théorie soit conforme à la vérité. Elle est, en effet, contraire à l'une des plus grandes lois de notre raison, à la loi du mérite et du démérite ; car, en nous ôtant au delà du tombeau toute idée des bonnes et des mauvaises actions que nous avons pu faire, elle enlève aux récompenses et aux peines de la vie future tout caractère moral. Elle froisse les aspirations les plus nobles de notre cœur qui nous emportent vers l'infini, puisqu'elle nous enferme pour toujours dans l'étroit horizon de ce petit globe et nous cloue pour l'éternité sur cette planète, comme des huîtres sur leur banc. Nous ne parlons pas de la perspective de perdre, avec la mémoire, le souvenir de nous-mêmes et de ceux que nous avons aimés, perspective qui est en opposition si manifeste avec la vie progressive qu'on nous promet, puisque la vie ne peut progresser, sans devenir de plus en plus spirituelle, ni devenir de plus en plus spirituelle, sans devenir de plus en plus consciente. « Vivre par l'esprit, dit un penseur éminent, c'est, en effet, se retrouver et se reconnaître toujours, c'est toujours, éternellement se souvenir [1]. » Or, qu'y a-t-il de commun entre cette vie consciente et lumineuse et la vie sourde et obscure que Pierre Leroux nous fait envisager ?

Ce philosophe se plaint encore que les hommes se soient fait un Dieu transcendant, au lieu d'un Dieu immanent, c'est-à-dire qu'ils aient relégué l'Être des Êtres par delà les limites du monde, dans un ciel solitaire, au lieu de nous le montrer uni au monde et l'animant de sa vie. C'est là un reproche qui peut seulement s'adresser à quelques déistes, mais qui n'atteint certainement pas les grands docteurs chrétiens, comme le mot de saint Paul et d'autres que l'on pourrait citer en font foi. Le christianisme, en effet, nous représente Dieu comme constamment présent, non-seulement dans toutes les parties de l'univers, mais encore et surtout dans le cœur de l'homme et lui communiquant libéralement les effluves de sa vie physique, intellectuelle et morale. Notre auteur distingue avec assez d'élévation le ciel

---

[1] Ravaisson, *la Philosophie en France, au dix-neuvième siècle*, p. 45.

permanent et absolu du ciel changeant et relatif et fait très-bien voir que le ciel est moins un lieu matériel qu'un état de l'âme, de sorte que nous pouvons déjà vivre sur la terre de la vie du ciel. Mais comment ne s'aperçoit-il pas que ces doctrines qu'il a l'air de nous donner pour de brillantes nouveautés et d'opposer aux enseignements du christianisme sont précisément le fond de la métaphysique chrétienne, telle qu'elle a été développée par saint Augustin, Fénelon et tous ses représentants les plus illustres?

La partie historique de la théorie de Pierre Leroux n'est ni moins spécieuse ni plus solide que la partie dogmatique. Ce philosophe réussit presque à nous persuader que la doctrine de la métempsychose, telle qu'il l'entend, a été le fond des croyances du genre humain, et que la foi au paradis et à l'enfer n'a été qu'un accident passager dans l'histoire de la pensée humaine, tandis que c'est précisément le contraire qui est la vérité. Parmi les témoignages qu'il invoque en faveur de sa manière de voir, celui de Virgile est un des plus imposants ; mais il en exagère manifestement la valeur. Il n'en est pas, en effet, de l'opinion de Virgile, qui vivait à une époque critique, pour parler un langage bien connu de Pierre Leroux, comme de celle d'Homère ou du Dante, qui vivaient à une époque organique. L'opinion de ces derniers aurait un caractère social : elle représenterait celle de leur nation et de leur époque tout entière. L'opinion du premier a un caractère purement individuel : elle est celle de Virgile lui-même et rien de plus, c'est-à-dire celle d'un écrivain qui, au lieu d'exprimer les sentiments généraux qui animaient l'humanité de son temps, a choisi avec un art infini, parmi les traditions de l'humanité antérieure, celles qui se prêtaient le mieux aux ornements de la poésie. Quant au témoignage de Pythagore, il est d'une autorité fort contestable. S'il y a, en effet, quelque chose de certain dans la doctrine attribuée à ce philosophe, c'est précisément cette transmigration des âmes dans des corps d'animaux que Pierre Leroux croit devoir, pour le besoin de sa thèse et en s'appuyant uniquement sur un ouvrage apocryphe de Timée de Locres, considérer comme chimérique.

Pour compléter l'exposé de la doctrine de Pierre Leroux, il nous resterait à en faire connaître la partie politique et sociale; mais elle est beaucoup moins remarquable que la partie métaphysique. Nous nous bornerons donc à en marquer rapidement les principales lignes. Les trois termes de la devise révolutionnaire : liberté, fraternité, égalité, qui résument toute la vie sociale, répondent, s'il faut en croire notre auteur, et bien qu'un tel rapport échappe aux profanes, aux trois termes de la formule philosophique : sensation, sentiment, connaissance, qui résument toute la vie individuelle. La liberté répond à la sensation, la fraternité au sentiment, l'égalité à la connaissance : l'égalité est, par conséquent, le terme auquel les deux autres aboutissent. Aussi, la doctrine de l'égalité, proclamée par Rousseau au dix-huitième siècle, a retenti jusqu'aux dernières couches sociales et y a produit un mouvement qui ne s'arrêtera pas. C'est pourquoi toutes les parties de la société actuelle, tendent à s'organiser conformément à un tel principe. Dans l'ordre militaire, dans l'ordre industriel, dans l'ordre commercial, tous les citoyens sont déjà, à la vérité, égaux devant la loi ; mais ils sentent parfaitement qu'une telle égalité est complétement illusoire. Dans l'armée, on n'accorde les grades qu'à l'instruction, et pour l'acquérir, il faut de l'argent ; dans le commerce et dans l'industrie, on ne réussit qu'en luttant contre la concurrence, et pour lutter, il faut de l'argent et beaucoup, car les gros capitaux écrasent toujours les petits. L'inégalité subsiste donc encore aujourd'hui, effective et réelle, à peu près partout. Dans les vieilles monarchies de l'Orient, elle tenait à la naissance et donnait lieu aux castes de famille ; dans les cités grecques, elle tenait à à la qualité de citoyen et donnait lieu aux castes de patrie ; durant le moyen âge, elle provenait de la possession de la terre et engendrait les castes de propriété. Aujourd'hui, elle s'explique encore par cette dernière cause. Le capital du bourgeois a remplacé le fief du gentilhomme et produit les mêmes effets : la rente vaut le droit du seigneur. Aussi Pierre Leroux s'élève-t-il avec une violence qu'on n'aurait pas attendue d'un esprit si cultivé, d'un spéculatif si éminent, contre le capital et contre la rente et accuse-t-il sur tous les tons les propriétaires d'exploiter les prolétaires.

Heureusement que notre réformateur possède un spécifique souverain pour porter remède à tous ces maux. C'est sa formule : L'homme est sensation, sentiment, connaissance ; formule précieuse et qui suffit à tout, à ce qu'il paraît : l'essentiel est de savoir s'en servir. A cette division de l'être humain répond, dans tous les États, la division de la société humaine. Celle-ci se compose toujours, en effet, des savants ou hommes de la connaissance, des artistes ou hommes du sentiment, et des industriels ou hommes de la sensation. On retrouve cette division tripartite, sous des noms différents, dans l'Inde, en Égypte, dans la république de Platon, dans la société idéale de Saint-Simon. Seulement les diverses classes y sont entre elles dans des rapports d'inégalité et de subordination. Dans la société imaginée par Pierre Leroux, elles auront les mêmes droits et seront parfaitement égales, parce qu'elles se pénétreront en quelque sorte mutuellement, pour leur plus grand bien et pour celui de l'association tout entière. Il est à remarquer, en effet, que chaque individu opère toujours par ses trois facultés à la fois, mais qu'ordinairement il y en a une qui prédomine en lui sur les deux autres. Il en résulte que les opérations auxquelles il se livre, prises dans leur ensemble, s'accomplissent moins bien que si les deux dernières facultés étaient de la même force que la première. Mais si trois individus, en qui prédominent trois facultés différentes, s'associent et opèrent de concert, leurs opérations s'accompliront dans les meilleures conditions possibles, parce qu'ils se compléteront pour ainsi dire les uns les autres. C'est là ce que Pierre Leroux appelle une triade. Cette association rudimentaire lui paraît si indispensable qu'il fait de la triade l'élément primitif de la société : pour lui, l'individu isolé, non agrégé, ne compte pas ; pour être quelqu'un ou quelque chose, il faut être trois. Une réunion de triades forme un atelier ; une réunion d'ateliers, une commune ; une réunion de communes, un État. L'État est le seul possesseur du capital et le seul directeur du travail. Nous voilà, malgré les tergiversations de Pierre Leroux, en plein communisme.

Nous ne voulons pas reprendre ici la discussion du communisme en général ; nous l'avons suffisamment réfuté en étudiant la doctrine de Cabet. Bornons-nous à quelques remarques sur le communisme de Pierre Leroux, dans ce qu'il a de spécial et de caractéristique. Il suppose qu'il y a une exacte corrélation entre la sensation, le sentiment, la connaissance, d'une part ; la liberté, la fraternité, l'égalité, de l'autre, ce qui n'est pas. Il suppose, de plus, que la sensation, le sentiment, la connaissance ont la même dignité et doivent être placés sur le même rang, pendant qu'il faut évidemment établir une hiérarchie entre ces trois principes et subordonner la vie physique à la vie intellectuelle et morale. Il suppose enfin qu'il est possible de faire régner entre les hommes une égalité parfaite, quand le bon sens nous dit qu'il ne saurait y avoir d'association militaire ou industrielle sans chefs, imposés ou élus, et sans subordonnés. Quant à croire que l'élection démocratique déterminera au moins l'avénement de la capacité, qui est encore de l'inégalité, mais une inégalité peut-être moins blessante que toute autre, c'est une illusion dont il n'était pas permis à Pierre Leroux de se bercer. La démocratie n'est pas le règne des capacités, mais celui des médiocrités, par la raison bien simple que les hommes, pris en masse, sont médiocres et qu'ils ne sympathisent qu'avec ceux qui leur ressemblent. Quand on a, comme l'auteur de l'*Humanité*, la prétention de s'élever d'un vol si sublime dans le ciel de la spéculation, on ne doit pas méconnaître les vérités les plus élémentaires de l'ordre terrestre et pratique.

Sans fonder une école, Pierre Leroux exerça autour

de lui une certaine influence et rallia autour de lui un certain nombre d'adhérents. Il suffit de citer, parmi ces apôtres de la solidarité, ses deux frères Jules et Charles Leroux, ses deux gendres Luc Lesages et Auguste Desmoulins. Il inspira même un instant George Sand, comme on peut s'en assurer en parcourant quelques-uns des romans de l'illustre écrivain, notamment *Consuelo*, où la doctrine de la transmigration des âmes tient une place assez considérable, sans former pourtant, à beaucoup près, la partie la plus intéressante de l'ouvrage.

Ni ses théories sociales, ni même ses théories métaphysiques, bien que fort supérieures aux premières, ne paraissent destinées à survivre aux circonstances qui les ont suscitées. Ce qui restera, c'est ce souffle élevé qu'il a fait circuler dans l'histoire des doctrines religieuses, souffle inconnu à ce dix-huitième siècle qu'il admire. « On ne saurait, dit un historien célèbre, toucher à la philosophie de l'histoire sans rencontrer le profond sillon tracé par M. Pierre Leroux dans le champ des idées et des croyances humaines [1]. » Ce qui restera, c'est encore le sentiment profond qu'il a de l'unité du genre humain et de l'action et de la réaction réciproques des éléments qui le composent; c'est, suivant l'expression d'un philosophe bien connu, c'est l'idée, plus fortement exprimée qu'elle ne l'avait été depuis Joseph de Maistre, que l'humanité forme une unité réelle, substantielle d'où il suit que tous ses membres sont liés les uns aux autres par une intime solidarité [2]. Ce qui restera,

---

[1] Henri Martin, *Histoire de France*, t. I, préface, p. xiii.
[2] Ravaisson, *la Philosophie en France, au dix-neuvième siècle*, p. 65.

enfin, c'est cet esprit synthétique qu'il a porté dans l'étude des philosophies et des religions et qui l'a poussé à essayer de les conciler entre elles : « L'adversaire le plus passionné de l'école éclectique, dit un de nos penseurs les plus autorisés, est de tous les philosophes de son temps le plus particulièrement pénétré de cet esprit *alexandrin* qui excelle à conserver la tradition en l'expliquant et en l'éclairant des lumières de la science nouvelle [1]. » Par tous ces points, il se rapproche singulièrement de ce Victor Cousin qu'il a tant attaqué, de sorte que l'avenir se demandera peut-être s'il n'a pas appartenu à la même école. Il se sépare pourtant de lui en ce qu'il se meut avec plus d'indépendance et de hardiesse dans le domaine des questions religieuses, et en ce qu'il s'attache moins soigneusement à sauvegarder la personne humaine, avec sa nature libre, spirituelle et morale, en face soit de l'humanité, soit de l'Être universel, où il semble parfois vouloir l'engloutir. Par ce côté et par d'autres encore, il reste à moitié saint-simonien.

Deuxième Section

JEAN REYNAUD

I

LA TERRE, LES AGES

L'étude de Pierre Leroux nous conduit tout naturellement à celle de Jean Reynaud, qui offre avec lui tant

---

[1] Vacherot, *la Religion*, p. 52.

de rapports. Tous deux, en effet, ont eu la passion des questions religieuses ; tous deux ont cru d'abord en trouver la solution dans le saint-simonisme ; tous deux se sont séparés des saint-simoniens dans des circonstances honorables pour eux, et se sont élevés, en suivant leur propre voie, à des doctrines encore inexactes sans doute, mais plus hautes et plus nobles. Saint-Simon avait placé le bonheur de l'homme sur la terre et dans l'existence actuelle ; Pierre Leroux l'avait également placé sur notre globe, mais dans une série indéfinie d'existences ; Jean Reynaud le place dans le monde sidéral, dans les vies sans nombre et constamment progressives dont il doit être pour nous le théâtre éternel. Ainsi, de Saint-Simon à Pierre Leroux, et de Pierre Leroux à Jean Reynaud, la doctrine va s'épurant toujours, sans aboutir toutefois à un spiritualisme bien nettement caractérisé.

Jean Reynaud naquit à Lyon en 1806 et mourut à Paris en 1863. Il eut pour tuteur le conventionnel Merlin de Thionville, dont il nous a laissé l'histoire, et fit au collège de Thionville de brillantes études, à la suite desquelles il entra à l'École polytechnique. L'éducation libérale et savante qu'il avait reçue le rendait très-sympathique aux idées nouvelles. Aussi se lança-t-il dans le mouvement saint-simonien avec toute l'ardeur de son âge et fut-il un des missionnaires les plus fervents d'une doctrine qui lui semblait aussi favorable aux progrès de la société qu'à ceux de la science. Mais la théorie d'Enfantin sur le mariage le révolta, comme son ami Leroux, et, en le révoltant, elle l'affranchit. Il put, dès lors, tout en conservant l'empreinte saint-simonienne, se développer librement, en dehors de tout préjugé de secte et d'école, et devenir véritablement lui-même. Ce fut alors qu'il publia, avec Pierre Leroux, dans la *Revue encyclopédique* et dans l'*Encyclopédie nouvelle*, qui devait, dans leur pensée à tous deux, remplacer la grande *Encyclopédie* du dix-huitième siècle, une série de travaux importants, tels que ses études sur l'Europe, sur le druidisme, sur la religion de Zoroastre, par lesquelles il jeta les fondements de sa renommée.

Quand la Révolution de 1848 éclata, la notoriété que Reynaud s'était acquise le fit appeler par son ami Carnot à le seconder, comme secrétaire général, au ministère de l'instruction publique. Nommé peu de temps après membre de l'Assemblée Constituante, il se distingua de la plupart de ses amis par son extrême modération et soutint, en toute circonstance, le gouvernement conservateur du général Cavaignac. Mais, après l'avénement de Louis Bonaparte à la présidence de la république, il donna sa démission de député, et, après le coup d'État, il refusa de prêter serment au nouveau chef du gouvernement et résigna ses fonctions d'ingénieur des mines. Les loisirs que la politique lui avait faits profitèrent à la philosophie. Ce fut alors qu'il écrivit le plus remarquable de ses ouvrages, celui où il développe, avec une si grande élévation de pensée et un si grand éclat de langage, sa doctrine sur la transmigration des âmes, le beau livre intitulé: *Terre et Ciel*, qui parut en 1854.

Jean Reynaud avait été conduit aux idées qu'il expose dans ce brillant travail, d'une part, par l'étude des sciences physiques et astronomiques, qui nous donnent une conception du monde si différente de celle qu'on en avait autrefois, de l'autre, par l'étude de la religion druidique, qui nous peint la vie future comme supérieure, mais analogue à la vie présente, et par celle de la religion mazdéenne, qui proclame la victoire d'Ormuzd sur Ahrimane comme le dernier terme de l'évolution des choses. Il lui sembla qu'une chaîne sans fin d'existences, constamment ascendantes, était plus conforme à la loi de continuité qui régit l'univers qu'une terre, un paradis et un enfer séparés par un abîme ; et que le triomphe du bien sur le mal était mieux d'accord avec la saine notion de Dieu que l'éternelle persistance du mal et que les peines éternelles qui en sont la conséquence.

Bien qu'il fût intimement lié avec Pierre Leroux et qu'il partageât la plupart de ses aspirations, Jean Reynaud était, comme on l'a remarqué, moins philosophe et plus théologien que son éminent collaborateur [1]. Aussi est-ce au point de vue théologique qu'il se place, dès le début même de son livre. D'après lui, les principales doctrines religieuses ont été connues et formulées dans un ordre logique admirable. Celle de la personnalité de Dieu s'est produite la première : elle a été affirmée, pour ainsi dire d'instinct, par l'esprit essentiellement dogmatique de la Judée. Celles de la Trinité et du Médiateur sont venues ensuite : elles ont été élaborées philosophiquement, dans les anciens conciles, par le génie éminemment spéculatif de la Grèce. Celles qui ont trait à l'organisation du corps sacerdotal, aux rapports de la

---

[1] Vacherot, *la Religion*, p. 52.

société civile et de la société ecclésiastique, et à l'indépendance de celle-ci, ont apparu en dernier lieu et ont été arrêtées sous l'influence du génie tout pratique de Rome. Il n'y a plus aujourd'hui d'autre dogme à fixer que celui de la vie future et de ses conditions essentielles. Or, il s'agit de savoir à qui sera dévolue une tâche si haute et à qui il sera donné de présider à cette nouvelle évolution du monde moral. Le génie romain, qui a possédé jusqu'ici l'hégémonie, est tout à fait impropre à une telle œuvre. D'abord, il n'a jamais eu que le sens du terrestre et du réel : celui de l'idéal et du divin lui a toujours fait défaut. De plus, il s'affaiblit et s'éteint tous les jours : tout ce qui s'est fait de grand en Europe depuis deux siècles s'est fait sans lui ou malgré lui. Il n'y a que le génie de la Gaule, s'écrie Reynaud qui semble ici vouloir intéresser notre amour-propre national au triomphe de son système, il n'y a que le génie de la Gaule qui soit à la hauteur des destinées nouvelles réservées à notre espèce ; car, dès le temps des druides, notre pays s'est distingué entre tous par sa foi à la permanence de la personne humaine après la mort, et, depuis deux cents ans, il possède en Europe une incontestable prépondérance intellectuelle. C'est à nous, par conséquent, à essayer de résoudre, en nous inspirant des sentiments de nos pères et en invoquant l'ange de notre race, le problème de l'immortalité.

Jean Reynaud groupe, comme on voit, d'une manière assez ingénieuse les diverses questions qui se sont successivement posées dans l'ordre religieux : Dieu, la Trinité, le Médiateur, l'Église et la vie future. Mais son attitude en face de ces questions n'est pas des plus nettes et ses prétentions paraissent tant soit peu chimériques. Admet-il positivement ces doctrines, dont il fait si grand bruit, et pour l'élaboration desquelles il décerne aux anciens peuples de si grandes louanges? Il ne le semble pas; car il ne se donne nullement pour un vrai disciple de Jésus et ne se montre nullement disposé à se soumettre aux décisions de l'autorité ecclésiastique. Mais, si ces doctrines que les conciles ont dû logiquement, suivant lui, élaborer avant celle de la vie future, ne reçoivent pas catégoriquement son adhésion, on ne voit pas pourquoi il n'en reprend pas la discussion pour son compte, avant de passer outre et de discuter celle qui doit venir la dernière. S'il a raison d'admirer la logique des conciles, il ne nous donne pas précisément lieu d'admirer la sienne. Du reste, sa manière de raisonner est celle de Saint-Simon et de Pierre Leroux, qui voient avant tout dans la philosophie la religion de l'avenir, faisant effort pour s'organiser et pour remplacer, à un moment donné, celle du présent, et qui aident à cette organisation en invoquant la tradition plus que la discussion et en se fondant sur des analogies historiques plus que sur des principes rationnels.

Jean Reynaud a d'ailleurs conçu son sujet de la manière la plus large, la plus élevée, la plus originale, et s'est placé pour le traiter à un point de vue qui aurait fort étonné Bossuet et les autres théologiens et psychologues des âges précédents. Convaincu que l'âme n'est point indépendante du corps, ni le corps du globe terrestre, ni le globe terrestre du système solaire, c'est au sein de ce dernier qu'il nous transporte tout d'abord. Il nous montre les lois astronomiques modifiant les lois physiques de notre planète, et celles-ci les lois physiologiques et psychologiques : au lieu de traiter seulement de l'âme, pour résoudre une question relative à l'âme, il traite de l'ensemble des choses. C'est la manière antique, celle qui était en usage du temps d'Empédocle et de Pythagore, de Platon et d'Aristote, c'est-à-dire aux époques en quelque sorte héroïques de la philosophie.

Notre nouveau théologien détermine d'abord la place que la terre occupe dans le système solaire, puis il parle de son régime actuel et expose les raisons que nous avons de croire à sa stabilité. Il l'étudie ensuite dans ses rapports avec les diverses espèces vivantes, notamment avec l'espèce humaine, et se demande quelles sont les conditions d'existence de cette dernière et dans quelle mesure elles peuvent s'améliorer. Une des lois qui pèsent le plus lourdement sur l'homme est celle de la gravitation, car elle attire sans cesse son corps vers la masse du globe et l'empêche de se mouvoir avec rapidité.

Mais il est parvenu à en neutraliser, au moins en partie, les funestes effets ; car il a façonné et égalisé la terre, il l'a couverte d'un réseau de routes et de chemins qui lui permettent de se transporter partout sans fatigue. Une autre cause de faiblesse et aussi d'indigence pour les hommes était, dans les temps primitifs, l'étendue de la planète qui les empêchait de jouir de ce qui était tant soit peu éloigné. Mais aujourd'hui, grâce aux récentes découvertes de la science et à l'immense développemen du commerce, nous pouvons nous représenter exactement le globe tout entier avec ses grandes divisions et faire venir de chacune d'elles tout ce qu'il nous plaît. Mais l'insuffisance des conditions d'existence que la terre offre au genre humain se montre encore dans la rareté des objets d'alimentation qu'elle nous fournit d'elle-même. Parmi ces milliers d'espèces d'animaux et de végétaux qui pullulent autour de nous, combien y en a-t-il qui nous servent à quelque chose? Un nombre insignifiant et presque dérisoire. Que si elles ont fini par occuper sur ce globe une place considérable, Reynaud remarque, avec Lucrèce, que ce n'est pas la nature, mais l'homme qui en est cause. Et que de mal ne s'est-il pas donné pour cela! C'est, en effet, pour entretenir les végétaux et les animaux nécessaires à leur subsistance que travaillent l'immense majorité des êtres humains.

On ne peut, dit Reynaud, s'empêcher de se faire une triste idée de l'homme, quand on le voit dépenser tant d'efforts pour les minces résultats auxquels il arrive. La plus grande partie des hommes sont là, en effet, piochant, creusant, portant des fardeaux, tournant des manivelles et n'aboutissant par là qu'à faire vivre quelques-uns des leurs, les plus favorisés et les plus intelligents, dans des conditions à peu près convenables. Mais la plupart sont mal logés, mal vêtus, mal nourris et manquent des loisirs dont ils auraient besoin pour développer leur vie intellectuelle et morale. D'où cela vient-il, sinon de ce que la vigueur musculaire de l'homme est trop peu de chose et de ce que, dans son combat contre la nature, il ne peut pas mettre en ligne des forces suffisantes? En sera-t-il donc toujours ainsi et notre malheureuse espèce est-elle destinée à tourner sans fin dans le même cercle de labeurs et de misères? Non, car l'homme a sa force intellectuelle, par laquelle il enrôle sous ses ordres une partie des forces de la nature pour attaquer les autres. Il peut arriver par là à neutraliser de mieux en mieux celles qui lui font obstacle et à procurer à l'espèce entière un bien-être de plus en plus grand. Mais, malgré tout, le travail existera toujours sur notre globe. Or, le travail est une fatigue, une peine. Tant que l'homme vivra sur la terre, il se fatiguera, il peinera donc, il ne jouira pas d'un bonheur sans mélange. Ajoutons qu'il sera sujet à la mort et aux terreurs qui la devancent et aux séparations déchirantes qui l'accompagnent. C'est sur toutes ces raisons que Jean Reynaud se fonde pour placer, à la différence de Pierre Leroux, le théâtre de nos vies ultérieures au-dessus de notre chétive planète, dans les régions plus fortunées, selon lui, du monde sidéral.

Quel que soit le jugement que l'on porte sur ces raisonnements de Jean Reynaud, on lui saura gré de s'être gardé ici, comme du reste dans toutes les parties de son œuvre, des exagérations d'un socialisme insensé, et de n'avoir pas admis entre les hommes, comme l'auteur de l'*Humanité*, cette égalité absolue qui n'existe nulle part dans l'univers, et qui ne saurait exister non plus dans l'espèce humaine. Au lieu d'attribuer, comme son ami, la misère présente de l'immense majorité des hommes à la mauvaise répartition des biens de ce monde et à l'égoïsme des riches qui les ont tous accaparés, il l'attribue avec plus de raison à l'insuffisance actuelle des forces avec lesquelles nous luttons contre la nature, puis il nous montre que nos forces grandissent tous les jours et que nous pouvons, par conséquent, espérer un meilleur avenir. C'est exciter les hommes à chercher l'amélioration de leur sort, non dans une égalité sociale impossible, mais dans les progrès de la science et de l'industrie qui dépendent de nous et sont pour ainsi dire dans notre main.

Après la question de la terre, J. Reynaud se pose celle des âges : il traite successivement des âges de l'univers, de ceux de notre planète et de ceux du genre humain. Il n'est pas probable, dit-il, que les évolutions de l'univers se fassent d'ensemble : il est bien plus naturel de croire que tantôt certains astres naissent, que tantôt d'autres meurent, mais que ces morts et ces naissances ne se produisent jamais sur une assez grande échelle pour modifier sensiblement l'œuvre immense de la création, de sorte que celle-ci reste toujours à peu près la même. A proprement parler, par conséquent, l'univers n'a pas d'âges. Il n'en est pas de même de la terre que nous habitons. On peut dans son histoire distinguer quatre grandes périodes : celle du feu, celle de l'Océan, celle des continents et celle de l'homme, ou, pour parler le langage de la mythologie, les règnes de Pluton, de Neptune, de Pan et de Jupiter, le père des humains. Jean Reynaud nous dépeint sous les plus vives et les plus ardentes couleurs ce premier âge où on ne voyait sur la terre que « des torrents de feu s'épandant ou roulant en cascades sur les brasiers, et les liquéfiant ou s'y amalgamant tour à tour. » Notre globe, chauffé au rouge, comme un immense boulet, mit sans doute des millions d'années à se refroidir, puis vinrent les autres âges de la planète, que notre auteur décrit avec la même

12.

fougue de pinceau : celui des eaux, avec ses pluies continuelles et ses orages épouvantables, durant lequel les premiers êtres durent germer dans quelque repli abrité de la puissante matrice de l'Océan ; celui des continents, où des mammifères, nouveaux-venus à la lumière, animèrent de leurs ébats les forêts des deux mondes ; celui de l'homme enfin, qui remanie à sa manière toute l'œuvre du Créateur, détournant les fleuves et desséchant les marécages, exterminant ou apprivoisant les autres animaux, transformant les diverses espèces végétales, les répandant au loin dans les champs et forçant, pour ainsi dire, la campagne à porter sa livrée.

Reynaud divise également en quatre âges l'histoire du genre humain. Il caractérise assez bien le premier, qu'on pourrait nommer l'âge antéhistorique. Il nous décrit l'humanité, pleine de sève et de mouvement, faisant alors d'instinct des inventions étonnantes dont elle s'étonne elle-même et qu'elle attribue volontiers aux dieux. Mais il se montre, comme la plupart des saint-simoniens, très-sévère envers l'antiquité, qu'il déclare plus superstitieuse et plus dégradée, non-seulement que le moyen âge, mais encore que l'âge primitif. Plus superstitieuse, cela n'est pas possible, puisqu'elle était plus éclairée et que la superstition diminue à mesure que les lumières augmentent ; plus dégradée, cela ne se peut pas non plus, puisque tous les témoignages s'accordent à reconnaître que le citoyen antique avait au plus haut degré le sentiment de sa dignité personnelle.

II

LA PRÉEXISTENCE DES AMES

La terre devant toujours être, malgré les progrès que l'avenir lui réserve, un lieu de peine et d'affliction, puisqu'on y doit toujours travailler et toujours mourir, il y a lieu de se demander quelle est la raison d'une situation qui paraît si peu conforme à la bonté divine. On l'explique ordinairement par le péché originel ; mais Jean Reynaud estime que cette explication ne va pas au fond des choses et qu'il faut en chercher une autre plus profonde. Or, il croit la trouver dans sa conception de l'origine des âmes.

Après avoir été résolue diversement par plusieurs écoles philosophiques de l'antiquité, la question de l'origine des âmes avait été reprise et discutée avec éclat, soit par les Pères, soit par les hérétiques des premiers siècles de l'ère chrétienne [1] ; mais aucun grand philosophe moderne n'avait osé l'aborder et en tenter la solution. C'était donc, de la part de Jean Reynaud, une entreprise aussi audacieuse qu'originale que celle de la poser de nouveau et d'essayer de la résoudre d'une manière conforme soit à l'état de la science, soit aux aspirations de notre époque. Ajoutons que c'était en même temps une entreprise naturelle et légitime en un certain sens. Notre esprit, en effet, est constitué de telle

---

[1] V. notre *Psychologie de saint Augustin*, ch. I.

sorte qu'il ne peut pas se contenir dans les limites du présent et qu'il faut, bon gré, mal gré, qu'il ressaisisse le passé et anticipe sur l'avenir. Il sent d'ailleurs que, lors même qu'il ne découvrirait rien en se livrant à de telles investigations, il ne fait pas mal de s'y livrer ; car il y gagne plus de vigueur et d'élévation et s'y pénètre davantage du sentiment de sa noblesse et de ses hautes destinées.

Avant de résoudre la question, Reynaud passe en revue les principales solutions qui en ont été données et les rejette successivement. Il repousse celle des panthéistes, qui font de l'âme une simple émanation de la substance divine, parce que l'âme pèche et qu'ainsi Dieu ne serait pas impeccable ; celles de Platon et d'Origène, qui attribuent à l'âme une vie antérieure dans le ciel, parce que ce serait faire participer les choses du ciel à la mutabilité de celles de la terre ; celle des *traducianistes*, qui veulent que l'âme se transmette de père en fils par la voie de la génération, parce qu'il faudrait pour cela ou que la matière pût engendrer l'esprit, ou qu'une âme pût se décomposer en plusieurs autres ; enfin celle des *créatianistes* qui la dérivent directement de l'être créateur, parce qu'elle conduit logiquement à en dériver aussi les vices dont elle est primitivement entachée.

Quelle est donc la doctrine que ce philosophe se propose de substituer à celles qu'il combat ? C'est celle de la préexistence. Il invoque d'abord en sa faveur la grandeur de la tradition qui la recommande : « L'Orient, dit-il, en est rempli depuis la plus haute antiquité, et elle a rayonné de là dans toutes les directions ; tandis que je n'aperçois guère autour de votre dogme de la création immédiate que le triste moyen âge. Si l'on examinait tous les hommes qui ont passé sur la terre depuis que l'ère des religions savantes y a commencé, on verrait que la grande majorité a vécu dans la conscience plus ou moins arrêtée d'une existence prolongée par des voies invisibles en deçà comme au delà des limites de cette vie. Il y a là, en effet, une sorte de symétrie si logique qu'elle a dû séduire les imaginations à première vue ; le passé y fait équilibre à l'avenir, et le présent n'est que le pivot entre ce qui n'est plus et ce qui n'est pas encore. Le platonisme a ranimé cette lumière précédemment agitée par Pythagore, et s'en est servi pour éclairer les plus belles âmes qui aient honoré les temps anciens..... Mais il y a plus, et pourquoi ne l'avouerais-je pas ? de quelque respect que je sois animé pour le spiritualisme hellénique et alexandrin, le souvenir de la religion de nos ancêtres m'impressionne encore davantage. Le vieux druidisme parle à mon cœur. Ce même sol que nous habitons a porté avant nous un peuple de héros, qui tous étaient habitués à se considérer comme ayant pratiqué l'univers de longue date avant leur incarnation actuelle, fondant ainsi l'espérance de leur immortalité sur la conviction de leur préexistence[1]. »

Reynaud ne trouve pas seulement la doctrine de la préexistence dans l'Orient, en Grèce et chez les Gaulois qu'elle faisait marcher si hardiment, suivant la remarque de Lucain, au-devant de la mort, il croit la trouver

---

[1] *Terre et Ciel*, p. 211-212.

jusque chez les Juifs et prétend qu'elle avait été importée chez eux, sous le second temple, en même temps que le dogme de l'immortalité de l'âme. Quand Jésus commence à faire parler de lui et que le peuple se demande qui il est, il ne s'agit pas de savoir quels sont ses parents, ses antécédents, sa ville natale, mais de savoir s'il est Élie, Jérémie ou quelque autre prophète ayant déjà existé. Quand on demande à Jésus lui-même qui est Jean-Baptiste, il répond qu'il est Élie qui doit venir, ce qui revient à dire qu'Élie, qui avait vécu autrefois, est né de nouveau dans la personne de saint Jean.

L'idée de la préexistence n'a pas seulement une grande et noble tradition : elle est grande et noble en elle-même : « mais où je reconnais encore mieux, dit éloquemment notre auteur, qu'aux membrures de sa tradition, si puissantes qu'elles soient, la force de cette doctrine, c'est à l'ampleur qu'elle communique à l'idée que nous portons en nous de nous-mêmes. Ne vous semble-t-il pas que vous devenez en quelque sorte un autre être, lorsque, après vous être représenté, conformément au préjugé habituel, que vous n'êtes que d'hier dans l'univers, vous venez à vous représenter au contraire que votre naissance n'est en réalité qu'un des accidents d'une longue vie, et qu'il s'est écoulé déjà bien du temps depuis que vous vous mouvez à travers les mondes ? Ne sentez-vous pas tout à coup plus de poids dans votre personne, y sentant plus d'ancienneté[1] ? »

Indépendamment de sa grandeur et de sa beauté pro-

---

[1] *Terre et Ciel*, p. 216.

près, la doctrine de la préexistence a, suivant Reynaud, l'avantage de lever la plupart des difficultés qu'implique l'hypothèse de la nouveauté de l'âme. Dans cette doctrine, en effet, les vices qui affectent l'âme, dès l'enfance, s'expliquent le mieux du monde : ils sont les résultats d'une vie antérieure. La rapide disparition de tant de milliers d'âmes qui ne font que traverser la terre, a elle-même, dans ce système, quelque chose de moins choquant. La terre a pu être pour elles comme un lieu de passage où elles ont eu besoin de se poser un instant, en dirigeant leur vol vers de plus hautes demeures. Enfin, en admettant que la terre n'est qu'un purgatoire, comme le veut notre éminent théosophe, l'inégalité des conditions est une chose aussi raisonnable que naturelle, puisqu'elle n'est qu'un effet de l'inégalité des mérites.

Cependant Reynaud ne se dissimule pas que sa doctrine est peu compatible avec le christianisme, tel qu'on l'entend ordinairement. Si elle est vraie, que devient le péché d'Adam ? Que devient le sacrifice du Sauveur ? Que devient la religion tout entière ? Tout chancelle, tout tombe : il ne reste plus rien. — Pour répondre à cette objection, notre théologien philosophe expose et interprète à sa manière l'histoire du premier homme. Le premier homme était-il parfait à son apparition sur la terre ? Les scolastiques l'ont prétendu. Ils se sont fondés pour cela sur ce qu'il sortait des mains de Dieu ; mais, à ce compte, les animaux auraient dû posséder, eux aussi, toutes les perfections ; car ils en sortaient également. Notre auteur croit qu'il est aussi conforme au texte biblique est plus conforme à la raison de donner à l'homme d'humbles commencements et de le faire passer par une de ces lentes et paisibles évolutions qui conviennent à la fois à la majesté de la Providence et aux habitudes de l'Univers. Le premier homme n'est donc à ses yeux qu'un homme enfant qui émerge un beau jour au dessus de l'animalité, qui vit nu des fruits spontanés de la terre, à l'ombre d'une forêt riante, sans vertus comme sans vices, ignorant à la fois de la mort et de l'immortalité. Mais bientôt la liberté apparaît en lui à côté de l'instinct ; la lutte s'établit entre ces deux principes contraires, et, à un certain moment, l'instinct de la brute, représenté dans le livre hébreu par l'antique serpent, triomphe des forces morales récemment écloses et fait déchoir l'homme de l'état auquel il s'était déjà élevé. C'est l'histoire de la chute primitive.

Reynaud reconnaît que cette première faute constitue un fait capital dans les annales de la Terre ; mais le mal qui en résulte lui paraît plus que compensé par le bien qui s'y mêle. L'homme est dès lors condamné au travail, à la souffrance, à la mort ; mais n'est-ce pas le travail qui l'affranchit des chaînes de la nature ? N'est-ce pas la souffrance qui le moralise et l'ennoblit ? N'est-ce pas la perspective de la mort qui éveille en lui l'espérance de l'immortalité ? Que serait devenu l'homme, s'il n'était jamais sorti de l'inertie de l'Éden, pour entrer dans la région des labeurs et des orages ? Il aurait été sans besoins, mais aussi sans activité et sans industrie ; il n'aurait pas connu le mal, mais il n'aurait pas lutté contre lui et serait resté éternellement sans mérite. Or, le mérite, même acheté au prix de la chute, vaut mieux que la simple innocence. Il faut dont répéter avec saint

Augustin, en parlant de la faute primitive, qu'elle a été une faute, à la vérité, mais une heureuse faute. Considéré à ce point de vue, le péché originel nous apparaît sous un aspect nouveau. Nous sommes tous solidaires de la faute d'Adam, parce que nous l'avons tous commise dans une vie précédente et que nous avons tous agi comme le premier homme. Si nous sommes fils d'Adam, si nous sommes venus nous incarner dans les ruisseaux de son sang criminel, c'est par suite de l'attraction qu'une âme pécheresse exerce sur celles qui lui sont analogues. En d'autres termes, nous ne sommes pas coupables, parce que nous sommes fils d'Adam, mais nous sommes devenus fils d'Adam parce que nous étions coupables.

Mais, si la doctrine de la préexistence est si vraie et si belle, comment n'a-t-elle point encore pénétré dans le dogme chrétien et ne s'est-elle point encore imposée à l'esprit moderne? Cela tient suivant Reynaud, à deux causes. La première, c'est qu'autrefois l'esprit humain, encore plongé dans les ténèbres de l'enfance, ne connaissait dans l'univers que trois régions en quelque sorte élémentaires, la région souterraine, la surface terrestre et l'espace céleste : de là l'idée vulgaire de l'enfer, de la terre et du ciel. Mais aujourd'hui que la science a découvert dans l'espace céleste tant de milliers de soleils et de mondes, il y a lieu de se faire une plus large conception des choses : une autre astronomie appelle une autre théologie. La seconde raison, c'est qu'autrefois la doctrine de la préexistence faisait corps avec celle de la déchéance : c'est, en effet, sous cette forme que l'a développée Origène, à la suite de Platon. Mais aujourd'hui elle se présente unie et comme mariée à la grande doctrine du siècle, à la doctrine du progrès, et a par conséquent beaucoup plus de chances de se faire accepter.

Il est impossible d'exposer la doctrine de la préexistence sous des couleurs plus brillantes et de la défendre par des raisons plus ingénieuses que ne le fait ici Jean Reynaud. On est tenté de croire, en le lisant, non-seulement qu'elle est parfaitement conforme à la vérité, mais encore que tout ce qui s'est fait de grand dans le passé dérive d'elle et que l'humanité ne peut que gagner à la professer à l'avenir. Cependant, quand on y regarde de près, on voit qu'elle n'est qu'une hypothèse qui peut invoquer en sa faveur des considérations plus ou moins plausibles, mais qui n'a pour elle aucun fait précis et aucun argument sérieux. Cette vie antérieure dont on me parle, ma mémoire ne m'en dit rien et je n'en ai conservé aucun souvenir : si cela ne prouve pas absolument que je ne l'ai pas vécue, cela prouve du moins que je ne la connais pas et que je n'en puis rien affirmer. Par conséquent, elle est pour moi comme si elle n'avait pas été, et je suis autorisé, jusqu'à preuve du contraire, à la tenir pour non avenue. Cette absence de tout souvenir touchant la préexistence a une autre conséquence de la plus haute gravité : elle démontre, contre Jean Reynaud, que cette vie ne nous a pas été donnée pour expier les fautes d'une vie précédente, car, pour expier, encore faut-il savoir ce qu'on expie. Autrement l'expiation n'est plus l'expiation : elle perd tout caractère moral. « Il faut, dit un philosophe illustre, que l'accusé comprenne qu'il est puni ; sans cette condition, la justice humaine n'est plus que de la barbarie et de la violence[1]. » Ce que M. Jules Simon dit ici de la justice humaine, il faut le dire, à plus forte raison, de la justice divine.

A ces objections qui portent sur la nature même de la doctrine, on peut en ajouter d'autres qui ressortent de l'examen des conséquences soit morales, soit sociales, qu'elle contient. Si nous admettons, avec notre philosophe, que la vie présente n'est que la récompense ou le châtiment d'une vie antérieure, nous nous garderons bien d'essayer de la modifier d'après le type idéal de la justice, car elle est comme elle doit être, et une justice mystérieuse en règle d'ores et déjà l'ensemble et les détails. Nous verrons, sans nous émouvoir, le scélérat triomphant et l'honnête homme opprimé ; car le triomphe du premier nous paraîtra une juste rémunération de ses anciennes vertus, et l'oppression du second une juste punition de ses anciens crimes. Cette croyance n'étouffera pas seulement en nous le sentiment de la justice, elle émoussera celui de la pitié, puisqu'elle nous montrera dans les malheureux des hommes coupables, et d'autant plus coupables qu'ils seront plus malheureux. Or, si on s'apitoie de bon cœur sur l'innocent, sur celui qui n'a pas fait de mal, appartînt-il à la classe des animaux sans raison, on s'apitoie peu sur le criminel, sur celui qui a positivement mérité son sort. C'est ce qu'un

> Les animaux périr !.. Car encor les humains
> Tous avaient dû tomber sous les célestes armes.
> Baucis en répandit en secret quelques larmes [2].

---

[1] Jules Simon, *Religion naturelle*, p. 298.
[2] La Fontaine, *Philémon et Baucis*.

grand peintre de la nature humaine nous fait entendre :

En nous plaçant au point de vue de Jean Reynaud, le monde nous apparaît comme un vaste établissement pénitentiaire : les juges, les geôliers, les exécuteurs des hautes-œuvres sont d'un côté ; les condamnés, les forçats, les suppliciés de l'autre. Prendre parti pour ceux-ci contre ceux-là est un acte impardonnable, car c'est protester au nom de la justice humaine toujours courte dans ses vues, parce qu'elle se renferme dans l'horizon étroit de cette vie, contre la justice divine qui voit tout, qui embrasse tout et qui coordonne la vie présente avec la vie antérieure et la vie future. On voit où cela mène en ce qui concerne l'organisation sociale : « Il est clair, dit un penseur contemporain, que si de pareilles idées avaient prévalu, jamais l'esclavage n'aurait été aboli. Comment songer à abolir comme injuste une institution par laquelle se manifeste l'éternelle justice ? Pourquoi la conscience murmurerait-elle contre ce mode divin de pénalité ? Que le maître n'abuse pas de *son pouvoir*, à la bonne heure ! mais ne touchez pas à ce pouvoir ; il est sacré ; c'est la *juste* récompense de ses mérites. Ne vous indignez pas du sort de l'esclave ; ce sort est mérité ; c'est le *juste* châtiment de ses fautes [1]. »

Il en est du régime des castes comme de l'institution de l'esclavage ; il aurait trouvé dans les principes de Reynaud une éclatante consécration. Comme nous avons déjà vécu dans le passé et que Dieu est souverainement juste, chacun de nous occupe ici-bas la place qui lui a été assignée par la justice divine, d'après ses mérites ou

---

[1] F. Pillon, *Année philosophique*, 1868, p. 298.

ses démérites antérieurs : qu'il y reste et ne songe pas à en sortir ! C'est là un raisonnement excellent et contre lequel il n'y a rien à dire. Ainsi, cette doctrine de la préexistence, que son auteur nous donne pour une doctrine de progrès, n'est, en définitive, comme la plupart de celles qui se rattachent au panthéisme saint-simonien, qu'une doctrine d'immobilité, et ne manque pas d'analogie avec la sombre philosophie de ce Joseph de Maistre que le saint-simonisme a tant préconisé. Elle aurait pour effet, si elle devenait prédominante, de substituer à la vie active de notre Occident la vie inerte et passive de l'Inde, et de remplacer nos institutions, de plus en plus libres et équitables, par un régime essentiellement contraire à la liberté et à la justice.

III

LE CIEL L'INFINITÉ DU MONDE, L'IMMORTALITÉ SIDÉRALE

De la vie présente et de la vie antérieure, Jean Reynaud passe à la vie future et au ciel où doivent se dérouler ses phases successives. Il entre en matière par un splendide tableau du ciel étoilé qui rappelle l'admirable morceau d'Aristote, conservé par Cicéron, où le philosophe grec exprime le ravissement dont les hommes seraient saisis s'ils avaient toujours vécu dans une caverne obscure, et si le ciel, tout constellé d'étoiles, se dévoilait tout à coup à leurs yeux : « Les poëtes, dit-il, nous parlent des voiles que la nuit étend dans le ciel :

n'est-ce pas la nuit, au contraire, qui enlève ceux dont le ciel demeure couvert pendant le jour ? Si notre soleil nous manque, en voici d'autres qui se présentent à nous par milliers pour le remplacer, et, plus reculés dans les profondeurs de l'étendue, leur perspective n'en reçoit que plus de grandeur. Autant la majestueuse multitude des mondes l'emporte sur le globe chétif où nous sommes en ce moment, autant le ciel de la nuit me paraît supérieur à celui du jour. » L'habitude seule, dit Reynaud, nous empêche d'en être frappés, « et je ne doute pas que s'il n'existait dans ce monde qu'une seule ouverture où l'on pût ainsi plonger ses regards dans le mystérieux édifice de l'univers, on affluerait des contrées les plus éloignées vers ce lieu privilégié [1]. »

En présence d'un tel spectacle, on ne peut s'empêcher de s'écrier, avec le poëte hébreu, que les cieux racontent la gloire de Dieu. Seulement, pour qu'ils la racontent dignement, il faut, suivant Reynaud, qu'ils lui soient analogues, au moins par certains côtés, c'est-à-dire qu'ils soient, à certains égards, infinis comme lui. Aussi notre philosophe professe-t-il la doctrine de l'infinité du monde. Et d'abord, dit-il, le monde a existé de tout temps. Il est si naturel de le croire qu'on l'a cru presque universellement dans l'antiquité, et qu'on est réduit à se demander comment l'opinion contraire a pu prendre naissance. L'univers existant actuellement, il nous est facile de concevoir qu'il existait l'instant d'auparavant et ainsi de suite à l'infini, tandis qu'il nous est difficile de concevoir un moment où il ait passé

---

[1] *Terre et Ciel*, p. 266-67.

tout à coup du néant à l'être. D'un autre côté, la coexistence de Dieu et de l'univers étant actuellement une chose excellente, elle a dû avoir la même excellence, il y a six mille ans, il y a vingt mille ans, un million d'années qu'aujourd'hui. Par conséquent, il n'y a nulle raison de mettre des bornes à la durée du monde. De plus, tous les moments de la durée étant égaux devant Dieu, on ne voit pas pourquoi il en aurait choisi un pour créer de préférence aux autres. Enfin, de toute éternité, Dieu a eu la puissance de produire le monde, de toute éternité sa sagesse en a conçu l'harmonie, de toute éternité sa bonté l'a voulu : par conséquent, l'univers a toujours existé, comme le résultat de l'action des trois hypostases divines. Dire qu'il n'a pas toujours existé, ce serait dire que Dieu n'a pas toujours agi, pensé, aimé : ce serait le concevoir plongé, comme Brahma, pendant une éternité, dans une sorte de sommeil et de léthargie.

Cependant Reynaud déclare qu'en soutenant une telle opinion, il n'a garde d'égaler le monde à Dieu et de professer la doctrine du panthéisme. Dieu, dit-il, est le principe ; le monde est la conséquence ; le premier n'a pas eu de commencement, le second en a eu un, bien qu'il soit situé à l'infini et difficile à comprendre. Imaginez, dit-il en s'inspirant d'un passage de Porphyre rapporté par saint Augustin, imaginez une main posée de tout temps sur le sable et y laissant de tout temps son empreinte, et vous aurez l'image du rapport de Dieu et du monde. La main est la cause, l'empreinte est l'effet ; l'une n'a pas commencé, l'autre a eu un commencement, mais ce commencement n'a pas de date assignable. D'ailleurs, il y a entre l'éternité, qui appartient à Dieu, et la durée illimitée, qui appartient au monde, d'autres différences : la première est permanente, la seconde est successive; l'une reste toujours la même, l'autre varie et s'écoule, cela suffit pour tracer entre Dieu et le monde une ligne de démarcation infranchissable.

Reynaud croit à l'infinité de l'univers dans l'espace comme dans le temps et cherche à l'établir par des raisonnements analogues : « Si, dit-il, il nous est impossible de concevoir un temps au delà duquel il n'y aurait plus de temps, il nous est tout aussi impossible de concevoir une étendue après laquelle il n'y aurait plus d'étendue. » D'un autre côté, les différentes parties de l'étendue étant tout à fait similaires, nous ne pouvons juger que quelques-unes d'entre elles sont dignes de contenir des choses créées, sans juger que les autres en sont dignes également. D'où il suit que la création doit être infinie comme l'étendue elle-même. On peut dire, par conséquent, de l'univers, ce que Pascal ne se permettait de dire que de l'espace : « L'univers est une sphère infinie dont le centre est partout et la circonférence nulle part. » Mais, de même que la durée infinie du monde n'a rien de commun avec l'éternité de Dieu, son étendue infinie n'a rien de commun avec l'ubiquité divine : « La matière a beau être sans fin, la partie de la matière qui est ici n'est point là, tandis que Dieu, qui est sans parties, est tout ensemble ici et là. De même qu'il vit simultanément dans tous les temps, il vit simultanément sur tous les points [1]. »

---

[1] *Terre et Ciel*, p. 285-286.

L'auteur de *Terre et Ciel* ne croit pas seulement à l'infinité de l'univers dans le temps et dans l'espace, mais encore à l'infinité des mondes. Si, en effet, dit-il, un seul monde, c'est-à-dire une seule enceinte où les âmes vivent et se développent ensemble, est bon en soi, deux mondes seront meilleurs qu'un seul, trois meilleurs que deux, et ainsi de suite. Cette pluralité infinie des mondes que la raison nous révèle, l'expérience nous permet presque de la saisir ; car, à mesure que la force de nos télescopes s'accroît, le nombre des astres nouveaux que nous découvrons augmente en d'effroyables proportions, d'où nous pouvons inférer que la multitude en deviendrait infinie, si notre vue devenait capable d'aller à l'infini. Notre terre n'est donc pas seule dans l'univers. Des millions d'autres mondes, conformés comme elle et habités sans doute comme elle, naviguent de conserve avec elle dans l'espace sans bornes, et à ces mondes innombrables s'en ajoute sans cesse une multitude d'autres, car Dieu crée continuellement. Notre philosophe s'émeut à cette pensée : « Je ne puis, s'écrie-t-il, distinguer les populations, mais je vois les fanaux qui les rallient, et j'admire que les rayons que nous percevons ici soient aussi les rayons qui éclairent tous ces frères célestes. Nous respirons tous ensemble dans la même lumière. Les scintillements des étoiles me sont comme une image des regards qui se croisent de toutes parts dans l'espace, et dont les plus clairvoyants descendent vraisemblablement jusqu'à nous et nous observent. Grâce aux révélations de la nuit, nous sommes en mesure de comprendre au juste où nous sommes : l'immensité s'anime, et sous la figure des astres, nous découvrons l'auguste assemblée des créatures assise en cercle, sous nos yeux, sur les gradins infinis de l'amphithéâtre de l'univers [1]. »

Toutes les raisons que Jean Reynaud fait valoir en faveur de l'infinité de l'univers ne sont pas également solides, et quelques-unes des idées qu'il énonce sur ce difficile sujet n'ont pas toute l'exactitude et toute la rigueur désirables. Il nous parle de la pluralité infinie, c'est-à-dire du nombre infini des mondes. Mais l'idée de nombre et celle d'infini ne s'excluent-elles pas et ne sont-elles pas contradictoires? « Donnez-moi, dit Fénelon, un nombre que vous prétendrez être infini; je pourrai toujours faire deux choses qui démontreront que ce n'est pas un infini véritable. 1° J'en puis retrancher une unité: alors il deviendra moindre qu'il n'était et sera certainement fini... Or, le nombre qui est fini dès qu'on en retranche une seule unité ne pouvait pas être infini avant ce retranchement; 2° je puis ajouter une unité à ce nombre, et par conséquent l'augmenter; or, ce qui peut être augmenté n'est point infini [2]. » En même temps que Reynaud nous dit qu'il y a déjà actuellement une infinité de mondes, il nous affirme que Dieu en crée continuellement une infinité d'autres. Il y a là une contradiction dans les termes qui montre suffisamment que les idées de notre philosophe sur cette matière n'étaient pas assez nettes ni assez bien démêlées. Reconnaissons pourtant qu'il a traité cette grande question avec une singulière élévation de pensée et de langage et qu'il a opposé

---

[1] *Terre et Ciel*, p. 267.
[2] Fénelon, *Traité de l'existence de Dieu.*

victorieusement au ciel étroit du moyen âge, avec sa voûte de cristal et ses pâles flambeaux, allumés à l'unique fin d'éclairer notre chétive planète, le ciel moderne étincelant, immense, illimité, où la terre est perdue dans la multitude des autres globes, comme un simple citoyen dans la population d'un vaste empire.

Mais, puisque au ciel du moyen âge a succédé un ciel nouveau, il semble qu'à la vie future, telle que cette époque la concevait, doit maintenant succéder une vie future nouvelle. C'est, en effet, l'opinion de Jean Reynaud. Suivant lui, le ciel étant reconnu analogue à la terre, on peut présumer que la vie des habitants du ciel sera analogue à celle des habitants de la terre. Or, sur la terre, nous vivons, en une certaine mesure, de la vie de Dieu, à l'image duquel nous avons été formés. Dieu étant essentiellement actif et créateur, nous nous efforçons d'unir notre action à la sienne et de coopérer selon nos forces à l'œuvre continuelle de la création. Eh bien, cette action féconde, qui constitue notre vie morale sur la terre, doit, suivant notre philosophe, persister en nous dans le ciel. Il lui semble que, sans cela, la vie serait éteinte, le monde amorti, et que Dieu lui-même, n'ayant plus à présider au vaste mouvement des êtres, se replierait sur lui-même, comme Brahma, et vivrait d'une vie inerte, semblable au néant même de la vie. Or, ce sont précisément ces images de mort que Reynaud reproche au moyen âge d'avoir affecté à la peinture de la vie à venir. Plus de temps, plus d'activité, plus de changement ! Les saints, chacun à leur place, les réprouvés, chacun à la leur, et cela pour les siècles des siècles, sans que rien vienne jamais troubler cette immobilité éternelle ! Avec l'activité morale, tout le chœur des vertus est banni du paradis. La prudence, la modération, la magnanimité, la justice, ces vertus génératrices, en sont exclues comme les autres : il n'y reste que la contemplation de Dieu, comme si cette vertu était tout et comme si les autres n'étaient rien ! Comme si Dieu lui-même, le modèle de l'homme, l'original sur lequel il doit se façonner, se renfermait dans la contemplation de son être et ne se manifestait pas au dehors par son activité, c'est-à-dire par sa puissance, sa sagesse et son amour !

Reynaud n'admet pas une telle doctrine. Il estime qu'une fois la mort venue, les âmes se dirigent vers les demeures les mieux appropriées aux mérites qu'elles ont acquis et à l'état moral où elles sont arrivées. Il n'est pas même nécessaire, pour qu'elles s'y portent, que Dieu intervienne d'une manière spéciale et leur assigne lui-même les points du ciel qu'elles doivent occuper. Elle s'y rendent d'elles-mêmes, elles s'élèvent ou s'abaissent en vertu des lois générales de la justice, comme les corps s'élèvent ou s'abaissent en vertu des lois générales de la pesanteur ; car la théodicée a ses lois générales, comme la physique et l'astronomie ont les leurs, lois que nous ne connaissons pas et que des êtres plus éclairés que nous connaissent probablement. L'homme s'élève ainsi constamment du bonheur qu'il a atteint à un bonheur plus grand. Il monte sans cesse de sphère en sphère et, pour ainsi dire, de cieux en cieux ; il va toujours et n'arrive jamais, car il n'y a pas de perfection pour lui, mais un perfectionnement sans limite : « Le ciel n'est pas une demeure, c'est un chemin. »

Non content de faire de l'activité une propriété essentielle de l'âme, Jean Reynaud fait du corps son instrument indéfectible. Sans organes corporels, dit-il, nous pourrions vraisemblablement connaître Dieu et nous connaître nous-mêmes, mais nous ne pourrions ni connaître nos semblables ni être connus d'eux. Nous avons besoin d'organes et pour saisir les signes par lesquels ils nous révèlent leurs diverses modifications et pour leur révéler par des signes nos modifications propres ; car de pénétrer directement dans la conscience les uns des autres et d'y lire sans intermédiaire d'aucune sorte, c'est ce qui est manifestement impossible. Si donc l'homme doit vivre, même dans les régions célestes de la vie active et sociale et non de la vie contemplative et solitaire, il doit y vivre dans la condition corporelle et organique. Et qu'on ne dise pas qu'une telle condition rabaisse l'homme et diminue sa ressemblance avec son auteur : elle le relève, au contraire, et complète cette ressemblance merveilleuse. Si Dieu ne se renferme pas dans la solitude inaccessible de son être immatériel et s'il crée éternellement de nouveaux univers, faut-il s'étonner que l'âme ne reste pas à l'état d'âme pure, de substance spirituelle, et qu'elle se façonne sans cesse de nouveaux corps ?

Mais, si nous avons dans le ciel un organisme analogue à celui que nous possédons sur la terre, n'est-il pas à craindre qu'il n'y ait là-haut, comme ici-bas, des générations et des mariages, et que le paradis dont on nous parle ne ressemble moins au paradis de Platon qu'à celui de Mahomet ? Reynaud ne recule pas devant quelques-unes de ces conséquences de sa doctrine. S'il repousse du ciel la Vénus impudique, fille tumultueuse de l'instinct et de la passion, il y admet la Vénus Uranie, fille divine du cœur et de la raison. S'il y a de la beauté dans le ciel (et comment n'y en aurait-il pas?) c'est évidemment pour qu'elle soit aimée. Si elle s'y présente sous ces traits fortement contrastés qui distinguent, au moral comme au physique, le type masculin et le type féminin, et qui font qu'ils se complètent l'un l'autre, c'est évidemment pour qu'on en tienne compte. En définitive, dit Reynaud qui semble ici défendre, en les épurant, les idées saint-simoniennes, l'idéal de notre espèce est dans le couple androgyne et non dans l'homme voué au célibat, et, si l'on peut reprocher quelque chose au christianisme, c'est d'avoir sacrifié le premier au second. Plaçons donc hardiment dans le ciel non-seulement l'union des âmes, mais encore celle des corps et ces doux liens de parenté qui font notre bonheur sur la terre.

Voilà certainement une des théories de l'immortalité les plus hardies et les plus brillantes qui aient été développées dans aucun temps et chez aucun peuple. « Jamais, dit un des maîtres les plus éminents de la philosophie contemporaine, on n'avait plus résolûment sondé les obscurités de nos destinées futures ni tenté plus vaillamment d'ouvrir à l'âme une pleine issue vers la lumière [1]. » Sans rompre entièrement avec la tradition et en l'invoquant, au contraire, en maintes circonstances, Jean Reynaud s'est surtout attaché à mettre sa doctrine en harmonie avec l'esprit de notre époque et avec le mouvement des sciences modernes. Convaincu

---

[1] Caro, *l'Idée de Dieu*, p. 396.

qu'il n'y a de solution de continuité, ni entre les différents êtres, ni entre les divers états du même être, il s'est plu à montrer que les âmes, au sortir de ce monde, ne peuvent être, sans transition, ravies au plus haut des cieux ou précipitées au plus profond des enfers, mais qu'elles doivent s'élever ou s'abaisser graduellement, en vertu d'une loi qui n'a rien d'arbitraire et conformément à l'allure ordinaire de la nature. De là ces corps dont il a soin de les revêtir et qui ne diffèrent de ceux qu'elles ont quittés que par une subtilité et une transparence supérieures. De là, ces régions de plus en plus fortunées où il les fait aborder successivement, dans leurs pérégrinations merveilleuses à travers l'espace infini et où elles trouvent, avec leurs affections d'ici-bas, la possibilité de former de nouveaux liens et de recommencer en quelque sorte la vie terrestre dans des conditions exceptionnelles de pureté et de bonheur.

Mais quelque séduisante que soit une telle doctrine et avec quelque talent qu'elle soit exposée, on ne peut pas s'empêcher de remarquer qu'elle soulève des difficultés extrêmement graves. Reynaud soutient que les diverses planètes sont habitées comme la terre. C'est là un point qu'on peut regarder comme extrêmement probable, puisqu'elles sont conformées d'une manière analogue, placées dans des conditions à peu près identiques, et qu'on ne voit pas trop à quoi elles serviraient, si elles n'étaient pas destinées à porter et à nourrir, à un moment donné, des êtres vivants. Mais enfin il n'y a là qu'une simple probabilité, non une certitude absolue. Accordons néanmoins que les planètes sont habitées. Le sont-elles par des êtres intelligents, ayant une nature soit physique soit morale semblable à la nôtre? Ici la probabilité diminue déjà. Les êtres variant infiniment avec le milieu, même sur notre globe, il semble que, sur d'autres globes et dans un autre milieu, ils doivent être tout autres. Enfin, ces êtres intelligents sont-ils animés par des âmes qui ont déjà vécu sur la terre ou qui doivent y vivre plus tard? Ici la probabilité disparaît presque entièrement, et ces rêves brillants que Reynaud s'était plu à dérouler devant notre imagination s'évanouissent comme ces fusées qu'un art ingénieux fait un instant étinceler à travers la nuit ; car enfin, si ma vie sur la terre est une épreuve, à quoi bon m'en imposer d'autres ? Si elle est une expiation, mon expiation accomplie, on n'a plus rien à me demander; j'ai payé, je ne dois plus rien. Nous ne parlons pas de l'atteinte que ce genre d'immortalité porte à la personnalité humaine et à la moralité soit de la récompense, soit du châtiment. Ce n'est que d'une manière abusive, comme le remarque M. Caro[1], qu'on peut appeler immortalité la persistance de cette substance indéterminée, sur laquelle viennent se greffer à tour de rôle une multitude de *moi* successifs qui s'ignorent les uns les autres et dont les derniers recueillent ce qu'avaient produit les premiers.

Reynaud veut que les âmes aient dans l'autre vie des organes analogues à ceux qu'elles ont dans celle-ci. La raison qu'il en donne, c'est qu'elles ne pourraient sans cela communiquer entre elles. Qu'en sait-il? Sommes-nous capables de juger, du sein de notre humble et misérable condition, de ce que de purs esprits peuvent ou

---

[1] Caro, *l'Idée de Dieu*, p. 410.

ne peuvent pas ? Pas plus que des mollusques ne peuvent se rendre compte, dans la vie sourde et muette qu'ils mènent au fond des mers, des communications qui s'établissent, au sein de nos cités, entre les intelligences d'élite qui composent nos assemblées politiques ou nos académies. Reynaud admet que nous pouvons actuellement, malgré nos organes grossiers, communiquer avec la pure intelligence. Pourquoi donc, quand nous serons de purs esprits, toute communication entre nous serait-elle impossible ?

Non-seulement Reynaud croit que les âmes ont des organes dans le ciel, mais il est convaincu qu'elles s'en servent pour y mener une existence éminemment active et militante : il pense, en effet, qu'elles y vivent d'une vie plus élevée à la vérité que sur la terre, mais non d'une vie parfaite. Suivant lui, la perfection est un but où elles tendent éternellement, mais elles sont dans une éternelle impuissance d'y arriver. Cette opinion a trouvé deux adversaires redoutables dans M. Jules Simon et M. Ravaisson : « Voici, dit le premier, une doctrine qui aime la lutte pour elle-même, qui nous récompense d'une victoire par la promesse d'un nouvel effort à tenter, et qui fait de la vie éternelle un mouvement éternel... L'action est sans doute de l'essence de la perfection ; mais l'action est-elle le contraire du repos ? Le Dieu d'Aristote est à la fois essentiellement immuable et essentiellement actif ; toute métaphysique conclut à une cause immobile [1]. » — « On peut se demander, dit à son tour M. Ravaisson, si entendre le ciel comme Jean

---

[1] Jules Simon, *Religion naturelle*, p. 295.

Reynaud, en l'assimilant, au degré près, à la terre, ce n'est pas le supprimer ; si ce n'est pas, en effet, supprimer le progrès même que de supprimer le terme ; si faire disparaître l'absolue perfection, ce n'est pas faire disparaître toute idée de perfectionnement. — Le ciel, ajoute-t-il, ce n'est pas tel ou tel lieu plus ou moins éloigné de celui où nous sommes, mais une vie exempte des misères d'ici-bas, une vie toute différente de notre vie de phénomènes et de mouvement. » Et plus loin : « Ce n'est point parler de vie céleste que de parler d'une vie semblable à la nôtre, dans quelque constellation éloignée qu'on la place, ajoutât-on avec Jean Reynaud que cette existence de là-haut sera fort supérieure à notre existence d'ici-bas, et indéfiniment ira se perfectionnant. Il faut, pour répondre à ce que notre cœur demande, à ce que notre raison exige, une vie parfaite, celle qui ne se trouvera qu'au delà de toute chose sensible, au delà de l'espace, au delà aussi du temps, là où Dieu habite, dans la région ultra-sidérale comme ultra-terrestre du pur esprit [1]. »

On voit quel est le vrai caractère de l'ouvrage de Jean Reynaud et en quoi il porte la trace de ses origines. L'auteur n'y fait point appel à la philosophie, telle qu'elle s'est développée entre les mains de Platon et d'Aristote, de Descartes et de Leibniz, mais à la théologie, telle qu'il la trouve ou croit la trouver chez les druides et chez les mages, dans les livres des Pères et dans les décrets des conciles. Il n'y démontre pas l'existence de Dieu et la spiritualité de l'âme ; il y traite, et y traite comme de

---

[1] Ravaisson, *Philosophie en France au dix-neuvième siècle*, p. 47-48.

choses qui ont à peine besoin d'être démontrées, de la Trinité et du Médiateur, du premier homme et de la métempsychose. Pendant que Victor Cousin se borne à faire la synthèse des diverses philosophies, que Pierre Leroux essaye celle des philosophies et des religions tout à la fois, Reynaud tente de préférence celle des religions. Par ce côté, il se rattache encore à Saint-Simon, qui ne voyait point de milieu entre le matérialisme et les religions positives, et pour qui la philosophie rationaliste n'existait pour ainsi dire pas. Il s'y rattache encore par sa foi invincible au progrès qu'il affirme partout et qu'il ne démontre nulle part, mais qu'il étend non-seulement à la science et à la politique, mais encore à la vie de l'homme tout entière ; non-seulement à la vie de l'homme, mais encore à celle de la terre où elle se déploie, à celle du système planétaire, à celle de l'univers tout entier. Il s'y rattache par le besoin qu'il éprouve de retrouver jusque dans la vie céleste les conditions de notre vie sublunaire, je veux dire non-seulement les hautes conceptions de l'esprit et les nobles élans du cœur, mais encore les humbles perceptions des sens et les délectations plus ou moins vulgaires qui les accompagnent. Mais il diffère de Saint-Simon et de ses premiers disciples et par l'étendue de connaissances en matière religieuse et par l'ardeur de ses sentiments religieux. Les premiers saint-simoniens ne sont, après tout, que des esprits plus ou moins positifs, qui marchent ou plutôt se traînent à terre, au lieu de voler, tandis que l'esprit de Reynaud a des ailes et nous emporte avec lui à une grande hauteur.

Jean Reynaud devait avoir et il a eu des disciples et des admirateurs. Il faut citer parmi eux un de nos historiens les plus distingués, M. Henri Martin, qui, dans le chapitre de son *Histoire de France* qu'il consacre à la religion des druides, a reproduit quelques-unes des idées de *Terre et Ciel;* il faut citer, en outre, un de nos astronomes les plus éminents, M. Camille Flammarion qui, dans son livre de *la Pluralité des mondes habités* et dans d'autres ouvrages, a développé la plupart des vues du maître dans un style plein de richesse qu'il semble lui avoir dérobé. Nommons encore MM. Louis Figuier et André Pezzani, qui se sont inspirés, eux aussi, de sa doctrine et ont contribué à la vulgariser parmi nous.

Les critiques n'ont pas non plus manqué à notre théosophe. Nous ne parlons pas des membres du concile réuni à Périgueux, en 1857, qui se donnèrent la peine de relever les propositions malsonnantes de son ouvrage et de les signaler à l'attention des fidèles. Mais de simples profanes, comme M. Martin de Rennes et M. Taine, ne se sont guère montrés plus indulgents envers lui que les Pères de cette vénérable assemblée : M. Martin, parce que, se plaçant au point de vue de la stricte orthodoxie, il devait nécessairement trouver Jean Reynaud hérétique au premier chef; M. Taine, parce que, avec son tour d'esprit positif et condillacien, il ne pouvait goûter des spéculations qui ont un caractère tout alexandrin et presque mystique. M. Jules Simon, M. Caro, M. Ravaisson, M. Vacherot l'ont jugé plus équitablement et ne se sont même pas défendus d'une certaine sympathie à son égard. Ils ont eu raison. Tout en faisant leurs réserves touchant certaines idées de Jean Reynaud, les spiritualistes de toutes les nuances ne doivent pas hésiter à reconnaître et à saluer en lui un penseur qui, après être parti de l'extrémité opposée de l'horizon philosophique, s'est singulièrement rapproché d'eux. Il a d'ailleurs d'autres mérites qui le recommandent. Venu après un siècle où l'esprit de critique et d'analyse avait régné avec tant d'empire, il a prouvé que l'esprit de coordination et de synthèse n'était pas mort en France et s'est exprimé sur quelques-uns des problèmes que le genre humain se pose avec l'élévation d'un Origène ou d'un Plotin, d'un Schelling ou d'un Schleiermacher. Si son livre nous arrivait en droite ligne de l'Inde ou de la Grèce, ou même simplement de l'Allemagne, nous n'hésiterions pas à lui faire bon accueil et à rendre justice aux idées ingénieuses, ainsi qu'aux généreux sentiments qu'il contient. Nous ne devons pas, à ce qu'il me semble, être plus sévères pour lui parce qu'il est né à notre époque et dans notre pays.

CHAPITRE V

GALL ET BROUSSAIS OU LE NATURALISME

I. Gall. — Phrénologie de Gall. — Sa métaphysique et sa morale. — II. Broussais. — Ses attaques contre l'observation intérieure. — Ses attaques contre la spiritualité de l'âme. — Sa doctrine phrénologique.

Première Section

LE DOCTEUR GALL

I

LA PHRÉNOLOGIE DE GALL

La plupart des systèmes socialistes que nous avons analysés n'étaient que des applications, plus ou moins heureuses et plus ou moins complètes, de la philosophie des sens à la direction de l'homme et des sociétés humaines. Il ne faut pas en être surpris. Il y a une telle corrélation entre la nature de l'homme et sa destinée qu'on ne peut concevoir l'une d'une certaine manière sans concevoir l'autre d'une manière analogue.

Dès qu'on admet, en philosophie, que l'être humain se ramène tout entier aux sens et au corps, on ne peut manquer de se préoccuper avant tout, en morale et en politique, des choses sensibles et corporelles. Mais, pendant que le socialisme se répandait en France, comme le dernier mot du sensualisme, le système où il avait son principe était victorieusement combattu par le traditionalisme, d'une part, et par le rationalisme de l'autre. Aussi, un moment arriva où la philosophie de l'esprit domina généralement dans la littérature de notre pays, et où l'on eût craint, en professant des doctrines contraires, de passer pour un écrivain arriéré et rétrograde. De là la couleur spiritualiste et même religieuse que prit parfois le socialisme lui-même, soit pour se faire plus facilement accepter, soit parce qu'il s'était laissé pénétrer à son insu par les idées régnantes. Cependant, si la philosophie des sens était vaincue, elle n'était pas morte. On la sentait invisible, mais présente, dans les écrits de beaucoup de savants, en qui l'habitude d'étudier la matière avait émoussé le sentiment des choses spirituelles ; elle s'affirmait tantôt timidement, tantôt hardiment dans l'enceinte des écoles de médecine, qui a toujours été son dernier asile, en attendant qu'elle pût reprendre son influence sur le grand public et ressaisir l'empire qu'elle avait perdu. Elle fut surtout représentée, durant cette période difficile, par Gall et par Broussais, qui transmirent à Auguste Comte, tout en les modifiant à leur manière, les doctrines de Condillac et de Cabanis, et qui préparèrent ainsi le retour de faveur dont jouissent actuellement le sensualisme et le socialisme réunis sous le nom de positivisme.

« Chaque siècle relève de sa philosophie. Le dix-septième siècle relève de la philosophie de Descartes ; le dix-huitième relève de Locke et de Condillac ; le dix-neuvième doit-il relever de Gall ? » En écrivant ces paroles, même sous forme dubitative, Flourens a sans doute beaucoup exagéré l'importance de la philosophie du fameux docteur. Cependant ce savant personnage a exercé assez d'influence sur la France, où il a vécu, écrit et enseigné, pour que je me croie autorisé à lui accorder, malgré son origine étrangère, une certaine place dans le tableau général de la philosophie française au dix-neuvième siècle.

Gall naquit à Tiefenbrunn, près Pforzheim, dans le grand-duché de Bade, le 9 mars 1758. Il étudia successivement à Bade, à Bruchsal et à Strasbourg, où il fit son cours de médecine. C'est à cette époque qu'il fait lui-même remonter ses premières observations sur le sujet qui a tant occupé sa vie et qui lui a valu une si grande célébrité. Il était un des meilleurs élèves de l'établissement où on l'avait d'abord placé, mais il avait des camarades qui l'emportaient sur lui par leur facilité à apprendre par cœur : or, notre futur phrénologiste remarqua que ses heureux rivaux avaient tous de grands yeux saillants. Quand il passa de Bade à Bruchsal, il fit sur ses nouveaux concurrents la même observation que sur les anciens. Enfin, quand il arriva à l'université de Strasbourg, son attention se fixa d'abord sur ceux qui se distinguaient par une excellente mémoire, et il vit qu'ils avaient pour la plupart de gros yeux à fleur de tête. Tout cela le fit réfléchir et le conduisit à penser qu'il pourrait bien y avoir un rapport déterminé entre chacune des facultés de l'homme et chacune des parties de sa tête ou plutôt de son cerveau. Ce fut là le point de départ de toutes ses recherches sur l'organisation cérébrale considérée dans ses relations avec les facultés et les penchants. Reçu docteur à Vienne, en 1785, il inaugura dans cette ville même ses études sur le cerveau et y commença la collection de crânes d'hommes et d'animaux qui devait en être le fondement. Il ouvrit, en 1796, des cours où il exposait les résultats les plus intéressants de ses investigations ; mais l'autorité s'en alarma et il dut cesser ses leçons en 1802. Il se rendit alors à Berlin, où il fut médiocrement goûté, puis il parcourut, avec son disciple Spurzheim, un grand nombre d'autres villes, Dresde, Halle, Copenhague, Hambourg, Amsterdam, Francfort, Zurich, reçu partout avec curiosité et recueillant partout des observations pour le grand ouvrage qu'il méditait. Il avait acquis une certaine réputation dans ses voyages, mais il n'arriva à la renommée, presque à la gloire, que lorsqu'il fut entré en France et se fut installé à Paris. Il y fit, en 1806, à l'Athénée, un cours qui eut beaucoup de succès. Il n'avait pas seulement des connaissances étendues et variées : il parlait aux sens et à l'imagination, il s'adressait à l'amour de l'extraordinaire et du merveilleux ; il n'en fallait pas davantage pour attirer la foule et pour exciter un vif engouement.

Gall présenta, en 1808, à l'Institut, un mémoire intitulé : *Recherches sur le système nerveux en général et sur celui du cerveau en particulier*, qui fut hautement apprécié par Cuvier : il est vrai qu'il ne touchait pas à la question de la phrénologie. Mais il publia, avec

Spurzheim, de 1810 à 1818, sous le titre d'*Anatomie et physiologie du système nerveux*, et de 1822 à 1825, sous le titre de *Fonctions du cerveau*, deux ouvrages où sa doctrine phrénologique était exposée avec le plus grand détail.

L'illustre physiologiste énumère d'abord les diverses classifications des facultés de l'âme que nous ont laissées les principaux philosophes. Il leur reproche, à toutes, d'être tellement générales qu'elles ne peuvent jeter aucune lumière sur le caractère des différents individus en particulier, puis il propose la sienne, qui ne comprend pas moins de vingt-sept qualités ou facultés et qui offre beaucoup d'analogie avec celle des philosophes écossais. Gall s'attache ensuite à établir (et c'est un point de la plus haute importance) que ces qualités et ces facultés ne dérivent pas, comme on l'avait prétendu, de l'action des objets extérieurs sur les organes des sens, mais qu'elles sont innées et naturelles. Il fait très-bien voir, à l'encontre des philosophes sensualistes qui, par haine pour l'innéité, supprimaient l'instinct et ramenaient tout à l'habitude, qu'il y a des aptitudes et des tendances instinctives, tant dans l'homme que dans les autres animaux : « L'araignée, à peine éclose, dit-il, tisse sa toile…; le caneton et la tortue, traînant encore les débris de l'œuf dont ils viennent de sortir, s'acheminent vers l'eau la plus prochaine ; l'enfant nouveau-né cherche le sein de sa mère, il le presse de ses mains pour en exprimer le suc nourricier… Tous ces êtres agissent ainsi, non parce qu'ils ont calculé que ces procédés sont nécessaires à leur conservation, mais parceque la nature est venue au-devant de leurs besoins et en a uni intimement la connaissance à leur organisation[1]. »

Non content de faire voir qu'il y a dans l'homme, ainsi que dans les autres animaux, des tendances et des aptitudes primitives que les sensations stimulent, mais ne créent pas, et que ce n'est ni à la vue, ni à l'ouïe, ni au toucher, ni à aucun de ses sens qu'il doit les penchants et les facultés qui le distinguent et qui lui assignent un rang si élevé sur l'échelle animale, Gall montre encore que l'éducation elle-même ne peut nous modifier que dans des limites extrêmement restreintes et qu'elle doit sans cesse compter avec la nature. Dans cette guerre qu'il fait aux sensualistes proprement dits, il a incontestablement raison. Il défend contre eux la réalité et la fixité de la nature humaine que méconnaissent leurs théories psychologiques, et dont leurs théories pédagogiques et politiques ne tenaient pas non plus grand compte. Cependant, en attaquant le sensualisme par certains côtés, Gall est loin de rompre complétement avec lui et de professer un spiritualisme bien net et bien caractérisé. Si, en effet, il refuse de chercher dans les organes des sens l'explication de nos penchants et de nos facultés, il la cherche dans le cerveau, c'est-à-dire dans une autre partie de notre organisation, plutôt que dans l'âme elle-même.

En soutenant que le cerveau est l'organe exclusif du sentiment et de la pensée, le savant physiologiste prétend avoir produit dans la science une immense révolution. C'est pourquoi il s'attache avec soin à faire voir que tous

---

[1] Gall, *Fonctions du cerveau*, t. I, p. 68-69.

ses devanciers, depuis Hippocrate jusqu'à Bichat, ont ignoré le véritable rôle de l'organe cérébral. C'est là une assertion qu'on ne peut accepter que sous bénéfice d'inventaire. On sait que Platon faisait déjà du cerveau le siége du principe pensant et que Galien y voyait déjà l'organe de la sensation et du mouvement volontaire. Quant à Descartes, non-seulement il logeait l'âme dans le cerveau, mais encore il ne la mettait en rapport direct qu'avec lui seul ou plutôt qu'avec la seule glande pinéale. Cependant, si le docteur allemand n'a pas été juste envers ses prédécesseurs, ce n'est pas une raison pour être injuste envers lui. Disons donc avec M. Flourens : « La proposition que le cerveau est le siége exclusif de l'âme n'est pas neuve, n'est pas de Gall ; elle était dans la science avant qu'eût paru sa doctrine. Le mérite de Gall, et ceci même n'est pas un médiocre mérite, est d'en avoir mieux compris qu'aucun de ceux qui l'avaient précédé toute l'importance, et de s'être dévoué à la démontrer. Elle était dans la science avant Gall ; on peut dire que depuis Gall elle y règne [1]. »

Mais le système de Gall n'est pas là. Il est dans la double prétention qu'a l'auteur de trouver sur la surface de l'encéphale les organes de nos diverses facultés et qualités (ce qui est proprement l'organologie), et de trouver sur la boîte du crâne les protubérances qui répondent aux divers organes de la masse encéphalique (ce qui constitue la cranioscopie). A l'appui de sa doctrine, il produit un grand nombre de preu-

---

[1] Flourens, *de la Phrénologie*, p. 19.

ves. « Les facultés de l'animal, dit-il, sont d'autant plus multipliées que son cerveau est plus composé... Avec chaque nouveau viscère, à chaque nouvel appareil des sens, on découvre une nouvelle fonction, et cette fonction est d'autant plus compliquée que l'organisation du viscère ou du sens est plus parfaite... On peut démontrer que la même gradation existe dans la structure du cerveau des différentes espèces... Il s'ensuit que le nombre de ces facultés est en rapport direct avec les parties intégrantes du cerveau [1]. »

Nous ne sommes pas assez versé dans la physiologie pour discuter *ex professo* un tel système. Nous nous bornerons à exposer les objections qu'élèvent contre lui des savants autorisés, notamment M. Flourens et M. Lélut : « Gall, disent-ils, voit dans le cerveau, non pas un organe unique, mais une multitude d'organes, et ces organes consistent, suivant lui, dans les plis ou circonvolutions que la masse encéphalique doit faire pour être renfermée dans l'intérieur de cette boîte osseuse qu'on nomme le crâne. Mais il ne songe pas que ces circonvolutions forment, en définitive, un tout continu, et qu'elles sont trop peu distinctes les unes des autres pour qu'on puisse regarder chacune d'elles comme un organe déterminé. Gall invoque en faveur de sa thèse le rapport entre le nombre et le volume des circonvolutions dans les diverses espèces animales et le nombre et le développement de leurs facultés. Mais c'est-là une loi qui est loin d'être générale et qui comporte bien des exceptions. D'abord beaucoup de mammifères et presque tous les

---

[1] Gall, *Fonctions du cerveau*, t. II, p. 364.

oiseaux manquent de circonvolutions : comment se fait-il qu'ils aient des facultés ? Le chat et le furet ont des circonvolutions ; l'écureuil et le castor n'en ont point : s'en suit-il que les premiers aient des facultés et que les derniers n'en aient pas ? Le mouton et l'âne ont des circonvolutiens plus nombreuses et plus belles que le lion et le chien : est-ce à dire qu'ils aient plus d'intelligence ? Il faut conclure de tout cela que l'organologie est une science fort conjecturale, pour ne rien dire de plus. S'il faut en croire M. Flourens, Gall y a été amené par l'analogie qu'il a supposée fort gratuitement entre les fonctions des sens et les facultés de l'âme : « Il voit, dit le savant naturaliste, les fonctions des sens constituer des fonctions distinctes, et il veut que les facultés de l'âme soient également distinctes ; il voit chaque sens particulier avoir un organe à part, et il veut que chaque faculté de l'âme ait son organe propre [1]. » Mais on peut lui répondre qu'un organe des sens est un appareil nerveux très-bien déterminé et que tout le monde voit fonctionner à part, tandis qu'un organe particulier du cerveau au service d'une faculté particulière de l'âme et fonctionnant isolément n'a jamais été vu par personne, pas même par Gall.

Voilà pour l'organologie : voyons maintenant la cranioscopie.

A supposer que les organes du cerveau existent et soient susceptibles d'être distingués, il faut, pour que la cranioscopie soit possible, c'est-à-dire pour qu'on puisse, à la simple inspection du crâne d'un homme,

---

[1] Flourens, *de la Phrénologie*, p. 63.

démêler ses facultés intellectuelles et ses qualités morales, il faut que les organes en question soient tous placés à la surface du cerveau, de manière à laisser leur empreinte sur la boîte osseuse qui les contient et qui en serait pour ainsi dire le moule. Or, les expériences de M. Flourens semblent prouver qu'il n'en est pas ainsi. Il enlève à un animal, à une poule, par exemple, par devant, par derrière, par le haut, par les côtés, une portion assez considérable de son cerveau, et l'animal ne perd pas une seule de ses facultés. Il s'ensuit, à ce qu'il semble, que les organes des facultés ne sont pas à la surface du cerveau ; qu'ils ne sauraient laisser leur empreinte sur la boîte osseuse, et que, par conséquent, la cranioscopie est impossible. Si on objecte qu'on ne connaît pas assez la psychologie des poules, suivant l'expression de M. Janet, pour savoir au juste quelles facultés leur restent à un moment donné, on rejettera la cranioscopie pour une autre raison, c'est qu'on ne peut pas déterminer exactement le volume des circonvolutions du cerveau par l'inspection de la face externe du crâne, attendu que la lame externe n'est pas toujours parallèle à la lame interne : « Gall sait tout cela, dit M. Flourens, et il n'en inscrit pas moins ses vingt-sept facultés sur les crânes. Tant de confiance étonne. On ne connaît rien de la structure interne du cerveau, et l'on ose y tracer des circonscriptions, des cercles, des limites ! La face externe du crâne ne représente pas la surface du cerveau ; on le sait, et l'on inscrit sur cette face externe vingt-sept noms ! chacun de ces noms est inscrit dans un petit cercle, et chaque petit cercle répond à une faculté précise ! Et il se trouve des gens qui, sous ces noms inscrits par Gall, s'imaginent qu'il y a autre chose que des noms[1] ! »

Non-seulement l'hypothèse de Gall se heurte de toutes parts à de graves difficultés, mais elle repose sur des faits qui n'offrent pas un caractère des plus scientifiques. Au lieu de s'appuyer, pour l'établir, sur des rapports constatés soigneusement, dans des circonstances précises et bien déterminées, entre le développement de chaque organe et celui de la faculté qui y répond, le physiologiste allemand nous cite pêle-mêle les observations qu'il a faites et celles qu'il n'a pas faites (je le crains) sur le crâne des grands hommes de tous les temps et de tous les lieux, dans les musées qu'il a visités, et sur celui des personnes de tous les pays et de toutes les conditions, dans les États qu'il a parcourus. Il sait très-bien (car il prend soin de nous en avertir) que les artistes ont coutume d'idéaliser leurs personnages ou d'atténuer ce que leur extérieur peut offrir de trop caractéristique, afin de tout ramener aux proportions ordinaires du type humain ; il ne doit même pas ignorer que, s'ils rendent avec assez d'exactitude les traits du visage, ils ne s'attachent pas à reproduire avec la même fidélité les protubérances du crâne. Mais cela ne l'empêche pas de signaler les particularités qu'il a eu occasion de remarquer sur les bustes et même sur les portraits des hommes célèbres, tant présents que passés. Il nous parle gravement des belles protubérances qu'il a trouvées sur la tête de Socrate et de Platon, sur celle d'Aristophane ou d'Euripide et (ce qui est bien plus joli)

---

[1] Flourens, *de la Phrénologie*, p. 77.

des énormes bourrelets qu'il a découverts à la partie supérieure latérale de la tête d'Homère. On sait d'ailleurs que les disciples de Gall n'ont pas voulu être en reste avec le maître, et que l'un des plus renommés, Broussais, a constaté la protubérance du merveilleux sur le portrait de saint Antoine, bien mieux, sur celui de Moïse. Il faut convenir que les hommes positifs ont été bien calomniés et qu'ils ne sont pas toujours aussi incrédules qu'on le prétend !

Gall cite à l'appui de sa théorie d'autres faits qui ne sont pas moins singuliers que les précédents : ce sont ceux qu'il tire de la mimique des passions. Quand nous sommes sous l'empire d'une passion énergique, l'organe qui en est le siège agit, s'il faut en croire notre auteur, avec une intensité extrême et se subordonne en quelque sorte tous les autres, de sorte que les attitudes que nous prenons dans la passion peuvent aider les spectateurs à la localiser avec plus d'exactitude. Qui pourrait douter, en voyant l'orgueilleux tenir sa tête haute et dresser tout son corps, que l'organe de l'orgueil ne soit au sommet de la tête? Qui ne comprend, en voyant l'homme rusé s'avancer, la tête et le corps portés en avant, mais de haut en bas, et doucement balancés de droite à gauche et de gauche à droite, que le double organe de la ruse est placé dans la partie inférieure du crâne, un peu en arrière et sur les côtés? C'est, en effet, le propre des organes, suivant Gall, d'élever ou d'abaisser, de dresser ou d'incliner le corps par des tiraillements mécaniques, suivant qu'ils sont placés sur le haut ou sur le bas, sur le devant ou sur le derrière du cerveau.

L'idée de la subordination des gestes au siège de la

passion en action vint à Gall pour la première fois (c'est lui-même qui nous le raconte) à la vue de deux cochers qui se battaient. Le plus grand se précipitait avec fureur sur le plus petit ; mais « celui-ci se fendit un peu, ferma le poing, retira la tête entre les deux épaules, en l'abaissant légèrement, et repoussa victorieusement les attaques de son adversaire, en allongeant de vigoureux coups de poing. » Cette tête qui se retirait entre les deux épaules, en s'abaissant légèrement, fut pour notre phrénologue un trait de lumière. Il comprit tout de suite que l'organe de la propre défense devait être placé en arrière, au-dessus des épaules, à l'angle inférieur postérieur des pariétaux. Il se confirma dans cette idée par de nouvelles observations : il remarqua que le chien et le coq, au moment de se battre, rejettent plusieurs fois brusquement la tête en arrière, et que le poltron se gratte derrière l'oreille, comme pour stimuler son organe, quand il hésite à combattre et à se porter en avant. Il découvrit le siége des autres organes par des observations analogues. Il remarqua que « lorsqu'une personne est embarrassée pour se rappeler un nom, elle tient les yeux fixés et levés, passe le plat de la main sur les sourcils, se presse et se frotte la partie inférieure du front, comme pour exciter l'activité de la partie cérébrale subjacente, » et en conclut que l'organe de la mémoire a son siége au-dessus et derrière les yeux. Il remarqua que, dans la méditation, « l'on soutient toute la partie supérieure du front dans le plat de la main, » le doigt indicateur placé sur la région moyenne supérieure de la tête, et que « lorsque l'on a fait quelque sottise par précipitation, dans la colère où l'on est contre soi-même, on se frappe le front en s'écriant : Bête que je suis !... » Il jugea alors que c'est dans la partie antérieure supérieure du front qu'est placé l'organe de la sagacité comparative, qui agit dans la méditation. Quant à l'organe de la bienveillance, il n'hésita pas à le mettre dans la partie supérieure de l'os frontal, en voyant les enfants de Vienne se heurter front contre front, comme des boucs, dans leurs luttes amicales. La preuve, en effet, était des plus concluantes !

Mais l'étude des bustes et celle de la mimique des passions ne sont pas les seuls moyens que Gall emploie pour connaître la corrélation des organes et des facultés. Il suit encore un autre procédé qui a bien son mérite et son importance. Pendant qu'il habitait à Vienne, il réunissait, dit-il, quelquefois, dans sa maison, un grand nombre d'individus pris dans les plus basses classes de la société, cochers de fiacres, commissionnaires, portefaix ; il leur faisait distribuer largement du vin ou de la bière, puis, quand ils avaient bien bu, il les faisait jaser et écoutait curieusement leur bavardage. Une fois qu'il s'était instruit par ce moyen de leurs qualités et de leurs défauts, il cherchait sur leurs têtes les bosses correspondantes et ne manquait jamais, bien entendu, de les y trouver. C'est ainsi qu'en faisant ranger d'un côté les braves, de l'autre les poltrons, il découvrit derrière l'oreille des premiers une protubérance qui manquait absolument chez les seconds. Il découvrit la bosse du vol de la même manière que celle du courage, je veux dire en rangeant en deux classes et en palpant successivement les *chipeurs* et les honnêtes gens qui figuraient à ces intéressantes réunions.

Voilà à quoi se réduisent les procédés que Gall a suivis pour établir et vérifier sa théorie : étude de bustes et de portraits plus ou moins authentiques, mais nécessairement imparfaits ; observation de la mimique plus ou moins expressive des passions ; propos d'ivrognes plus ou moins véridiques et plus ou moins soigneusement recueillis et enregistrés. Ce sont là évidemment des procédés d'une valeur scientifique fort douteuse, et les faits obtenus par de tels moyens ne sauraient certainement prévaloir contre les raisons qui prouvent l'impossibilité, sinon de l'organologie, au moins de la cranioscopie, telle que le célèbre docteur l'entend.

Gall répartit les facultés en trois groupes homogènes, et les distribue en quelque sorte sur trois zones cérébrales. Les facultés appétitives et animales, telles que l'instinct de la propagation, l'amour des enfants, l'amitié, l'instinct de la défense, l'instinct carnassier, la ruse, l'instinct de la propriété, la prudence sont placés dans la partie postérieure de l'encéphale. Les facultés un peu plus intellectuelles et plus particulières à l'espèce humaine, telles que la mémoire sous ses quatre formes, le sens de la parole, celui de la couleur, celui de la musique, celui des nombres, celui des mécaniques, celui des arts, occupent les circonvolutions qui forment la partie latérale ou antérieure, mais inférieure du cerveau. Enfin les facultés les plus intellectuelles de toutes et les plus proprement humaines, la sagacité comparative, l'esprit métaphysique, l'esprit caustique, le talent poétique, la bienveillance, la mimique, la théosophie, la fermeté s'étagent, comme elles peuvent, dans la partie à la fois antérieure et supérieure de la tête.

Cette théorie de Gall a été démolie pièce par pièce par Lélut, Flourens et d'autres physiologistes contemporains. Gall prétend que les facultés intellectuelles résident dans la partie antérieure, et les facultés animales dans la partie postérieure de l'encéphale. Prise dans sa généralité, cette opinion paraît très-plausible ; car c'est bien sur le devant, et non sur le derrière de la tête, que nous sentons la contention et l'effort de la pensée. Cependant Leuret et Flourens élèvent contre cette opinion une objection sérieuse. A mesure, disent-ils, qu'on descend de l'homme aux mammifères inférieurs, ce n'est pas, comme cela devrait être d'après le système de Gall, la partie antérieure, mais la partie postérieure de l'encéphale qui diminue. Gall place l'instinct de la propagation dans le cervelet et déclare que, s'il y a dans sa doctrine un point bien établi et vraiment inébranlable, c'est celui-là. Or, Lélut et d'autres l'ont si bien ébranlé que personne maintenant ne se hasarde plus à le soutenir. Gall veut qu'il y ait corrélation entre le développement de cet instinct et celui de cet organe et cherche à l'établir par des exemples empruntés à l'étude des diverses espèces et des divers âges. A toutes ses assertions peu ou mal motivées, Lélut et Flourens opposent des assertions fondées sur des expériences précises, nombreuses, irréfutables. Aussi plusieurs phrénologues ont-ils abandonné sur ce point la doctrine de leur chef et se sont-ils ralliés à celle de Flourens, qui veut que le cervelet préside à la coordination des mouvements.

Un autre point de sa doctrine que Gall regarde comme au dessus de toute contestation, c'est que le siège de l'amour des enfants est dans les lobes postérieurs du cerveau. Lélut et Flourens prouvent, pièces en main, c'est-à-dire au moyen de crânes appropriés, que le physiologiste allemand est dans l'erreur : « Gall, dit le dernier, place l'amour de la progéniture dans les lobes postérieurs du cerveau. L'amour de la progéniture, surtout l'amour maternel, se trouve partout dans les animaux supérieurs ; il se trouve dans tous les mammifères, dans tous les oiseaux. Les lobes postérieurs du cerveau se trouveront donc aussi partout dans ces animaux ? Point du tout : les lobes postérieurs manquent à la plupart des mammifères ; ils manquent à tous les oiseaux [1]. » Lélut démontre également que le prétendu organe de l'amitié que Gall trouve surtout chez la femme, qui est si aimante, et chez le chien, qui est si caressant, est moins développé chez la femme que chez l'homme, et ne l'est pas plus chez le chien que chez le loup et le renard ; que le prétendu organe de la rixe ou du courage est aussi sensible chez le lapin et le lièvre, qui ne sont pourtant pas des foudres de guerre, que chez les animaux les plus redoutables, et que le prétendu organe de l'instinct carnassier ne se trouve pas seulement chez les carnivores, mais encore chez nombre de frugivores, comme le mouton, qui ont sans doute manqué leur vocation.

Ce ne sont pas seulement les adversaires de Gall, ce sont encore ses disciples qui ont démoli et ruiné sa théorie. En bouleversant toute sa classification des facultés et des organes, ils ont achevé d'ôter aux faits par les-

---

[1] Flourens, *de la Phrénologie*, p. 74-75.

quels il avait cherché à établir leur corrélation toute signification et toute valeur. Son premier disciple, ou plutôt son collaborateur, Spurzheim donna le signal de ces modifications successives du système, qui devaient en amener bientôt la complète destruction. Ce phrénologue ne se borne pas à changer les noms que Gall a donnés aux organes, à en déterminer autrement les attributions, à en étendre ou à en resserrer la portée : il en confond deux en un seul, en divise un en deux et en admet de complétement nouveaux dont le maître n'avait jamais parlé. L'Anglais Georges Combes, l'Américain Stanley Grimes, le Français Vimont, en un mot, tous les phrénologues grands et petits continuent à transformer, chacun à sa manière, la classification du maître, de sorte qu'à la fin il n'en reste presque plus rien. On est bien alors, à ce qu'il semble, autorisé à se demander sur quoi repose désormais la phrénologie. Les organes reconnus par Gall étant pour la plupart changés ou déplacés, que signifient les faits dont il s'était servi pour les déterminer et sur lesquels seuls la phrénologie paraissait avoir son fondement ?

On dira peut-être que les adeptes de cette science prétendue ont trouvé depuis, sur le crâne de maintes personnes, des protubérances en rapport avec leur nature morale. On trouve sur les crânes tout ce qu'on veut, surtout quand on en a bien envie, et le public n'y regarde pas d'assez près pour être tenté d'y contredire. Que de fois cependant les phrénologues n'ont-ils pas été pris en défaut! Ils avaient donné au prince des philologues, à Champollion, le prétendu organe de la philologie, avec la projection du globe oculaire qu'il détermine, et il a été prouvé qu'il n'avait ni la projection, ni l'organe dont on avait voulu le gratifier. Ils avaient reconnu sur la tête du jeune calculateur Mangiamèle le prétendu organe des mathématiques, et on leur a montré que cet organe lui faisait complètement défaut. Ils avaient pris au mot les peintres, les graveurs, les poëtes, qui avaient amplifié outre mesure le crâne de Napoléon, pour le mettre en rapport avec son vaste génie, et ils avaient déjà invoqué un fait aussi caractéristique en faveur de leur système, quand la dimension exacte du crâne de l'empereur, prise à Sainte-Hélène par son médecin Antomarchi, immédiatement après sa mort, vint renverser toutes leurs hypothèses et donner un éclatant démenti à toutes leurs théories. Ce cerveau, qui avait conçu de si grands desseins et si profondément remué le monde, n'avait que vingt pouces, dix lignes de circonférence, c'est-à-dire, à deux ou trois lignes près, la grandeur moyenne des cerveaux humains, et n'offrait d'ailleurs aucune protubérance remarquable, ni celle du calcul, ni celle de la mécanique, ni celle du sens des localités, toutes qualités pourtant fort utiles aux hommes de guerre et aux généraux éminents.

Le crâne de Napoléon n'avait pas porté bonheur à la phrénologie ; celui de Raphaël lui fut encore moins favorable. Un ami de Gall avait apporté d'Italie le crâne du grand peintre et lui en avait fait deviner les propriétés devant une nombreuse assistance, avant de lui dire à quel génie transcendant cette boîte osseuse avait eu l'honneur d'appartenir. Le docteur y avait immédiatement trouvé l'organe de l'imitation, ainsi que celui des beaux-arts portés à un très-haut degré et celui du coloris à un degré plus modeste : il était impossible de mieux dire. Plus tard, Georges Combes y découvrit l'organe de l'amativité, celui de l'approbativité, celui de l'idéalité, celui de la vénération, celui de la constructivité, en un mot, tous ceux que révélait, à défaut de son crâne, l'histoire même de Raphaël. Aussi ce crâne devint-il en peu de temps un des titres de la phrénologie, une des pièces qu'elle citait avec le plus de complaisance à ses adversaires et à ses sectateurs encore mal affermis. Mais, pendant que les disciples de Gall s'applaudissaient de voir le prince de la peinture déposer par toutes les protubérances de son crâne en faveur de leur science favorite, le pape Grégoire XVI, qui siégeait alors au Vatican et qu'on n'aurait jamais pu soupçonner d'une pareille noirceur, leur préparait une mystification des mieux conditionnées. Il fit ouvrir un jour, en grande pompe, le tombeau de Raphaël, d'où l'on retira son squelette, et avec son squelette sa tête, qui n'en avait jamais été séparée, et dans sa tête, son crâne parfaitement intact. Comme il était peu probable que Raphaël, malgré son génie, eût eu deux crânes, il fallut bien convenir que celui qui avait été apporté de Rome au docteur Gall n'était pas authentique. A qui avait-il donc appartenu ? On trouva, après bien des recherches, que c'était celui d'un bonhomme nommé Adjutori, chanoine à Rome de son vivant. Il ne resta plus aux phrénologues, un peu penauds et confus, d'autre moyen de se consoler de leur mésaventure que de s'en aller disant à qui voulait les entendre que ce scélérat d'Adjutori, s'il n'eût pas été chanoine, aurait été infailliblement, vu les splendides protubérances qu'il avait, un peintre incomparable.

Gall a donc complétement échoué dans sa tentative de localiser nos diverses facultés sur les diverses parties de l'encéphale, de manière à permettre de juger du développement des unes d'après celui des autres. C'est au point qu'il n'y a pas une de ces localisations, pourtant si nombreuses, qui ait été reconnue exacte par tous les physiologistes et qui soit restée dans la science. Cependant, il faut convenir que, malgré ses témérités et ses erreurs, ce novateur hardi et entreprenant a rendu des services réels à l'esprit humain. D'abord, il a fortement appelé l'attention sur l'anatomie du cerveau, qui était de son temps peu avancée, et lui a imprimé un mouvement qui dure encore : « Je n'oublierai jamais, dit un auteur peu suspect de partialité en faveur de Gall, je n'oublierai jamais, dit Flourens, l'impression que j'éprouvai la première fois que je vis Gall disséquer un cerveau. Il me semblait que je n'avais pas encore vu cet organe. » Au lieu de faire sur le cerveau, comme la plupart de ses contemporains, des coupes verticales, horizontales ou obliques, et de commencer par détruire les appareils qu'il s'agissait d'étudier, Gall, en effet, prenait les fibres du cerveau à leur naissance et les suivait d'une manière continue jusqu'à leur terminaison, notant à mesure toutes celles qui venaient s'y ajouter et qu'elles recevaient en chemin. C'était toute une révolution. Ses innovations en physiologie ne furent pas moins heureuses. La plupart des physiologistes de son temps, notamment Bichat, affectaient le cerveau aux seules facultés intellectuelles et plaçaient dans le cœur le siège des passions. Gall établit victorieusement contre eux que les passions ne sauraient résider dans le cœur et que le cerveau est l'organe des affections morales en même temps que des facultés intellectuelles. Ce n'est pas seulement contre les physiologistes que Gall défend le cerveau, c'est encore, nous l'avons vu, contre les philosophes du dix-huitième siècle. La plupart d'entre eux faisaient dériver des sens extérieurs toutes nos idées, toutes nos connaissances, toutes nos facultés, méconnaissant ainsi à la fois le rôle du cerveau et celui de l'esprit. Gall ne revendique pas contre eux les droits de l'esprit, il laisse ce soin aux philosophes de profession ; mais il revendique ceux du cerveau avec autant de force que de raison. Il montre parfaitement que l'âme ne sent pas dans les organes extérieurs, mais dans le cerveau, et que c'est moins de la perfection des organes extérieurs que de celle du cerveau lui-même que dépend le développement de la vie intellectuelle.

Sans doute le docteur allemand a tort de décomposer arbitrairement le cerveau et d'y pratiquer une multitude de subdivisions que rien ne motive. Mais ses erreurs sur ce point ont été elles-mêmes utiles à la science. Si elle n'a pas admis dans le cerveau les vingt-sept organes qu'il avait cru y reconnaître, si elle incline encore aujourd'hui à voir dans le cerveau proprement dit un organe unique, elle a pourtant été amenée, en suivant la voie que Gall avait tracée, à reconnaître dans l'encéphale, considéré dans son ensemble, une certaine multiplicité d'organes. Le plus célèbre adversaire de Gall, Flourens, voit en effet dans le cervelet, dans la moelle allongée et dans le cerveau proprement dit, trois organes parfaitement distincts, qui sont exclusivement affectés : le premier, à la coordination des mouvements de locomotion ; le second, aux mouvements de respiration ; le troisième, aux opérations de l'intelligence. Ne pourrait-on pas pousser les divisions plus loin? N'y aurait-il pas lieu de reconnaître dans le cerveau proprement dit une certaine distinction de parties et partant de fonctions[1]? Ce sont des questions qui ne sont point encore résolues, mais auxquelles l'avenir répondra. Or, c'est Gall qui, par sa subdivision du cerveau, tout arbitraire qu'elle est, a conduit les physiologistes à se les poser. Il a donc donné une impulsion incontestable, bien qu'on n'en puisse pas encore prévoir les résultats, à la science des rapports du physique et du moral de l'homme.

II

MÉTAPHYSIQUE ET MORALE DE GALL

En faisant de la phrénologie, Gall et ses disciples ont fait aussi de la psychologie. Il ne pouvait en être autrement. La phrénologie, consistant à établir une corrélation entre les organes et les facultés, suppose, d'une part, la connaissance des organes, de l'autre, celle des facultés elles-mêmes. Or, si la connaissance des organes rentre dans l'anatomie, celle des facultés se rattache à la psychologie. Gall s'était assez bien rendu compte de cette distinction et avait même assez bien compris la nécessité de faire précéder son organologie d'une psychologie sé-

---

[1] V. le remarquable ouvrage de M. Janet, *le Cerveau et la Pensée*, p. 123.

rieuse : « Ce n'est, dit-il, qu'après avoir déterminé les qualités et facultés fondamentales, que je puis présumer d'après quelles lois le cerveau peut être organisé et ses parties disposées... Au début de mes recherches, écrit-il ailleurs, j'ai dit mille fois à mes amis : Faites-moi connaître les qualités et facultés fondamentales, et je vous en découvrirai les organes [1]. »

Les disciples de Gall se montrèrent moins favorables à la psychologie que lui. Enflé de sa popularité récente, le plus célèbre d'entre eux, Spurzheim, le prit avec elle d'assez haut et eut l'air de dire que cette science avait fait son temps et n'avait plus qu'à s'effacer devant la phrénologie. Le plus habile disciple de Jouffroy, Adolphe Garnier, qui était encore jeune à cette époque, combattit les prétentions du disciple de Gall dans un livre intitulé : *la Psychologie et la Phrénologie comparées*. Il y prouve, avec autant de bon sens que de modération, non-seulement que la psychologie peut se passer de la phrénologie et découvrir sans elle des vérités importantes, mais encore que la phrénologie, à supposer qu'elle soit possible, ne saurait se passer de la psychologie. Pour démontrer le premier point, il examine la théorie de Gall, celle de Spurzheim et celle des philosophes écossais sur les facultés et qualités de l'âme, et fait voir que non-seulement ces trois théories s'accordent assez généralement, mais encore que la dernière est plus complète et plus exacte que les deux premières. Or, comme elle a été conçue par de simples psychologues et les deux autres par des phrénologues, il s'ensuit que la

---

[1] Gall, *Fonctions du cerveau*, 3ᵉ vol., p. 71 et XIX.

psychologie peut parfaitement atteindre son but sans le secours de la phrénologie. Quant à l'impossibilité de fonder la phrénologie, si toutefois elle peut être fondée, sur une autre base que la psychologie, Garnier n'a pas de peine à l'établir. Il est trop clair, en effet, que la seule vue des protubérances du crâne ne ferait pas connaître les facultés de l'âme à qui ne les connaîtrait pas déjà, et que, si on ne détermine pas d'abord les facultés avec exactitude, de la seule manière dont on puisse le faire, à savoir, par l'observation intérieure, on ne pourra déterminer exactement les protubérances ni marquer avec précision les rapports que les unes et les autres ont entre elles.

Gall n'a pas seulement sa psychologie, dans le détail de laquelle il serait trop long d'entrer, il a également sa métaphysique et sa morale, qui ne manquent pas d'intérêt et qu'on a cherché récemment à réhabiliter. Nous entendons par là ses vues sur l'âme, sur la liberté et sur le sens moral.

Le savant docteur se défend par des raisons assez plausibles contre le reproche de matérialisme que sa doctrine avait encouru de bonne heure. Le matérialisme consiste, suivant lui, à nier la distinction de l'âme et du corps, et à expliquer tous les phénomènes moraux soit par l'action d'un fluide d'une ténuité extrême, soit par les combinaisons diverses de la matière. Or, il défie ses adversaires de trouver soit l'une soit l'autre de ces deux opinions dans ses ouvrages. Il déclare, ce qui est devenu la thèse de certains positivistes de nos jours, qu'il ne fait aucune recherche sur la nature de l'âme et du corps ; qu'il se borne à étudier les phénomènes. Ces phénomènes, il les rattache aux organes, qui en sont les conditions matérielles, mais il ne confond nullement ces derniers avec les facultés dont ils rendent l'exercice et la manifestation possibles. De même qu'il distingue la faculté de voir de l'œil qui en est l'instrument, la faculté de se mouvoir des os et des muscles qui en sont les conditions d'exercice, il distingue la faculté de penser du cerveau au moyen duquel elle produit ses opérations. S'il suffit de subordonner les actes de l'âme à certaines conditions matérielles pour être matérialiste, nul médecin, nul philosophe, nul théologien ne pourra se flatter de ne pas l'être, pas même l'Ange de l'école, car c'est lui qui a dit : « Quoique l'esprit ne soit pas une faculté corporelle, les fonctions de l'esprit, telles que la mémoire, la pensée, l'imagination ne peuvent avoir lieu sans l'aide d'organes corporels. »

La plupart des anciens donnaient pour instrument à l'âme le corps tout entier et cherchaient le principe des passions dans le mélange des fluides et des liquides ou dans la disposition des plexus et des ganglions de la poitrine et du bas-ventre : on ne les accusait pas de matérialisme pour cela. Les modernes, au contraire, ont généralement prétendu que l'âme n'a d'autre instrument direct que le cerveau et ont fait dépendre de cet organe l'attention, la mémoire, l'imagination et d'autres actes de l'esprit ; quelques-uns d'entre eux, comme Malebranche, ont même attribué à la fermeté ou à la mollesse des fibres cérébrales la différence des facultés et des penchants : leur spiritualisme n'a pourtant pas été révoqué en doute. Quant à Gall, il croit, lui aussi, que l'âme a pour unique instrument le cerveau. Seulement il est convaincu que cet organe se divise en plusieurs autres, et que chacun de ces derniers sert à remplir une fonction spéciale. En quoi cette doctrine est-elle plus matérialiste que les deux précédentes ? En ce que l'âme agit dans ce dernier cas par plusieurs organes ? Mais qu'est-ce que cela peut faire ? Un seul organe est aussi matériel que plusieurs ; la main n'est pas plus spirituelle que les cinq doigts.

Gall ne repousse pas avec moins d'habileté l'accusation de fatalisme que celle de matérialisme. Le fatalisme consiste à prétendre que toutes nos actions s'accomplissent sans le secours de notre volonté et de notre liberté morale. Or, le célèbre docteur n'a jamais nié l'intervention de la volonté et de la liberté dans les actions humaines. Ce qui a pu induire ses adversaires en erreur sur ce point, c'est l'idée exagérée qu'il se font de la liberté de l'homme. Quelques-uns la considèrent comme illimitée. Or, il est clair qu'elle ne peut pas l'être ; car elle est modifiée par les facultés et les penchants qui coexistent avec elle dans chacun de nous et par le milieu physique et social dans lequel elle se développe. Il n'a pas dépendu de nous, en effet, d'avoir ou de ne pas avoir telle faculté ou tel penchant et de naître dans tel milieu ou dans tel autre : c'est une vérité que tous les grands philosophes et tous les grands théologiens reconnaissent implicitement, quand ils parlent des dons de Dieu et de l'action de la Providence sur les choses humaines. D'autres regardent la liberté, sinon comme illimitée, au moins comme absolue : ils se figurent que nous pouvons agir sans motifs. Mais, si l'homme agissait sans motifs c'est-à-dire en dehors de toute influence, de celle des sentiments, de celle des croyances, de celle des habitudes, on ne pourrait conjecturer sa conduite future avec la moindre chance de succès : on ne pourrait faire fond sur l'amitié, sur la probité, sur l'honneur de personne. L'éducation et la législation elles-mêmes n'auraient plus de points d'appui, puisque les peines et les récompenses dont elles se servent comme moyens d'influence ne seraient plus des motifs de détermination. Mais, si Gall n'admet ni la liberté illimitée ni la liberté absolue, il admet la liberté morale, celle qui a été définie par Bonnet : la faculté d'être déterminé et de se déterminer par des motifs, et par Laromiguière : le pouvoir de vouloir ou de ne pas vouloir après délibération.

On prétend que l'homme n'est pas libre, si ses penchants sont innés et si leur manifestation dépend de son organisation ; car il ne saurait changer ni son organisation ni ses penchants et ne peut que suivre leur impulsion. Gall répond à cette objection par une distinction qui ne manque ni de finesse, ni d'importance. Sans doute, dit-il, nous ne pouvons changer ni notre organisation, ni les penchants et les désirs qui en dérivent immédiatement ; mais il ne faut pas confondre nos penchants et nos désirs avec notre volonté. Nous ne sommes pas libres de désirer ou de ne pas désirer une action, mais nous sommes libres de la vouloir ou de ne pas la vouloir. La volonté a son principe dans la complexité et la multiplicité des organes et par suite, des penchants. Un être qui n'aurait qu'un seul organe et partant qu'un seul penchant, ne pourrait agir que d'une seule manière : il n'y aurait pour lui nulle possibilité de choisir, nulle liberté morale ; c'est le cas, ou peu s'en faut, des animaux inférieurs. Mais, dès que les organes, et avec eux les penchants et les désirs se multiplient, l'animal entre dans une sphère d'action plus étendue. L'exemple du chien, que le souvenir cuisant des coups qu'il a reçus empêche de se jeter sur l'aliment qu'il convoite, peut servir à nous le faire comprendre. Toutefois ce n'est point encore là de la liberté, parce que les motifs sont d'un ordre inférieur ; ce n'est que de la spontanéité. La liberté proprement dite n'existe que dans l'homme, mais elle y existe de la manière la plus incontestable. Comme il possède, outre le penchant et les facultés qu'il a en commun avec les animaux, la faculté de distinguer le vrai du faux, le juste de l'injuste, celle de comparer le présent au passé et de prévoir l'avenir, et qu'il est d'ailleurs sensible aux idées de décence et de convenance, de devoir et d'honneur, il trouve là, dans la puissance et les mouvements de sa nature propre, un contre-poids suffisant aux suggestions de sa nature animale : il est libre, parce qu'il est raisonnable. Cela est tellement vrai que sa liberté augmente à mesure que son intelligence s'élève, et que sa liberté diminue à mesure que son intelligence baisse et se rapproche des régions de l'animalité. « Il suit de ma doctrine, conclut Gall, que toutes les fois qu'un homme sain et bien organisé a voulu une chose, il aurait pu en vouloir une autre contraire à la première, non pas sans motif, ce qui serait absurde, mais en cherchant et en se donnant des motifs autres que ceux qui l'ont déterminé [1]. »

Non content de développer ces principes, Gall en fait

---

[1] Gall, *Fonctions du cerveau*, t. I, p. 317.

l'application à l'homme, considéré soit comme objet d'éducation, soit comme objet de punition, et ce n'est pas là la partie la moins intéressante de son ouvrage. L'homme n'agissant jamais sans motifs et ne faisant le bien que par des motifs bons et le mal que par des motifs mauvais, les éducateurs devront mettre tous leurs soins à fortifier en lui la raison et les autres facultés proprement humaines, qui lui fournissent des motifs d'action nobles et élevés, et à affaiblir les facultés purement animales dont il ne peut recevoir que des impulsions brutales et violentes. On sait, en effet, que le respect de soi-même et des autres se développe ordinairement avec la civilisation et les lumières, et que les vices qui dégradent l'homme et ceux qui troublent la société humaine ont le plus souvent leur source dans le défaut de culture intellectuelle et morale. Aussi Gall est-il un partisan déclaré de l'instruction.

Ses vues sur la pénalité ne sont pas moins curieuses. Suivant lui, beaucoup de jurisconsultes considèrent l'homme comme une volonté nue, indépendante de l'organisation, du sexe, des penchants, et toujours également libre, sauf dans l'enfance et dans un certain nombre de circonstances exceptionnelles. C'est pourquoi ils infligent les mêmes peines à presque tous les actes semblables extérieurement, malgré la différence des motifs par lesquels ils sont déterminés. Ils ne voient pas que les actes ne doivent pas être appréciés en eux-mêmes, mais dans leur rapport avec l'agent, et que les agents ne sont pas tous également libres et responsables, parce qu'ils n'agissent pas tous dans des circonstances soit intérieures, soit extérieures, parfaitement identiques. L'âge, le sexe, la condition, l'éducation, la passion modifient d'une manière à la fois si profonde et si délicate le mérite et le démérite de nos semblables qu'il nous est impossible d'en juger avec exactitude et qu'il n'appartient qu'à Dieu de prononcer là-dessus en pleine connaissance de cause. Aussi, si les hommes étaient sages, ils s'en remettraient au souverain Juge du soin de rendre la justice dans l'acception la plus stricte du mot, et tâcheraient seulement de prévenir les délits et les crimes, de corriger les malfaiteurs et de mettre la société en sûreté contre eux. C'est en partant de ces considérations que Gall propose de changer nos prisons actuelles, où les détenus se corrompent, au lieu de s'amender, en vraies maisons de correction et d'amélioration. Tous y exerceront, comme dans les prisons de Philadelphie, le métier qu'ils savent ou en apprendront un s'ils n'en savent point, de manière à pourvoir à leur entretien pendant le temps de leur détention et à pouvoir vivre honnêtement quand l'heure de leur libération aura sonné. Tous y recevront une éducation morale et religieuse qui leur enseignera qu'il est bon de préférer les nobles sentiments aux désirs grossiers; car il ne faut pas perdre de vue que « de deux objets l'homme ne choisit pas sans motif l'un préférablement à l'autre, et que la perfection de la volonté consiste dans la connaissance de la bonté et de l'excellence des motifs [1], » cependant, si Gall veut changer notre système pénal, il ne veut pas l'adoucir au point de rendre toute répression impossible. Non-seulement il conserve la peine de

---

[1] Gall, *Fonctions du cerveau*, t. I, p. 348.

mort pour quelques grands crimes, parce qu'elle est seule capable d'intimider certaines natures perverses, mais il propose même de l'aggraver dans certains cas, afin de proportionner le châtiment au forfait et de frapper d'épouvante les scélérats consommés.

On comprend, après avoir lu l'analyse qui précède, qu'un phrénologue contemporain, le Dr Castle, ait cherché à laver la doctrine de Gall du reproche de matérialisme et du reproche de fatalisme, et qu'un de nos philosophes les plus éminents, M. Paul Janet, ait déclaré ces deux reproches peu fondés [1]. Gall repousse, en effet, formellement l'accusation de matérialisme et le fait par des raisons extrêmement plausibles. Mais cette protestation n'a peut-être pas sous sa plume toute la valeur qu'elle aurait sous celle d'un auteur moins sujet à caution. De plus, la lecture de ses ouvrages nous laisse, cela est certain, une impression favorable au matérialisme. Il y fait, en effet, un tel tableau de l'influence du physique sur le moral qu'il nous incline à penser que le moral s'explique tout entier par le physique. S'il avait tenu à nous prémunir contre une impression de ce genre, il aurait établi par des arguments brefs, si l'on veut, à cause de la nature de ses travaux, mais péremptoires, l'unité, l'identité, l'activité du principe spirituel, et fait voir que, s'il est modifié par le principe corporel, il le modifie à son tour. Il aurait montré, comme l'avaient fait auparavant Platon et Bossuet, que l'homme pouvant, malgré l'opposition de tout le corps qui y résiste, se livrer volontairement à la mort pour

---

[1] V. Castle, *Phrénologie spiritualiste* et Janet, *le Cerveau et la Pensée*.

obéir à une idée, il faut bien qu'il y ait en lui quelque chose de supérieur au corps et de congénère à l'idée, c'est-à-dire de purement immatériel. Mais, bien loin de procéder ainsi, il explique si bien toutes choses par la configuration des organes corporels, qu'il ne laisse plus rien à faire au principe spirituel, et que le spiritualisme apparaît chez lui, sans qu'il le dise, comme une hypothèse superflue et chimérique. Les chefs du matérialisme contemporain, Broussais et Auguste Comte, ne se sont pas trompés sur ce caractère de la doctrine phrénologique, et ce n'est certainement pas à cause de ses tendances spiritualistes qu'ils l'ont embrassée.

Gall repousse le reproche de fatalisme par des arguments non moins spécieux et d'une manière non moins remarquable. Il a raison de rejeter la liberté illimitée et la liberté absolue et de s'en tenir à la liberté morale; il a raison de faire remarquer que cette dernière n'est pas un caractère du désir, mais de la volonté, et que l'homme la possède seul, à l'exclusion des autres animaux. Mais il a trop l'air de la regarder comme un simple équilibre entre nos divers penchants et comme un simple résultat du jeu et du balancement de nos diverses facultés. Il aurait dû reconnaître qu'au lieu d'être un simple effet, elle est une véritable cause, qu'au lieu de dériver de l'action des autres facultés et partant du jeu des différents organes, elle est une qualité fondamentales et essentielle du principe qui gouverne les unes et qui meut les autres et a, par conséquent, une certaine indépendance.

Les vues de Gall sur l'éducation et la pénalité offrent

les mêmes qualités et les mêmes défauts que ses vues sur l'homme, dont elles découlent. Partant de l'idée que nos actes résultent de nos motifs, le célèbre docteur a raison de nous recommander de développer notre nature raisonnable, qui nous en suggère de bons, et de refouler notre nature animale qui nous en fournit de mauvais. Partant de la pensée que notre liberté n'est pas absolue, mais qu'elle a des degrés presque infinis de force ou de faiblesse, suivant l'intensité des penchants qui la sollicitent, il a raison de conseiller à ceux qui tiennent à juger équitablement des actes humains, d'analyser avec soin les mobiles qui les ont déterminés. Seulement il est trop porté, faute d'avoir donné à la raison et à la volonté une existence distincte et un pouvoir *sui generis*, à expliquer la conduite des hommes par leurs seuls penchants et leur seule organisation, et à ne voir que des malades à soigner, comme le lui a reproché M. Franck [1], là où il y a pourtant, en une certaine mesure, des criminels à punir. Il énerve l'énergie de la répression, en même temps qu'il émousse le sentiment de la responsabilité.

C'est ainsi qu'il explique, qu'il excuse, qu'il justifie presque, dans des passages que je pourrais citer, le vol, l'infanticide et la plupart des autres crimes par la force des mobiles qui poussent le sujet à les commettre et par la faiblesse des penchants qui devraient leur servir de contre-poids. Une fille mère tue son enfant. Il ne faut pas s'en étonner : d'un côté, elle a grande envie d'échapper à la honte ; de l'autre, elle a l'organe de l'amour ma-

---

[1] Franck, *Philosophie du Droit pénal*, p. 62.

ternel fort peu développé, Ce n'est pas à elle, à ce qu'il semble, qu'il faut imputer son crime, mais à l'organisation qu'elle a reçue de la nature. Cette manière d'expliquer, d'excuser et presque de justifier les violations les mieux caractérisées de la loi du devoir a passé des livres de Gall dans ceux de ses successeurs, de ceux-ci dans les écrits purement littéraires, et a fini par pénétrer dans les entretiens des gens du monde et par modifier la plupart de leurs appréciations morales. A une certaine époque, les doctrines phrénologiques, bien ou mal interprétées, avaient faussé presque tous les esprits en ce qui concerne les grandes questions du bien et du mal : « Je me rappelle un temps, dit M. Flourens, où, lorsqu'il s'agissait de quelque grand misérable, l'intérêt semblait passer de la victime à l'auteur du crime. Le pauvre homme! il avait été lui-même victime de son organisation ! »

On voit que, si on a eu tort d'accuser Gall de matérialisme et de fatalisme d'une manière trop absolue, il n'est pas possible cependant de le justifier tout à fait sur ces deux points.

Gall reconnaît l'existence du sentiment moral, c'est-à-dire de ce sentiment inné de ce qui est juste ou injuste, permis ou défendu, sans lequel les hommes ne pourraient pas vivre en société et se feraient les uns aux autres une guerre éternelle. Mais il n'en fait pas une forme de la raison : il en fait, comme le mot *sens* l'indique suffisamment, une subdivision de la sensibilité. Il le confond même jusqu'à un certain point avec un autre sentiment, qui en diffère à plusieurs égards, avec le sentiment de la bienveillance. La bienveillance n'est, suivant lui, que le sens moral élevé à son plus haut degré de développement et portant l'homme, non plus simplement à ne pas nuire à ses semblables, mais encore à leur rendre service et quelquefois même à se sacrifier à eux. Que la bienveillance, la bonté, la sympathie (qu'on l'appelle comme on voudra) soit naturelle à l'être humain, c'est ce que prouvent suffisamment, suivant notre philosophe, tant de gens de cœur qui jouent tous les jours leur vie pour les autres, ceux, par exemple, qui se jettent dans les eaux pour arracher à la mort des malheureux qui leur sont le plus souvent parfaitement inconnus. C'est donc à tort que certains auteurs contestent l'existence du sens moral comme principe distinct et cherchent à en expliquer les effets soit par l'habitude et l'éducation, soit par les combinaisons des politiques et par l'action des lois qu'ils ont établies. Le sens moral n'a rien de commun avec l'intérêt, et, bien loin d'être le résultat de l'éducation et de la législation, il en est le fondement et leur fournit la seule base sur laquelle elles puissent opérer d'une manière efficace.

Il en est de la morale de Gall comme de sa métaphysique : elle offre quelque chose d'indécis et de flottant et semble incliner tantôt vers le sensualisme, tantôt vers le spiritualisme. Elle est de fait une sorte de sentimentalisme comme celui d'Adam Smith et de Jean-Jacques Rousseau. Aussi en a-t-elle à la fois la force et la faiblesse : la force, car elle distingue, au-dessus des mobiles personnels et intéressés, les mobiles désintéressés et sympathiques ; la faiblesse, car le sentiment, si noble qu'il soit, ne tire pas sa noblesse de lui-même et ne saurait avoir par lui-même aucun caractère impératif et obligatoire : il implique le dictamen de la raison.

En résumé, la phrénologie de Gall, c'est-à-dire sa théorie de la corrélation des organes du cerveau et des facultés de l'âme, qui constitue proprement son système, est fausse et insoutenable, mais elle a ouvert une nouvelle voie à la science. Quant à sa doctrine métaphysique et morale, qui en est plus ou moins indépendante, elle a des côtés plausibles et intéressants, mais elle offre des pentes dangereuses vers le matérialisme et le fatalisme. Bien qu'elle ne nie pas l'esprit et son énergie interne, elle se préoccupe surtout de l'organisation et de ses lois inéluctables. C'est pourquoi elle tend, comme les doctrines socialistes, à amoindrir l'homme, en le subordonnant à quelque chose d'extérieur et en lui faisant chercher hors de lui le principe de ce qui se produit en lui. Seulement, au lieu de le subordonner à la société, elle le subordonne à la nature ; au lieu de se rallier au socialisme, elle incline vers le naturalisme.

Deuxième Section

BROUSSAIS

I

SES ATTAQUES CONTRE L'OBSERVATION INTÉRIEURE

Bien qu'il eût rattaché nos facultés et nos penchants à nos organes, Gall n'avait pas attaqué directement la spiritualité de l'âme et le libre arbitre et avait même eu la prétention de les concilier avec son système : il avait incliné vers le matérialisme et le fatalisme, sans y tomber. Il n'en fut pas ainsi de Broussais, dont nous nous proposons d'étudier maintenant la doctrine. Il s'éleva avec violence contre le spiritualisme, qui dominait sous la Restauration, et essaya de rendre au sensualisme de Condillac et au matérialisme de Cabanis l'autorité qu'ils n'avaient plus, en les présentant sous des formes plus ou moins nouvelles.

François-Joseph-Victor Broussais naquit en 1772, à Saint-Malo, dans une famille vouée, de père en fils, à cet art de guérir où il devait un jour s'illustrer. Il passa les douze premières années de sa vie au village du Pertuit, où son père exerçait la médecine, s'instruisant par la pratique des choses, plutôt que par celle des livres, et se développant dans cette demi-indépendance qui est si favorable à l'essor de la personnalité humaine. Envoyé au collége de Dinan, il s'y livra au travail avec beaucoup de suite et de ténacité et se fit bientôt remarquer entre tous ses condisciples. Il n'avait pas encore terminé ses études, quand la Révolution éclata et remplit d'enthousiasme cette âme ardente et prompte à s'enflammer. Il en suivit les diverses péripéties, non-seulement avec intérêt, mais encore avec passion. Aussi, lorsque les Prussiens menacèrent Verdun, en 1792, et que la France appela aux armes tous ses enfants, le jeune Broussais quitta le collége pour marcher au secours de la patrie en péril. Il devint bientôt sergent et songea un instant à faire son chemin dans la carrière des armes ; mais ses parents, dont il était l'unique fils, l'engagèrent à rentrer dans la vie civile et à embrasser la profession paternelle. Après de rapides études médicales, improvisées à Saint-Malo et à Brest, il allait partir comme chirurgien à bord d'un bâtiment, lorsqu'il reçut une nouvelle affreuse : la maison de ses parents avait été assaillie par les chouans, son père et sa mère tués et leurs corps mutilés. Cet épouvantable événement n'était pas fait, on le pense bien, pour réconcilier avec la cause de l'ancien régime un jeune homme qui était déjà si sympathique aux idées nouvelles.

Après différents voyages sur mer, il alla s'installer à Paris, pour se préparer au doctorat, et le séjour de cette ville acheva de le confirmer dans les doctrines du dix-huitième siècle et de la Révolution. La philosophie de Locke et de Condillac y dominait encore avec empire et pénétrait de son esprit essentiellement analytique et expérimental toutes les sciences particulières, depuis la physique jusqu'à la chimie, depuis la chimie jusqu'à la médecine elle-même. C'était l'époque où Cabanis publiait son livre *des Rapports du physique et du moral*, et où Bichat écrivait, d'une main que la mort allait glacer avant le temps, ses *Recherches physiologiques*. Broussais s'imprégna profondément des idées de ces deux maîtres et aussi de celles de Pinel, aux leçons duquel il assista assez longtemps, en attendant qu'il devînt maître à son tour. Après avoir suivi, comme médecin militaire, le drapeau de la France au camp de Boulogne, sous les remparts d'Ulm, dans les plaines d'Austerlitz, et recueilli une ample moisson d'observations dans les hôpitaux et les ambulances, il revint à Paris, en 1808, et y publia, sous le titre d'*Histoire des phlegmasies*, les résultats les plus positifs de son expérience médicale. Nommé, en 1814, second professeur au Val-de-Grâce, il n'hésita pas à développer, avec toutes ses conséquences, son principe de l'inflammation, et à opposer sa doctrine de la localisation des maladies à celle des fièvres essentielles, provenant des perturbations générales de l'économie, qui était professée par Pinel son ancien maître, et qui régnait encore dans la science et dans les écoles [1].

Le système de Broussais repose tout entier sur une propriété que le grand physiologiste Haller avait reconnue dans les muscles et qui a été depuis attribuée à tous les tissus vivants : nous voulons parler de la propriété qu'ils possèdent de s'ébranler sous l'action d'un modificateur quelconque. Quand l'irritation se produit à un degré convenable, sans excès ni défaut, les fonctions s'accomplissent régulièrement, et l'organisme tout entier est dans l'état où il doit être. Mais lorsque l'irritation est trop faible ou trop forte sur un point, lorsqu'elle est trop forte surtout, des perturbations plus ou moins graves éclatent dans l'organisation. Les liquides affluent sur le point irrité, ils y déterminent une inflammation qui gagne le plus souvent les parties voisines et atteint le cœur lui-même dont elle multiplie les contractions : on est malade. La cause de nos maladies, une fois trouvée, le remède qu'elles réclament n'est pas difficile à découvrir. La maladie tient-elle au défaut d'irritation, on aura recours aux stimulants ; provient-elle (ce qui est le cas le plus ordinaire) de l'excès d'irritation, il fau-

---

[1] Nous empruntons la plupart de ces détails à l'excellent ouvrage de M. Mignet, *Notices et Portraits*, t. I, Notice sur Broussais.

dra recourir aux débilitants : de là les substances sédatives, ou mieux encore, la saignée et la diète préconisées, comme des remèdes souverains.

Broussais n'eut pas de peine à faire triompher une telle doctrine. Il était dant la force de l'âge, plein de fougue et de confiance en lui-même, tandis que Pinel était vieux, timide et découragé. Ce dernier n'essaya même pas de se défendre : il abandonna sans combat le sceptre de la médecine à son heureux rival, et il fut admis en France, au moins pour un temps, que tout dans l'organisme s'expliquait par l'irritation, les faits normaux comme les faits pathologiques, et qu'on ne devait se préoccuper, dans le traitement, que d'une seule chose, de l'irritation.

Non content de rattacher à son principe tous les phénomènes physiologiques, Broussais y rattacha les phénomènes psychologiques eux-mêmes. Dès que l'irritation rendait compte de toutes les fonctions organiques, il n'y avait pas de raison, à ce qu'il lui sembla, pour qu'elle ne rendît pas compte des fonctions cérébrales comme des autres. Suivant l'illustre physiologiste, le cerveau est excité par des modificateurs extérieurs, qui agissent sur lui par le moyen des sens, et par des modificateurs intérieurs qui ont leur principe dans les viscères. Sous l'action des premiers, il élabore des perceptions et des idées ; sous celle des seconds, des instincts et des volontés. L'excitation est-elle trop faible, il y a imbécillité ; est-elle trop forte, il y a folie ; est-elle aussi forte qu'elle peut l'être, sans que le cerveau sorte de son état normal, il y a génie. Aux yeux de Broussais, l'irritation suffisait à tout ; elle donnait la clef de l'homme moral comme de l'homme physique. Aussi croyait-il de la meilleure foi du monde que celui qui avait fait cette merveilleuse découverte devait régner sur le monde philosophique aussi bien que sur le monde médical. Mais pour cela, il fallait détrôner ceux qui s'y étaient établis en maîtres, notamment Victor Cousin et Théodore Jouffroy, qui ne seraient peut-être pas d'aussi bonne composition que cet excellent Pinel. Ce fut contre leurs doctrines, non moins que contre celles de ce dernier, que Broussais composa son livre de l'*Irritation et de la folie* (1828).

Sous le beau prétexte de défendre la méthode expérimentale, que personne ne songeait à attaquer, et de préserver la médecine des envahissements de la métaphysique, qui avait bien assez de ses propres affaires sans s'occuper de celles des autres, notre physiologiste philosophe trace le tableau le plus séduisant de l'état des sciences dans les premières années du dix-neuvième siècle et met en regard, comme repoussoir, la peinture on ne peut plus noire de l'affreuse situation où, vers 1828, les métaphysiciens menaçaient de les plonger. C'était, en effet, s'il faut en croire Broussais, un magnifique spectacle que celui de la philosophie française vers l'an de grâce 1800. La méthode d'observation, recommandée par Bacon, inaugurée par Descartes, perfectionnée par Locke et Condillac, y régnait sans contestation, et les travaux profonds de Destutt de Tracy, aussi bien que les savantes recherches de Cabanis, donnaient à notre patrie une prépondérance philosophique que nous enviaient les autres nations. Pourquoi sommes-nous devenus si peu semblables à nous-mêmes? C'est l'histoire de la substitution du spiritualisme au matérialisme dans notre pays. Broussais la raconte à son point de vue et à sa manière. Pendant que nous admirions le système de Locke et de Condillac, certains métaphysiciens de l'Écosse et de l'Allemagne essayaient de le détruire, sous prétexte de le rectifier : ils défiguraient l'homme, sous couleur de lui restituer ses véritables traits. Bien plus, ils expédiaient chez nous (probablement par malice et pour se venger de notre prépondérance) leurs étranges élucubrations, et ces dernières, contre toute attente, y obtenaient un succès déplorable. Ceux qui les ont préconisées parmi nous, comprenant que le kantisme, avec ses formules pédantesques et rébarbatives, serait difficilement goûté de notre nation, lui ont donné pour introducteur ce platonisme chimérique que la France avait toujours repoussé, mais dont les formes brillantes pouvaient séduire une jeunesse plus éprise de l'éclat que de la solidité. C'est ainsi que les vaines idoles de la métaphysique ont été relevées dans notre pays ; mais Broussais n'est pas de ceux qui peuvent se laisser gagner à leur culte. Il passe, dit-il fièrement, devant le panthéon de l'ontologie sans fléchir le genou.

Voilà de quelle manière le défenseur des vieilles doctrines du dix-huitième siècle caractérise cette révolution qui, en substituant à un sensualisme étroit et appauvri, également incompatible avec le grand art et avec la grande poésie, avec la science du droit et avec celle du devoir, un spiritualisme large et fécond, en harmonie avec les plus hautes conceptions de l'esprit et les plus nobles aspirations du cœur, avait fourni à l'esthétique, à la politique et à la morale, une base inébranlable, en même temps qu'il ouvrait devant nous le monde depuis longtemps fermé et incompris de la philosophie antique, ainsi que le monde trop peu exploré des philosophies étrangères, et donnait à la pensée française une élévation et une étendue que l'époque précédente ne connaissait pas.

Le premier reproche que Broussais adresse aux kanto-platoniciens, comme il les nomme, c'est d'admettre d'autres faits que les faits sensibles, un autre moyen de connaître que les sens et une autre science que celle qui a les faits sensibles pour matière et les sens pour instruments : « Un homme raisonnable, dit-il, ne peut admettre l'existence d'une chose qui n'est démontrée par aucun sens [1]. » Comme si la pensée était accessible aux sens et comme si nous n'étions pas forcés de l'admettre ! Comme si l'idée, le jugement, le raisonnement, en un mot, tous les éléments que la pensée contient et enveloppe, étaient visibles à l'œil, tangibles à la main, saisissables à un organe quelconque, et comme si nous n'étions pas contraints néanmoins de les reconnaître ! Il faut en dire autant du sentiment et de ses diverses modifications, de la volition et de ses différentes phases. Quand j'aime ou que je hais, quand j'espère ou que je crains, quand je conçois un acte à faire, quand je délibère, quand je me résous, aucun de ces états de mon être ne tombe sous mes sens et pourtant je les affirme invinciblement et je regarderais comme un insensé celui qui m'engagerait à les révoquer en doute. Mais, pour que j'affirme ces états, il faut que j'aie un moyen

---

[1] *De l'Irritation et de la Folie*, t. II, p. 6.

de les connaître et que je l'emploie : ce moyen, c'est la conscience, et l'emploi de ce moyen, c'est l'observation intérieure. C'est en vain que Broussais se moque de ce nouveau genre d'observation et représente sous des traits, qu'il essaie de rendre plaisants, le psychologue s'isolant volontairement de tous les objets extérieurs, faisant autour de lui l'obscurité et le silence et s'écoutant pour ainsi dire penser. Il est bien clair que, s'il y a en nous des faits supra-sensibles, comme nous venons de l'établir, nous ne pourrons bien les saisir qu'à la condition de concentrer momentanément notre attention sur eux seuls, à l'exclusion de ceux du dehors. Nous ne procédons pas autrement pour connaître ces derniers eux-mêmes. Quand je veux me rendre compte bien exactement de la couleur, de la saveur ou de l'odeur d'un corps, je cesse pour un instant de me préoccuper de ses autres qualités ; car je sais qu'au physique, comme au moral, on ne voit bien qu'à la condition de voir peu à la fois. Il ne faut donc pas s'étonner que Cousin et Jouffroy recommandent au psychologue une certaine concentration, puisque sans concentration il n'y a point de connaissance claire, et une certaine concentration intérieure, puisque c'est un fait intérieur qu'il s'agit de connaître. Ils suivent en cela les maîtres les plus éminents de la spéculation philosophique : Descartes, qui déclare, dans un morceau bien connu, qu'il fermera les yeux, qu'il se bouchera les oreilles, qu'il tiendra tous ses sens inactifs, afin de mieux saisir en lui et la pensée et le sujet pensant ; Malebranche, qui se retirait dans une chambre bien close, loin des bruits du dehors, loin du rayonnement de la lumière, loin de l'éclat des couleurs et de toutes les séductions de la nature, quand il voulait se livrer à ses sublimes méditations ; Maine de Biran, qui se plaisait à descendre dans ce qu'il appelait les galeries souterraines de l'âme, pour en étudier les mystérieuses profondeurs.

Il y a donc une observation intérieure, qui est parfaitement distincte de l'observation extérieure et qui mérite d'avoir, comme elle, sa place dans la science. Mais cette observation a-t-elle un objet réel et *sui generis* Broussais prétend que non et ne craint pas de dire que les phénomènes intérieurs, que les psychologues revendiquent comme la propre matière de leur science, ne diffèrent en rien des phénomènes extérieurs que les physiologistes et les physiciens étudient : « Nous les défierons, dit-il, de trouver une seule idée dans leur psychologie qui ne soit pas calquée sur quelque objet ou sur quelque scène de la nature[1]. » La preuve qu'il en donne, c'est que tous les mots dont ils se servent pour exprimer les faits psychologiques ont primitivement servi à désigner des faits purement physiques. — Nous acceptons parfaitement la remarque de Broussais, mais nous rejetons complètement la conclusion qu'il lui plaît d'en tirer. Sans doute nous ne pouvons pas exprimer directement les phénomènes de l'âme par des sons articulés qui n'offrent avec eux aucun rapport : nous sommes obligés, pour les rendre, de recourir aux phénomènes physiologiques qui les accompagnent d'ordinaire, ou aux mots par lesquels on est

[1] *De l'Irritation et de la Folie*, t. II, p. 22.

convenu de désigner ces derniers suivant les temps et les lieux ; mais cela ne veut pas dire qu'il y ait entre les uns et les autres une véritable identité. On pâlit de crainte, on rougit de honte, on se rengorge dans l'orgueil, on grince des dents dans la colère, on regarde autour de soi dans la circonspection, on tourne autour de l'objet disputé dans la jalousie : mais il ne s'ensuit pas que ces sentiments intérieurs soient la même chose que les mouvements extérieurs qui les accompagnent. Autrement il faudrait donner raison à ce valet de comédie qui définit la jalousie : — ce qui fait que les gens tournent autour d'une maison. — Et encore le bon Alain distinguait-il, comme l'indiquent les mots *ce qui fait*, le sentiment moral de l'action physique dont il est le principe !

Non content de contester la possibilité de l'observation intérieure et la réalité de son objet, Broussais cherche encore à en infirmer la certitude. Suivant lui, elle ne peut nous faire connaître des phénomènes aussi positifs que ceux que les sens nous découvrent. La raison qu'il en donne est curieuse et montre qu'il ne comprend rien ni à la nature de la conscience, ni à sa portée véritable : « De ce qu'il est certain, dit-il, que le psychologue sent qu'un corps est rond et immobile, il ne résulte pas que ce corps est effectivement tel : il peut être carré et paraître rond par le mouvement [1]. » Puis il ajoute que l'on croyait autrefois au mouvement diurne du soleil et à l'immobilité de la terre sur le témoignage de la conscience, et que les sens ont redressé cette dou-

[1] *De l'Irritation et de la Folie*, t. II, p 20.

ble erreur. Comme si la mobilité et l'immobilité des astres étaient des faits de conscience et non des faits sensibles ! Comme si la conscience avait pour fonction de nous découvrir la forme ronde ou carrée des corps, et non l'idée, quelle quelle soit, que les sens nous en donnent ! Il n'est pas difficile de trouver la conscience en défaut, quand on l'interroge ainsi, c'est-à-dire quand on lui demande ce qui n'est pas de son ressort et qu'on met à sa charge précisément les erreurs que d'autres facultés commettent. A ce compte, on trouverait les sens en défaut tout comme la conscience. Qu'on interroge l'odorat sur les sons, le toucher sur les couleurs, le sens de la vue sur les saveurs, et on verra comme ils répondront !

Les attaques de Broussais contre la conscience ne prouvent donc pas qu'elle ne soit pas certaine : elles prouvent seulement que le philosophe sensualiste ne se rendait compte ni de son rôle précis, ni de son objet propre. La vérité est que la conscience est plus certaine que les sens. Ceux-ci n'atteignent leur objet qu'à travers les organes, c'est-à-dire à travers un milieu qui le modifie et l'altère ; celle-là saisit le sien directement et sans intermédiaire. Les uns, nous révélant les modifications des corps qui nous sont étrangers, nous trompent souvent ; l'autre, nous découvrant les modifications de nous-même, ne nous trompe jamais. Quand j'affirme, sur l'autorité des sens, que telle qualité est dans un corps, parce que je crois l'y voir, je puis me tromper, car, entre la vision et l'objet vu, il n'y a pas toujours une corrélation exacte. Mais quand j'affirme, sur l'autorité de la conscience, que je crois l'y voir, il est impossible que je me trompe ; car la croyance, considérée abstraction faite de son objet, est un état de moi-même, et je l'affirme au même titre que mon existence actuelle dont elle n'est qu'un élément. C'est ce qui faisait dire à Descartes qu'il était plus sûr de la réalité de ses pensées que de celle des objets auxquels il pensait, et à Kant que les formes et les modifications du sujet pensant étaient certaines, tandis que celles des objets pensés pouvaient donner matière au doute et à la discussion.

Broussais adresse à l'observation intérieure un dernier reproche, c'est de manquer de fécondité ; « Les sens, dit-il, peuvent seuls nous fournir des idées justes des corps, et la conscience ne nous fournit d'autre fait incontestable, d'autre fait qui puisse se passer de la preuve des sens que la sensation intérieure. — Le témoignage de la conscience, ajoute-t-il, n'est donc pas équivalent à celui des sens, et la science que l'on peut tirer du premier est bientôt faite, puisqu'elle se réduit à une assertion : je suis doué de la faculté de sentir que je sens. Or, cette assertion exprime un fait, et c'est tout [1]. »

Je sens que je sens ; Broussais veut bien le reconnaître ; mais il ne semble pas comprendre l'importance d'une telle concession. C'est un fait, dit-il, et c'est tout. Mais il ne voit pas que ce fait en renferme une multitude d'autres ; qu'il contient et enveloppe, pour ainsi dire, tout un monde, le monde moral, qui n'offre ni moins de variété ni moins d'intérêt que le monde physique lui-même, comme l'attestent et la poésie et la psy-

---

[1] *De l'Irritation et de la Folie*, t. II, p. 27-28.

chologie qui l'ont décrit et la logique qui en a déterminé les lois. C'est de lui, en effet, plus encore que du monde physique, que nous entretient la véritable muse, celle qui cherche moins à chatouiller l'oreille et à éblouir les yeux qu'à faire vibrer les cordes du cœur. Qu'on ouvre les pages harmonieuses de tous les grands maîtres qui, depuis Homère jusqu'à Lamartine, ont enchanté les diverses générations, et on y trouvera l'expression aussi fidèle que pathétique de tous les sentiments de l'homme. La nature n'est que le cadre de leurs expositions : l'âme, avec ses modifications infinies, en est le centre réel et vivant. Avec quelle vérité et quel charme tout ensemble ces génies divins n'ont-ils pas décrit la joie et la tristesse, l'amour et la haine, l'admiration et le mépris, la colère et la jalousie qui agitent notre cœur, dans ces élégies touchantes, dans ces épopées et ces odes sublimes, dans ces tragédies pathétiques, dans ces comédies expressives et ces satires amères, où ils ont fait parler, avec leurs passions propres, celles de l'humanité tout entière ! Avec quelle fidélité et quel intérêt n'ont-ils pas dépeint cet amour paternel et cet amour filial, ce sentiment patriotique et ce sentiment religieux, qui varient quelquefois dans leur expression, mais qui restent au fond toujours les mêmes et qui sont à la fois les éléments essentiels de notre nature et les indices irrécusables de notre destinée ! La psychologie s'est proposé les mêmes objets que la poésie et les a représentés sous les mêmes traits, bien que sous des couleurs moins brillantes. Homère et Aristote, Racine et Pascal, Molière et La Bruyère sont des peintres inégalement saisissants, mais également exacts des choses de l'ordre moral. On voit quelle riche matière ce seul fait du sentiment, que Broussais trouve si pauvre, offre déjà à l'observateur. Aussi a-t-elle été exploitée depuis longtemps, sans être épuisée, par les psychologues et les poëtes de toutes les époques.

Mais l'homme, quoi qu'en dise le sensualisme, ne se borne pas à sentir. Il fait plus, ainsi que le démontre une philosophie plus sensée et plus large : il pense et il veut. Or, quel vaste champ la seule pensée n'offre-t-elle pas à l'analyse et à la spéculation, soit qu'on l'envisage en elle-même, soit qu'on la considère sous ses diverses formes, depuis l'idée jusqu'au jugement et depuis le jugement jusqu'au raisonnement ! La seule question de l'origine des idées a enfanté des centaines d'ouvrages, dont quelques-uns d'un mérite éminent. Que dis-je ? celle des idées en général a suscité toute une science, l'idéologie, qui a eu son moment d'éclat et dont Broussais lui-même ne saurait contester la valeur, science qu'on a pu rattacher après coup à la physiologie, mais qui avait pourtant ses problèmes distincts, ses procédés propres, et qui n'avait emprunté aux sens aucun des résultats auxquels elle était parvenue, car elle les devait tous à l'analyse opérant sur les données de cette observation intérieure dont Broussais ne veut pas. Que dirai-je de l'*Organon* d'Aristote, du *Novum Organum* de Bacon, du *Discours de la Méthode* de Descartes, de la *Critique de la raison pure* de Kant, en un mot, de tous ces immenses travaux auxquels a donné lieu le besoin, non plus d'analyser, mais d'apprécier et de réglementer la pensée, et dont plusieurs ont été regardés comme les plus grands efforts de l'esprit humain ? N'est-il pas évident que ce n'est ni aux sens, ni aux instruments dont ils font usage, mais à la conscience et à la réflexion qu'ils ont dû leur naissance?

La faculté de sentir et celle de penser ne constituent pas toutes les puissances de l'être humain : il en possède une autre qui n'est pas moins remarquable et que Broussais a plus ou moins complétement méconnue : c'est la puissance de vouloir et de se déterminer librement. Cette faculté se manifeste dans l'effort que l'homme fait sur ses organes pour les mouvoir et pour les diriger à son gré dans un sens ou dans un autre, dans celui qu'il fait pour porter à son gré son intelligence sur tel ou tel objet et l'y tenir invariablement fixée, dans celui enfin auquel il se livre pour résister aux passions qui le sollicitent et pour rester maître de lui-même et conserver l'initiative de ses actes. C'est là une puissance qui a été décrite, avec autant de précision que d'exactitude, par beaucoup de philosophes illustres, depuis Aristote jusqu'à Maine de Biran, et à laquelle rien ne ressemble dans le monde des corps. Dans ce dernier monde, en effet, on trouve des séries de faits qui se succèdent dans un ordre plus ou moins constant, c'est-à-dire qui obéissent à des lois; mais on n'y trouve point de principe qui ait la faculté de commencer avec liberté et raison de nouvelles séries de faits, c'est-à-dire qui soit réellement cause. On n'y trouve non plus aucun principe qui soit doué, comme la cause qui s'affirme en disant *moi*, d'unité, de simplicité et d'identité : c'est la sphère de la multiplicité, de la complexité et du changement, c'est-à-dire la sphère du *paraître* en face de celle de l'*être*. Que si nous supposons de la causalité, de l'unité, de l'identité dans le monde extérieur, c'est que nous concevons les objets qui le composent à l'image de nous-même; que si nous y mettons aussi une certaine inertie, une certaine multiplicité et une certaine mobilité, c'est par opposition aux attributs que nous sentons en nous et dont le sentiment nous permet seul de concevoir leurs contraires. Au défi que Broussais nous adressait tout à l'heure de trouver dans la psychologie une seule idée qui n'ait pas son type dans la physique, nous pouvons donc répondre, à notre tour, en le défiant de trouver dans la physique une seule idée importante qui n'ait pas son original et sa raison d'être dans la psychologie. Cela n'est pas seulement vrai des idées de causalité, d'unité, d'identité et de leurs contraires, mais encore des idées de couleur, de son, d'odeur, de saveur, dont on cherche ordinairement le modèle et l'original dans les sens et qui ont leur véritable principe dans le monde de l'esprit. Chacun sait, en effet, aujourd'hui que les couleurs et les sons, les odeurs et les saveurs sont des modifications de l'esprit et non des corps, et qu'il n'y a dans les corps que le mouvement qui détermine en nous des modifications de ce genre. Le moi humain est si loin de n'avoir point ou d'avoir peu de modifications, qu'il revêt, au contraire, de ses modifications propres les objets du dehors, et que le monde extérieur, sinon tel qu'il est, au moins tel qu'il est conçu, n'est, à beaucoup d'égards, que le monde intérieur projeté dans l'espace et pour ainsi dire *objectivé*.

Il résulte tout au moins de ces considérations qu'il y a dans l'homme des faits matériels, qui lui sont connus seulement par les sens, comme les autres phénomènes du monde extérieur, et des faits spirituels, qui lui sont

connus seulement par la conscience, à la différence de
tous les autres phénomènes dont l'univers est le théâtre,
et que les premiers sont du domaine d'une science purement physique, qui est la physiologie, tandis que les
seconds sont du ressort d'une science essentiellement
morale, qui est la psychologie. La distinction de ces deux
sciences n'est point arbitraire, comme on voit, puisqu'elle repose sur celle des phénomènes qu'elles étudient
et sur celle des moyens de connaître qui s'y appliquent.
Elle n'est point nouvelle non plus ; car on a distingué
de tout temps la médecine de la morale, la science de
l'homme extérieur de celle de l'homme intérieur, et on
n'a jamais fait de la connaissance de l'une la condition
sine qua non de celle de l'autre. Enfin elle ne tend
point à s'effacer et à disparaître, parce que les sciences
se subdivisent, au lieu de se réduire, à mesure qu'elles
se développent, et aussi parce que, avec la vie morale,
le sentiment qu'on en a augmente, au lieu de diminuer.
La thèse de Broussais, qui veut que la psychologie s'absorbe dans la physiologie, a donc contre elle et la nature des choses et le passé de l'esprit humain et le mouvement actuel de la science.

II

SES ATTAQUES CONTRE LA SPIRITUALITÉ DE L'AME

Les kanto-platoniciens, auxquels Broussais s'attaque,
ne s'étaient pas bornés à distinguer les phénomènes de

conscience des phénomènes sensibles, la conscience des sens, la psychologie de la physiologie ; ils avaient encore cherché à déterminer, on sait avec quelle mesure, quelle réserve et quelle rigueur, le principe des phénomènes de conscience. Ils avaient très-bien posé la question qui divise les physiologistes et les psychologues et très-bien montré que, suivant les uns, le cerveau est le vrai principe de ces phénomènes, mais que, suivant les autres, il en est la simple condition, attendu qu'il ne possède pas l'unité et la simplicité voulues pour les expliquer. Au lieu de tenir compte de cette observation capitale, dans la polémique qu'il dirige contre Jouffroy et ses amis, Broussais la néglige complétement. Il suppose constamment que ses adversaires nient l'influence du physique sur le moral et cherche à la leur prouver. Il semble constamment croire qu'ils n'admettent pas la nécessité du cerveau pour sentir, pour penser, pour vouloir, dans l'état actuel de l'être humain, et fait de charitables efforts pour dissiper leur ignorance : « La première chose, dit-il, que nous observons par cette voie (par les sens), c'est que la perte de la tête équivaut à celle de la vie et de tout le moral. Conclusion : la vie et le moral tiennent à la tête [1]. » Broussais ne songe pas que si l'homme perd la vie et (ce qui du reste n'est pas démontré) le moral avec la tête, cela ne prouve pas que la tête soit le principe plutôt que la condition du moral. La question reste entière ; l'auteur, en croyant faire un raisonnement, n'a fait qu'un paralogisme. « La seconde chose que nous observons, ajoute-t-il, c'est que l'état

---

[1] *De l'Irritation et de la Folie*, t. I, p. 520.

maladif du cerveau nous ôte nos facultés morales sans nous ôter la vie. Les facultés morales tiennent donc à la tête, et, dans la tête, au cerveau. » C'est toujours, comme on voit, la vieille confusion de la condition et du principe, de la cause instrumentale et de la cause efficiente. « La troisième, dit-il enfin, c'est que les facultés morales se développent avec le cerveau depuis la naissance et dans les mêmes proportions. Le développement de ces facultés est donc en raison de celui du cerveau. » C'est le vieil argument de Lucrèce, présenté avec beaucoup moins d'éloquence qu'il n'en a sous la plume du poëte romain, l'argument qui consiste à conclure du parallélisme du physique et du moral, non leur union, non leur action et leur réaction réciproques, mais leur parfaite identité. Le matérialisme, en effet, ne renouvelle pas souvent ses moyens d'attaque et son arsenal est toujours à peu près le même.

Broussais ne voit pas que, la pensée s'expliquant aussi bien par l'union du physique et du moral que par leur identité, il faut recourir à d'autres considérations pour déterminer laquelle de ces deux hypothèses est la plus plausible. Parmi ces considérations, une des plus importantes est celle-ci : c'est que les phénomènes semblent impliquer un sujet qui leur soit congénère, c'est-à-dire qui soit spirituel, s'ils sont spirituels, matériel, s'ils sont matériels, d'où il suit que, si les phénomènes matériels qui se produisent en nous ont pour sujet le corps, les phénomènes spirituels, qui s'y produisent également, se rapportent à l'âme. Mais, pour admettre ce raisonnement, il faut admettre un point de fait, c'est qu'il y a en nous des phénomènes spirituels. Or, Broussais l'admet-il ? A cette question on peut répondre *oui* et *non ;* car il s'est fort contredit sur ce sujet, comme nous l'avons déjà vu, prouvant ainsi qu'il n'avait en philosophie que des idées vagues et inconsistantes et qu'avant de chercher à les faire prévaloir, il aurait bien dû les élaborer plus longtemps au creuset de la méditation. Il semble rejeter ces phénomènes, quand il rejette la conscience, qui nous les fait connaître, et qu'il déclare, dans un langage d'un goût douteux, qu'il n'a jamais vu ses oreilles. Il semble encore les rejeter, quand il dit qu'il « n'étudiera que les actions des organes qui peuvent être comprises par le secours des sens. » — « Comprises par le secours des sens » ne se comprend guère ; car par les sens on perçoit, on ne comprend pas. Mais enfin, perçues ou comprises, de telles actions ne sauraient être des pensées, des sentiments, des volitions, phénomènes psychologiques et spirituels qui échappent aux sens, mais des impressions, des mouvements, des ébranlements, c'est-à-dire des phénomènes physiologiques et matériels. Il semble les rejeter enfin par le seul fait qu'il cherche à faire rentrer la psychologie dans la physiologie, puisque cette dernière science se fonde uniquement sur l'observation sensible, et que faire rentrer dans son domaine tous les faits humains c'est prétendre implicitement qu'il n'y a pas dans notre nature d'autres faits que ceux qui tombent sous les sens.

Mais, à côté de ces assertions, on en trouve d'autres chez Broussais qui offrent un caractère diamétralement contraire, tant il est vrai qu'il est difficile de soutenir longtemps une gageure engagée contre l'évidence et le sens commun. Ainsi, dès le début de son ouvrage, il distingue avec raison la sensibilité de l'irritabilité, par cette circonstance caractéristique que l'une est accompagnée et que l'autre n'est pas accompagnée de conscience ; que la première implique le sentiment du *moi* et que l'autre ne l'implique pas. Ailleurs, il se montre plus explicite encore, s'il est possible : « La perception du blanc et du noir, dit-il, comme celle du rond et du carré, ne sont des choses ni visibles, ni tangibles, ni concrètes : il n'y a que les corps, à l'occasion desquels nous avons ces perceptions, et les organes sensitifs qui nous les ont fournies, qui jouissent de ces qualités. » Ailleurs enfin, dans un endroit cité par Damiron, il écrit en toutes lettres : « La sensibilité est immatérielle comme la pensée dont elle est la base. » Non content de mettre Broussais en contradiction avec lui-même, nous pouvons le placer entre ces deux alternatives : ou vous admettez des modes spirituels, ou vous n'en admettez pas. Si vous en admettez, vous êtes obligé d'admettre un sujet spirituel, c'est-à-dire de renoncer à votre système ; si vous n'en admettez pas, vous êtes obligé de nier ou de matérialiser la pensée, c'est-à-dire de vous inscrire en faux contre les données de l'expérience. Donc, vous avez tort, dans un cas comme dans l'autre.

Une autre considération, qui a échappé à Broussais et qui doit faire pencher la balance contre le matérialisme, c'est l'identité constante, la permanence indéfectible du principe pensant et la mutabilité incessante, l'indéfinie variabilité des principes matériels, si exigus et si réduits qu'on les suppose. Que le principe pensant, que le *moi*, comme il se nomme lui-même, soit réellement permanent et identique, c'est ce qu'on peut établir, non-seulement par l'observation, qui nous atteste que nous sommes aujourd'hui les mêmes que nous étions hier, mais encore par la raison, qui nous montre que certains faits indéniables, tels que le jugement, le raisonnement, le souvenir, la responsabilité, n'existeraient pas sans l'identité. Le simple jugement implique déjà, en effet, une certaine persistance du principe pensant, puisqu'il est successif et qu'il suppose un même sujet passant d'une idée à une autre. Le raisonnement implique une persistance plus marquée encore, puisqu'il dure davantage : il serait impossible, en effet, qu'il eût lieu, si le principe pensant changeait en passant de la majeure à la mineure, et de la mineure à la conclusion. Mais la preuve la plus frappante et la plus véritablement démonstrative de notre identité est celle qui se fonde sur le souvenir, parce qu'il n'est pas seulement un fait positif, mais qu'il porte sur un laps de temps considérable et implique une identité qui lui est proportionnée. Je me souviens de ce qui m'est arrivé il y a dix ans, vingt ans, trente ans. Cela suppose que j'étais, il y a dix, vingt, trente ans, ce que je suis aujourd'hui, et que, si quelques-unes de mes manières d'être ont fait place à d'autres, mon être du moins est resté le même. Qu'on tourne et qu'on retourne tant qu'on voudra le fait du souvenir et celui de l'identité, et on verra toujours qu'on ne peut admettre l'un sans l'autre. Nous pourrions raisonner de même en partant du principe de la responsabilité, qui est au-dessus de toute contestation, et qui, pourtant, n'est intelligible qu'à la condition que l'agent qui encourt la responsabilité soit précisément celui qui a déployé son activité. Donc, ou il n'y a point de vérité au monde, ou l'identité du moi, du principe pensant est une vérité indubitable.

Mais cette identité que nous sommes obligés de reconnaître au principe pensant, appartient-elle au corps humain tout entier, au cerveau ou à une partie du cerveau quelle qu'elle soit? Pas le moins du monde. Il en est du corps humain comme de tous les corps organisés, il se nourrit, c'est-à-dire qu'il échange constamment les éléments qui le composent contre ceux du milieu ambiant. Cet échange, qui constitue la vie, s'opère si rapidement qu'on lui a donné le nom caractéristique de tourbillon vital, et les molécules qui entrent dans ce commerce naturel se succèdent si vite que nous changeons complétement de corps, non pas en quelques années, comme on le croyait autrefois, mais en quelques mois, en quelques semaines, comme le matérialiste Moleschott lui-même en fait l'aveu. Mais, si le principe pensant a pour essence l'identité, et le corps la mobilité, il n'est pas possible que le véritable principe pensant soit le corps ni aucun des organes corporels. Qu'on y songe et on verra qu'il y a là une difficulté insurmontable à tous les efforts du matérialisme.

Une autre considération à laquelle Broussais n'a pas pris garde et qui a bien aussi son importance dans la question dont il s'agit, c'est que le moi est un d'une unité véritable et réelle, tandis que le corps n'a qu'une unité purement nominale et apparente. Quand je pense, quand je sens, quand je veux, je sens qu'il n'y a pas là un moi pour la pensée, un pour le sentiment, un pour la volition, mais que c'est un seul et même moi qui est le sujet de ces modifications si diverses. Je sens non-

17.

seulement que je suis un, mais encore que je suis simple et indivisible ; car je n'ai pas la conscience d'être tantôt une moitié, tantôt un tiers, tantôt un quart de moi, mais d'être moi simplement et indivisiblement. Et ce que la conscience m'atteste, le raisonnement le confirme. La plupart des phénomènes qui se produisent dans le moi seraient impossibles si le moi était composé de plusieurs parties. Prenons le jugement. Ce fait suppose au moins deux idées entre lesquelles le moi saisit et affirme un rapport. Mais si le moi est composé de plusieurs parties, de deux, par exemple, ou les deux idées à comparer seront toutes deux dans chacune des deux parties, et alors il y aura deux jugements au lieu d'un, ou elles seront l'une dans une partie, l'autre dans l'autre, et alors il n'y aura point de jugement, faute d'un principe central qui perçoive les deux idées et en fasse la synthèse. Ce que nous disons du jugement, nous pourrions le dire de tous les autres phénomènes intellectuels et aussi de tous les phénomènes sensibles ou volontaires. Tous impliquent l'existence d'un principe simple et indivisible : donc un tel principe existe réellement. Mais ce principe peut-il être le corps que nous voyons, que nous touchons et que nous appelons nôtre? Il est évident que non. Ce corps, comme tous ceux de la nature, est composé de parties dont l'une n'est pas l'autre et qui forment, par leur réunion, une juxtaposition, un assemblage, une totalité, plutôt qu'une véritable unité. Ce qui est vrai du corps, considéré dans son ensemble, est vrai de ses diverses parties. Chacune d'elles admet, elle aussi, des parties différentes, les unes à droite, les autres à gauche, les unes dessus, les autres dessous, de sorte que, si la pensée, si le sentiment venait à parcourir toute cette masse, chaque partie pourrait bien avoir le sentiment, la conscience d'elle-même, à supposer, ce qui est douteux, qu'on pût arriver à des parties indivisibles, mais aucune n'aurait le sentiment, la conscience de l'être tout entier. C'est cette preuve de la spiritualité de l'âme que le sceptique Bayle regardait comme mathématique.

Une dernière considération, que Broussais a oubliée ou volontairement omise, c'est que le moi est une cause, une force qui se connaît, *vis sui conscia*, ou plutôt la seule cause, la seule force qu'il connaisse directement et réellement. Quand je vois une pierre tomber, j'affirme que ce fait a une cause, et en cela je ne me trompe pas, je suis sûr de ce que je dis ; car c'est là une donnée de la raison. Mais j'ajoute que cette cause est l'attraction, et, en m'exprimant ainsi, j'attribue à un fait que je connais et dont je sais en outre ceci, qu'il a une cause, une cause que je ne connais pas. Quand je veux lever le bras et que je le lève, j'affirme également que ce fait a une cause et j'obéis également en cela au dictamen de la raison. Mais j'ajoute que cette cause est moi-même. Il s'agit de savoir si, en m'exprimant de la sorte, je désigne, comme tout à l'heure, une cause inconnue. Or, la question ainsi posée n'est pas difficile à résoudre. Ce mot *moi* représente à mes yeux une cause que je distingue parfaitement de ce qui n'est pas elle et qui m'est connue on ne peut mieux. Je la distingue parfaitement et de la volonté de Dieu et des forces, quelles qu'elles soient, de la nature : je sais que cette cause est *je* ou *moi* et pas une autre. Avant de produire le phénomène de tout à l'heure, je sentais, en effet, que j'étais capable de le produire; en le produisant, je sens que c'est moi qui le produis; quand je l'ai produit, je sens que je puis le produire encore. Avant, pendant et après le phénomène, je me saisis comme la cause de ce phénomène avec une clarté parfaite, avec une évidence irrésistible.

Sans doute l'idée que je m'en fais n'a pas cette vive, mais fausse clarté que recherchent les hommes frivoles et qui n'appartient qu'aux choses qu'on imagine, au lieu de les concevoir; mais elle a la vraie clarté qui caractérise la pensée et les autres données du sens intime et à laquelle nul esprit réfléchi ne saurait refuser son adhésion. C'est donc en nous-même, et rien qu'en nous-même, que nous puisons l'idée de cause, et les causes que nous supposons dans la nature ne sont que notre causalité conçue et transportée au dehors. Il y a cette différence entre les causes extérieures et la cause que nous sommes, que les premières sont de simples hypothèses plus ou moins plausibles, tandis que la seconde est un fait réel, dont le sentiment se confond en nous avec celui de notre existence, et que nous ne saurions nier sans nous nier nous-même. Or, cette cause que je ne puis ni voir, ni toucher, ni saisir par aucun de mes sens, cette cause que je ne puis même me représenter en imagination et que je saisis seulement par ma conscience ne peut être évidemment quelque chose de sensible et d'imaginable : elle est un principe supra-sensible, supra-imaginable, c'est-à-dire un principe spirituel.

Et qu'on ne dise pas que la conscience n'atteint que les phénomènes, que l'être et la cause lui échappent, et qu'il peut très bien se faire, par conséquent, que le dernier support, que le principe suprême des phénomènes de conscience soit matériel. A cette objection fondée sur une conception étroite et surannée de la conscience, sur la conception de Reid, de Kant et de Victor Cousin, Jouffroy fait, en s'inspirant de Maine de Biran, la réponse suivante : « Thèse singulière à soutenir, que je ne saisis pas la cause qui est *moi*, que je sens ma pensée, ma volonté, ma sensation, mais que je ne me sens pas pensant, voulant, sentant ! Mais d'où saurais-je alors que la pensée, la volonté, la sensation que je sens son miennes, qu'elles émanent de moi, et non pas d'une autre cause ? Si ma conscience ne saisissait que la pensée, je pourrais bien concevoir que la pensée a une cause ; mais rien ne m'apprendrait quelle est cette cause, ni si elle est *moi* ou tout autre. La pensée ne m'apparaîtrait donc pas comme *mienne*. Ce qui fait qu'elle m'apparaît comme mienne, c'est que je la sens émaner de moi ; et ce qui fait que je la sens émaner de moi, c'est que je sens la cause qui la produit et que je me reconnais dans cette cause. Quand l'expérience de chaque instant ne serait pas là pour déposer que j'ai conscience de la cause qui pense, qui veut et qui sent, il serait démontré que j'ai cette conscience par cela seul que j'appelle *moi* cette cause et *miens* les actes qui en dérivent [1]. »

Broussais a connu la plupart de ces raisons qu'on peut invoquer en faveur de la spiritualité de l'âme ; mais ses habitudes de physiologiste, enclin à tout rapporter

---

[1] Jouffroy, *Mélanges*, p. 201-202.

aux organes et à tout expliquer par leur action, l'ont empêché d'en mesurer toute la portée et d'en apprécier toute la valeur. Aussi, la discussion à laquelle il les soumet n'a-t-elle ni la précision ni la force qu'on devait attendre d'un esprit aussi vigoureux. L'argument si net et si péremptoire de Maine de Biran et de Jouffroy, que l'homme a le droit d'affirmer l'âme parce qu'il la sent, ne touche pas le moderne matérialiste : « Puisque vous convenez, dit-il, que c'est un sentiment qui nous persuade, nous devons rechercher ce que c'est qu'un sentiment et si un sentiment démontre autre chose que sa propre existence comme sentiment [1]. » Et il s'efforce de montrer qu'un sentiment n'a d'objet et de valeur que par la représentation à laquelle il s'attache, et que les représentations ne viennent que par les sens. Comme si l'idée, le jugement, le raisonnement, en un mot, les diverses opérations de la pensée dont nous avons le sentiment étaient susceptibles d'être représentées et comme si elles étaient moins réelles pour cela, et comme s'il n'en était pas exactement de même de l'âme qui en est le principe! Broussais procède ici de la même manière que Hobbes. Il commence par mutiler la pensée pour arriver à mutiler la réalité : il suppose qu'on ne pense jamais qu'en imaginant et en conclut qu'il n'y a d'autres réalités que celles qu'on peut imaginer. Il y a longtemps que Descartes a fait justice de cette doctrine et montré qu'il faut admettre la pure conception à côté de la simple imagination, et que les objets de l'une ne sont pas moins réels que ceux de l'autre.

---

[1] *De l'Irritation et de la Folie*, t. I, p. 526.

Quant aux preuves de la spiritualité de l'âme qu'on tire de l'identité, de l'unité et de la causalité du moi, Broussais ne les discute pas d'une manière moins dégagée et moins sommaire. Les spiritualistes prétendent que le moi est une cause, une force : « Si j'entends bien les mots, dit-il, une force est une chose qui *agit* par soi. Nous en prenons l'idée en voyant agir les corps, parce que nous isolons mentalement leurs substances matérielles de la cause de leur action : le mot *force* équivaut donc aux mots *cause de l'action d'un corps*[1]. » S'il en est ainsi, ajoute-t-il, le moi, bien loin d'être une cause, une force, est un effet : il est l'effet de l'oxygène, du calorique, de l'électricité, c'est-à-dire des agents qui agissent sur la masse cérébrale, il n'est, en un mot, qu'un phénomène qui se manifeste dans des conditions données, qu'une modification inexpliquée jusqu'à présent de la matière nerveuse du cerveau. Bien qu'il ne soit qu'un phénomène, il a son importance ; car il se confond avec le sentiment personnel, condition principale de la haute intelligence. Quant à la permanence que les spiritualistes lui attribuent, Broussais ne l'admet pas. Les sensations et les perceptions, les instincts et les sentiments existent avant lui dans l'enfance, sans lui dans le sommeil, dans le délire et dans la folie. Son unité, dont les psychologistes font si grand bruit, n'a pas plus de réalité que sa causalité et que son identité : c'est l'unité, non pas d'une force, puisque le moi n'en est pas une, mais d'un phénomène dont toutes les parties se tiennent et offrent entre elles certains rapports.

---

[1] *De l'Irritation et de la Folie*, t. II, p. 69.

Il est à peine nécessaire de faire ressortir la faiblesse des objections que nous venons d'exposer. En soutenant que l'idée de cause naît en nous du spectacle de l'action des corps, Broussais montre assez combien ses vues sur cette matière sont superficielles. Malgré ses erreurs, le fameux sceptique David Hume était mieux dans le vrai, quand il affirmait que l'aspect des corps et de leurs mouvements pouvait bien nous suggérer l'idée de succession, mais nullement celle de causalité. Aussi c'est en s'emparant de cette vue féconde que les grands philosophes venus depuis sont arrivés à organiser la théorie, jusque là indécise et flottante, des forces et des causes. Cessant de chercher l'origine de l'idée de cause où elle n'est pas, c'est-à-dire au dehors, ils l'ont cherchée où elle est réellement, au dedans, et l'ont trouvée dans le sentiment de notre activité intérieure, de notre causalité propre, et ont très-bien montré que c'est à l'image de cette activité et de cette causalité que nous concevons toutes celles du monde extérieur. Quant à l'identité du moi, Broussais ne parvient à la nier avec quelque apparence de raison qu'à l'aide d'une équivoque, je veux dire en confondant le sentiment que nous avons du moi, qui peut en effet varier et qui n'est qu'un phénomène, avec le moi lui-même qui ne varie pas et qui est notre être lui-même. Ajoutons que ses idées sur la passivité, la mobilité, la multiplicité du principe pensant, non-seulement n'expliquent pas la pensée, mais la rendent absolument inexplicable.

En voilà assez sur le système de Broussais et sur le livre où il est exposé. Ce système, comme on l'a pu voir, renferme bien des paralogismes et des mieux caractérisés, ou plutôt, il n'est, depuis le commencement jusqu'à la fin, qu'un paralogisme continuel. L'auteur s'y attache, en effet, constamment à montrer l'influence du physique sur le moral, qui n'est pas en question et que personne ne nie, et cherche à faire croire que cette influence suppose l'identité du moral et du physique, quand elle peut s'expliquer tout aussi bien par leur simple union, et qu'il y a d'ailleurs des raisons péremptoires d'adopter cette dernière explication, de préférence à l'autre.

Malgré cela, son ouvrage obtint un assez grand succès auprès d'une certaine partie du public, parce qu'il faisait revivre, sous une forme animée, les doctrines du dix-huitième siècle et flattait ces instincts matérialistes qui peuvent bien sommeiller, mais qui ne meurent jamais parmi les hommes. Aussi plusieurs des représentants les plus distingués de la jeune école spiritualiste prirent-ils la plume pour le réfuter. Il suffit de citer Jouffroy, contre lequel l'ouvrage semblait principalement dirigé et qui fit à Broussais une rude guerre, dans son remarquable article sur la *Distinction de la psychologie et de la physiologie*; le duc de Broglie, qui le combattit pied à pied dans la *Revue française* et dont le travail est demeuré dans la science; Damiron, qui lui consacra une longue étude dans son *Essai sur la Philosophie du dix-neuvième siècle*. Ce fut, du reste, une lutte courtoise qui discrédita la doctrine de Broussais, sans déprécier son mérite, et qui ne l'empêcha pas d'être nommé, dès les premières années du gouvernement de Juillet, membre de l'Académie des sciences morales, où il représenta seul, avec le vieux Destutt de Tracy, le sensualisme un peu suranné du siècle précédent.

Mais il n'était pas dans la nature de cet esprit bouillant de jouir en paix de la réputation qu'il avait acquise et de passer ses derniers jours dans le calme et dans le repos. Voyant que ses doctrines n'avaient pris qu'à moitié et ne pouvant plus rien tirer de lui-même ni de Cabanis, son principal inspirateur, il s'attacha à un système qui faisait alors beaucoup de bruit et qui lui parut propre à donner à l'antique matérialisme un air de jeunesse et de nouveauté. Je veux parler du système de Gall. Bien qu'il ne lui eût pas été d'abord très-favorable et qu'il en eût même fait une critique assez fondée, il l'adopta un beau jour et mit à son service tout ce qui lui restait d'énergie et de fougue. Non content de l'exposer dans ses mémoires académiques et de le vulgariser par la voie des journaux, il l'enseigna dans un cours public qui lui valut un regain de popularité, car il lui attira des milliers d'auditeurs. Les idées de Broussais sur la phrénologie n'ont d'ailleurs rien d'original : ce sont celles de Gall lui-même, avec une teinte plus matérialiste. C'est pourquoi nous ne les reproduirons pas.

Malgré les erreurs graves que nous avons signalées chez Gall et chez Broussais, ces deux auteurs sont dignes d'être étudiés et tiendront toujours une certaine place dans l'histoire des idées générales au dix-neuvième siècle. Nous leur avons reproché, à l'un et à l'autre, mais surtout à Broussais, d'avoir méconnu l'importance de l'observation intérieure : cependant nous devons reconnaître que leurs protestations, en faveur de l'observation extérieure et physiologique, avaient quelque fondement et ne manquaient pas d'opportunité à l'époque où ils les firent entendre. De 1820 à 1840, la première de ces deux méthodes était, en effet, un peu sacrifiée à la seconde. Or, cette dernière n'est pas moins nécessaire que l'autre à l'organisation de la science de l'homme. Elle permet de suivre l'individu dans toutes les phases de son développement, depuis sa naissance jusqu'à sa complète caducité, en tenant compte de l'influence qu'exercent sur lui le climat, le tempérament, l'âge, le sexe, le régime, la santé et la maladie. Elle permet d'étudier l'espèce dans toutes ses variétés, depuis les plus humbles jusqu'aux plus élevées, en les confrontant avec les diverses espèces animales. Or, il n'y a pas d'autre moyen de fonder cette psychologie comparée, qui est un des *desiderata* de la science et qui est réservée sans doute, comme toutes les études comparatives, à un magnifique avenir.

Nous mettrons encore à l'actif de Gall et de Broussais les modifications plus ou moins heureuses qu'ils ont fait subir au sensualisme de leurs devanciers immédiats. Ainsi, Gall (et il a été suivi sur tous ces points par Broussais) a très-bien montré, comme nous l'avons vu, que les sens ne suffisent pas pour expliquer tous les phénomènes moraux, et qu'à défaut de l'esprit, le cerveau y est bien pour quelque chose ; il a très-bien fait voir qu'il y a en nous des facultés et des tendances innées et qu'il y a lieu de fixer une limite à l'influence de l'éducation que le siècle précédent avait si fort exagérée ; enfin, il a établi clairement que l'intérêt personnel, malgré l'énergie qui le caractérise, est, en définitive, un penchant comme un autre, et qu'il est peu raisonnable de ramener à ce seul et unique mobile toutes les inclinations si variées de notre vie morale. Par là ces deux penseurs ont rendu à la philosophie des services incontestables. Il est seulement fâcheux que, tout en combattant le sensualisme sur quelques points, ils soient restés foncièrement sensualistes ; qu'ils aient méconnu, à des degrés divers, les données de la conscience, ainsi que celles de la raison, et qu'ils aient l'un favorisé sourdement, l'autre professé ouvertement le matérialisme. Par là ils donnent la main, d'un côté, aux encyclopédistes du dix-huitième siècle, de l'autre, aux positivistes de nos jours ; par là leur doctrine sert de lien entre le condillacisme, qui avait été détrôné sous le premier Empire, et le comtisme, qui a pris tant d'autorité sous le second, et qui affecte en ce moment la domination universelle.

CHAPITRE VI

AUGUSTE COMTE OU LE POSITIVISME

La Philosophie positive ou le Positivisme physique : vie d'Auguste Comte, nature du positivisme. — Théorie des trois états. — Classification des sciences. — Physiologie cérébrale. — Sociologie ou physique sociale. — II. *La Politique positive ou le Positivisme mystique :* la méthode subjective, le tableau cérébral, la morale de l'altruisme. — La famille, la société, la religion.

Première Section
LA PHILOSOPHIE POSITIVE OU LE POSITIVISME PHYSIQUE

I

VIE D'AUGUSTE COMTE, NATURE DU POSITIVISME

Nous voici arrivés à la plus célèbre de toutes les doctrines sensualistes de notre temps, à celle qui comprend, pour ainsi dire, toutes les autres et semble marcher aujourd'hui, avec leurs forces réunies et enseignes déployées, à la conquête de l'esprit humain et des sociétés humaines : nous voulons parler de la doctrine positiviste. Le positivisme est né sous l'action de plusieurs causes. Il a été suscité, en premier lieu, par les progrès toujours croissants des sciences physiques et par le besoin d'une philosophie organisée suivant des procédés analogues aux leurs, composée de leurs résultats les plus importants et en offrant, en quelque sorte, la synthèse. On ne trouvait, avant qu'il parût, une telle philosophie nulle part : ni dans la religion, qui négligeait volontiers le naturel pour le surnaturel ; ni dans la métaphysique, qui admettait Dieu et l'âme, c'est-à-dire des principes supérieurs à la nature, et s'y élevait par l'observation intérieure et l'intuition rationnelle, deux méthodes que les sciences de la nature ne connaissent pas. De là l'éclosion d'une philosophie naturelle formée, comme toutes les philosophie, d'idées générales, mais reposant uniquement sur les faits que les yeux voient et que les mains touchent, c'est-à-dire sur des faits sensibles et positifs.

Ce n'est pas seulement l'immense développement des sciences de la matière qui a donné naissance à la nouvelle doctrine, mais encore la préoccupation de plus en plus vive des intérêts matériels. Généralement les hommes de notre siècle ne regardent point la terre comme une vallée de larmes, comme un lieu de pèlerinage qu'on traverse, mais où on ne s'installe pas, parce que cela n'en vaut pas la peine. A tort ou à raison, ils la considèrent bien plutôt comme la demeure de l'homme, demeure qui laisse à désirer sous beaucoup de rapports, mais que les efforts des générations successives ont déjà rendue et rendront chaque jour plus habitable. Ils ne placent pas le but de la vie hors de la vie, par delà les limites du temps, mais dans la vie même, au sein de l'étroite durée qu'elle embrasse, et estiment que c'est en vue d'un tel but que doivent s'organiser les sociétés. De là une philosophie sociale qui se propose de procurer immédiatement à l'humanité le plus grand bonheur possible. Ainsi le positivisme, soit théorique, soit pratique, s'explique par l'esprit de notre époque : il en est une des expressions les plus fidèles et les plus curieuses.

Le positivisme avait encore été préparé en France par la philosophie sensualiste du dix-huitième siècle qui, non contente de préconiser l'expérience, à l'exclusion de la raison, et de nier les vérités absolues et éternelles qui constituent la métaphysique, avait rêvé pour l'homme, sur cette terre, un progrès indéfini et une félicité sans nuages. Enfin, il eut pour antécédents immédiats le phrénologisme de Gall et de Broussais, qui, en ramenant la science de l'homme à l'étude du cerveau, lui donnait un objet analogue à ceux des sciences de la nature, et le socialisme de Saint-Simon, qui se proposa presque uniquement d'améliorer la condition terrestre de l'espèce humaine. La filiation du positivisme à l'égard du saint-simonisme est établie non-seulement par l'analogie des doctrines, mais encore par les rapports de Comte avec Saint-Simon, dont il fut un des premiers disciples. Quant à sa filiation à l'égard du système de Gall et de Broussais, elle résulte des aveux de l'auteur lui-même, et de plus d'un passage de ses écrits.

Le positivisme trouva, en Angleterre, un terrain encore plus favorable à son développement qu'en France,

L'Angleterre, en effet, vise surtout aux faits, dans le domaine de la théorie, et à l'utilité, dans celui de la pratique. La pensée pure et la justice absolue lui répugnent presque également, comme l'histoire de sa philosophie, depuis Bacon jusqu'à Bentham, en fait foi : elle est essentiellement anti-justicière et anti-métaphysique, c'est-à-dire essentiellement positive. Le sensualisme de Hobbes, l'empirisme de Locke, le scepticisme de Hume (trois formes anticipées et inégalement accentuées du positivisme) y ont été combattus; ils n'y ont jamais été domptés. Bien plus, ils se sont imposés, à quelque degré, à leurs adversaires eux-mêmes et ont souvent amorti la force de leurs coups. Tout en protestant en faveur des notions nécessaires et absolues, les philosophes écossais, Reid et Dugald-Stewart, les considèrent comme quelque chose d'inconnu, de mystérieux, que l'on conçoit, mais que l'on ne comprend pas, et se renferment volontiers dans l'étude des faits contingents et relatifs. Leur éminent successeur Hamilton va plus loin, il déclare que le relatif est le seul objet de la connaissance humaine : c'est ouvrir la porte toute grande au positivisme et légitimer d'avance les théories de Stuart Mill et de ses adhérents.

Mais le positivisme français, le seul dont nous ayons à nous occuper ici, a surtout ses racines en France. Au lieu de l'expliquer, comme on l'a fait, par le scepticisme de Hume, auquel le fondateur du système se réfère assez rarement, il faut tout simplement, suivant moi, le faire dériver du sensualisme de notre pays et du saint-simonisme, dont ce sensualisme constitue toute la métaphysique. Saint-Simon avait cherché à réorganiser la société tantôt par l'industrie, tantôt par la religion, tantôt par la science entendue à sa manière. De ces trois tentatives, la seconde avait donné naissance au saint-simonisme proprement dit et suscité les travaux de Bazard et d'Enfantin et même ceux de Pierre Leroux et de Jean Reynaud; la seconde engendra le positivisme et provoqua l'entreprise d'Auguste Comte. Le saint-simonisme, après avoir jeté beaucoup d'éclat, vers 1830, s'est éteint peu à peu et n'existe plus aujourd'hui à l'état de système; le positivisme, au contraire, après être resté longtemps obscur ou dédaigné, est devenu de nos jours la philosophie dominante. Cela tient sans doute à ce que, à la suite des grandes aventures intellectuelles d'il y a quelques années, la France éprouve, comme il arrive, le besoin de procéder en toutes choses avec plus de circonspection et de rigueur. Quoi qu'il en soit, il importe d'étudier cette doctrine avec soin, au moins chez Auguste Comte, son premier et son principal représentant, qui est mort il y a vingt ans, et dont la vie et les écrits appartiennent, par conséquent, à l'histoire.

Cet homme célèbre naquit à Montpellier, le 19 janvier 1798. Son père, qui était caissier à la recette générale de cette ville, le mit au collége dès l'âge de neuf ans. L'enfant s'y montra ce qu'il devait toujours être plus tard, très-laborieux et très-intelligent, mais d'un caractère assez difficile. Admis avec éclat à l'École polytechnique, il dut en sortir, pendant la deuxième année, pour un acte d'indiscipline, et se trouva quelque temps sans carrière. Il entra, en qualité de secrétaire, chez l'un des personnages les plus considérables de

18

l'opposition d'alors, chez Casimir Périer ; mais, au bout de trois semaines, il quitta ces fonctions qui lui imposaient une dépendance peu compatible avec son humeur, et se mit à donner, pour vivre, des leçons de mathématiques. Ce fut à cette époque qu'il fit la connaissance de Saint-Simon. Né dans une famille catholique et légitimiste, il était devenu, par réaction ou autrement, libre penseur et révolutionnaire. L'influence de Saint-Simon le fit passer, suivant l'expression de M. Littré, des idées critiques aux idées organiques, dans l'ordre scientifique et dans l'ordre politique tout ensemble.

Le célèbre réformateur, en effet, malgré l'inconsistance et la mobilité de ses vues, avait toujours eu le vif sentiment de l'unité de la science, de l'unité de la société et de l'influence que la première doit exercer sur la seconde. Frappé de l'état de division et de morcellement auquel l'analyse avait réduit, à son époque, toutes les connaissances humaines, il avait souvent appelé, comme nous l'avons vu, l'attention de ses contemporains sur la nécessité d'en faire un seul tout et de les coordonner au sein d'une vaste synthèse : c'était là le germe de ce qu'Auguste Comte devait appeler et de ce que Saint-Simon appelait déjà la philosophie positive. Il avait prétendu que cette philosophie devait s'appuyer, d'une part, sur la physique des corps bruts, de l'autre, sur celle des corps organisés, mais que cette dernière ne lui fournirait un support solide que quand la physiologie se serait constituée en dehors de la métaphysique. Grâce à ce double travail de coordination et d'épuration, le *physicisme* remplacerait, suivant lui, pour le plus grand bien de l'espèce humaine, le *théologisme* et le *déisme*.

C'était du moins ce qu'il voulait à un certain moment, avant que l'idée du physicisme n'eût fait place chez lui à celle du nouveau christianisme. Saint-Simon ne tient pas seulement à la réorganisation scientifique pour elle-même, mais encore pour les conséquences pratiques qu'elle doit avoir. Dans sa pensée, le renouvellement du système scientifique entraînera celui du système religieux, du système moral, du système pédagogique, en un mot, du système social tout entier : c'est là incontestablement le germe de la politique positive d'Auguste Comte. C'est précisément, en effet, de cette manière large et élevée, c'est-à-dire par son côté théorique et par son côté pratique tout à la fois, que ce penseur devait concevoir la réorganisation du monde occidental, de sorte que son positivisme n'est, à certains égards, qu'un rameau détaché du saint-simonisme.

Commencés en 1818, les rapports de Saint-Simon et de Comte durèrent jusqu'en 1824. Ce fut durant ce laps de temps que ces deux réformateurs travaillèrent de concert au *Catéchisme des industriels*. Malgré les dissidences qui s'accusaient déjà dans leurs manières de voir respectives, Saint-Simon, qui rêvait, en ce moment-là, l'organisation de la société par l'industrie et qui accordait déjà une importance considérable à l'élément sentimental et religieux, reprochait à son disciple de n'avoir saisi que le côté scientifique du système et d'incliner vers un sec athéisme. Il voulait bien reconnaître d'ailleurs que son travail était le meilleur qui eût jamais été publié sur la science sociale. Comte, de son côté, se déclarait l'élève de Saint-Simon et avouait que c'était en s'inspirant des idées mères de ce philosophe qu'il était parvenu à former un système de politique positive, comprenant deux parties, l'une qui traitait de la méthode de la physique sociale, l'autre qui roulait sur ses applications. Malgré ces compliments faits pour le public, les divisions des deux novateurs devenaient de plus en plus profondes. On en a cherché la raison dans la divergence des opinions et dans la susceptibilité des amours-propres, et on n'a pas eu tort ; mais la principale raison, celle qui domine toutes les autres, c'est que le premier n'était plus assez fort pour être maître et que le second l'était trop pour rester disciple. Ce qu'on peut reprocher à Auguste Comte, ce n'est pas de s'être séparé de Saint-Simon, mais d'avoir plus tard méconnu l'influence intellectuelle que ce dernier avait exercée sur lui et de s'être exprimé à son égard sur un ton peu respectueux.

Une fois affranchi de la sujétion qu'il avait momentanément subie, Auguste Comte se livra pendant trente ans, avec une ardeur et une opiniâtreté inouïes, à l'élaboration du système hardi qui se dessinait de plus en plus nettement devant son imagination : « L'esprit que la grandeur et la beauté des conceptions ont saisi, dit à ce sujet son plus éminent disciple, est jeté par un généreux et sublime besoin dans les labeurs ardus et les entreprises périlleuses : la vocation commande et il obéit [1]. » Ce qui ajoute encore au mérite de l'illustre penseur, ce sont les circonstances difficiles au milieu desquelles il accomplit ses grands et pénibles travaux. Il avait épousé, en 1825, Mlle Massin, libraire. Or, le jeune ménage n'était pas riche, et Comte n'avait alors

---

[1] *Cours de philosophie positive*, préface de M. Littré, p. xi.

qu'un seul élève, qui fut depuis le général Lamoricière.
Pour faire face aux exigences de la situation, il dut
écrire un certain nombre d'articles dans le *Producteur*,
qui venait de paraître, et ouvrir chez lui un cours de
philosophie positive, qui attira des auditeurs d'élite,
parmi lesquels il suffit de citer Humboldt, Poinsot et
Blainville. Mais les querelles qu'il eut avec les saint-
simoniens, notamment avec Bazard, auquel il reprochait
de lui prendre ses idées, et l'extrême contention d'esprit
qu'il dut s'imposer pour préparer son cours, détermi-
nèrent chez lui un accident terrible : il fut atteint d'alié-
nation mentale. Sa femme, épouvantée de ses violences,
et n'ayant personne pour la protéger, ne vit pas d'autre parti à prendre, au premier moment, que de le placer dans l'établissement du célèbre Esquirol, où le mal
ne fit qu'empirer. Plus tard, elle le reprit chez elle,
malgré le danger qu'il y avait à le faire, et parvint, à
force de soins, de patience et de complaisance, à lui
rendre l'usage de sa raison. Quelque temps après cette
terrible épreuve, qui avait duré huit ou neuf mois, Comte
avait reconquis la plénitude de ses facultés et recouvré
tous ses souvenirs. Il traduisait la partie mathématique
d'un ouvrage anglais, appréciait dans un journal le livre
de Broussais, *de l'Irritation et de la Folie*, et faisait
son cours de philosophie positive avec la même vigueur
d'esprit et la même fermeté de langage qu'auparavant ;
il publia, comme on sait, de deux ans en deux ans, chacun des six forts volumes où il l'a reproduit et complété.
En même temps qu'il se livrait à ce vaste travail qui a
fondé sa réputation et que nous étudierons avec toute
l'attention qu'il commande, il remplissait, pour faire face

aux nécessités de la vie, plusieurs fonctions laborieuses et médiocrement rétribuées, qu'il avait successivement obtenues : celle d'examinateur pour l'admission à l'École polytechnique, celle de répétiteur à la même École et celle de préparateur dans une institution particulière [1].

Étranger, comme la plupart des socialistes, aux études métaphysiques et très-versé dans les études scientifiques, Auguste Comte s'est fait une philosophie en rapport avec ses habitudes d'esprit : la science y règne seule, et la métaphysique n'y brille que par son absence. On peut la définir la philosophie du relatif. Pour Comte, en effet, il n'y a qu'une seule maxime absolue, c'est qu'il n'y a rien d'absolu. Cela signifie que nous pouvons connaître les faits dans leurs rapports avec d'autres faits, c'est-à-dire avec leurs antécédents constants, avec leurs conséquents invariables, en un mot, avec leurs lois ; mais que les causes qui les engendrent, les substances auxquelles ils adhèrent, les fins où ils tendent, nous échappent complètement, car qui dit cause, substance ou fin, dit quelque chose d'absolu et d'inconditionnel. C'est là le principe fondamental du système, principe qui est affirmé partout, sans être démontré nulle part, et qui constitue, à vrai dire, le positivisme tout entier. Il s'agit donc, avant tout, d'en apprécier la valeur précise ; car, tant vaut le principe, tant vaut le système considéré dans son ensemble.

Nous sommes aussi désireux qu'Auguste Comte d'ar-

---

[1] Nous avons emprunté la plupart de ces détails biographiques au remarquable ouvrage de M. Littré, intitulé : *Auguste Comte et la philosophie positive*.

river à des connaissances positives et de ne rien avancer qui dépasse les limites d'une affirmation légitime; mais il nous semble que les assertions qu'il se permet ici après Hume sont dénuées de fondement. Si les causes étaient aussi inaccessibles à notre esprit qu'il le prétend, nous ne distinguerions pas les causes des faits de leurs antécédents, et nous n'aurions pas un mot pour désigner les unes et un pour désigner les autres. Or, nous faisons tous les jours des distinctions de ce genre et nous les exprimons tous les jours dans la conversation. Si j'ai frappé une personne, je ne me croirai pas justifié auprès d'elle, quand je lui aurai expliqué qu'à l'aspect de sa figure un sentiment de répulsion s'est produit en moi, que ce sentiment a été suivi d'un mouvement de mon bras, qui se trouvait alors armé d'une canne, et que c'est ainsi qu'elle s'est trouvée maltraitée, sans qu'il y ait eu de ma faute. Mais, si je l'ai heurtée par mégarde, je croirai trouver une excuse suffisante dans cette circonstance que le mouvement que j'ai fait était automatique, c'est-à-dire déterminé par un mouvement précédent et que je n'y ai été moi-même pour rien. Si les causes nous sont inaccessibles, comment se fait-il que je me reconnaisse cause dans le premier cas et non dans le second?

Sans doute, je ne me connais pas cause, abstraction faite des actes que je produis, mais toutes les fois que je produis un acte, je sens ou plutôt je sais positivement que j'en suis la cause. La cause et l'acte me sont donnés ensemble et, pour ainsi dire, enveloppés l'un dans l'autre. Aussi je n'ai jamais point de doute sur la cause de ce que j'ai moi-même produit, sur celle de mes bonnes ou de mes mauvaises actions, par exemple, tandis que j'en ai sur la cause des mouvements qui se produisent, indépendamment de ma volonté, soit dans les corps extérieurs, soit dans mon propre corps. C'est parce que je me sens et me sais cause que j'attribue par induction la causalité aux hommes de mon temps et aux personnages de l'histoire, que je leur impute la responsabilité de leurs actions et que je les déclare bons ou méchants, estimables ou méprisables, suivant la conduite qu'ils tiennent ou qu'ils ont tenue. Otez de mon esprit la connaissance de ma causalité et de celle d'autrui, vous changez tous mes jugements sur les choses de l'ordre moral. Or, je porte ces jugements en vertu d'une nécessité intérieure aussi invincible que celle qui me fait juger réels les faits que je vois. Les objets de mes jugements sont donc aussi positifs dans un cas que dans l'autre.

Ce que je dis de ma causalité, je pourrais le dire tout aussi bien de mon unité, de ma simplicité, de mon identité, en un mot, de cet ensemble d'attributs essentiels qui constituent par leur réunion mon être même. Entre Auguste Comte, qui les nie ou les explique par un certain groupement de phénomènes, et moi qui les affirme et affirme en même temps la réalité du moi qui les rend seule possible, je laisse au lecteur le soin de juger lequel se conforme le mieux aux exigences sévères de la science et se tient le plus près de la positivité véritable. Je ne suis pas un ensemble d'effets, mais une cause ; je ne suis pas une collection de manières d'êtres, mais un être. La preuve, c'est que j'ai l'idée de cause et l'idée d'être. Comment, dit Leibniz, aurais-je l'idée d'être et l'idée de cause, si je n'étais pas être et cause moi-même, et si je n'en avais pas le sentiment?

Mais en même temps que le sentiment intérieur me donne l'idée de cause, la raison me fournit le principe de causalité qui me force à remonter de cause en cause jusqu'à une cause suprême et absolue, sans laquelle rien de dérivé et de relatif n'est possible ni intelligible. Elle fait plus, elle me fournit le principe de finalité qui fait qu'en présence des rapports des moyens à la fin qui éclatent de toutes parts dans l'univers, j'attribue nécessairement ce magnifique ouvrage à un être intelligent, de même que, en présence des marques de dessein qui se révèlent dans une œuvre d'art, je suis intérieurement contraint de l'attribuer à un être doué d'intelligence. Les erreurs de Comte sur ces points essentiels tiennent à ce qu'il rejette l'autorité du sens intime et celle de la raison et n'admet que celle des sens extérieurs. Or, il n'est pas vrai qu'il n'y ait d'autres vérités que celles dont ces derniers sont la source. Leibniz montre très bien que, s'il y a des vérités de fait, il y a aussi des vérités de raison, et que ce qui distingue les hommes des bêtes, c'est précisément qu'ils ne connaissent pas seulement les choses, mais encore la raison des choses, tandis que les bêtes ne s'élèvent pas au-dessus des faits et sont purement empiriques. Quant à l'autorité du sens intime, il suffirait, pour l'établir, du phénomène de la pensée, qui ne tombe certainement pas sous les sens, et qui est néanmoins si clair que Descartes en avait fait le fondement de toute sa philosophie.

En professant le positivisme, c'est-à-dire en ramenant tout le savoir humain à la connaissance des faits et des lois et en rejetant celle des êtres et des causes, Auguste Comte professe la doctrine si connue sous le nom de sensualisme. Seulement il ne l'appuie pas, comme ses devanciers, sur une théorie plus ou moins approfondie de la connaissance ; il n'a, suivant la remarque de M. Renouvier, point de philosophie première, ce qui constitue dans son œuvre une lacune considérable. De plus, il n'a pas l'air de comprendre toute la portée de ses principes et de se rendre compte de tous les tenants et de tous les aboutissants de son système. Il ne remarque pas que, s'il n'y a que des faits et des lois, et si les causes et les êtres ne sont que des mots, il n'y a pas lieu de déterminer les devoirs des hommes, comme il a prétendu le faire, c'est-à-dire de leur imposer une manière de vouloir et d'agir qui ne dépend pas d'eux. Il ne s'aperçoit pas qu'en définitive cette métaphysique, à laquelle il reproche de combiner des idées dépourvues de sens, combine seule, au contraire, les idées qui donnent un sens à toutes les autres. Qu'on imagine ce que représenteraient pour nous les manières d'être sans l'être qu'elles modifient, les faits sans la cause qui les produit. C'est ce qu'ont parfaitement bien vu tous les philosophes éminents, tous les maîtres de la pensée. Platon passa sa vie à chercher quelque chose de fixe, c'est-à-dire des êtres et des causes, derrière le monde du mouvement et du changement conçu par l'antique Héraclite. Aristote lui-même, dont Comte voudrait faire un des précurseurs du positivisme, c'est-à-dire du pur naturalisme, a été, au contraire, le théoricien du surnaturel, dans le sens philosophique du mot, car il a rattaché la nature tout entière à un principe qui la surpasse : par delà la physique, il a placé la métaphysique. Il en a été de même de Descartes et de Leibniz. Tous deux ont fait effort pour s'élever des choses à la dernière raison des choses : ils ont été, avant tout, de grands métaphysiciens. Ce n'est pas la faute de ces divins génies, si, après eux, la pensée humaine s'est trouvée trop faible pour se maintenir sur ces hauts sommets et si elle est retombée de la sphère des essences immuables dans celle du perpétuel *devenir*.

II

THÉORIE DES TROIS ÉTATS

Non content de faire valoir de son mieux la doctrine positiviste prise en elle-même, Auguste Comte l'appuie sur une théorie historique, aujourd'hui célèbre, qui est, selon l'expression de Stuart Mill, la clé de ses autres généralisations et comme l'épine dorsale de sa philosophie : je veux parler de sa théorie des trois états [1]. Les hommes attribuèrent d'abord, s'il faut l'en croire, les phénomènes qui se produisent dans les objets, non à ces objets eux-mêmes, mais à une volonté semblable ou supérieure à la nôtre, inhérente à chacun d'eux ou dominant un certain nombre d'entre eux ou s'imposant à tous, et en déterminant les diverses modifications : c'est l'état théologique, avec ses différentes phases, fétichisme, polythéisme et monothéisme. Mais, dès qu'ils s'aperçurent qu'au lieu d'agir d'une manière variable et capricieuse, les causes

---

[1] *Cours de philosophie positive*, t. I, 1re leçon.

des phénomènes opéraient d'une manière régulière et constante, ils les conçurent, non plus comme des volontés et des personnes, mais comme des vertus, des propriétés, des essences ; en un mot, ils expliquèrent les phénomènes par des entités, qui n'étaient, en définitive, que les phénomènes eux-mêmes généralisés : cet état est celui qu'Auguste Comte appelle état métaphysique, et cela assez arbitrairement, car la métaphysique atteint la réalité même, au lieu de réaliser des abstractions. Enfin, les hommes, s'instruisant chaque jour davantage, finirent, suivant notre philosophe, par découvrir que ces prétendues explications n'expliquaient rien, et que la véritable raison des phénomènes devait être cherchée dans les phénomènes qui les précédaient invariablement et dans les circonstances au sein desquelles ils avaient coutume de se produire, en un mot, dans les lois : c'est l'état positif ou scientifique.

Cette loi des trois états paraît tellement certaine à Auguste Comte qu'il suffit, suivant lui, de l'énoncer pour la faire admettre. Chaque homme, dit-il, reconnaît en effet, dès qu'on appelle son attention là-dessus, qu'il a été théologien dans son enfance, métaphysicien dans sa jeunesse et qu'il n'est devenu physicien que vers l'âge mûr. C'est pourquoi il est tout disposé à croire que l'humanité a fait comme lui, qu'elle a passé par les deux premiers degrés d'initiation avant d'arriver au troisième, qui est aussi le dernier. Cette idée lui semble d'autant plus plausible qu'il n'ignore pas que l'esprit humain a toujours éprouvé le besoin de lier les faits à l'aide des théories, et que, dans le principe, il n'était pas assez avancé pour asseoir ses théories sur la seule observation :

de là la nécessité, à certaines époques, de ces théories provisoires qu'on appelle des hypothèses, et que la théologie d'abord, la métaphysique ensuite, pouvaient seules lui fournir.

Plusieurs penseurs contemporains, particulièrement M. Ravaisson et M. Renouvier, remarquent que cette loi, dont la plupart des positivistes attribuent la découverte à Auguste Comte, ne lui appartient pas en propre, mais qu'elle avait déjà été soupçonnée et même formulée avant lui. Il l'avait, suivant eux, trouvée en germe chez son maître Saint-Simon, qui la tenait lui-même du médecin Burdin, lequel déclarait que toutes les sciences avaient commencé par être conjecturales et qu'elles finissaient toutes par devenir positives. Il avait même pu en lire l'expression en toutes lettres chez Turgot, qui distinguait très-bien, à sa manière, les trois espèces d'explications des phénomènes de la nature qu'on a successivement adoptées, en les rapportant tour à tour à des êtres intelligents, à des qualités ou essences et à l'action mécanique d'un corps sur un autre. Cependant il faut convenir, avec M. Littré, qu'Auguste Comte a donné à cette loi de si riches développements et en a fait des applications si nombreuses et si importantes qu'il l'a, pour ainsi dire, faite sienne et que ce n'est pas sans raison qu'elle porte son nom. Du reste, que cette théorie soit plus ou moins originale, c'est ce qui nous importe assez peu : la grande question est de savoir si elle est vraie ou fausse, c'est-à-dire, pour parler le langage de Stuart Mill, si l'épine dorsale du positivisme est solide ou si elle ne l'est pas.

Une loi est un rapport constant de succession entre

deux ou plusieurs phénomènes qui fait que, l'un se produisant, les autres suivent infailliblement, comme s'ils en avaient reçu l'ordre, et que toute interversion entre eux est radicalement impossible. Dire que la succession des trois états théologique, métaphysique, positif, est une loi de l'histoire, c'est dire par conséquent que ces trois états se succèdent constamment dans l'ordre où on les exprime ici, et que l'un des trois termes de la série ne peut jamais se substituer à l'un des deux autres. Or, la question est de savoir s'il en est réellement ainsi. D'abord, pour prendre les faits historiques par grandes masses, est-ce que l'esprit théologique domine dans l'antiquité, l'esprit métaphysique au moyen âge et l'esprit positif dans les temps modernes? Non, les trois esprits sont mêlés à doses diverses aux époques dont nous parlons ; mais l'antiquité et les temps modernes sont surtout caractérisés par la prédominance de l'esprit métaphysique et de l'esprit positif, et le moyen âge par celle de l'esprit théologique : on cherche ici la loi des trois états, et on ne la trouve pas. Si maintenant nous voulons pénétrer dans les détails, quel est l'esprit qui prédomine successivement dans les trois principales périodes de la philosophie grecque? Voyons-nous apparaître d'abord l'esprit théologique, puis l'esprit métaphysique, puis l'esprit positif? Non, ils se succèdent dans l'ordre précisément inverse. Les premiers philosophes de la Grèce, Thalès, Anaximène, Héraclite, Démocrite étaient surtout physiciens : ils cherchaient l'explication des phénomènes de l'univers dans l'univers même. Platon et Aristote, qui vinrent ensuite, furent surtout métaphysiciens : ils remontaient constamment des faits passagers aux essences immuables. Enfin les philosophes de l'école d'Alexandrie, et avec eux les gnostiques et les Pères de l'Église, furent surtout théologiens : ils expliquaient tout par des volontés divines. Où est, ici encore, la loi des trois états? Nous ne la trouvons pas davantage dans l'histoire des temps modernes ; car si l'esprit métaphysique et l'esprit théologique tiennent beaucoup de place au dix-septième siècle, ce n'est pas sans un mélange considérable d'esprit scientifique ; et, si l'esprit scientifique prend le dessus au dix-huitième siècle, il est remplacé, surtout en Allemagne, au commencement du siècle actuel, par un vaste déploiement de l'esprit métaphysique. Comte lui-même n'y est pas resté étranger, puisqu'il a, sur la fin de sa vie, établi le culte de l'humanité, c'est-à-dire réalisé ou plutôt déifié une de ces entités qu'il avait si violemment combattues, prouvant ainsi, par son exemple, l'inanité d'une de ses principales conceptions.

Cela ne veut pas dire qu'il n'y ait rien de vrai dans cette curieuse et intéressante théorie. Elle contient, comme le fait remarquer un philosophe anglais, cette vérité, qu'il est naturel à l'esprit humain de chercher la raison des choses au-dessus des choses, ce qui est le mode de penser théologique; de pénétrer, à travers les modifications accidentelles des êtres, jusqu'à leur nature ou essence, ce qui est le mode de penser métaphysique ; de rattacher les faits aux faits qui les précèdent immédiatement, pour en trouver la raison sinon suprême, au moins prochaine, ce qui est le mode de penser positif ou scientifique. Mais, par cela même que ces trois manières de penser sont naturelles, elles ne sont pas successives ;

mais simultanées, car l'homme porte toujours sa nature tout entière avec lui. L'esprit ne passe pas de l'une à l'autre avec le cours des siècles et la suite des âges : il les emploie toutes les trois concurremment ; il y a toujours eu de la religion, il y a toujours eu de la métaphysique, il y a toujours eu de la science, et il y en aura toujours. Il est vrai qu'à mesure que la civilisation se développe, la métaphysique tend à se constituer en dehors de la religion, et que la science tend à se constituer en dehors de la religion et de la métaphysique ; mais cela ne veut pas dire que l'une de ces choses doive remplacer les autres : cela n'est pas possible, puisque chacune d'elles répond à un besoin particulier de l'âme et à une catégorie spéciale de la pensée. Cela signifie seulement qu'en vertu de la loi de la division du travail, chacune d'elles tend à exclure de son domaine les questions qui ne sont pas de sa compétence, afin de résoudre les autres avec plus d'exactitude et de rigueur. La religion et la métaphysique, ne s'adressant pas à des besoins passagers, mais à des besoins permanents de l'esprit humain, ne doivent pas, à ce qu'il semble, être progressivement minées et finalement détruites par la science. Il paraît plus raisonnable de croire qu'elles doivent, au contraire, tirer chaque jour de la science des forces nouvelles, puisqu'elles lui empruntent chaque jour de nouveaux éléments pour leurs tentatives d'explication.

III

CLASSIFICATION DES SCIENCES

Si cette conception d'Auguste Comte est peu fondée, elle est pourtant logique. Ce savant n'admettant d'autres réalités que les faits, ni d'autre mode de penser légitime que le mode de penser positif qui nous les révèle, il est tout naturel qu'il élimine du domaine de la vraie connaissance la religion et la métaphysique qui, au lieu de s'en tenir à l'observation des faits, spéculent sur Dieu et sur l'âme, et qu'il n'y laisse que les sciences dites expérimentales ou positives. Mais que devient alors la philosophie? Disparaît-elle en même temps que la métaphysique, avec laquelle elle semble se confondre, ou continue-t elle à subsister avec d'autres caractères et sous une nouvelle forme? Il faut bien qu'elle continue à subsister, puisque Auguste Comte intitule lui-même son principal ouvrage: *Cours de philosophie positive*. Mais alors en quoi diffère-t-elle des sciences? En ce qu'elle en est pour ainsi dire la synthèse.

Qu'une telle synthèse soit d'une importance capitale, c'est ce qu'Auguste Comte n'a pas de peine à établir. Dans les temps primitifs, un seul esprit pouvait, dit-il, embrasser toutes les sciences, parce qu'elles étaient encore peu étendues; mais, à mesure qu'elles se développèrent, chacune d'elles dut fournir un aliment suffisant à un grand nombre d'intelligences. Ce fut à la fois un bien et un mal : un bien, car, grâce à la division du travail, chaque science particulière put mieux se perfectionner ; un mal, car l'absence de toute vue d'ensemble, amenée par cette division indéfinie, mit les sciences dans un état d'infériorité à l'égard de ces vastes synthèses qu'on nomme la théologie et la métaphysique. Heureusement le remède au mal est dans le mal même. Le mal, c'est la multitude des spécialités : qu'on en crée une de plus, qui ait pour objet les généralités et qui s'attache à les dégager des diverses sciences particulières, et l'esprit positif saisit et garde à jamais le sceptre qui lui revient de droit. Or, cette étude des généralités n'est autre chose que la philosophie positive.

La première chose à faire pour l'organiser est de coordonner les sciences diverses et d'établir entre elles une certaine hiérarchie : c'est la fameuse question de la classification des sciences [1]. Notre réformateur n'est pas le premier qui l'ait débattue : elle avait été agitée, avant lui, par plusieurs penseurs illustres, parmi lesquels il suffit de citer Bacon. Les défauts de la classification du célèbre chancelier sont aujourd'hui connus de tout le monde. Il eut le tort de grouper les connaissances humaines d'après les facultés qui les engendrent et non d'après les objets auxquels elles se rapportent, mais il déploya dans ce travail une merveilleuse fécondité. Non content de tracer, pour ainsi dire, la carte du monde intellectuel, il indique, en effet, sous le nom de *desiderata*, les parties de cette région idéale qui n'ont point encore été explorées et qui offrent encore des découver-

---

[1] *Cours de philosophie positive*, t. I, leçon 2e et suivantes.

tes à faire. C'est ainsi qu'à propos de l'histoire naturelle, il remarque qu'à l'étude de la nature régulièrement développée il faudrait ajouter l'étude de la nature considérée dans ses monstruosités et ses caprices, et aussi celle de la nature transformée par l'industrie de l'homme, deux sciences qui ont été créées depuis sous les noms de tératologie et de technologie. C'est ainsi qu'à propos de l'histoire proprement dite, il regrette qu'on s'en tienne trop strictement au récit des événements politiques, et qu'on néglige de suivre, à travers les grandes productions des sciences, des lettres et des arts, le mouvement de la pensée humaine. Il y a là un admirable programme d'histoire littéraire, dont personne n'avait alors l'idée et que, malgré les travaux des Villemain, des Nisard, des Patin et des Sainte-Beuve, nous avons à peine réalisé de nos jours. Il appelle encore l'attention de ses lecteurs sur la nécessité de créer une science des rapports du physique et du moral et aussi une anatomie comparée, devançant ainsi Cabanis et Cuvier tout à la fois. C'est par ces vues, en quelque sorte divinatoires, non par le principe sur lequel elle repose, que la classification de Bacon se recommande encore aujourd'hui aux philosophes. Sans offrir des vues aussi fécondes, celle d'Ampère, qui vint ensuite, est plus rationnelle; car elle groupe les sciences, d'une part, d'après leurs objets, de l'autre, d'après le point de vue sous lequel on les considère, et n'a d'autre défaut que d'être trop symétrique et trop minutieuse.

La classification d'Auguste Comte n'est pas indigne d'être citée à côté de celles de Bacon et d'Ampère : on peut même dire que l'auteur l'a motivée par des raisons plus profondes et rattachée à des idées plus générales.

Il faut, dit-il, que les diverses sciences soient disposées dans un ordre logique, c'est-à-dire d'après leurs rapports de dépendance : celles dont les autres dépendent étant constamment placées les premières, on pourra les exposer toutes successivement, sans être jamais entraîné dans le moindre cercle vicieux. Mais la dépendance des sciences ne peut résulter que de la simplicité et de la généralité des propriétés qu'elles étudient. Or, Auguste Comte n'a pas de peine à montrer que le nombre, l'étendue et le mouvement sont les propriétés les plus simples et les plus générales des corps, et que, par conséquent, les sciences qui les étudient, à savoir, l'arithmétique, la géométrie et la mécanique rationnelle ou, d'un seul mot, les mathématiques, doivent tenir la tête de sa classification. La physique des corps bruts viendra ensuite, puis celle des corps organisés. Les phénomènes qui se produisent dans ces derniers corps sont, en effet, plus compliqués et plus particuliers que ceux qui se produisent dans les premiers. On y trouve, outre les phénomènes mécaniques et chimiques qu'on trouve dans les corps bruts, d'autres phénomènes qui leur sont propres : ce sont les phénomènes vitaux. Or, à supposer que ceux-ci ne soient que les phénomènes mécaniques et chimiques eux-mêmes, modifiés par la composition des corps organisés, ils n'en doivent pas moins être étudiés après les phénomènes généraux dont ils sont de simples modifications.

Il s'agit maintenant de savoir dans quel ordre doivent être disposées les différentes parties de la physique inorganique. Les phénomènes célestes sont toujours plus abstraits et plus simples que les phénomènes terrestres de même nature, et l'analyse découvre constamment dans ces derniers, outre l'action de la gravitation universelle qu'ils subissent en commun avec les premiers, d'autres actions qu'ils subissent seuls. Il s'ensuit que la physique céleste ou astronomie doit être cultivée avant la physique terrestre. Mais celle-ci elle-même offre deux espèces de phénomènes, les phénomènes purement mécaniques et les phénomènes chimiques, les uns plus simples, les autres plus compliqués, car ils impliquent, comme les autres, l'influence de la pesanteur, de la chaleur, de l'électricité, et de plus qu'eux celle de certaines affinités particulières. La physique proprement dite précédera donc la chimie. On peut, suivant Auguste Comte, qui semble ici se souvenir des doctrines de Hobbes, considérer les êtres organisés soit individuellement, soit collectivement : le premier point de vue donne naissance à la physiologie ; le second, à la physique sociale ou sociologie. Les phénomènes sociaux sont plus compliqués que les phénomènes physiologiques ; car ils les supposent, et ils supposent de plus une certaine action des individus les uns sur les autres, d'où il suit que la physique sociale doit suivre la physiologie.

La classification d'Auguste Comte, et partant la philosophie positive à laquelle elle sert de fondement, offrent donc six sciences disposées suivant un rapport de généralité décroissante : la mathématique, l'astronomie, la physique, la chimie, la physiologie ou biologie et la sociologie ou physique sociale. L'auteur trouve une vérification décisive de sa classification dans sa conformité avec la classification spontanée à laquelle les savants ont abouti ; il voit également une preuve de son exactitude dans la corrélation qu'elle présente avec le développement historique des sciences : chacune d'elles, en effet, n'a pu se développer qu'après celle dont elle dépendait et à laquelle elle était logiquement subordonnée. Enfin, il invoque en faveur de son échelle encyclopédique une dernière raison, c'est qu'elle marque exactement les degrés de perfection auxquels sont arrivées les sciences diverses ; il est naturel, en effet, que celles qui opèrent sur des phénomènes plus généraux et plus simples soient plus parfaites que celles qui étudient des phénomènes plus particuliers et plus complexes, et parviennent plus tôt à la positivité. Aussi la positivité va en décroissant, comme la généralité et la simplicité, à mesure qu'on passe de la mathématique à l'astronomie, de l'astronomie à la physique, de la physique à la physiologie, et de la physiologie à la sociologie, qui n'est point encore organisée d'une manière scientifique.

Vantée outre mesure par les comtistes purs, cette classification a été sévèrement critiquée par plusieurs philosophes indépendants, notamment par M. Renouvier, en France, et par M. Herbert Spencer, en Angleterre. Dans sa *Genèse de la science* et dans sa *Classification des sciences*, ce dernier soutient que les sciences ne se sont pas développées, comme Comte le prétend, d'après le principe de la généralité décroissante. La science des nombres, dit-il, est plus générale que la géométrie et que la mécanique rationnelle, et pourtant, de l'aveu de Comte lui-même, elle paraît avoir son origine dans la contemplation des faits géométriques et mécaniques. D'un autre côté, l'analyse transcendantale est plus générale que l'algèbre, et celle-ci l'est plus que l'arithmétique : pourtant l'esprit humain est allé de l'arithmétique à l'algèbre et de celle-ci à l'analyse transcendantale. La vérité est, suivant M. Spencer, que les sciences ne se développent pas successivement, mais simultanément, et qu'il n'en est pas une parmi celles qu'on place les premières, soit logiquement, soit chronologiquement, qui ait pu faire des progrès sérieux, sans faire des emprunts à plusieurs de celles qu'on place après elle dans la série : « Tout groupement des sciences en une succession, ajoute-t-il, donne une idée radicalement erronée de leur genèse et de leur dépendance... Il n'existe point de vraie filiation. La science se forme par un perpétuel concours donné à chacune par toutes les autres, et à toutes les autres par chacune. » Comte prétend encore que l'astronomie doit précéder la physique ; mais la thèse opposée est tout aussi soutenable. Pour déterminer la position d'une simple étoile, ne faut-il pas tenir compte de toutes les conditions qui peuvent modifier le phénomène de la vision, et ces conditions ne sont-elles pas du ressort de l'optique, de la barologie, de la thermologie, de l'hygrométrie, c'est-à-dire de la physique considérée dans ses diverses divisions, et ne peut-on pas en tirer cette conclusion, qu'il faut avoir étudié la physique pour faire convenablement de l'astronomie ? De toutes ces considérations il résulte, suivant M. Herbert Spencer, que la classification d'Auguste Comte est vicieuse, parce qu'elle suppose entre les sciences une hiérarchie, et qu'il n'y a point entre elles de hiérarchie, mais seulement un *consensus*, c'est-à-dire des rapports de dépendance mutuelle.

Ces objections sont très-fines et très-ingénieuses. Je

ne crois cependant pas qu'elles soient tout à fait irréfutables, et M. Littré et Stuart Mill ont répondu à quelques-unes d'entre elles d'une manière assez plausible [1]. Mais j'adresserai à la classification de Comte un reproche plus grave, c'est de n'admettre dans ses cadres que des sciences physiques et d'en exclure à peu près absolument les sciences morales. En cela, son auteur n'a pas évité l'écueil contre lequel se brisent d'ordinaire ceux qui veulent philosopher, c'est à dire s'élever à une conception totale des choses, en partant du point de vue d'une seule science ou d'un seul groupe de sciences, c'est-à-dire d'un point de vue plus ou moins particulier. Il a voulu imposer à la philosophie les procédés des seules sciences qu'il connût, des sciences positives, et la construire avec les seuls matériaux que ceux qui les cultivent aient coutume de manier. Bien différent de notre illustre Ampère, dont l'esprit encyclopédique était aussi familier avec les lettres qu'avec les sciences, avec les choses de l'âme qu'avec celles de la matière, et qui faisait, à côté des sciences mathématiques et cosmologiques, une si large place aux sciences noologiques et littéraires qu'il suivait dans leurs derniers embranchements et sous-embranchements, Auguste Comte ne reconnaît que les sciences cosmologiques et mathématiques, et, s'il finit par accepter, sous la bizarre dénomination de *sociologie*, une des nombreuses sciences morales qui existent, c'est à la condition qu'elle dépouillera son caractère propre et reniera en quelque sorte sa noble nature en prenant le nom de physique sociale. Dès lors

---

[1] Littré, *Auguste Comte et la Philosophie positive*, p. 284; — Stuart Mill, *Auguste Comte et le Positivisme*, p. 43.

on se demande ce que vont devenir, dans une science ainsi dénaturée, la liberté, le devoir, la responsabilité, ces grands faits qui remplissent la vie et l'histoire de leurs développements. Évidemment ils seront dénaturés eux-mêmes, s'ils ne sont pas entièrement niés et méconnus.

On voit qu'avec beaucoup plus de précision et de rigueur, la philosophie d'Auguste Comte ne diffère pas sensiblement de celle de Saint-Simon. Elle n'est pas, elle non plus, une philosophie véritable, si l'on entend par là la science qui traite de l'âme, du devoir et de Dieu et qui comprend la psychologie, la morale et la théodicée : elle n'est qu'une philosophie des sciences.. Ajoutons qu'elle n'est même pas une philosophie des sciences complète ; car elle ne comprend nulle théorie des premiers principes qui servent de fondement à la démonstration ; nulle théorie de la démonstration elle-même, qui est le principal instrument de la science ; nulle théorie du critérium de la certitude, c'est-à-dire du moyen par lequel les résultats de la démonstration se vérifient. Elle ne contient qu'une classification des sciences qui a ses qualités, mais aussi ses défauts, et qui ne saurait, dans tous les cas, ni résoudre la plupart des questions qu'il est dans la nature de l'esprit humain de se poser, ni les éliminer au nom d'une critique plus ou moins rigoureuse de la faculté de connaître, comme celle de Kant ; car une telle critique, Comte ne l'a pas faite et ne pouvait pas la faire.

Cependant, ces questions qu'il a l'air de ne pas vouloir résoudre directement et avec des preuves à l'appui, il les résout indirectement et presque sans preuves. Dans tout le cours de sa classification, il semble, en effet, admettre que les éléments les plus simples et les plus généraux expliquent par leur seule disposition et leur seul arrangement, sans l'intervention d'aucun autre principe, les plus particuliers et les plus complexes ; que le nombre, l'étendue, la figure, en un mot les propriétés mathématiques expliquent les propriétés physiques et chimiques, qui expliquent elles-mêmes les propriétés vitales et intellectuelles, objets de la biologie et de la sociologie, de sorte que, suivant l'expression de M. Ravaisson, sa philosophie ne serait qu'une mathématique universelle. Il nous donne donc, sous l'apparence d'une classification purement logique, une classification véritablement métaphysique, et cela, après s'en être ôté le droit, car il a déclaré les questions métaphysiques insolubles et s'est engagé à se renfermer dans les questions qui relèvent de l'expérience. De plus, il ne présente, à l'appui de ses solutions, aucun argument sérieux et ne réfute aucune des objections de ses adversaires. Enfin, il accepte des solutions inacceptables, s'il en fut. Comment peut-il se figurer, en effet, qu'on a expliqué le mystère de la vie, quand on a analysé les phénomènes physiques qui en précèdent l'éclosion, et qu'on a pénétré le secret de la formation de la pensée, dès qu'on a décrit les faits physiologiques sans lesquels elle n'aurait pas lieu ? Les conditions ne sont pas des causes, et entre le monde de la matière brute et celui de la vitalité, entre le monde de la simple vitalité et celui de l'intelligence, il reste toujours un hiatus infranchissable. Comte tombe ici dans un matérialisme absurde, car c'est être matérialiste que de rendre raison de tout par les propriétés élémentaires de la matière, et il y a de l'absurdité à expliquer le plus par le moins, le supérieur par l'inférieur, l'être par le néant. Ce surplus d'être, en effet, qui est dans le supérieur comparé à l'inférieur, dans le *plus* comparé au *moins*, ne pourrait dériver que du non-être, ce qui est contradictoire au premier chef. Sur ce point, comme sur beaucoup d'autres, Comte semble, je le répète, s'inspirer de ce Saint-Simon qu'il renie en vain. Malgré ses formes savantes, sa doctrine paraît un simple développement de cette pensée du maître, que tout l'univers, y compris le monde moral, est régi par les seules lois de la mécanique, et qu'il faut remplacer Dieu par l'attraction, le théologisme et le déisme par le physicisme.

IV

PHYSIOLOGIE CÉRÉBRALE

Nous ne suivrons pas Auguste Comte dans les considérations philosophiques auxquelles il se livre sur les différentes sciences comprises dans sa classification, sur les mathématiques, sur l'astronomie, sur la physique, sur la chimie et sur la biologie : elles offrent un caractère trop spécial et trop technique pour pouvoir être exposées dans un livre comme celui-ci. Contentons-nous de dire que c'est un travail de systématisation qui suppose chez son auteur les connaissances les plus étendues, l'esprit le plus généralisateur et qui fait honneur à la philosophie française. Nous aimons mieux étudier les vues qu'il émet sur une science qui touche de plus près à la philosophie, ou plutôt qui en fait partie intégrante, sur la psychologie. Il la rattache, sous le nom de physiologie cérébrale [1], à la physiologie, qui n'est elle-même qu'une branche de la biologie. C'est là une conception importante chez notre réformateur et qui a donné lieu à de vifs débats, non-seulement entre ses partisans et ses adversaires, mais encore entre ses partisans eux-mêmes. Ses deux plus grands disciples se sont, en effet, divisés à ce sujet : Stuart Mill, qui est un psychologue et un logicien, a pris parti pour la psychologie considérée comme science indépendante, et M. Littré, qui est avant tout un physiologiste, en a fait, à l'exemple du maître, une annexe de la science qu'il cultive.

Auguste Comte rejette l'indépendance de la psychologie, parce qu'il condamne la méthode psychologique, telle que les spiritualistes l'entendent. Il prétend, à l'exemple de Broussais, que l'observation interne implique contradiction ; car il est impossible que l'homme pense et se regarde en même temps penser. Il ne veut entendre parler que de l'observation externe, de celle qui porte, non sur les phénomènes intellectuels pris en eux-mêmes, mais sur leurs conditions physiologiques d'une part, et sur leurs manifestations sociales, de l'autre. Que l'observation externe doive avoir sa place dans la psychologie et que l'étude des phénomènes physiologiques et des phénomènes sociaux en doive faire partie

---

[1] *Cours de philosophie positive*, t. III, 45ᵉ leçon.

intégrante, nous le reconnaissons volontiers et nous l'avons soutenu nous-même il y a longtemps contre les psychologues purs [1] ; mais il ne s'ensuit pas que l'observation interne soit impossible et sans valeur. Dire que l'homme ne peut pas s'observer intérieurement, c'est dire (nous l'avons déjà fait voir) qu'il ne peut pas savoir qu'il pense, qu'il sent, qu'il veut, qu'il se souvient, qu'il imagine, à mesure que ces faits se produisent au dedans de lui, ou qu'il ne peut pas s'y rendre attentif, quand ils sont passés, en les redemandant à sa mémoire qui en conserve le dépôt, ce qui est insoutenable. Nous connaissons, en effet, les phénomènes purement internes aussi clairement que ceux du dehors : cela est si vrai que nous les faisons connaître aux autres à tout moment avec la plus grande clarté et la plus grande précision. Prétendre que nous ne connaissons ces phénomènes que par les phénomènes physiologiques auxquels ils se lient et par les faits extérieurs qui en résultent, c'est prétendre (ce qui est contraire à l'expérience) que nous ne connaissons pas ces phénomènes en nous, quand ils ne se manifestent pas au dehors et qu'ils ne sont pas suivis d'effet ; c'est prétendre, en outre (ce qui est contraire à la raison), que nous pouvons comprendre des signes (car les faits physiologiques et sociaux ne sont pas autre chose à l'égard des faits psychologiques) sans avoir aucune idée des choses signifiées.

L'observation intérieure une fois éliminée, qu'est-ce qui reste pour organiser la science de l'homme moral ?

---

[1] V. la conclusion de notre *Psychologie de saint Augustin*.

les diverses espèces d'observation extérieure et particulièrement l'observation phrénologique. Auguste Comte n'admet pas tous les résultats auxquels cette dernière avait abouti de son temps : il les rejette, au contraire, presque tous ; et les localisations de facultés, imaginées par Gall et ses successeurs, lui paraissent on ne peut plus hasardées et arbitraires. Mais il en admet le principe avec ses grandes applications. Le principe, c'est que le cerveau n'est pas un organe, mais un système d'organes dont chacun a sa fonction distincte et particulière. La plus importante application de ce principe, c'est la division du cerveau en trois régions principales, auxquelles répondent trois groupes de prédispositions mentales : la région occipitale, siège des penchants animaux, la région moyenne, siège des sentiments humains, et la région frontale, siège des facultés intellectuelles. Ces seuls résultats suffisent, suivant Auguste Comte, pour faire passer la science de l'homme moral de l'état métaphysique à l'état positif. Mais la question est précisément de savoir si ces résultats, si modestes qu'ils soient, sont acquis à la science et offrent réellement le caractère de la positivité. Or, si on consulte les derniers travaux, je ne dis pas des psychologistes, (ils pourraient être suspects), mais des physiologistes, on sera bien obligé de répondre à cette question négativement, comme nous l'avons montré en traitant du système de Gall.

Enfin, en admettant que la classification des organes cérébraux, tentée par les phrénologues, fût aussi exacte qu'elle l'est peu, elle ne servirait à rien, s'ils n'avaient pas déjà par devers eux une classification non moins précise des facultés, faite indépendamment de celle des organes ; Auguste Comte a la loyauté d'en convenir. Mais cette classification des facultés, dont il faut déjà être en possession avant de procéder à celle des organes, comment aura-t-on pu l'obtenir ? Uniquement, comme nous l'avons vu ailleurs, par cette observation intérieure, par cette étude directe de l'homme par l'homme dont Comte ne veut pas. Ainsi, bien loin d'exclure la psychologie, la phrénologie la suppose.

Mais laissons-là la phrénologie que le monde savant n'a jamais reconnue et qui est aujourd'hui fort discréditée : ne parlons que de la physiologie en général dont elle n'a été qu'une application aventureuse et passagère. La physiologie peut bien déterminer les conditions de certains phénomènes psychologiques, mais elle ne saurait les revendiquer pour objets, pas plus que la chimie ne peut revendiquer pour objets les phénomènes physiologiques et vitaux, bien qu'elle détermine les conditions de bon nombre d'entre eux ; pas plus que la mécanique ne peut revendiquer les phénomènes physiques ou chimiques. Une science inférieure ne peut attirer à elle et faire rentrer dans ses cadres l'objet de la science qui la suit et qui la surpasse, sans sortir de ses propres limites et sans perdre du même coup cette certitude, cette positivité à laquelle Auguste Comte attache tant d'importance. Elle est en effet obligée alors de fausser les instruments dont elle se sert pour tâcher d'atteindre des faits qu'ils n'atteignent pas, et de donner à ses principes une extension qu'ils ne comportent point pour essayer d'expliquer des faits qui les débordent : elle est obligée, en un mot, de se lancer dans la carrière des hypothèses.

Ainsi, la physiologie peut bien déterminer quelques-unes des conditions de la sensation, de la pensée, du mouvement volontaire, mais la sensation, la pensée, la volonté lui échappent complétement. Ni l'œil, ni la main, ni la loupe, ni le scalpel ne sauraient les atteindre : ils sont du domaine, non de la physiologie, mais de la psychologie. Si la première s'avise d'en traiter, elle ne pourra qu'en parler en l'air, comme on parle de ce qu'on ne connaît pas. Que pourra-t-elle nous dire, par exemple, du jugement et du raisonnement, de la certitude et du devoir? Absolument rien. Un physiologiste, en tant que physiologiste, est condamné à rester muet sur ces matières. Les problèmes de psychologie, de logique et de morale ne sont pas plus de son ressort que du ressort du chimiste ou du physicien. S'il tente de les résoudre, ou il en cherchera, à son insu, la solution par les procédés usités en philosophie, ou il les résoudra à l'aveugle et de travers.

Auguste Comte est donc tombé dans une erreur énorme en essayant d'absorber dans la physiologie la psychologie, et partant la logique et la morale, qui n'en sont que des dépendances, c'est-à-dire la philosophie presque tout entière. Il s'est mis par là dans l'impossibilité de l'organiser convenablement et c'est peut-être (on ne l'a pas assez remarqué) le vague sentiment de cette impossibilité qui a précipité, vers la fin, ce vigoureux esprit dans le mysticisme. Il a dû demander la solution du problème moral au cœur, à l'amour, c'est-à-dire à un principe de désintéressement et de dévouement, parce que l'étude des corps, la dissection des tissus et des membranes ne la lui donnaient pas et qu'il avait trop négligé l'étude de la partie rationnelle de l'âme pour aller l'y chercher?

V

SOCIOLOGIE OU PHYSIQUE SOCIALE.

Après avoir essayé de coordonner entre elles les mathématiques, l'astronomie, la physique, la chimie, la biologie, dont la psychologie n'est qu'une dépendance, c'est-à-dire des sciences qui existent déjà, Auguste Comte s'efforce de créer et de constituer de toutes pièces la sociologie, c'est-à-dire une science qui n'existe pas encore [1]. Avant de procéder à l'accomplissement de cette œuvre gigantesque, il s'attache à en faire ressortir l'importance et à convaincre d'inanité les tentatives qui ont précédé la sienne.

Il importe, dit-il, de constituer la sociologie, quand ce ne serait que pour mettre fin à la lutte, qui dure depuis trois siècles et qui se manifeste depuis cinquante ans avec un redoublement d'ardeur, entre l'esprit théologique et l'esprit métaphysique. Le premier veut l'ordre sans le progrès, et le second le progrès sans l'ordre. Aussi toutes les tentatives de l'un pour conserver les sociétés humaines ont un caractère rétrograde, et tous les efforts de l'autre en vue de l'améliorer, un caractère anarchique. Ce sont là, suivant Comte, deux erreurs égales et également funestes. L'ordre et le progrès ne sont pas, en effet, deux principes différents et opposés :

---

[1] *Cours de philosophie positive*, t. IV, V, VI.

ils sont deux aspects d'un seul et même principe. Ils sont en politique ce que l'organisation et la vie sont en biologie : ils ne vont pas l'un sans l'autre.

L'école théologique, qui a la prétention de représenter l'ordre en général, ne s'aperçoit pas qu'elle ne représente que l'ordre ancien. Or, si cet ordre n'a pas pu résister aux premiers progrès de l'homme et de la société, il résisterait bien moins encore à leurs progrès ultérieurs. Aussi, s'il était momentanément restauré, son insuffisance éclaterait bientôt à tous les yeux et déterminerait une crise encore plus violente que celle qui l'a emporté une première fois. Quant à l'école métaphysique, qui croit représenter le progrès, elle a joué un rôle éminemment utile en combattant le parti rétrograde et en préparant l'avénement des partisans de la positivité. Malheureusement, elle a fini par se figurer que les doctrines purement négatives, qui lui avaient servi à détruire l'ancien ordre de choses, suffisaient pour fonder un ordre nouveau, pendant qu'elles en rendent, au contraire, la fondation impossible. On ne fonde rien, en effet, en s'attaquant sans cesse au gouvernement et en cherchant constamment à le réduire à de simples attributions de police générale ; car il doit avoir une « participation essentielle à la suprême direction de l'action collective et du développement social. » On ne fonde rien en revendiquant sans relâche ce droit absolu d'examen, qui autorise les esprits les plus vulgaires à traiter par eux-mêmes les questions sociales les plus relevées ; car, si la multitude doit se soumettre à l'autorité des savants, en physique et en astronomie, elle doit s'y soumettre, à plus forte raison, en sociologie, où on traite des matières encore plus difficiles et plus importantes.

Les jugements qu'Auguste Comte porte sur ceux qui avaient essayé avant lui d'organiser cette science maîtresse qu'il nomme sociologie ou physique sociale, sont à peu près ce qu'ils devaient être. Il apprécie assez équitablement Aristote, Montesquieu, Condorcet, bien qu'il les traite un peu comme des vaincus dignes seulement d'être attachés à son char. Son impartialité ne se dément qu'à l'égard des économistes, envers lesquels il montre (Stuart Mill l'a remarqué) une sévérité poussée jusqu'à l'injustice. Il leur reproche d'avoir donné à leur science un caractère arbitraire et artificiel, en prenant pour objet d'étude un certain groupe de phénomènes sociaux ; car tous les groupes de phénomènes sociaux agissent et réagissent constamment les uns sur les autres et sont, pour ainsi dire, inséparables. Mais, si on ne voulait étudier que des groupes de faits sans rapports avec d'autres, on n'en étudierait point ; car tous les faits soit de la nature, soit de la société, sont liés et font corps. On n'étudierait à part ni les faits physiques ni les faits biologiques, ni les faits militaires ni les faits politiques, ni les faits philosophiques ni les faits littéraires. On renoncerait aux vues de détail pour s'en tenir aux vues d'ensemble : on abandonnerait l'analyse, on ne voudrait plus entendre parler que de la synthèse. Et pourtant l'analyse doit avoir sa place, tout comme la synthèse, dans l'atelier scientifique. Comte accuse l'économie politique d'être restée stationnaire depuis Adam Smith son fondateur, et pourtant elle a subi depuis lors soit dans ses procédés, soit dans ses résultats, de graves modifications. Il l'accuse d'être une science métaphysique, c'est-à-dire sans doute une science qui suit la méthode *a priori*, au lieu de s'en tenir à l'observation et à l'expérience : or, elle est incontestablement moins métaphysique et plus expérimentale que la sociologie. Il lui fait un crime, en partant précisément de considérations *a priori*, de chercher à limiter l'intervention du gouvernement dans l'industrie et le commerce et de trop donner à l'initiative individuelle, et elle lui répond par des faits que la liberté commerciale vaut mieux que la protection, car elle augmente positivement la somme des richesses, ce qui permet de supposer, pour le dire en passant, que les autres libertés ne sont pas aussi malfaisantes qu'Auguste Comte le prétend et que le libéralisme, malgré ses défauts qui sont très-réels, vaut encore mieux que le socialisme.

Nous ne voulons pas défendre, contre les critiques de l'éminent réformateur, ces faux libéraux qui réclament sans cesse l'affaiblissement du pouvoir et l'assujettissement des supériorités sociales aux caprices de la multitude ; mais nous croyons que ses critiques n'atteignent pas les libéraux véritables, ceux qui demandent seulement pour les membres de la société la somme de liberté qu'elle peut leur accorder sans se nuire. Quant à ses vues propres, il aurait grand tort de se figurer qu'elles sont irréprochables et à l'abri de toute objection. Il s'imagine que la sociologie peut être élevée au même degré de positivité que les sciences physiques ou mathématiques et rallier tous les esprits distingués dans la profession des mêmes doctrines fondamentales : c'est là évidemment une illusion ou plutôt un rêve. A ce rêve que l'histoire de la politique et la connaissance des questions si complexes qu'elle discute devaient suffire à dissiper, il en ajoute un autre. Sans tenir compte du temps, qui est en toute chose un facteur nécessaire, il se persuade que la sociologie atteindra, du jour au lendemain à cette positivité qu'il ambitionne pour elle, et que bientôt tous les sociologistes, unis dans les mêmes idées, feront accepter leurs décisions aux divers peuples de l'Europe aussi facilement que l'Académie des sciences fait accepter les siennes à ceux qui s'intéressent aux questions scientifiques. A partir de ce moment (et c'est un troisième rêve) la religion et la métaphysique devront disparaître, les dissidences scientifiques, s'il en reste encore, s'effacer, et un dogme politique uniforme et invariable, s'imposer aux populations enfin unies et pacifiées.

En admettant de telles doctrines, Auguste Comte méconnaît toutes les lois de cette sociologie qu'il se flatte de constituer, et, au lieu de pacifier les hommes, il jette parmi eux de nouveaux ferments de discorde et de haine. Il devrait bien savoir, lui qui connaît l'histoire, que les institutions des peuples ont, comme leurs mœurs et leurs langues, leur végétation naturelle, et qu'en voulant les changer du tout au tout, on s'expose à y produire des perturbations profondes. Comment peut-il, par exemple, parler d'un cœur si léger de la suppression des institutions religieuses? Ne sait-il pas que ce sont là des organismes de fer qui ne se laissent pas supprimer si facilement et que le cours des siècles semble à peine pouvoir entamer? Il veut, dit-il, leur substituer la science dans le gouvernement de la vie! Mais comment ne voit-il pas que cette substitution, si elle était possible, ne pourrait s'accomplir qu'au prix de luttes sanglantes et qu'à la condition d'un long interrègne (car enfin la science ne sera pas prête de longtemps à diriger les âmes), et que, durant cet interrègne, la société, privée de toute doctrine générale, serait menacée de dissolution ?

Pour procéder convenablement à l'élaboration de la science qu'il se propose de créer, Auguste Comte distingue, dans les phénomènes qu'elle étudie, deux états principaux, l'état statique et l'état dynamique, qui répondent, en biologie, à l'idée d'organisation et à celle de vie, et, dans la politique courante, à la notion d'ordre et à celle de progrès. Il émet sur ces deux points des vues qui, sans être toujours exactes, sont remarquables et font penser.

La statique a pour objets les conditions d'existence des phénomènes sociaux, tandis que la dynamique roule sur leurs lois de succession. Ces conditions se rapportent soit à l'individu, soit à la famille, soit à la société proprement dite. Ce sont les considérations du premier ordre que l'auteur de la *philosophie positive* expose et développe d'abord. Suivant lui, la question de la sociabilité de l'homme, qui a fait dire tant de sottises aux métaphysiciens, est maintenant définitivement résolue, et la solution en est due au docteur Gall, qui a démontré biologiquement qu'il y a en nous une tendance primitive qui nous porte vers nos semblables et qui a réduit ainsi à néant cet état de nature dont on a fait tant de bruit. Comte a raison de croire à la sociabilité de l'être humain, mais il a tort de faire honneur au docteur Gall de la découverte d'un attribut qu'Aristote et après lui tant d'autres philosophes avaient depuis longtemps supérieurement établi, et d'imputer aux métaphysiciens en général cette théorie de l'état de nature que Hobbes et Jean-Jacques Rousseau ont seuls positivement professée. Il est permis de s'engouer de la phrénologie et de s'échauffer contre la métaphysique, mais pas au point de défigurer tous les faits et de tout brouiller en matière d'histoire.

Un autre trait de notre nature sur lequel Comte appelle notre attention, c'est la prépondérance des facultés affectives sur les facultés intellectuelles. C'est un fait que nous admettons volontiers. Cependant nous n'irons pas jusqu'à dire, avec le célèbre philosophe, que tout exercice continu de notre activité intellectuelle nous déplaît, s'il n'est pas soutenu par un mobile étranger. Nous aimons à connaître pour connaître, abstraction faite de toute autre considération, comme le prouve l'histoire de tous les savants illustres et mieux encore (car on pourrait prétendre que ces derniers ont eu la gloire pour mobile) celle de tous ces savants obscurs, comme chacun de nous a pu en rencontrer, qui étudient la botanique, l'entomologie et les autres branches de l'histoire naturelle sans aucun but ultérieur et au point d'en oublier le manger et le boire.

Nous reconnaissons également, avec Auguste Comte, que la sympathie coexiste en nous avec l'amour de nous-mêmes, mais lui est généralement subordonnée. Seulement nous regrettons qu'il fasse des phrénologues les représentants principaux de cette doctrine, quand il est bien avéré qu'ils n'ont eu sur ce point aucune initiative et qu'ils se sont bornés à répéter assez faiblement des vérités qu'Adam Smith et d'autres philosophes avaient établies avec force. Mais Comte a encore un tort plus grave, c'est celui de poser, à l'exemple du docteur Gall, l'activité intellectuelle, d'une part, l'instinct social, de l'autre, comme les seuls principes régulateurs de notre existence. Le premier point de vue est celui qui a été adopté depuis par Thomas Buckle, qui fait dériver de l'intelligence, non de la moralité proprement dite, tous les progrès de l'humanité ; le second est celui auquel se sont placés les divers moralistes du sentiment. Mais cette morale sentimentale ou *altruiste*, comme on l'a appelée depuis, encourt un grave reproche, c'est de n'avoir aucun caractère rationnel et de ne reposer sur aucun principe absolu, ce qui, du reste, ne doit pas nous étonner, puisque le propre de la philosophie d'Auguste Comte est précisément de sacrifier les vérités de raison aux vérités de fait, c'est-à-dire l'absolu au relatif, dans l'ordre de la connaissance.

Les considération statiques d'Auguste Comte touchant la famille ont encore plus d'importance et d'intérêt que les précédentes. Elles respirent un vif sentiment de la grandeur de cette institution et de ses conditions essentielles. On peut même trouver que l'écrivain positiviste pousse trop loin l'esprit conservateur et autoritaire, en subordonnant complètement et sans restriction le sexe féminin au sexe masculin dans la société domestique. Suivant lui, en effet, non-seulement l'observation directe de l'organisation féminine montre que la femme est plus impropre que l'homme à la continuité et à l'intensité du travail mental, mais l'observation sociale fait voir que les fonctions un peu compliquées de gouvernement ne sont point de son ressort, à cause de son incapacité à les embrasser dans leur ensemble et à cause de sa plus vive susceptibilité affective, qui la rend antipathique à toute abstraction vraiment scientifique. L'un des plus éminents disciples d'Auguste Comte, Stuart Mill juge qu'ici le maître va trop loin. S'il faut en croire le penseur anglais, c'est l'éducation si différente qu'on donne aux deux sexes qui a produit à la longue l'écart si marqué que l'on voit entre eux. Il suffirait d'élever les femmes comme les hommes pour rétablir en faveur des premières l'équilibre depuis si longtemps rompu au profit des seconds. Auguste Comte répond à son célèbre disciple, dans des lettres extrêmement curieuses, que, si l'éducation peut beaucoup, la nature peut encore davantage, et qu'il y a entre l'homme et la femme de telles inégalités naturelles, soit physiques, soit morales, que nul moyen opérant du dehors ne saurait les effacer et les faire disparaître. Ses vues sur l'autorité paternelle et sur la piété filiale, sur le respect du passé et la continuité de la vie sociale, ne sont pas moins sensées, et il est surprenant que l'auteur qui a pu les concevoir se soit laissé entraîner sur d'autres points à tant de témérités et d'aberrations.

Après avoir traité de la statique, Comte traite de la dynamique sociale, qui est la seconde et la principale partie de la sociologie. Il considère d'abord la direction de cette progression sociale que la dynamique se propose d'étudier, puis sa vitesse et enfin la hiérarchie des éléments qui entrent dans sa composition.

L'évolution de l'humanité tend, dit-il, à dégager de plus en plus nos facultés véritablement humaines et à les faire prédominer sur nos facultés animales, de même que l'évolution biologique, envisagée dans son ensemble, tend à dégager de plus en plus les facultés animales et à les faire prédominer sur les facultés organiques, de sorte que le progrès humain se rattache à toute la série du progrès animal et en est le plus haut degré. Que ce progrès soit naturel, Comte n'en doute pas, et ses vues sur ce point sont peut-être la plus vigoureuse réfutation qui ait été faite du paradoxe de Rousseau, que l'homme qui pense est un animal dépravé. Ce progrès consiste, en effet, précisément dans le développement des dispositions propres à notre nature, et ces dispositions tendent d'elles-mêmes à se développer et à devenir prépondérantes dans l'existence humaine. En augmentant de jour en jour notre empire sur le monde extérieur, la civilisation, ajoute excellemment notre philosophe, semble devoir concentrer de plus en plus notre attention vers l'amélioration de notre nature matérielle, et pourtant il n'en est rien. Par suite de la sécurité qu'elle inspire à l'homme à l'égard de ses besoins physiques et de l'excitation qu'elle imprime à ses facultés intellectuelles et même à ses sentiments sociaux, elle restreint peu à peu sa voracité primitive et ses autres besoins purement corporels et donne graduellement l'essor à ses affections morales ; elle remplace peu à peu chez lui l'imprévoyance habituelle de la vie sauvage par un système de conduite calculé et rationnel.

Voilà pour la direction de l'évolution humaine. Quant à sa vitesse, Auguste Comte l'attribue à deux espèces de causes, à des causes principales et universelles et à des causes secondaires et particulières. Les premières sont, d'une part, l'organisme humain, de l'autre, le milieu où il se développe. On comprend, en effet, que des changements un peu profonds dans ces deux conditions fondamentales pourraient avoir pour effet d'accélérer ou de ralentir notre développement dans des proportions incalculables. Seulement de tels changements ne dépendent pas de nous : nous sommes dans une impossibilité absolue de les produire. Parmi les causes secondaires qui concourent à la vitesse du mouvement humain, Comte signale la durée ordinaire de la vie. Suivant que les agents du mouvement général se remplacent plus ou moins vite, ce mouvement s'opère d'une manière plus ou moins accélérée. Il en est, en effet, de l'organisme social, dit ingénieusement notre auteur, comme de l'organisme individuel, après un certain laps de temps, ses parties constitutives deviennent impropres à le faire vivre et doivent faire place à de nouveaux éléments. Supposez la durée de la vie humaine décuplée, et le progrès subira un ralentissement inévitable; car l'instinct d'innovation étant l'apanage de la jeunesse, et celui de conservation l'attribut de la vieillesse, l'équilibre de ces deux principes sera, toutes choses restant les mêmes, notablement altéré en faveur du second. Une autre cause qui modifie la progression sociale, c'est l'accroissement naturel de la population. A mesure, en effet, que le nombre des travailleurs augmente, le travail se divise et se spécialise davantage et affecte un caractère de plus en plus raffiné pour faire face aux besoins d'une multitude toujours croissante et dont les goûts deviennent tous les jours plus délicats.

De ces considérations sur la direction et la vitesse de

l'évolution sociale, Comte passe à la question de la hiérarchie qu'il faut établir entre les éléments qui la composent. Bien que ces éléments soient étroitement liés et exercent les uns sur les autres une action continuelle, il y en a un qui doit être prépondérant et auquel les autres doivent être subordonnés. C'est celui qui peut jusqu'à un certain point être conçu sans les autres, tandis que les autres seraient difficilement conçus sans lui : c'est l'élément intellectuel. Sans doute notre intelligence a besoin, pour se développer, d'être stimulée par nos appétits, nos passions, nos sentiments, mais c'est cependant sous sa direction que s'est toujours accomplie la progression humaine. Si notre espèce s'est développée tout autrement que les espèces animales les plus élevées, ce n'est pas à la partie affective, qui est aussi énergique ou plus énergique chez elles que chez nous, mais à la partie intellectuelle de notre nature qu'elle en est redevable. Aussi le système de nos institutions a toujours varié avec celui de nos croyances et de nos opinions, et on peut dire à la lettre que les mouvements de la société sont dominés par ceux de l'esprit humain. De là la nécessité de subordonner l'histoire de l'humanité à celle de ses opinions fondamentales.

Ceci amène Comte à retracer largement (ce qui est le propre objet de la dynamique sociale) les trois états théologique, métaphysique et positif dont il a déjà esquissé le tableau. L'état théologique est celui par lequel l'homme commence. Il naît de la tendance qui nous pousse primitivement à chercher dans notre propre nature l'explication des choses et à nous représenter les êtres de l'univers à l'image de nous-mêmes. Comme nous attribuons à notre volonté les phénomènes qui se produisent en nous, nous attribuons d'abord aussi à des volontés ceux qui se produisent hors de nous. La doctrine théologique une fois constituée, elle joua, tant dans l'ordre spéculatif que dans l'ordre pratique, le rôle le plus salutaire. L'esprit humain ne pouvait, à l'origine, se livrer à l'observation des phénomènes qu'à la condition d'être dirigé par des théories que l'observation ne lui avait point données, et sans lesquelles il aurait été condamné à un empirisme stérile. Or, ces théories, à la fois nécessaires et antérieures à l'observation, qui pouvait les lui fournir, sinon la théologie ? Grâce à elle, il anima chaque corps d'une vie semblable à la nôtre ou lui superposa une force analogue à celle que nous sommes, et crut naïvement avoir ainsi expliqué les phénomènes qui frappaient ses regards. Mais, autour de ces conceptions enfantines se groupèrent bientôt des observations précises qui servirent ensuite de base à des conceptions plus savantes.

Quant à la métaphysique, dont la domination se place entre celle de la théologie et celle de la physique, et qui participe à quelque degré au caractère de l'une et de l'autre, Comte la décrit plus brièvement. Il montre seulement qu'à mesure que la théologie se retire du domaine spéculatif, la métaphysique l'occupe provisoirement, en attendant que la physique puisse définitivement s'y établir. C'est ainsi que les divinités font place aux entités, et les entités aux phénomènes dans l'explication des choses ; c'est ainsi que l'esprit théologique recule devant l'esprit critique, et celui-ci devant l'esprit positif, qui finit par tout envahir.

De l'ordre spirituel Auguste Comte passe à l'ordre temporel, où il distingue également plusieurs phases. De même, dit-il, que l'esprit théologique a d'abord prédominé dans le premier, l'esprit militaire a d'abord prédominé dans le second. Sa prédominance a marqué le point de départ d'un développement matériel dont le triomphe de l'esprit industriel marquera la fin, comme il est facile dès aujourd'hui de le prévoir, en observant qu'il y a eu décroissance continue de l'esprit militaire et croissance continue de l'esprit industriel depuis l'antiquité jusqu'à nos jours. L'esprit militaire a rempli un office éminent et indispensable à ces époques primitives où les hommes vivaient dans un isolement relatif et éprouvaient pour le travail une répulsion profonde. En les enrôlant pour la guerre, en les faisant concourir à un but commun soit d'attaque, soit de défense, les chefs militaires les ont organisés en société ; en leur imposant le travail, même par la force et la contrainte, au point de les réduire quelquefois en esclavage, ils ont favorisé le premier essor de l'industrie et de la production. Mais leur office, si important qu'il fût, ne pouvait être que provisoire. Quand Rome eut conquis le monde et que l'activité militaire n'eut plus ni objet, ni aliment, l'activité industrielle commença ce mouvement fécond qui a produit de nos jours tant de merveilles. Mais, de même qu'il y a eu, dans l'ordre spirituel, un état intermédiaire entre l'état théologique et l'état scientifique, à savoir l'état métaphysique, il y a eu, dans l'ordre temporel, un état intermédiaire entre l'état militaire et l'état industriel : c'est l'état juridique qui a tenu et tient encore tant de place dans la société.

Pour compléter cette théorie des trois états, Auguste Comte fait ressortir les affinités réelles ou prétendues qu'il trouve entre chacun des états spirituels et l'état temporel correspondant. Malgré la rivalité qui a souvent éclaté entre le pouvoir théologique et le pouvoir militaire, il juge qu'il y a entre eux une convenance incontestable. Le premier, en effet, consacre le second et le rend éminemment respectable aux yeux de tous ; le second prête son bras au premier et le protége contre ses ennemis. Quant à l'esprit scientifique et à l'esprit industriel, ils ont des rapports qui frappent les yeux les moins clairvoyants : ils sont, en effet, entre eux ce que sont entre elles la théorie et la pratique. Il n'y a pas jusqu'à l'esprit métaphysique et à l'esprit juridique qui ne s'appellent et ne se complètent mutuellement. Ne voyons-nous pas les légistes et les métaphysiciens dominer aujourd'hui ensemble la plupart des sociétés européennes, et serait-il possible de détruire l'ascendant des uns sans dissiper le prestige des autres ?

Quelques-unes de ces idées d'Auguste Comte nous paraissent très-vraies et très-ingénieuses, par exemple, celles qui regardent la direction de la progression sociale et les causes qui l'accélèrent ou la retardent. Quant à la question de la hiérarchie à établir entre les principes qui déterminent le mouvement social, elle peut donner lieu et a donné lieu de fait à de graves discussions. Le plus célèbre philosophe de l'Angleterre, M. Herbert-Spencer, dont on avait voulu faire un simple disciple de Comte, se défend de partager sur ce point, de même que sur beaucoup d'autres, l'opinion de l'auteur français, et déclare même qu'il en professe une toute contraire.

Tandis qu'Auguste Comte fait dépendre tout le mouvement social de nos idées, Herbert Spencer le fait dépendre de nos sentiments. Celui-ci est bien ici le représentant de cet esprit anglais qui explique tout par les sentiments, les intérêts, les habitudes, parce qu'il se déploie dans un milieu où ces principes d'action sont en effet prépondérants, tandis que celui-là est tout à fait l'interprète de cet esprit français qui rend compte de tout par l'idée, parce qu'il se développe dans une société où c'est toujours à l'idée pure qu'on fait appel, et où l'on croit toujours que la philosophie peut non-seulement modifier, mais encore changer du tout au tout la nature des choses. Ce sont, du reste, deux opinions qui sont également vraies et également fausses, parce que l'idée et la passion sont à la fois causes et effets et qu'elles agissent ordinairement d'une manière simultanée, non d'une manière successive.

Quant à la théorie des trois états, nous l'avons déjà discutée précédemment. Cependant il faut bien y revenir, puisque Comte y revient lui-même et qu'elle est d'ailleurs le fondement non-seulement de sa sociologie, mais encore de sa philosophie tout entière. Nous avons déjà remarqué que le mouvement scientifique se produisit chez les Grecs avant le mouvement métaphysique, au lieu de le suivre, comme il aurait dû le faire d'après la théorie de Comte. Non-seulement la science devança la métaphysique, mais elle la fit souvent à son image. Platon demandait, bien avant Auguste Comte, une initiation scientifique préalable à ceux qui voulaient se livrer avec lui à l'étude de la philosophie, et on connaît l'inscription qu'il avait fait graver sur la porte de son école : « Que personne n'entre ici s'il n'est géomètre! » Aussi Aristote reprochait-il aux platoniciens d'avoir appliqué à toutes les parties de la connaissance les procédés de la géométrie et d'avoir conçu la philosophie comme une mathématique universelle. Lui-même, qui était avant tout un grand physicien et un naturaliste éminent, étendit à toutes les sciences la méthode d'observation et de classification des sciences naturelles, et aboutit ainsi à faire prédominer, dans sa philosophie, le réel sur l'idéal, les vérités de fait sur les vérités de raison. Les idées métaphysiques une fois répandues partout, grâce à Platon et à Aristote, les idées scientifiques vont-elles du moins reparaître avec un nouvel éclat? Non, ce qui apparaît après elles, ce sont les idées théologiques. Une religion, qui substituait aux causes et aux forces abstraites, alors reconnues, des volontés particulières, la religion chrétienne arrive et se constitue paisiblement dans ce milieu tout saturé, suivant l'expression de M. Renouvier, de science et de métaphysique. La théorie des trois états reçoit ici le plus éclatant démenti qu'il soit possible d'imaginer.

D'ailleurs, les trois états théologique, métaphysique, positif, dont parle Auguste Comte, ne sont ni aussi profondément distincts, ni aussi radicalement incompatibles qu'il a l'air de le croire. En même temps que le polythéisme grec conçoit Minerve, Vénus, Thémis, comme des divinités, il les conçoit comme des types de sagesse, de beauté, de justice, c'est-à-dire comme des entités : il se place au point de vue théologique et au point de vue métaphysique tout à la fois. En même temps que la philosophie platonicienne et la philosophie cartésienne conçoivent Dieu comme le bien absolu, comme la perfection suprême, c'est-à-dire, à ce qu'il semble, comme une simple entité, elles lui accordent la plénitude de l'être, de l'activité, de la vie : elles le conçoivent comme une vraie divinité. Ici encore, le point de vue théologique et le point de vue métaphysique sont inséparables. Quant à l'âme, qui tient tant de place dans les spéculations des métaphysiciens, comme dans celle des théologiens, elle n'est pas plus une simple entité pour les uns que pour les autres : elle est pour tous une force active, vivante, une vraie réalité, ou plutôt la seule vraie réalité qui nous soit directement accessible. Sur ce point, comme sur le précédent, la distinction du point de vue théologique et du point de vue métaphysique est en défaut.

Il faut en dire autant de celle du point de vue positif et du point de vue métaphysique : elle est tout à fait imaginaire. En même temps que je conçois un phénomène comme constamment subordonné à un autre, c'est-à-dire comme soumis à une loi, ce qui est le point de vue positif, rien de m'empêche, si j'ai de bonnes raisons pour cela, de concevoir et le phénomène subordonné, et le phénomène subordonnateur, et tous les phénomènes possibles comme émanés d'un être premier, dernière raison de tout ce qui est, ce qui est le point de vue métaphysique et le point de vue théologique tout ensemble. On dira peut-être que ces phénomènes se produisent d'une manière si régulière, conformément à des lois si invariables qu'on ne saurait les attribuer à la volonté mobile de l'Être suprême. Mais où a-t-on pris que la volonté d'un tel être est mobile? Elle est, au contraire, suivant tous les métaphysiciens de quelque valeur, d'une immutabilité absolue. La science, qui est le domaine des phénomènes, des causes secondes, n'exclut donc pas la métaphysique, qui est la sphère des réalités, des causes premières. Bien loin de l'exclure, elle la suppose; car il y a dans notre esprit un mouvement aussi naturel et aussi légitime que tous ceux qui tiennent à notre essence, qui nous empêche de trouver dans un phénomène la raison suffisante d'un autre, et qui nous élève jusqu'à l'âme et à Dieu, comme aux seules causes véritables.

Les vues de Comte sur l'ordre temporel ne sont pas plus irréprochables que ses vues sur l'ordre spirituel. Ici encore, il se représente, comme profondément distincts et comme radicalement incompatibles, des éléments sociaux qui se mêlent sans cesse et qui s'impliquent mutuellement : nous voulons parler de l'élément militaire, de l'élément juridique et de l'élément industriel. Non content d'établir des rapports peu exacts et singulièrement forcés entre l'esprit militaire et l'esprit théologique, il prétend que le premier, après avoir dominé, comme le second, à l'origine des sociétés, est comme lui en voie de décroissance et ne tardera pas à disparaître du milieu des peuples civilisés. Il dit la même chose, *mutatis mutandis*, de l'esprit juridique qu'il rapproche de l'esprit métaphysique, et n'a des éloges que pour l'esprit industriel, qui lui paraît le digne complément de l'esprit scientifique. Ce sont là, suivant nous, de graves erreurs. Ni l'esprit militaire ni l'esprit juridique ne sont près de disparaître de la société ; ils ne sont même pas en voie de décroissance; quoi qu'en dise Comte : cette sociologie, à laquelle il fait si souvent appel, le prouve surabondamment. Ils ne peuvent jamais ni disparaître, ni sensiblement décroître : cette biologie qu'il invoque si volontiers en fait foi. Il y a toujours eu et il y aura toujours dans le monde des nations qui seront en désaccord, et, au sein de ces nations, des individus qui se chercheront querelle, sans quoi l'homme ne serait plus homme. Il faudra donc bien qu'il y ait toujours des soldats pour défendre les unes et des juges pour réprimer les autres. Il en est du corps social comme d'un corps vivant : il doit avoir des organes non-seulement pour se nourrir et pour communiquer avec le dehors, mais encore pour se protéger. Le réduire à la classe de ses savants et à celle de ses industriels et lui ôter ses hommes de guerre et ses hommes de loi, ce serait le réduire à ses organes de nutrition et de relation et le priver de ses organes de défense ; ce serait le livrer désarmé aux ennemis du dehors et à ceux du dedans, et le condamner, par conséquent, à une mort certaine. Dans l'ordre social, pas plus que dans l'ordre individuel, le progrès ne consiste à atrophier ou à supprimer un organe et à développer les autres outre mesure : il consiste à les exercer tous concurremment et à les maintenir dans ce sage équilibre qui constitue à la fois la santé et la vigueur.

Les principes de la dynamique sociale une fois établis, Comte les vérifie et les applique : il trace un vaste tableau de l'histoire universelle, où il expose successivement l'état théologique, l'état métaphysique et l'état scientifique de l'humanité, sauf à distinguer, dans l'état théologique lui-même, l'âge du fétichisme, celui du polythéisme et celui du monothéisme, qui en ont été les différentes phases. C'est une vraie philosophie de l'histoire, assez largement conçue et assez vigoureusement exécutée, qui arrache un cri d'admiration à Stuart Mill : « Il est impossible, s'écrie l'illustre penseur anglais, de donner même une faible idée du mérite extraordinaire de cette analyse historique. Il faut la lire pour l'apprécier. Quiconque se refuse à croire que de la philosophie de l'histoire on puisse faire une science, doit suspendre son jugement jusqu'après la lecture de ces volumes de M. Comte. »

Nous convenons volontiers que ce travail a de la valeur et qu'il place son auteur à un rang élevé parmi ceux qui ont essayé de donner à l'histoire un caractère systématique ; mais nous sommes loin de le regarder comme irréprochable. En se bornant à étudier les races supérieures de l'humanité et en négligeant de tenir compte des races inférieures, qui semblent condamnées à une éternelle enfance, Comte a, comme on l'a dit, simplifié sa tâche, mais il lui a donné un caractère plus ou moins arbitraire. En s'abstenant généralement de citer des noms d'hommes ou de peuples, il a élevé du premier coup la sociologie dans la sphère des généralités, dans la région des principes, mais il s'est privé de l'avantage, si important pour celui qui veut fonder une science nouvelle, de l'appuyer sur des faits précis et de prouver qu'elle est en plein accord avec l'expérience, c'est-à-dire avec la claire perception de la réalité. En décomposant l'âge théologique en trois autres seulement, il a pu se montrer conséquent avec certaines idées préconçues, mais il a peu respecté l'histoire, qui nous atteste que le panthéisme a eu sa place dans nos annales religieuses, tout aussi bien que le fétichisme, le polythéisme et le monothéisme[1]. En affirmant que le fétichisme a été l'état initial de l'humanité, il est probablement dans le vrai, mais il se fonde moins sur l'observation extérieure, la seule qu'il reconnaisse positivement, que sur l'observation intérieure qu'il a si souvent condamnée, en quoi il est assez peu conséquent. C'est, en effet, parce qu'il constate dans l'homme, étudié psychologiquemant, la tendance à se projeter, pour ainsi dire, au dehors, à concevoir les êtres extérieurs à l'image de lui-même et à les animer de sa vie, qu'il soutient qu'à l'origine l'homme a dû obéir à cette tendance encore plus qu'aujourd'hui.

Mais ce n'est là qu'un détail. En général, Auguste Comte suit la seule méthode d'observation externe, et c'est de là que viennent et les vérités et les erreurs dont son livre est rempli. Il montre fort bien que, pour déterminer les véritables lois des sociétés, il importe avant tout d'observer les faits sociaux et qu'il faut, par conséquent, faire reposer la politique sur l'histoire. Ses idées sur ce point se distinguent avantageusement de celles de la plupart des auteurs du dix-huitième siècle, qui spéculaient à perte de vue sur le meilleur état social possible, sans se préoccuper des conditions historiques nécessaires à sa réalisation. Il fait très-bien voir aussi que, pour qu'une nation soit florissante et prospère, il faut que les classes intelligentes y soient les classes dirigeantes et que les principes constitutifs de toute société ne soient pas sans cesse battus en brèche et remis en question. Mais, si Auguste Comte a bien fait de con-

---

[1] V. la savante étude de M. Pillon sur les religions de l'Inde, *Année philosophique*, 1868, p. 217.

sulter l'observation sensible, il a eu tort de négliger l'observation psychologique et l'intuition rationnelle. C'est faute d'avoir demandé à la conscience et à la raison les notions essentielles de liberté morale, de devoir et de droit, qu'il leur fait si peu de place dans sa sociologie et qu'il traite de l'histoire humaine à peu près comme de l'histoire naturelle.

C'est pour cela que le progrès lui apparaît comme le résultat nécessaire de la nature des choses, et non comme un effet possible de nos libres efforts. C'est pour cela que les faits les plus anormaux, tels que l'esclavage et le régime des castes, sont, à ses yeux, des phénomènes tout simples, qui ont eu, à leur jour et à leur heure, leur légitimité, et qui ne doivent ni nous irriter, ni nous émouvoir. La fameuse théorie des trois états, qui est le fond même de sa doctrine, s'explique également par les défauts et les lacunes de sa méthode. Profondément dédaigneux de la conscience et de la raison, qui pouvaient seules lui fournir l'idée de cause et le principe de causalité, et uniquement épris des sens, qui ne pouvaient lui donner que des faits et des lois, c'est-à-dire des faits généralisés, il a conçu comme l'idéal de la connaissance une synthèse scientifique d'où toute cause serait exclue et qui ne comprendrait que des faits, puis il a condamné très-logiquement l'état théologique et l'état métaphysique, qui admettent des causes, et déclaré seul légitime l'état positif qui n'en reconnaît point. Toute la question est de savoir s'il y a réellement des causes, comme le genre humain l'a toujours cru, ou s'il n'y en a point, comme Comte et avant lui Hume l'ont prétendu. On ne peut pas affirmer qu'il y en a, si l'on n'admet, comme notre philosophe, d'autre moyen de connaître que les sens, car ils ne nous montrent entre les faits que des rapports de succession et non des rapports de causalité. Mais on est parfaitement fondé à soutenir qu'il y en a, si l'on reconnaît, avec tout le monde, la conscience et la raison comme moyens de connaître; car la première atteste à chacun de nous qu'il est la cause et la cause libre de certains actes, et la seconde nous porte invinciblement à remonter, non-seulement de tout phénomène à sa cause, mais encore de toute cause seconde à une cause première.

Pour juger définitivement et sans appel le positivisme, il suffit de le classer : il rentre dans le groupe des systèmes connus sous le nom de sensualistes. Comme tous les systèmes de cette catégorie, il mutile la psychologie, car il ne voit dans l'homme qu'une partie de son être, les sens; il mutile la logique, car il ne regarde comme légitime qu'une partie de la connaissance, la connaissance sensible; il mutile la science, car il ne considère comme des objets réels que les objets du dehors. Le positivisme n'est pas la philosophie des esprits étendus et complets, pas plus que celle des natures fines et délicates, c'est, comme on l'a dit, celle de ces fils de la terre dont parle Platon, qui ne croient qu'à ce que leurs yeux voient et à ce que leurs mains peuvent toucher.

Voilà les grandes lignes de la philosophie d'Auguste Comte, telle qu'il l'a exposée dans la première partie de sa carrière intellectuelle, dans celle où il a été suivi par Stuart Mill, M. Littré et d'autres hommes éminents. On voit que ce penseur célèbre a eu tort de condamner, comme illégitimes, toutes les connaissances rationnelles et de n'admettre d'autres connaissances que celles qu'il nomme positives ; car nous connaissons les êtres, les causes, les fins, quoi qu'il en dise, aussi bien que les faits et les lois. Il a également eu tort de soutenir que l'esprit humain débute toujours par la religion, continue par la métaphysique et finit par la science ; car non-seulement il ne suit pas constamment cette marche, comme nous l'avons suffisamment montré, mais il n'y a nulle nécessité qu'il sorte de l'un de ces états pour entrer dans les autres, vu qu'ils répondent à des besoins divers, mais simultanés, de notre nature et à des faces diverses, mais coexistantes, de la réalité. On voit enfin que, malgré la prétention qu'il affiche de rester sur le terrain de la positivité, il a été fréquemment obligé d'en sortir, pour se lancer dans des spéculations métaphysiques ou historiques d'une exactitude plus que douteuse. Mais il en est sorti bien plus complétement encore dans la deuxième partie de sa carrière, quand il a exposé ses vues sur la morale, la politique, la théologie, et qu'il s'est érigé en grand pontife d'une religion nouvelle. C'est ce qu'il nous reste maintenant à faire voir.

Deuxième Section

LA POLITIQUE POSITIVE OU LE POSITIVISME MYSTIQUE

I

LA MÉTHODE SUBJECTIVE, LA MORALE DE L'ALTRUISME

Auguste Comte avait conçu de bonne heure l'ambition de faire converger vers le même but les deux grands mouvements scientifique et politique du dix-neuvième siècle, de manière à clore, dans l'ordre théorique et dans l'ordre pratique, la révolution occidentale et à inaugurer une ère nouvelle. C'était là une entreprise gigantesque, qui devait tenter un esprit aussi vigoureux et aussi confiant en lui-même, mais qu'il était bien difficile de mener à bonne fin, dans un temps où les diverses sciences se sont si fort multipliées et ont pris de si vastes développements, et où les doctrines politiques sont encore si indécises et si flottantes. Aussi, malgré de vastes connaissances, de prodigieux efforts et une rare puissance de combinaison, échoua-t-il dans son audacieuse tentative. Nous l'avons vu pour la première partie de son œuvre, qui est contenue dans son *Cours de philosophie positive;* nous allons le voir, pour la seconde, que son *Système de politique positive* renferme à peu près tout entière.

Ce qui domine dans le *Cours de philosophie*, c'est la prétention, plus ou moins justifiée, de tout soumettre à l'empire de la science et de faire régner partout ce que l'auteur nomme la positivité rationnelle ; ce qui éclate surtout dans le *Système de politique*, c'est le désir, souvent exprimé, de répandre de toutes parts la pénétrante influence du sentiment et de faire plier sous le joug du cœur les raisons les plus fières. Les deux parties de la construction cyclopéenne d'Auguste Comte ne paraissent pas réaliser la même idée : l'architecte semble avoir commencé son édifice sur un plan et l'avoir achevé sur un autre. D'où provient une telle anomalie dans l'œuvre du plus systématique des penseurs contemporains ? C'est là ce qu'il s'agit d'expliquer.

Malgré l'étendue et la variété de son savoir, Comte était avant tout un mathématicien. Il était donc naturel qu'au début de son élaboration philosophique, il appliquât à tout la méthode qui lui était la plus familière, celle des mathématiques et de la physique, qui n'en est qu'une extension. Tout alla bien tant qu'il resta dans l'humble sphère des êtres inorganiques. Il ne s'agissait que d'étudier des phénomènes sans lien les uns avec les autres : la méthode des sciences positives y suffisait. Mais, dès qu'il pénétra dans les régions déjà plus élevées de la biologie, il fut amené à croire que certains faits, au lieu de succéder purement et simplement à d'autres, en étaient, pour ainsi dire, le but, la fin naturelle. Il jugea, par exemple, que la sensation ne suivait pas seulement l'organisation et la vie, mais qu'elle était le but pour lequel elles avaient été faites. C'était là réintégrer l'idée de finalité dans la science, et, en outre, admettre que l'inférieur s'explique par le supérieur. C'était transformer du tout au tout la philosophie positive. Pour juger sainement des choses, il ne fallait donc pas partir des faits les plus simples, tels que l'étendue et le mouvement, comme il l'avait autrefois pensé, mais des plus composés, tels que l'homme et les sociétés humaines, dont les animaux et les espèces animales n'étaient que des ébauches imparfaites, et ce n'était pas à la mathématique, mais à la morale que devait être dévolue la présidence du monde philosophique. C'était substituer le point de vue du sujet à celui de l'objet, la méthode subjective à la méthode objective, ou du moins les compléter l'une par l'autre. C'était en même temps substituer le dictamen du cœur à celui de la raison, puisque le cœur est, suivant Auguste Comte, le grand maître en matière de morale et qu'il est seul capable de nous révéler le souverain bien. Que Comte n'ait pas suivi cette nouvelle méthode jusqu'au bout et ne se soit pas élevé, en la suivant, des êtres les plus infimes à un Être suprême, des biens inférieurs au bien supérieur qui les domine et auquel l'univers est comme suspendu, il faut bien le reconnaître ; mais il a eu le mérite, si bien mis en lumière par un éminent métaphysicien[1], d'avoir compris l'insuffisance de l'analyse et des vues de détail dans les hautes sciences et la nécessité de la synthèse et des vues d'ensemble.

Les événements extérieurs concoururent avec sa propre évolution mentale à lancer Auguste Comte dans cette nouvelle voie et le poussèrent même beaucoup plus loin qu'il n'aurait dû aller. Les longs démêlés qu'il eut, au sujet de ses fonctions à l'École polytechnique, avec

---

[1] M. Ravaisson, *la Philosophie en France au dix-neuvième siècle* p. 74.

des géomètres et des astronomes célèbres, notamment avec Arago, appelèrent son attention sur ce qu'il y avait de sec, d'étroit, d'absolu dans le genre de connaissances que cultivaient ses adversaires, et le disposèrent à apprécier plus favorablement les sciences qui, sans être susceptibles de la même rigueur, demandent un esprit plus souple, plus ouvert, plus vaste et déroulent devant leurs adeptes de plus larges horizons. La passion platonique qu'il éprouva, vers le même temps, pour une dame bien née, pour Mme Clotilde de Vaux, ne fut pas non plus étrangère au caractère que présentent dès lors ses spéculations philosophiques et sociales. En donnant l'essor à ses tendances affectives longtemps contenues et endormies, elle l'amena à épancher sur toutes choses le trop-plein de son cœur et à concevoir, dans ses rêves de bonheur pour l'espèce humaine, un monde dont tous les mouvements seraient déterminés et réglés par le plus pur amour. Le régime intellectuel qu'il suivait, à cette date, n'était pas fait pour imprimer à ses idées une autre direction. Il s'était imposé la loi de ne lire ni livres scientifiques, ni journaux, afin que rien ne vînt rompre le fil de ses pensées ni modifier le cours de son évolution philosophique : c'est ce qu'il appelait son hygiène cérébrale. Il ne faisait diversion à ses travaux qu'en allant quelquefois au théâtre entendre de la musique et en lisant soit les poëtes italiens et espagnols, soit l'admirable guide de la vie religieuse, l'*Imitation de Jésus-Christ*. Les impressions d'une jeunesse écoulée dans l'intimité d'un grand promoteur en matière de religion, comme Saint-Simon, se mêlèrent-elles à son insu à toutes ces influences? Je suis très-disposé à le croire.

Quoi qu'il en soit, un moment arriva où le superbe fondateur du positivisme n'aspira plus qu'à réprimer dans l'homme l'orgueil de l'esprit, qu'à vivre pour les autres et à se faire le défenseur des faibles, à l'exemple des chevaliers du moyen âge et sous les auspices de cette Clotilde que la mort avait ravie à sa tendresse ou plutôt à son culte. Il organisa même une religion de sa façon, celle du vrai grand Être qui est l'humanité, montrant par là que, si l'on passe quelquefois de la religion à la philosophie et de la philosophie à la science, on peut aussi quelquefois opérer une évolution en sens inverse. Les principaux résultats de ce nouveau mouvement intellectuel sont consignés dans sa *Politique positive* que nous allons analyser.

Comte y remanie, d'après sa nouvelle conception des choses, les idées qu'il avait émises autrefois sur les mathématiques, la physique, la biologie, la sociologie et les présente sous un jour bien différent. Suivant lui, comme suivant bon nombre de moralistes, il ne faut étudier les mathématiques que dans la mesure où une telle étude peut contribuer au perfectionnement et au bonheur de l'humanité. Or, c'est là un point qui est du ressort de la logique du cœur. Il veut bien convenir que les mathématiques sont, à cause de leur rigueur et de leur évidence, le véritable berceau de la positivité rationnelle et mériteront toujours à ce titre l'attention des philosophes; mais il prétend, ce qu'il n'eût pas fait jadis, qu'elles donnent lieu, dans l'état de décomposition où elles sont parvenues, à une foule de questions minutieuses, incompatibles avec toute grande vue d'ensemble, et que, de plus, elles habituent l'esprit à expliquer les réalités les plus hautes et les plus riches par les principes les plus humbles et les plus pauvres : » Sous cet aspect décisif, dit Auguste Comte, l'abus du calcul en mathématiques constitue réellement la première phase du matérialisme systématique... L'usurpation de la physique par les géomètres, de la chimie par les physiciens, et de la biologie par les chimistes, deviennent ensuite de simples prolongements successifs d'un vicieux régime dont le principe est toujours le même, et qui ne peut être modifié qu'en son germe inaperçu [1]. »

Un métaphysicien de notre temps, M. Ravaisson, admire avec raison cette pensée d'Auguste Comte et la rapproche de cette idée d'Aristote, que chaque ordre d'existences est pour l'ordre supérieur une matière à laquelle celui-ci donne une forme, puis il ajoute, en parlant de la conception du penseur français : « Ramener une chose, pour en rendre raison, à une chose d'un ordre moins élevé, c'est l'expliquer par sa matière : donc le matérialisme est l'explication du supérieur par l'inférieur. Profonde formule qui restera pour son auteur un de ses principaux titres au nom de philosophe [2]! »

Parmi les sciences qu'Auguste Comte remanie en se plaçant à son nouveau point de vue, il faut surtout signaler la science de la nature humaine. Il comprend mieux que par le passé que la science de l'homme est l'antécédent nécessaire de la politique. Seulement, au lieu de la chercher, comme un autre l'aurait fait, dans la psy-

---

[1] A. Comte, *Politique positive*, t. I, p. 472.
[2] Ravaisson, *la Philosophie en France*, p. 78.

chologie, il continue, par suite de ses préventions contre cette dernière et de son engouement pour les doctrines de Gall, à la chercher dans la phrénologie. Il est vrai de dire qu'il prend avec celle-ci des libertés qu'on n'aurait pas attendues d'un adepte aussi fervent et aussi respectueux. Non-seulement, en effet, il détermine les facultés et les inclinations morales avant de déterminer les protubérances cérébrales, mais c'est uniquement d'après le nombre et les rapports des premières que l'intraitable ennemi de la psychologie fixe le nombre et la place des secondes, sans se donner la peine de vérifier sur le cerveau l'exactitude de sa nomenclature. Il se trouve ainsi que la partie psychologique de son travail est, sauf les vices inséparables de toute classification, assez positive, tandis que la partie anatomique, qui devait lui conférer la positivité que les études de ce genre comportent, n'est pas positive le moins du monde.

Comte suppose que le cerveau comprend dix-huit organes, dont treize se rapportent au cœur et cinq seulement à l'esprit, et divise, en outre, les fonctions morales en fonctions affectives et fonctions actives ou pratiques; les premières répondent au cœur en tant qu'il est le siége de la tendresse, et les secondes au cœur en tant qu'il est un principe d'énergie, c'est-à-dire au caractère. Par la vie intellectuelle et par la vie active, l'homme est en rapport direct avec les corps, soit pour les connaître, soit pour les modifier; par la vie affective, il n'est en rapport immédiat qu'avec les deux vies précédentes dont elle est le premier moteur. Mais le *consensus* total dépendant surtout de la vie affective, son siége cérébral doit être d'une activité exceptionnelle. Ce qui prouve d'ailleurs qu'il en est bien ainsi, c'est qu'on se lasse de penser et d'agir, mais non pas d'aimer : les preuves de Comte ne sont pas, comme on voit, des plus concluantes. Notre philosophe ne s'en tient pas à ces vues générales : il entre dans le détail. Ainsi, il groupe tous les sentiments ou penchants sous deux chefs, qui sont la personnalité et la sociabilité ou (pour employer les termes que son école a consacrés) l'égoïsme et l'altruisme. L'égoïsme comprend les sept instincts de la nutrition, de la reproduction, de la maternité, de la construction, de la destruction, de l'orgueil et de la vanité. L'altruisme se décompose en trois penchants secondaires : l'attachement, qui a pour objet un égal ; la vénération, qui a pour terme un supérieur, et la bonté, qui se rapporte généralement à un inférieur. L'esprit possède la faculté de conception et celle d'expression, et, comme la première offre quatre formes différentes, les fonctions intellectuelles sont, en définitive, au nombre de cinq. Quant au caractère, le courage, la prudence et la fermeté en constituent les trois grandes divisions.

Toute la psychologie d'Auguste Comte, dégagée des détails physiologiques dont il la complique arbitrairement, est contenue dans cette classification. Nous avons cru devoir la reproduire, malgré ce qu'elle a de sec et de rebutant, parce qu'elle sert de fondement à toute sa morale et à toute sa politique. Dès le seuil de ces deux sciences, notre réformateur se pose, en effet, le problème suivant : étant donnés trois instincts sociaux et cinq attributs intellectuels, d'une part, et sept penchants personnels, de l'autre, former entre les premiers et les seconds une coalition qui permette de triompher des troisièmes et de substituer le règne de l'altruisme à celui de l'égoïsme. C'est là, dit-il, une question d'une souveraine importance; car, si l'égoïsme peut, à la rigueur, établir l'harmonie en nous, il ne saurait l'établir entre nous; s'il est capable de réaliser à quelque degré l'unité individuelle, il est impuissant à réaliser l'unité sociale. Sans doute l'unité qu'on peut appeler altruiste est moins facile à constituer que l'unité égoïste, mais c'est à elle pourtant que chacun de nous doit tendre, parce qu'elle est très-supérieure à l'autre en plénitude et en stabilité et qu'elle est l'indispensable condition de l'unité sociale. Comte comprend, en effet, très-bien, à la différence de Fourier, que l'ordre moral et l'ordre social sont solidaires et que c'est seulement en réglant l'individu qu'on peut arriver à régler la société. Mais, pour les régler, il faut avoir une règle: or, cette règle, c'est le principe religieux.

Qu'est-ce donc que cette religion à laquelle le grand réformateur attacha finalement tant d'importance et dont il fit comme le centre de ses dernières spéculations? Il nous l'explique lui-même: « Dans ce traité, dit-il, la religion sera toujours caractérisée par l'état de pleine harmonie propre à l'existence humaine, tant collective qu'individuelle, quand toutes ses parties sont dignement coordonnées. » Ceci n'est pas encore bien clair; car il s'agit précisément de savoir quelle est la cause de l'harmonie, du *consensus* dont on nous parle. Suivant Auguste Comte, elle est à la fois objective et subjective, intellectuelle et morale: « D'une part, dit-il, il faut que l'intelligence nous fasse concevoir au dehors une puissance assez supérieure pour que notre existence doive s'y subordonner toujours. Mais, d'un autre côté, il est autant indispensable d'être intérieurement animé d'une affection capable de rallier habituellement toutes les autres. Ces deux conditions fondamentales tendent naturellement à se combiner, puisque la soumission extérieure seconde nécessairement la discipline intérieure qui, à son tour, y dispose spontanément[1]. »

L'idée que l'intelligence nous donne d'une puissance extérieure qui peut seule nous régler comme individus et comme êtres sociaux, ce n'est pas, comme on serait d'abord tenté de le croire, l'idée de la puissance de l'Être suprême : c'est celle de la puissance du milieu dans lequel nous sommes plongés. Le milieu exerce, en effet, une action à la fois indispensable et irrésistible sur notre vie végétative, sur notre vie animale et sur notre vie cérébrale elle-même. Or, la conviction profonde de notre commun assujettissement à son égard est très-propre à coordonner nos conceptions de détail autour de cette vue d'ensemble, à rabattre le sentiment de notre personnalité, au profit de nos sentiments de sociabilité, et à imprimer à nos actes un caractère unitaire. C'est la part de l'intelligence, de la croyance, de la foi dans le système religieux ; elle est, sinon tout le dogme, au moins un dogme. A côté de celui-là, en effet, Comte en admet un autre, qui ne le contredit pas, mais qui le complète. A mesure que l'esprit passe de l'étude des phénomènes mécaniques et astronomiques à celle des phénomènes biologiques, il se sent comme transporté du monde de l'immutabilité dans celui de la variabilité ;

---

[1] *Politique positive*, t. II, p. 12.

car, si la nature morte ne se modifie pas, la nature vivante est essentiellement modifiable : le dogme du progrès est le complément de celui de l'ordre dans la religion de notre philosophe.

Cette doctrine n'est pas seulement vraie spéculativement ; elle est encore salutaire pratiquement, par suite de la réaction naturelle que l'esprit exerce sur le cœur et sur la vie : « Si déjà, dit Auguste Comte, la fixité essentielle de l'ordre universel excite naturellement l'amour, en comprimant l'égoïsme et en commandant l'union, sa modificabilité accessoire doit tendre davantage vers cette double efficacité morale, » car elle provoque l'action et rien ne développe la sympathie comme d'agir et surtout d'agir en commun. Mais, pour combattre avec succès l'égoïsme, il ne suffit pas de lui opposer les attributs intellectuels qui se résument dans la foi, il faut encore lui opposer les sentiments sociaux qui se résument dans l'amour : au dogme, pour parler le langage du nouveau révélateur, il faut ajouter la morale. Tant que notre religion est bornée à l'ordre cosmique et à l'ordre biologique et ne nous manifeste point une existence douée d'affections et de volontés analogues aux nôtres, combinées avec une puissance supérieure, elle ne donne lieu à aucun énergique et véritable amour ; mais, dès qu'elle s'applique à cette humanité à laquelle nous devons tout et qui nous a faits tout ce que nous sommes, notre cœur s'émeut et palpite d'enthousiasme, en même temps que de gratitude. Le cœur a trouvé son objet, comme l'intelligence ; la foi et l'amour peuvent se développer de concert : « Cette incontestable Providence (c'est de l'humanité qu'il s'agit), arbitre suprême de notre sort, devient naturellement le centre de nos affections, de nos pensées et de nos actions. Quoique ce grand Être surpasse évidemment toute force humaine, même collective, sa constitution nécessaire et sa propre destinée le rendent éminemment sympathique envers tous ses serviteurs. Le moindre d'entre nous peut et doit aspirer constamment à le conserver et même à l'améliorer. Ce but normal de toute notre activité, privée ou publique, détermine le vrai caractère général du reste de notre existence affective et spéculative, vouée à l'aimer et à le connaître, afin de le servir dignement par un sage emploi de tous les moyens qu'il nous fournit. Réciproquement, ce service continu, en consolidant notre véritable unité, nous rend à la fois meilleurs et plus heureux. Son dernier résultat nécessaire consiste à nous incorporer irrévocablement au grand Être, dont nous avons ainsi secondé le développement [1]. »

A ces considérations qui doivent commencer à surprendre le lecteur, Comte en ajoute d'autres qui le surprendront tout à fait. Il nous dit que cet immense et éternel organisme diffère des autres êtres en ce qu'il est formé d'éléments séparables dont chacun peut lui accorder ou lui refuser sa coopération, ce qui revient à dire que cet être prétendu n'est pas un être, mais une collection d'êtres, ce qui est bien différent. Ce n'était pas la peine de tant accuser les métaphysiciens de forger des entités chimériques, pour aboutir soi-même à réaliser une telle abstraction ! Mais poursuivons. Chacun de ces éléments comporte deux existences successives : l'une,

---

[1] *Politique positive*, t. II, p. 59.

objective et passagère, où il sert le grand Être; l'autre, subjective et perpétuelle, où il est incorporé à lui. La première n'est qu'une épreuve par laquelle on doit tâcher de mériter la seconde. Cela signifie, en bon français, qu'il y a pour l'homme deux existences, l'une où il existe réellement et l'autre où il n'existe que dans la mémoire des sujets de son espèce, et qu'il doit s'efforcer, durant celle où il existe, de mériter celle où il n'existera pas. On voit que la théorie de la vie future de Comte et sa théorie de l'Être suprême se valent : elles sont à peu près aussi intelligibles et aussi attrayantes l'une que l'autre !

Mais laissons de côté la religion de Comte, sur laquelle nous reviendrons, et essayons de nous rendre compte de sa morale, qui tient la première place dans son livre et au service de laquelle il met sa religion elle-même. Cette morale comprend, comme on a pu le remarquer, deux principes fondamentaux, celui de la subordination de l'esprit au cœur et celui de la subordination de l'égoïsme à l'altruisme. Que l'esprit doive se subordonner au cœur, un penseur que nous avons souvent cité, M. Ravaisson, n'en doute pas et loue Comte d'avoir professé, à l'exemple de Pascal, une telle doctrine : « L'intelligence, dit-il, n'existe que pour servir aux fins de nos affections. Ces fins se résument en une chose, le bien, objet de l'amour. L'amour est le mot, le secret de la nature humaine. Ce n'est pas tout : il est le secret du monde [1]. » Au contraire, le plus célèbre disciple d'Auguste Comte, M. Littré, rejette sur ce point la doctrine

---

[1] Ravaisson, *la Philosophie en France*, p. 82.

de son ancien maître : « Si M. Comte, dit-il, veut dire par là que l'esprit doit toujours concourir au bon et au bien, il ne fait qu'énoncer une vérité que tous les moralistes soutiennent et que nul ne contredit. S'il veut dire que toute direction doit émaner du cœur, il aveugle, qu'on me passe l'expression, le cœur, et livre la morale à toutes les aberrations. S'il veut dire, enfin, que l'intelligence ne doit plus travailler pour elle-même, ni poursuivre la vérité pure et la théorie abstraite, il mutile l'humanité et la prive de son plus puissant instrument de perfectionnement [1]. »

M. Littré a évidemment raison de soutenir contre Auguste Comte que l'esprit ne doit pas être subordonné au cœur, si on prend ce dernier mot dans le sens large et si on entend par là l'ensemble de nos instincts. Une telle doctrine morale serait la négation de la morale elle-même; car elle n'irait à rien moins qu'à autoriser chacun de nous à céder à sa passion dominante. En revendiquant ici l'autorité et l'hégémonie de l'esprit, c'est-à-dire de la partie éclairée de nous-mêmes à l'égard des éléments aveugles de notre nature, M. Littré est d'accord avec les rationalistes les plus autorisés. Mais M. Ravaisson, de son côté, n'a pas tort de défendre la doctrine de la subordination de l'esprit au cœur, professée par Auguste Comte, si on prend le mot *cœur* dans un sens restreint et si on désigne par là, non pas l'ensemble de nos amours et de nos sentiments, mais seulement l'amour du bien, le sentiment moral. Il en est de ce dernier, en effet, comme de l'amour du beau,

---

[1] Littré, *A. Comte*, p. 554.

comme du sentiment esthétique ; bien qu'il suppose la connaissance de son objet, et par conséquent une certaine intelligence, il n'est pas en raison directe de l'intelligence ; car il y a des hommes très-intelligents qui ne le possèdent qu'à un degré ordinaire, et des hommes ordinaires qui le possèdent à un degré supérieur. Or, c'est de l'amour du bien, plutôt que de l'intelligence, que la pratique du bien dérive. C'est pourquoi Platon, tout rationaliste qu'il était, préférait l'enthousiasme, c'est-à-dire l'état d'une âme ravie par l'amour du bien au point de lui tout sacrifier, à la tranquille raison des âmes froides ; c'est pourquoi saint Paul déclarait dans une épître bien connue, qui n'est à vrai dire qu'un hymne enflammé à la vertu, que quand on connaîtrait toutes les langues du monde, que quand on posséderait tous les dons intellectuels les plus rares, si on ne possède pas la charité, c'est-à-dire la passion du bien, on n'est qu'un airain sonore, qu'une cymbale retentissante ; c'est pourquoi Pascal, après avoir abaissé toutes les grandeurs matérielles devant la grandeur de l'esprit, abaisse à son tour cette dernière devant celle qui a sa source dans la charité, dans l'amour, devant la grandeur morale. Le genre humain a toujours eu le sentiment de cette vérité ; car, si le titre d'homme instruit, éclairé, intelligent, lui a toujours paru un éloge, celui d'homme noble, généreux, et pour tout dire, d'homme de cœur, a toujours été à ses yeux l'éloge suprême, et, si la science a toujours été l'objet de ses hommages, elle a cependant toujours été primée dans son admiration par la vertu, la sainteté, l'héroïsme. L'opinion d'Auguste Comte, prise dans un certain sens, est donc parfaitement soutenable seulement, l'auteur a le tort de la formuler d'une manière équivoque.

La question de la subordination de l'égoïsme à l'altruisme semble plus facile à résoudre ; car elle ne paraît pas différer sensiblement de celle de la subordination de l'intérêt particulier à l'intérêt général que tous les moralistes, dignes de ce nom, résolvent par l'affirmative. Cependant elle offre bien aussi quelque difficulté ; car on ne saurait exiger, à ce qu'il semble, que l'homme se subordonne aux autres, au point de s'oublier complétement pour eux et de renoncer aux satisfactions les plus innocentes pour leur être utile et pour leur faire plaisir. Or, c'est précisément là ce que demande Auguste Comte, si l'on s'en rapporte à sa fameuse devise : *Vivre pour autrui* et à l'explication qu'il en a donnée. Son opinion a été vivement combattue par le plus célèbre de ses disciples anglais, par Stuart Mill. Suivant cet écrivain, nous ne devons pas vivre pour autrui, mais pour nous-mêmes, sous la condition toutefois de ne pas nuire aux autres et même de les servir dans la mesure du possible. Vouloir que nous allions au delà, c'est confondre le champ du dévouement avec celui de l'obligation ; c'est nous imposer une morale impraticable et même contradictoire, car il est impossible que les hommes arrivent à s'oublier pour leurs semblables, et c'est moins de la poursuite directe du bien général que de la poursuite par chacun de son bien particulier, sauf le respect du bien de tous, que le bien général peut naître.

Ce sont là des considérations qui ne manquent pas de valeur, mais qui tombent pour la plupart devant une saine appréciation du principe d'Auguste Comte. Par cela seul que ce principe est un idéal, l'observation qu'il est impraticable ne l'atteint pas, puisqu'il est de la nature de l'idéal de ne pouvoir jamais se réaliser complétement et de modifier constamment le réel sans pouvoir jamais se l'assimiler tout à fait. J'ajoute que, pour obtenir des hommes précisément ce qu'il faut, il est bon de leur demander plus qu'il ne faut. Quand on veut redresser une baguette, il ne suffit pas, suivant la remarque d'Aristote, de la ramener exactement à son état normal, il faut la courber fortement en sens inverse. Ce qu'on pourrait plus justement reprocher à Auguste Comte, c'est d'avoir prêché l'altruisme, sans l'avoir établi démonstrativement, et d'en avoir fait le fondement de sa morale, sans lui avoir donné à lui-même une base rationnelle suffisante. On pourrait lui reprocher encore d'avoir mutilé la morale en la ramenant tout entière à la morale sociale, sans tenir compte de la morale individuelle et du sentiment de la dignité humaine qui lui sert de fondement. On pourrait lui reprocher enfin d'avoir amoindri la morale sociale elle-même, en réduisant tous nos devoirs à ceux d'humanité et en oubliant ceux de justice. Par tous ces côtés, sa morale ressemble du reste à celle de Hume, à celle de Saint-Simon, à celle de Gall, à celle de Broussais, c'est-à-dire à la morale des philosophes qu'il avoue pour ses maîtres : l'élément rationnel en est absent, parce qu'il est absent de la métaphysique dont elle découle.

II

LA FAMILLE, LA SOCIÉTÉ, LA RELIGION, LES ÉCOLES POSITIVISTES

Après avoir établi sa morale et traité de la religion, qui lui paraît le moyen le plus efficace de la faire régner parmi les hommes, Auguste Comte traite de la propriété, dont l'influence moralisatrice n'est pas moins incontestable, et qui est, suivant l'expression de Michelet, un des grands instruments de l'éducation du genre humain. Il fait très-bien voir que l'habitude de travailler en vue de l'acquérir, non pour soi-même, mais pour les siens, ne peut que développer dans l'homme les sentiments altruistes, à cause de la réaction que nos actions exercent naturellement sur nos affections. De la question de la propriété il passe à celle de la famille. On sait combien Fourier et Enfantin avaient donné carrière à leur imagination sur ce sujet délicat et à quelles conclusions à la fois immorales et bizarres ils s'étaient finalement arrêtés. Auguste Comte expose là-dessus des doctrines non-seulement très-correctes, mais encore très-sévères, au point que Stuart Mill se demande s'il ne faut pas les expliquer par l'influence du catholicisme dans lequel il avait été nourri.

Notre philosophe remarque d'abord le mélange d'égoïsme et d'altruisme qui distingue toutes nos affections domestiques et le mouvement progressif qui les épure dans la première d'entre elles que l'homme ressent, dans l'amour filial. Elle n'est d'abord qu'un instinct étroitement lié à celui de la conservation ; car, sans ses père et mère, que deviendrait l'homme naissant ? Mais, à mesure que les relations domestiques se prolongent, le respect s'ajoute à l'instinct et en fait peu à peu ce sentiment de vénération qui s'adresse, non-seulement aux parents, mais encore aux ancêtres et même aux supérieurs quels qu'ils soient : c'est un premier pas vers la vraie moralité. A ce sentiment, qui a pour objet ceux qui nous précèdent ou qui nous surpassent et qui est le fondement de toute tradition et de toute hiérarchie, s'en ajoute bientôt un autre qui se rapporte à ceux qui vivent avec nous et qui nous ressemblent : c'est l'amour de nos frères et sœurs, type de l'amour universel.

Comte n'analyse pas l'amour conjugal avec moins de finesse que les affections précédentes. Il le montre naissant de l'instinct le plus énergique que nous ayons après celui de la conservation et lui empruntant quelque chose de son intensité, puis subsistant et croissant par son propre charme et indépendamment de toute brutale satisfaction. Au lieu de développer seulement, comme les autres affections domestiques, un seul de nos instincts sociaux, il les développe tous, la vénération, l'attachement, la bonté. C'est le plus moralisateur de nos sentiments de famille, et le mariage, dont il est le principe, est la plus moralisatrice des institutions. Aussi Comte veut-il qu'il soit exclusif, indissoluble et non renouvelable : il va plus loin, comme on voit, que les catholiques eux-mêmes. Notre évolution morale se complète par un dernier sentiment, non moins remarquable que ceux dont nous venons de parler et non moins fécond en résultats de tout genre, par l'amour paternel. L'orgueil la vanité, la cupidité même y entrent assez souvent pour une bonne part; mais, quand il s'est suffisamment épuré par l'habitude des actions qu'il suggère naturellement, il s'accuse par un mélange de bienveillance et de protection et devient le type de toutes les affections qui attachent le supérieur à l'inférieur.

Même réduite au couple propagateur, la famille laisse déjà apparaître les conditions essentielles de toute société humaine. On y voit plus clairement qu'ailleurs, parce que le cas est plus simple, que toute société suppose, à un certain degré, une foi commune, un amour mutuel et une coopération effective entre des activités différentes. On y voit aussi qu'il n'y a pas plus de société sans gouvernement que de gouvernement sans société ; car la société domestique, toute petite qu'elle est, implique déjà un chef. On y voit enfin que tout pouvoir humain se décompose en pouvoir pratique ou de commandement et en pouvoir moral ou de conseil ; car, dans toute famille bien organisée, le droit de commandement appartient à l'homme et le droit de conseil à la femme : le pouvoir temporel est d'un côté ; le pouvoir spirituel, de l'autre.

Ces considérations, qu'on dirait empruntées au vicomte de Bonald, amènent tout naturellement Auguste Comte de l'étude de la société domestique à celle de la société politique. Il distingue dans cette dernière trois forces : la force matérielle, la force intellectuelle et la force morale. De ces trois forces quelle est celle qui doit avoir la prédominance sur les deux autres ? Comte n'hésite pas à répondre que c'est la force matérielle. L'empire du monde lui appartient et les deux autres ne jouent à son égard que le rôle de modératrices. C'est une vérité que les théologiens et les métaphysiciens, avec leurs idées supra-sensibles, n'avaient garde de reconnaître, mais que les positivistes proclament bien haut. Ils comprennent que le travail matériel a, lui aussi, sa dignité propre, et que c'est par ce mode d'activité que l'ordre humain se lie le mieux à l'ordre universel. La force matérielle est proprement cette force de cohésion qu'on nomme gouvernement et qui a pour fonction à la fois de contenir et de diriger. Elle résulte, dans l'ordre militaire des temps passés, de la convergence des influences principales que la position sociale procure et de leur concentration en une influence unique, ce qui signifie que le gouvernement « provient d'un suffisant concours entre les chefs naturels des diverses opérations élémentaires spécialement ralliés à leur meilleur type. » C'est au nom de cette théorie, renouvelée de Saint-Simon, que Comte demandait, à un certain moment, que le gouvernement fût remis aux mains de trois banquiers.

Notre auteur s'inspire également des idées de son ancien maître, quand il propose d'établir, en face du pouvoir temporel et pour lui faire contre-poids, un pouvoir spirituel, analogue à celui qui a régné au moyen âge. Le premier, en effet, a besoin, pour exercer d'une manière utile et durable ses hautes fonctions, d'un guide intellectuel, d'un consécrateur moral et d'un régulateur social. Or, il ne peut les trouver que dans un corps spéculatif indépendant et respecté, que dans une société plus noble, superposée à la société politique, comme celle-ci l'est à la société domestique, en un mot, que dans une Église, qui embrasse les diverses cités, comme celles-ci les diverses familles. Un pouvoir spirituel, représenté par des penseurs, peut seul guider un pouvoir temporel, matériel et pratique par ses origines, en lui communiquant les résultats de ses vastes spéculations ; il peut seul discipliner assez fortement une opinion publique divergente et mobile, pour donner au gouvernement une consécration durable ; il peut seul enfin, grâce à l'indépendance dont il jouit et à l'autorité qu'il exerce sur l'universalité des hommes, prévenir les écarts et réprimer les abus dont les chefs des cités se rendraient coupables, et les réduire, par son influence toute morale, aux règles du devoir.

Cette autorité trouve un utile auxiliaire dans l'influence féminine qui émane du cœur, de même que l'influence sacerdotale émane de l'esprit, et c'est même, suivant Auguste Comte, de ces deux influences réunies que le pouvoir spirituel se compose. La femme ne peut, il est vrai, sans se dénaturer, en exercer hors de la famille la part qui lui revient et qui est uniquement morale et affective ; mais le prêtre l'exerce pour elle, concurremment avec la sienne propre, qui est avant tout spéculative et intellectuelle. Aussi doit-il se rendre digne, par sa haute moralité, de parler aux hommes au nom des femmes : « Soit pour conseiller, soit pour consacrer, soit surtout pour régler, le sacerdoce a toujours besoin d'un certain mérite de cœur, sans lequel sa valeur d'esprit, même quand elle se développerait assez, n'obtiendrait point la confiance indispensable. C'est pourquoi le pouvoir intellectuel ne saurait être entièrement séparé du pouvoir moral, afin de modifier réellement le règne spontané de la prépondérance matérielle [1]. »

A la question du pouvoir spirituel se rattache étroitement celle du culte, qui est le principal moyen dont le sacerdoce dispose pour établir parmi nous la prédominance de l'altruisme sur l'égoïsme. Comte le divise, comme tout le monde, en culte public et culte privé ; mais la manière dont il le comprend est bien à lui et forme le digne couronnement de la singulière religion qu'il a conçue. Le culte public a pour objets : le grand Être, c'est-à-dire l'humanité envisagée dans son ensemble ; le grand Fétiche, c'est-à-dire la terre qui nous porte et qui a bien voulu autrefois prendre la position la plus convenable à l'éclosion du grand Être et à son développement ; le grand Milieu, c'est-à-dire l'espace où la terre se meut et nous emporte avec elle. C'est, comme on voit, un retour pur et simple au fétichisme, c'est-à-dire à la forme la plus grossière de ces antiques religions de la nature pour lesquelles, comme on l'a dit, tout était Dieu, excepté Dieu lui-même.

Quant au culte privé, il se rapportera à des individus pris dans l'humanité et considérés comme types. L'homme adorera sa mère, son épouse, sa fille, trois types qui répondent au passé, au présent et à l'avenir, et qui sont éminemment propres à développer l'essor de ses trois sentiments altruistes, la vénération, l'attachement et la bonté. Il est possible que quelqu'un de ces types lui manque ou qu'il soit par trop imparfait dans la réa-

---

[1] *Politique positive*, t. II, p. 312.

lité pour devenir l'objet de son culte ; alors il le remplacera par un autre ou le complétera par des traits empruntés à un type différent. C'est ainsi qu'Auguste Comte lui-même adopta pour patronne, pour ange gardien, cette Clotilde dont il a inscrit le nom en tête de son livre, et qu'il appelle, dans son langage de positiviste attendri, *sa chère collègue subjective* [1].

Non content d'établir une trinité et des anges gardiens, Auguste Comte institue encore, à l'exemple de l'Église, un calendrier, des fêtes et des sacrements. Ces derniers sont au nombre de neuf. Le premier, qu'il nomme la présentation, répond à peu près au baptême. C'est la consécration solennelle du nouveau-né au grand Être par l'organe des parents et par-devant les membres du sacerdoce : on y retrouve jusqu'au parrain et à la marraine sous le nom bizarre de couple artificiel. Viennent ensuite l'initiation, l'admission, la destination et le mariage. Comte, qui a la manie de tout réglementer, ne permet pas le mariage avant vingt-huit ans pour l'homme et vingt et un pour la femme, et leur défend, en outre, de le contracter sans de graves motifs, dont le grand pontife sera juge, au delà de trente-cinq ans pour l'un et de vingt-huit pour l'autre. Malheur à ceux et à celles qui laisseraient passer le terme fatal : ils seraient condamnés à un célibat éternel. Le sacrement de maturité, celui de retraite, celui de transformation suivent celui du mariage et sont à leur tour couronnés par le neuvième et dernier sacrement, celui de l'incorporation au grand Être, qui a lieu sept ans après la mort

---

[1] V. le spirituel article de M. Caro, *Etudes sur le temps présent*, p. 31.

du positiviste, à la suite d'un jugement solennel rendu sur sa conduite durant sa vie : c'est une sorte de canonisation ; car Comte ne se lasse pas d'emprunter au catholicisme ses formes, sauf à les animer d'un autre esprit. En récompense d'une vie toute consacrée à la vertu, l'homme de bien est solennement incorporé au grand Être qui est « essentiellement composé de morts, » comme le dit franchement Auguste Comte, et qu'il ferait mieux, par conséquent, d'appeler le grand non-Être. Ses restes sont déposés au sein d'un bois sacré, dans un tombeau qui ne ressemble pas mal à celui de Newton chez Saint-Simon, et qui porte ou une inscription, ou un buste, ou une statue, suivant la grandeur des services que le nouveau canonisé a rendus à ses semblables et le degré où il a poussé l'altruisme. Voilà, s'il est permis d'emprunter le langage d'un grand docteur chrétien, tout ce qu'on peut faire, dans la religion positiviste, pour honorer un héros! Voilà la seule et triste immortalité qu'on lui tient en réserve! « Des titres, des inscriptions, des colonnes qui semblent (c'est bien le cas de le dire) vouloir porter jusqu'au ciel le magnifique témoignage de notre néant ; » car, pendant que d'après les croyances spiritualistes, l'âme immortelle plane au-dessus de ses dépouilles, d'après les doctrines prétendues positives, elle périt et s'anéanti tout entière.

Dans toute cette théorie politique, Auguste Comte a essayé de rester fidèle à la théorie psychologique ou plutôt phrénologique qui lui avait servi de point de départ ; mais il n'y a pas parfaitement réussi. Il avait posé en principe, en phrénologie, qu'il y a dans l'homme trois éléments, le cœur, l'esprit et le caractère, et que c'est au cœur que doit appartenir le commandement. Or, il fait, en politique, du pouvoir moral, qui représente le cœur, un simple auxiliaire du pouvoir spirituel, qui représente l'esprit et partage entre ce dernier et le pouvoir temporel, expression du caractère et de l'activité extérieure, le gouvernement de l'espèce humaine. Il a mieux aimé manquer aux lois de la logique que de déroger à l'habitude qu'il tenait de Saint-Simon de construire l'avenir d'après le passé, surtout d'après ce moyen âge qui obséda constamment leur esprit, à l'un et à l'autre. Il défère le pouvoir temporel aux chefs d'industrie (une opinion que Saint-Simon avait aussi professée à une certaine époque) et ne laisse guère aux prolétaires, pour lesquels il prétend travailler, que le droit d'être exploités sans pouvoir se plaindre. Ils n'auront point, en effet, comme les travailleurs d'aujourd'hui, des représentants nommés par eux et chargés de faire valoir leurs prétentions : Auguste Comte éprouve pour le gounement représentatif le plus profond dédain. Ils n'auront pour les défendre que les dépositaires du pouvoir spirituel, comme cela se pratiquait au moyen âge. Mais alors qui nous dit que nous ne verrons pas renaître les abus de cette époque qu'Auguste Comte a trop vantée, et que la féodalité industrielle n'organisera pas le même système d'oppression que la féodalité militaire ? On dira que le pouvoir spirituel sera là pour s'y opposer. Mais s'y est-il donc toujours opposé autrefois ? N'a-t-il jamais revendiqué pour lui une part de ce pouvoir temporel auquel il devait rester étranger ? — Mais il n'en sera pas dans l'avenir comme dans le passé ! — Pour quoi ? Les hommes ne sont-ils pas toujours exposés aux mêmes tentations et sujets aux mêmes faiblesses ? Ajoutons que ce pouvoir spirituel qu'il veut organiser paraît assez peu conforme aux aspirations de notre époque de libre examen et de discussion. Ceci nous amène à la grande erreur de Comte, à celle qui remplit toutes les pages de son volumineux ouvrage, à sa conception religieuse.

Comment un auteur qui avait été jusqu'alors si dédaigneux de la religion, qui l'avait si longtemps regardée comme une forme inférieure de la pensée, appropriée seulement à l'enfance de l'espèce humaine, s'est-il avisé un beau jour de se poser en promoteur d'une religion nouvelle? Pour se rendre compte de ce phénomène, il faut faire une réflexion que nous avons déjà faite à propos des saint-simoniens, il faut songer que, durant toute la première moitié du dix-neuvième siècle, l'idée d'une nouvelle religion, ou tout au moins d'une nouvelle évolution religieuse, flotta pour ainsi dire dans l'air et exerça un singulier prestige sur des penseurs venus de tous les points de l'horizon philosophique et appartenant aux écoles les plus différentes ou plutôt les plus opposées. L'auteur du *Génie du christianisme* et des *Martyrs* se plaisait à assimiler notre époque de décadence religieuse à celle qui vit la décadence du polythéisme gréco-romain et à espérer, pour elle aussi, quelque mystérieux relèvement. L'auteur des *Soirées de Saint-Pétersbourg*, et avant lui Saint-Martin *le philosophe inconnu* parlaient avec plus de précision et de confiance de cette nouvelle lumière que Dieu saurait bien, quand il lui plairait, faire luire aux yeux des incrédules de notre temps. Enfin, les principaux disciples de Saint-Simon, notamment Pierre Leroux et Jean Reynaud, consacraient leur vie entière à des études de libre théologie et espéraient jusqu'au dernier moment que l'idée religieuse, telle qu'ils l'entendaient, finirait par prendre corps et par s'imposer aux populations occidentales. Ce curieux mouvement intellectuel était favorisé ou plutôt déterminé par l'état d'un grand nombre d'esprits qui avaient cessé de croire au christianisme, mais qui ne pouvaient prendre leur parti de ne rien croire, et en qui les habitudes religieuses, les sentiments religieux, les aspirations religieuses survivaient, avec toute leur ardeur, aux croyances religieuses elles-mêmes. Ce fut parmi eux qu'Auguste Comte, sous l'influence d'une affection profonde et par admiration pour le moyen âge et pour les autres époques organiques, finit par se ranger.

Il éprouvait, lui aussi, le besoin d'avoir une religion ou du moins de s'en faire une avec sa philosophie. Mais, pour s'en faire une, il fallait avoir les matériaux nécessaires pour cela. Les avait-il? Il les avait sans doute, si on entend par là une conception de l'ensemble des choses visibles et un sentiment capable de rallier et de coordonner à quelque degré les forces de la vie morale. Il avait, en effet, une théorie de l'homme, une théorie de la société, une théorie de l'univers, et avec cela l'idée de ce mystérieux *au delà* devant lequel notre esprit s'arrête, de cet inconnu ou plutôt de cet *inconnaissable* illimité qui borne de toutes parts l'imperceptible domaine de notre savoir, de « cet océan, dont parle éloquemment M. Littré, son disciple, qui vient battre notre rive et pour lequel nous n'avons ni barque ni voile, mais dont la claire vision est aussi salutaire que formidable. » Il avait un sentiment qui avait fait palpiter le cœur de tout le dix-huitième siècle et qui avait inspiré au nôtre ses systèmes les plus fameux, le sentiment de l'humanité considérée comme un vaste corps dont tous les membres sont solidaires et se communiquent, à travers le temps et l'espace, les larges effluves de la vie. Or, dit Stuart Mill, « la puissance que peut acquérir sur l'esprit l'idée de l'intérêt général de la race humaine, et comme source d'émotions et comme motif de conduite, est une chose que beaucoup ont aperçue ; mais nous ne sachions pas que personne, avant M. Comte, ait senti aussi vivement et aussi complétement qu'il a fait, toute la majesté dont cette idée est susceptible. Elle remonte dans les profondeurs inconnues du passé, embrasse le présent si multiple, et descend dans l'avenir infini et imprévoyable. Formant une existence collective sans commencement ni fin assignables, elle fait appel à ce sentiment de l'infini qui est profondément enraciné dans la nature humaine et qui semble nécessaire pour donner un caractère imposant à nos conceptions les plus hautes. »

Cependant, quoi qu'en dise Stuart Mill, et malgré cette idée de l'infini qui sillonne, en effet, quelquefois les pages sévères d'Auguste Comte, et malgré ce sentiment profond de l'humanité qui les anime, nous ne croyons pas qu'il y eût là les éléments d'une religion et que ce philosophe ait eu raison de vouloir en fonder une.

La première condition à remplir pour fonder une religion, c'est, nous l'avons déjà dit, de lui donner un objet, c'est-à-dire d'avoir foi à un être distinct de l'homme et supérieur à lui, principe de son existence et de ses attributs, terme de son amour et de ses espérances, foyer de lumière et de chaleur qui éclaire et féconde son obscure et misérable vie. Or, cet être, je le cherche dans la religion de Comte et je ne le trouve pas. Au lieu de cet Être suprême qui me donne l'explication de mon existence et de celle de l'univers, qui me conserve et me soutient dans mes épreuves et m'accueille, après ma mort, dans ses bras ouverts pour me recevoir, je ne trouve que le Dieu-humanité, un Dieu qui n'en est pas un, un faux Dieu; car il a commencé, bien qu'on le dise éternel, et n'a aucun des attributs que la divinité suppose, un grand Être qui n'est pas même un être, car il n'est qu'un genre, qu'une espèce, qu'une collection d'êtres, moins que cela, que la collection de ceux qui ne sont plus, c'est-à-dire un pur néant. Et c'est devant ce néant qu'on veut que je me prosterne! c'est pour ce néant qu'on m'engage à me dévouer! c'est à ce néant qu'on me demande d'aspirer! Comme si je pouvais refaire ma nature et transformer mon indomptable amour de l'être en une soif ardente de non-être!

Pour qu'une philosophie pût se changer en religion, il faudrait au moins qu'elle fût religieuse, il faudrait que l'idée de Dieu en fît le fond ou y tînt la première place. Ainsi, je conçois que les néoplatoniciens d'Alexandrie, les Porphyre, les Jamblique, les Maxime, ces maîtres de l'empereur Julien, qui avaient recueilli et coordonné en une vaste synthèse les croyances religieuses de tous les peuples, qui voyaient Dieu partout et le sentaient surtout en eux-mêmes, aient eu, à un certain moment, la pensée de quitter l'école pour le temple et de changer leur rôle de philosophes contre celui de pontifes. Mais qu'avec une philosophie d'où l'idée de Dieu est absente, qu'avec une philosophie sans Dieu on ait espéré constituer une religion véritable, c'est ce que je ne comprends pas.

Mais, lors même que la philosophie de Comte eût été aussi religieuse qu'elle l'est peu, elle n'aurait pu devenir une religion, parce que la philosophie et la religion sont deux conceptions d'essence différente et absolument incommutable. On ne compose pas une religion philosophiquement, c'est-à-dire avec réflexion et de propos délibéré : elle émerge pour ainsi dire toute seule de la nature des choses. Elle n'est pas un produit plus ou moins ingénieusement façonné de l'industrie de l'homme, mais une création spontanée de ses facultés primitives et inconscientes ; elle n'est pas, suivant l'expression du comte de Maistre, un de ces objets qu'avec du savoir, de l'habileté, quelque pratique, on peut livrer sur commande, parfaitement confectionné, comme un métier à bas ou une pompe à incendie. Elle est, comme une langue, comme une société, un organisme vivant, qui a sa végétation naturelle, un organisme que l'art analyse, mais qu'il ne crée pas et ne remplace pas. C'est ce qui explique l'échec des théophilanthropes à la fin du dix-huitième siècle, celui des saint-simoniens de nos jours, et, dans l'antiquité, celui des alexandrins, malgré l'étendue de leur savoir, malgré la protection d'un néoplatonicien couronné, et, ce qui est plus important, malgré les antiques traditions religieuses sur lesquelles ils avaient pris la précaution de greffer leurs doctrines, et c'est aussi ce qui explique l'échec plus récent d'Auguste Comte.

Le positivisme d'Auguste Comte répondait trop bien à l'état des esprits pour ne pas rallier de nombreux adhérents : aussi en a-t-il recruté beaucoup, non-seulement en France, mais encore en Angleterre, où l'on a toujours préféré les faits aux idées, la vérité pratique à la vérité spéculative, et fait, pour ainsi dire, du positivisme sans le savoir.

La plupart des positivistes français, rangés sous la bannière de M. Littré, se rattachent aux doctrines que Comte avait professées durant la première partie de sa carrière et consignées dans son *Cours de philosophie positive*. Ils ne reconnaissent d'autres faits que ceux de l'ordre matériel et affichent la prétention, assez mal justifiée du reste, de se renfermer dans les limites de la science : c'est le positivisme physique et prétendu scientifique qui a son organe dans la *Revue* de MM. Littré et Wyrouboff. Quelques autres, groupés autour du docteur Robinet, qui soigna le maître à ses derniers moments, autant du moins qu'il lui plut de se laisser soigner, admettent les conceptions physico-religieuses dont il berçait alors son imagination et dont sa *Politique positive*, sa *Synthèse subjective* et son *Catéchisme positiviste* contiennent le développement : c'est le positivisme mystique et prétendu religieux. Les positivistes de l'Angleterre, dont le chef est Stuart Mill, se distinguent profondément de ceux de notre nation en ce qu'ils s'appuient sur la psychologie que ces derniers repoussent, en ce qu'ils expliquent, à l'exemple de Hume et de Hartley, tous les phénomènes de l'ordre moral par l'association des idées et en ce que quelques uns d'entre eux inclinent à nier l'existence des objets extérieurs et à ne reconnaître d'autres réalités positives que les idées : c'est le positivisme psychologique ou idéaliste. Nous laisserons de côté le positivisme physique et le positivisme mystique, dont les représentants vivent encore et qui n'ont introduit aucune modification grave dans la doctrine comtienne, pour caractériser brièvement le positivisme psychologique, qui offre plus d'originalité et dont le représentant le plus illustre, Stuart Mill, est mort depuis peu.

Si mitigé que soit le positivisme de cet esprit éminent, c'est encore du positivisme, puisqu'il tient les êtres et les causes pour inconnaissables, et n'assigne d'autre objet à la science que les phénomènes. Que sommes-nous, en effet, nous autres hommes, dans une telle hypothèse, et comment expliquer notre vie interne, soit en elle-même, soit dans ses rapports avec l'extériorité ? Nous ne sommes rien, et tout cela s'explique par l'association des impressions et des idées qu'elles ont laissées après elles et qui ne sont que des impressions décolorées et pâlies. L'association est pour Mill ce que la sensation était pour Condillac, la racine cachée de nos jugements, de nos raisonnements, de nos affections, de notre vie intellectuelle et morale tout entière. Il nous serait facile de montrer que, bien loin de pouvoir rendre compte de tous les faits de conscience, l'association ne saurait en expliquer aucun. Quand je juge, par exemple, c'est-à-dire quand je lie l'idée d'un attribut à celle d'un sujet, il y a là autre chose que les deux idées que je lie, il y a le principe en qui s'opère cette liaison, qui en a conscience et qui ne se confond avec aucune des deux idées ainsi liées : c'est celui que j'appelle *je* ou *moi*. Quand je juge, la liaison dont je parle ne se fait pas toute seule, en vertu de la seule attraction que les deux idées exercent l'une sur l'autre : elle suppose un principe actif qui l'opère par ses libres efforts et qui n'est autre non plus que le moi lui-même. Quand je juge, je ne lie pas mes idées au hasard, mais d'après certains rapports de convenance qui existent virtuellement en moi et qui sont comme le fond de ma raison, sans quoi je ne jugerais ni plus ni mieux que le premier animal venu. Mill ne tient compte de rien de tout cela, ni de la conscience, ni de l'activité, ni de la raison, sans lesquelles nos jugements ne sont pas possibles, et il se met ainsi dans l'impossibilité de les expliquer d'une manière satisfaisante.

Mais la fausseté de cette théorie ne ressort pas seulement de sa nature même ; elle ressort encore des conséquences que l'auteur en a déduites. Par cela seul que ce philosophe n'admet d'autre source de connaissances que l'association des idées, c'est-à-dire l'habitude, il n'admet que des relations plus habituelles, c'est-à-dire plus probablement persistantes que d'autres : il n'en admet point d'immuables et d'absolues, pas plus dans l'ordre spéculatif que dans l'ordre pratique. Aussi n'hésite-t-il pas à dire que ce qui est vrai et bien ici et en ce moment, peut être faux et mal sur d'autres points de l'espace ou de la durée, et que chaque planète et même chaque époque peut avoir sa morale et sa géométrie. Deux et deux font quatre aujourd'hui, peut-être en sera-t-il autrement demain ; un assassin passe parmi nous pour un malhonnête homme, on lui trouvera peut-être ailleurs une haute moralité. Faute d'avoir reconnu cette faculté supérieure de notre être qu'on nomme la raison et qui nous révèle des vérités absolues et indépendantes des temps et des lieux, Stuart Mill tombe dans un système de relativité qui se confond avec le scepticisme. Après avoir tout détruit, son positivisme se détruit lui-même : tant il est vrai que le sensualisme, sous quelque nom qu'il se déguise, ne saurait fournir à la vie ni à la science une assiette solide !

Quant à Auguste Comte, ce que nous avons dit de son système suffit pour le faire comprendre et apprécier. Ce système est né d'une méthode ; car toute méthode, comme on l'a fait remarquer, contient en puissance un système qui n'en est que le développement. La méthode d'Auguste Comte est celle des sciences physiques, appliquée mal à propos aux sciences morales : elle consiste à se servir des sens, qui n'atteignent que les corps, pour étudier les choses de l'âme, et à ne tenir compte ni de la conscience ni de la raison, qui seules pourraient nous les faire connaître. De cette méthode sont sorties les conséquences que chacun pouvait prévoir : la négation de l'âme avec sa substantialité et sa causalité essentielles, que la conscience seule saisit et qui ne tombent pas sous les sens ; celle de Dieu, la substance, la cause infinie et parfaite qui échappe aux sens et que nous ne pouvons concevoir que par la raison ; celle de la morale, avec les notions psychologiques ou rationnelles qui la constituent. Pour que ce philosophe eût le droit d'enseigner une morale, il faudrait qu'il crût l'homme libre. Or, comment peut-il le croire libre, puisqu'il ne le regarde pas même comme une cause et comme un être. Pour qu'il fût fondé à professer une morale, il faudrait qu'il reconnût des devoirs et des droits : or, il ne reconnaît que des faits ; il faudrait qu'il admît des principes absolus et rationnels : or, il n'admet que des idées relatives et expérimentales. Il peut parler de ce qui est, non de ce qui doit être ; du réel, non de l'idéal : chez lui, la morale est entraînée dans la même chute que la métaphysique.

S'il laisse subsister cette science, c'est donc par une inconséquence manifeste. Aussi la fait-il reposer sur une base on ne peut plus chancelante : il la fonde sur la biologie, c'est-à-dire sur l'histoire naturelle. Mais comment ne voit-il pas que l'histoire naturelle est le règne de la violence et que la force y opprime et y écrase sans cesse la faiblesse ? Pourquoi en serait-il autrement dans l'histoire humaine, qui n'en est qu'un prolongement, et pourquoi la force n'y primerait-elle pas le droit ? Il est impossible à Comte, s'il veut rester fidèle à ses principes, de répondre à cette question. Mais l'homme a une tendance qui le porte à aimer ses semblables et à vivre pour autrui ! Oui, mais il en a une autre, généralement plus intense, qui le pousse à s'aimer lui-même et à sacrifier les autres à lui. Pourquoi préférerait-il son instinct le plus faible au plus fort, son altruisme à son égoïsme ?

Avec une telle conception de l'ordre moral, que sera l'ordre social ? On le devinerait, lors même qu'on ne le saurait pas. Il ne sera pas un ensemble de forces libre et raisonnables, d'agents ayant l'initiative de leurs actes et portant leur loi en eux-mêmes ; il ne sera pas, en un mot, suivant la belle expression du philosophe romain, une société de droit et de justice, il sera un organisme immense, un vaste polypier, dont toutes les parties seront solidaires, dont tous les membres agiront les uns sur les autres, sans avoir en eux-mêmes le principe de leur action, et se développeront, non par un effet de leur volonté, mais d'une manière fatale. Aussi Auguste Comte ne comprend pas l'excellence d'un gouvernement sagement libéral, qui considère la personne humaine comme respectable et sacrée et qui se garde bien d'en user à son égard comme envers une simple chose. Il n'a aucun sentiment de ce droit, qui est la *respectabilité* même de la personne, et dont la violation excite une généreuse indignation dans toutes les âmes bien faites. Ce qu'il lui faut, c'est un pouvoir temporel absolu, pour mâter les corps, sous prétexte de les régler, et un pouvoir spirituel absolu, pour immobiliser les esprits et pétrifier les sciences, sous couleur de prévenir les erreurs des uns et les déviations des autres. Aussi écrivit-il, à un certain moment, à l'empereur Nicolas, une lettre singulière où il cherchait, comme représentant du pouvoir spirituel, à s'entendre avec le représentant le plus éminent du pouvoir temporel, pour mettre fin à la révolution occidentale. Sans doute on trouve chez ce philosophe, à côté des excentricités que je lui reproche, nombre d'idées justes, ingénieuses, profondes, que j'ai pris soin moi-même de faire ressortir ; mais il n'en est pas moins curieux de voir Auguste Comte, en partant, comme Hobbes, de la philosophie des sens, aboutir comme lui à la politique de l'absolutisme : tant il est vrai que ces deux choses se tiennent et sont indissolublement liées entre elles !

CHAPITRE VII

PROUDHON
OU LE SOCIALISME SEMI-RATIONALISTE

Proudhon économiste, ses attaques contre la propriété. — Ses attaques contre les économistes et les socialistes, gratuité du crédit. — Proudhon philosophe, antithéisme proudhonien, scepticisme moral de notre époque. — Doctrine de l'immanence, morale de la dignité personnelle. — La liberté, le mariage, le travail.

I

PROUDHON ÉCONOMISTE, SES ATTAQUES CONTRE LA PROPRIÉTÉ

La plupart des réformateurs téméraires que nous avons étudiés jusqu'à présent ont un défaut commun, c'est qu'ils méconnaissent la raison et la liberté, le devoir et le droit, c'est-à-dire les principes sans lesquels la science morale et la vie morale elle-même ne sauraient subsister. Tout en rêvant, lui aussi, une organisation sociale impossible, l'auteur que nous allons étudier maintenant a du moins le mérite de faire entrer l'idée de justice dans ses spéculations. Ses rêves sont encore des rêves, mais les sens n'y opèrent pas seuls et la raison y tient déjà une grande place; nous n'avons plus affaire à un sensualiste pur, mais à un semi-rationaliste : nous voulons parler de Proudhon et des doctrines plus ou moins mêlées et confuses auxquelles son nom reste attaché. Bien qu'il ait puisé ses inspirations dans les ardeurs de son tempérament plutôt que dans le calme de la méditation et qu'il ait été un polémiste plutôt qu'un penseur, cet écrivain a, en effet, remué trop d'idées philosophiques pour qu'il soit permis de le passer sous silence dans une histoire détaillée de la philosophie française du dix-neuvième siècle.

Proudhon naquit à Besançon, en 1809. Il était fils d'un tonnelier, qui l'envoya au collége comme externe, bien qu'il fût très-pauvre et qu'il n'eût pas moins de cinq enfants à nourrir. Le jeune homme fit des études un peu irrégulières, car on l'occupait souvent à la maison, quand la besogne pressait, et on ne lui achetait pas toujours les livres dont il avait besoin : il était souvent obligé d'emprunter ceux de ses camarades ou d'aller travailler à la bibliothèque de la ville, dont il devint ainsi l'un des habitués les plus assidus. Les privations alternaient avec le travail dans cette vie d'enfant du peuple : « Un jour, dit Sainte-Beuve, après la distribution des prix, d'où il revenait chargé de couronnes, il ne trouva pas, en rentrant chez lui, de quoi dîner [1]. » Il n'y avait rien là, on en conviendra, qui pût le disposer à apprécier la société d'une manière bien équitable

---

[1] Sainte-Beuve, *Proudhon; sa vie et sa correspondance*, p. 17.

et à voir le monde couleur de rose. Ayant été obligé de quitter le collége un peu avant la fin de ses études, à cause de la gêne toujours croissante de sa famille, il entra comme correcteur dans une grande imprimerie de Besançon. Ce fut pour cet esprit avide de savoir une nouvelle occasion de s'instruire. On y imprimait alors le *Monde industriel* de Fourier : le jeune correcteur se mit au courant de la doctrine du réformateur bizontin, et, comme il avait l'humeur railleuse, il ne se fit pas faute de la cribler de ses traits, au grand amusement de ses camarades. On y imprimait aussi des ouvrages de *patristique* et de théologie : en les lisant, il y acquit ce fonds théologique dont il devait plus tard faire un si singulier usage.

A un certain moment, la fortune sembla sourire au fils du pauvre tonnelier. Il obtint, en 1838, de l'académie de Besançon la pension Suard, pension de quinze cents francs, allouée pendant trois ans à un jeune homme qui aurait montré des dispositions pour les sciences ou pour les lettres. C'était pour Proudhon, à ce qu'il semble, une heureuse occasion de compléter ses études et de s'ouvrir une carrière paisible et honorable. Mais ni son caractère, ni les circonstances ne lui permirent de donner à sa vie une telle direction. Il partit pour Paris, plein d'une passion pour l'égalité qu'il avait sourdement nourrie durant ses veilles ardentes, et qui devait encore s'aviver au souffle de la polémique quotidienne, dans cette immense fournaise. Malgré cela et malgré des dettes qu'il avait précédemment contractées pour l'achat d'une imprimerie et dont les intérêts absorbaient la plus grande partie de sa pension, il travailla avec ardeur.

Aussi il obtint deux mentions honorables : l'une, à l'Institut, pour son *Essai de grammaire générale*, et l'autre, à l'Académie de Besançon, pour son *Discours sur l'utilité du dimanche*. Dans ce dernier travail, il commençait à laisser voir quelques-unes des opinions qui devaient bientôt le rendre célèbre. Ainsi, à côté de tirades bien senties sur l'excellence du sabbat et du dimanche, considérés comme moyens de moraliser les classes ouvrières, il écrivait des phrases comme celle-ci : « L'égalité des conditions est conforme à la raison et irréfragable en droit, elle est dans l'esprit du christianisme, elle est le but de la société ; la législation de Moïse prouve que ce but peut être atteint. »

La demi-hostilité avec laquelle fut accueilli le *Discours* de Proudhon (car il n'avait eu qu'un accessit) et l'état toujours plus déplorable de ses affaires aigrirent de plus en plus le jeune plébéien et finirent par le pousser écrire à un ouvrage qui devait avoir un sinistre retentissement : « Qu'est-ce que la propriété ? — C'est le vol ! » Tel est le mot à effet par lequel notre auteur ouvre son livre, avec l'intention, si commune dans notre siècle de rhéteurs, de réveiller des lecteurs blasés ou inattentifs. Puis, comme si ce moyen ne suffisait pas, il se fait demander par quelqu'un qui il est pour rompre ainsi en visière sur ce point au genre humain tout entier, ce qui lui donne occasion de répondre par une assez belle tirade à la manière de Rousseau : « Que vous importe, lecteur, ma chétive individualité ? Je suis comme vous d'un siècle qui ne se soumet qu'au fait et à la preuve ; mon nom, aussi bien que le vôtre, est : *chercheur de vérité* ; ma mission est écrite dans ces paroles de la loi :

« Parle sans haine et sans crainte et. dis ce que tu sais [1]. » Et le voilà qui parle, en effet, sans crainte, sinon sans haine, et qui dit tout ce qu'il sait, peut-être même quelque chose de plus. Sentant qu'après l'éloquence un peu de philosophie ne ferait pas mal, et lui donnerait un air docte et profond, il se lance à travers les catégories d'Aristote, celles de Kant, celles de Cousin lui-même, à l'unique fin d'établir que, s'il y a en nous des croyances naturelles, qui sont parfaitement vraies, parce qu'elles expriment les formes mêmes de notre entendement, il y a aussi des croyances d'habitude, qui sont absolument fausses, parce qu'elles proviennent de la vue répétée des mêmes apparences. Parmi ces croyances d'habitude, il range en première ligne la croyance à l'immobilité de la terre, la croyance à l'impossibilité des antipodes et la croyance à la légitimité de la propriété. En vertu de ce classement peut-être un peu hasardé, cette dernière est bien et dûment convaincue d'erreur. C'est par ces tours et détours que j'abrège, comme par autant de lignes de circonvallation, que Proudhon arrive à attaquer de front et dans son fort ce monstre de la propriété auquel il devait livrer tant de sanglants combats et faire passer tant de mauvaises nuits.

Parmi les reproches que le jeune écrivain adresse à la propriété, le plus grave est qu'elle est un droit d'aubaine que le propriétaire s'attribue sur une chose marquée par lui de son seing. L'aubaine se nomme tantôt fermage, tantôt loyer, tantôt rente, tantôt intérêt ; mais

---

[1] *Œuvres de Proudhon*, t. I, p. 14.

quel que soit son nom, elle consiste à recevoir sans produire, et va toujours en augmentant : elle croît comme chancre, *fenus serpit sicut cancer*. Du principe que la propriété est un droit d'aubaine, Proudhon déduit cette proposition que de rien elle tire quelque chose et qu'elle est par conséquent, non-seulement une injustice, mais encore une impossibilité et un non-sens. C'est ce qu'il tâche d'abord de faire voir pour le fermage qui ne peut être, suivant lui, que vol, concussion et rapine et dont il s'indigne que les économistes aient osé chercher l'origine légitime et rationnelle. Qu'un propriétaire cultive lui-même son champ, qu'il en récolte les produits, qu'il les consomme ou qu'il les vende, à son choix, Proudhon n'y voit rien à redire ; mais qu'il afferme ce champ et vive de l'argent que ceux à qui il en a concédé l'usage lui donnent en échange, c'est ce qu'il ne peut pas souffrir. Pourquoi ? Parce qu'il ne produit rien, parce que les fermiers seuls produisent quelque chose et qu'en bonne justice les produits doivent appartenir au producteur. Mais comment Proudhon ne voit-il pas que, si le propriétaire ne produit pas actuellement, il facilite, à l'aide de ce grand instrument qu'on appelle son champ et qui est le produit d'un travail antérieur, la production de ceux qui l'afferment et qui trouvent leur intérêt à l'utiliser de préférence aux landes stériles et aux marais fangeux ? Comment ne s'aperçoit-il pas qu'en leur en concédant momentanément l'usage, soit parce qu'il n'est plus assez valide pour le travailler lui-même, soit parce qu'il préfère se livrer à une autre occupation, cet homme leur rend un véritable service, que tout service rendu mérite un salaire, et que par conséquent la rente qu'on lui paie pour son champ est parfaitement légitime? Faute d'avoir compris ou voulu comprendre une chose aussi simple, Proudhon conclut de ses raisonnements que le propriétaire, recevant des produits en échange de rien, est un parasite ou un larron, et que sa propriété est non avenue comme droit, c'est-à-dire impossible.

Une fois qu'on aura supprimé le fermage, le loyer, la rente, c'est-à-dire le prêt à intérêt sous toutes ses formes, l'égalité régnera, suivant Proudhon, dans les sociétés humaines, et avec elle la justice : car, dans toutes les langues, égal est synonyme de juste et inégal d'injuste. Mais n'y aura-t il donc aucune différence, pour le rang, la condition, la fortune, entre l'homme qui a du mérite et celui qui n'en a pas? Aucune. La société rétribue suffisamment le savant et l'artiste en leur permettant de se livrer à la vie supérieure de la science et de l'art, et en leur accordant son admiration, qui est une monnaie purement intellectuelle, mais qui n'en rémunère que plus dignement les œuvres de l'intelligence. Enfin, si ces deux raisons ne suffisent pas pour justifier à nos yeux l'égalité qu'il veut établir, Proudhon nous en donnera une troisième, qui aurait pu le dispenser des deux autres, c'est que la société ne doit rien au mérite, attendu que c'est elle qui l'a fait éclore et qu'il est moins une propriété individuelle qu'une propriété collective.

Mais, si le génie produit des œuvres d'une qualité supérieure, n'en retirera-t-il pas un prix supérieur, et cette inégalité que Proudhon veut exclure de la société n'y rentrera-t-elle pas par cette porte? Le réformateur franc-comtois y a pourvu. Dans la société, telle qu'il l'entend, le prix des choses ne sera pas déterminé, comme dans la nôtre, par la loi de l'offre et de la demande, c'est-à-dire par les vains jugements et les vains désirs des hommes, mais par leur valeur réelle et intrinsèque. Mais cette dernière valeur, comment faire pour la déterminer? Proudhon va nous l'apprendre : « La valeur absolue d'une chose, dit-il, est ce qu'elle coûte de temps et de dépense. » En vertu de ce beau principe, il faudra payer de même un bon et un mauvais architecte, un bon et un mauvais médecin ; car il se peut qu'ils aient travaillé et dépensé de même. De savoir jusqu'à quel point ce système sera favorable à l'essor des talents, Proudhon ne s'en préoccupe pas, et pour cause. Il ne daigne même pas rechercher si la réalisation en est possible : « J'ai prouvé le droit du pauvre, dit-il ; j'ai montré l'usurpation du riche : l'exécution de l'arrêt ne me regarde pas. » On ne saurait se tirer plus lestement d'affaire.

Cependant notre auteur se ravise, il a pitié de notre embarras et veut bien essayer de dissiper nos ténèbres et d'éclairer notre ignorance. Il constate qu'il y a en nous deux sentiments fort différents et à certains égards opposés, celui de la sociabilité et celui de la personnalité. Le premier nous porte à vivre avec nos semblables ; le second, à nous isoler et à nous concentrer en nous-mêmes : l'un est le principe de la communauté ; l'autre, celui de la propriété. Or, ni l'un ni l'autre de ces deux états, s'il faut en croire Proudhon, ne saurait nous satisfaire pleinement, puisque chacun d'eux ne répond qu'à l'un des penchants de notre être : nous ne serons heureux que quand nous vivrons dans un troisième état qui nous offrira tous les avantages des deux autres sans en avoir les inconvénients. Nous avons passé d'abord par le régime de la communauté, qui est la *thèse*, pour parler le langage de Hégel ; nous sommes aujourd'hui dans celui de la propriété, qui est l'*antithèse* : il ne s'agit plus que d'arriver à un troisième régime, qui sera la *synthèse*. Malheureusement, il est moins facile d'arriver à ce troisième régime et même d'expliquer comment il faut s'y prendre pour cela que de lui donner un nom tiré du grec. Proudhon le fait bien voir. Il ne veut ni de la communauté, ni de la propriété : que veut-il donc? Il veut la liberté, c'est-à-dire un état qui ne nous semble guère propre à concilier dans une vaste synthèse la propriété et la communauté ; car, s'il s'accorde parfaitement avec l'une, il ne s'accorde guère avec l'autre.

Quoi qu'il en soit, sous ce nouveau régime, la propriété disparaîtra et fera place à la simple possession. Cette dernière exclut, dans la pensée de Proudhon, toute espèce de fermage et de louage et cesse du moment qu'elle n'est plus réelle et effective : c'est par là qu'elle diffère de la propriété. Elle est individuelle et même transmissible, et c'est par là qu'elle se distingue de la communauté. Seulement nul héritier ne doit cumuler deux héritages : il est tenu d'opter, sans quoi l'égalité, qui est le principe fondamental du proudhonisme, serait compromise. Quant au pouvoir chargé de réaliser le nouvel ordre de choses et de veiller à son maintien, il est assez difficile de comprendre comment il remplira sa mission. Ce pouvoir, en effet, n'est ni la monarchie, ni l'aristocratie, ni la démocratie, mais l'anarchie, c'est-à-dire l'absence même de tout pouvoir, ou, ce qui revient au même, l'empire de la pure raison, qui s'impose si bien, comme on sait, aux passions soulevées, surtout quand elle n'a point de force matérielle à son service. Mais Proudhon n'a pas l'air de s'en inquiéter beaucoup. Il a tiré méthodiquement ses conclusions, il a pesé ses arguments au trébuchet de la logique (du moins il s'en flatte) ; maintenant que le gouvernement s'arrange : cela ne le regarde pas.

A-t-il au moins confiance en cette pure raison à laquelle il fait appel, en cette science qu'il investit, à l'exclusion de toute force publique, de la direction des choses humaines ? Nullement. Il dit, en parlant de la science politique : « Je déclare que je n'en connais rien de plus que le principe (ce faux principe de l'égalité brutale que nous avons signalé tout à l'heure), et je ne sache pas que personne aujourd'hui puisse se flatter d'avoir pénétré plus avant... Nous sommes à peine à l'A, B, C de cette science. » C'est donc avec la rage d'un démolisseur qui brûle de détruire pour détruire, car il s'avoue incapable d'édifier, ou avec la forfanterie d'un rhéteur qui fait des phrases pour en faire et dans le seul but de galvaniser un public indifférent, que Proudhon exhale ces singulières paroles : « Pour moi, j'en ai fait le serment, je serai fidèle mon œuvre de démolition... Je hais la besogne à demi faite ; et l'on peut croire, sans que j'aie besoin d'en avertir, que si j'ai osé porter la main sur l'arche sainte, je ne me contenterai pas d'en avoir fait tomber le couvercle. Il faut que les mystères du sanctuaire d'iniquité soit dévoilés, les tables de la vieille alliance brisées, et tous les objets de l'ancien culte jetés en litière aux pourceaux[1]. »

A l'époque où Proudhon publia son livre (en 1840), il débutait dans la carrière de la littérature politique et était encore profondément inconnu. Aussi, malgré les coups de pistolet qu'il y tirait aux oreilles des bons bourgeois, son ouvrage ne fit-il pas autant de bruit qu'on aurait pu s'y attendre. Le *National* et les autres journaux républicains n'étaient nullement socialistes à cette date et auraient craint de se compromettre auprès de leur clientèle de propriétaires, en prenant fait et cause pour l'ennemi de la propriété : ils passèrent donc prudemment son travail sous silence. Il ne fut guère mentionné que dans la *Revue du Progrès* de M. Louis Blanc et dans quelques autres productions analogues. En revanche, l'académie de Besançon, à laquelle l'auteur n'avait pas craint de le dédier et qu'il avait eu l'air de mettre de moitié dans son entreprise de démolition sociale, le somma de retirer sa dédicace et de justifier sa conduite, sous peine de se voir retirer sa pension. Proudhon fut ému d'une démarche qu'il avait pourtant provoquée lui-même et écrivit une lettre d'explications à l'académie qui renvoya son pensionnaire absous, témoignant ainsi d'un libéralisme qu'il ne reconnaît pas assez dans ses préfaces et dans sa correspondance. Une autre société, plus haut placée dans l'opinion, l'Académie des sciences morales, le traita encore plus favorablement. Son rapporteur, l'économiste Blanqui, tout en repoussant les conclusions de l'ouvrage, en reconnut

---

[1] *Œuvres de Proudhon*, t. I, p. 195.

franchement le mérite. Il le sauva même des foudres du parquet, par cela seul qu'il le prit au sérieux et qu'il le considéra, non comme un simple pamphlet, mais comme un travail scientifique. Ce fut sous l'influence de cet heureux dénouement et des bons procédés du savant économiste que Proudhon termina son second mémoire sur la propriété, où il montra beaucoup plus de calme et de modération que dans le premier.

Ici notre auteur s'attaque moins à cette institution qu'aux abus dont elle est susceptible, Il nous fait voir que, quand elle n'est pas restreinte dans de justes limites, elle dévore les populations et conduit les nations les plus florissantes de la santé à l'anémie et de l'anémie à la mort. L'histoire romaine est-elle autre chose que l'histoire d'un peuple énergique rongé tout vif par une aristocratie d'usuriers, se débattant contre elle pendant cinq cents ans et finissant par mourir d'inanition, pendant qu'elle crève de pléthore? Combien les choses auraient tourné autrement, si la petite et la moyenne propriétés s'étaient fortement constituées, comme le voulaient les Gracques, par le partage de l'*ager publicus!* L'Italie aurait péri beaucoup plus tard, car ce furent les grandes propriétés qui la perdirent, *latifundia perdidere Italiam*.

Sans doute la propriété peut avoir ses abus. Elle les a eus, comme Proudhon en fait la remarque, en Italie, du temps des Romains; elle les a eus en France, sous l'ancien régime, alors que les deux tiers des terres étaient aux mains de deux ordres privilégiés. Mais ces abus sont aujourd'hui bien loin de nous; car s'il est un pays où la petite et la moyenne propriété soient fortement constituées, c'est incontestablement le nôtre. Grâce au Code civil, la richesse n'y reste jamais longtemps concentrée dans les mêmes familles, et ceux-là seuls la possèdent d'une manière durable qui, non contents de l'avoir conquise une première fois, savent la reconquérir tous les jours par un travail persévérant et opiniâtre. Proudhon reconnaît lui-même que le propriétaire qui ne travaille pas s'achemine à grands pas vers sa ruine, et la statistique confirme cette opinion, en constatant que la plupart de ceux qui brillent aujourd'hui dans les hautes positions sociales étaient hier encore perdus dans les rangs obscurs des classes populaires. Notre auteur se fourvoie donc complétement quand il oppose au mouvement heureux et progressif dont la propriété nous donne actuellement le spectacle, l'idée, renouvelée des Hébreux, de la propriété arrêtée dans sa croissance, faute de stimulants, et comme pétrifiée par suite des difficultés du prêt et de l'échange. C'est opposer à une réalité vivante et féconde une conception à la fois stérile et irréalisable.

II

SES ATTAQUES CONTRE LES ÉCONOMISTES ET LES SOCIALISTES
GRATUITÉ DU CRÉDIT

La modération relative que Proudhon avait montrée dans son second mémoire n'était pas dans son caractère : aussi elle ne dura pas. Il publia bientôt un nouvel ouvrage où il fondait au feu d'une passion ardente toutes les vérités et toutes les erreurs qu'il avait puisées dans l'étude acharnée de l'économie politique, dans une pratique rapide du commerce et dans une initiation telle quelle à la philosophie allemande ; nous voulons parler de son *Système des contradictions économiques ou Philosophie de la misère*. Il y affirme la réalité, la grandeur et le caractère progressif de la science économique considérée en elle-même ; mais il se hâte d'ajouter qu'il n'accorde point ce nom à l'ensemble de théories incohérentes qui l'ont usurpé depuis cent ans : pour lui, l'économie politique officielle n'est pas une science, mais une routine. Quant au socialisme, qui s'est naguère posé en face d'elle, dans la personne de cinq ou six révélateurs il est une utopie. L'une n'est que la consécration de ce qui se fait, c'est-à-dire une théorie du vol et de la misère ; l'autre n'est que le rêve d'une société en l'air, sans rapport avec le passé ni avec le présent, c'est-à-dire une aspiration vers un avenir impossible. C'est de ces deux sciences fausses et opposées, parce quelles sont incomplètes, que Proudhon prétend faire sortir la vérité dans sa plénitude : il aspire plus que jamais, maintenant qu'il est entré un peu avant dans les arcanes de l'hégélianisme, à passer de la thèse et de l'antithèse à la synthèse.

Notre auteur a tracé, il faut le reconnaître, en s'inspirant tantôt des économistes, tantôt des socialistes, le tableau le plus saisissant des bons et des mauvais effets soit de la division du travail, soit de l'invention des machines, soit de la concurrence, et a parfois éclairé du jour le plus sombre les misères de la condition humaine. Si la division du travail augmente beaucoup la somme des productions, elle diminue dans une proportion non moins grande la capacité du travailleur et finit par le réduire à un état voisin de l'imbécillité. Quelles facultés peuvent rester, au bout de quelques années, à un malheureux ouvrier qui a consumé chaque jour douze ou treize heures à confectionner la dix-huitième partie d'une épingle? Voilà donc un procédé qui a pour but d'améliorer le sort de l'homme et qui n'aboutit qu'à l'empirer. Non-seulement il dégrade neuf ouvriers sur dix, en les réduisant à l'état d'automates, mais il arriverait, si on n'y prenait garde, à exagérer, avec l'inégalité physique et morale, l'inégalité politique elle-même et à ramener le régime des castes, c'est-à-dire à faire reculer la civilisation. Il y a là une contradiction économique qui saute aux yeux et qu'il est impossible de méconnaître.

L'apparition incessante des machines est comme la contre-partie de la division du travail : elle concentre les forces d'élaboration que celle-ci avait séparées. Elle a pour effet, à ce qu'il semble, de soulager le pauvre travailleur parcellaire, en diminuant sa peine, tout en multipliant les productions, et de lui permettre de consacrer à des occupations libérales les loisirs qu'elle lui procure. Mais, à côté de ces avantages réels ou apparents, quels inconvénients n'offre-t-elle pas ! L'invention d'une machine diminue le nombre des producteurs, sans diminuer la quantité des produits et se traduit par un déplacement de revenus au détriment des travailleurs supprimés et au profit de l'entrepreneur qui emploie la machine. Et ceux qui sont ainsi privés d'un travail qui était leur seul moyen d'existence n'obtiennent aucune indemnité, tandis qu'on n'ôte à aucun propriétaire l'immeuble qui le fait vivre sans lui assurer une indemnité convenable. C'est une seconde contradiction économique, qui n'est ni moins positive, ni moins poignante que la première. Proudhon passe ainsi en revue, outre la division du travail et les machines, la valeur, la concurrence, le monopole, l'impôt, en un mot, toutes catégories du travail, comme il les nomme, et trouve partout la thèse et l'antithèse, c'est-à-dire la contradiction.

Nous ne blâmons pas Proudhon d'avoir mis en lumière les contradictions économiques et d'avoir appelé là-dessus l'attention des hommes d'État et des penseurs. Mais nous lui reprochons de se donner l'air de posséder le secret de les faire disparaître, tandis qu'il ne le possède pas, et que les grands mots de thèse, d'antithèse et de synthèse qui semblent le contenir, sont comme autant de termes cabalistiques dont il se sert pour éblouir les simples. Nous n'en voulons pour preuve que les lignes suivantes qu'il écrivait à un auteur estimable que la philosophie vient de perdre, à M. Tissot, de Dijon, peu après la publication de son livre : « Vous préféreriez à ce dédale de contradictions l'exposition du *principe supérieur* qui concilie tous les contraires. Je conçois votre impatience ; mais c'est comme si vous me reprochiez de n'avoir pu découvrir avant d'avoir cherché. Tout ce que j'ai publié jusqu'à ce jour n'est autre que mon investigation même, dont j'ai fait confidence au public, à mesure que j'avançais... Je suis surpris que vous me traitiez en inspiré, alors que j'ai répété tant de fois que je suis un chercheur. » Un chercheur, oui ; mais il fallait dire un chercheur qui n'a encore rien trouvé, et qui est aussi plein de lui-même et aussi amer envers les autres économistes que s'il avait trouvé quelque chose et que si ces derniers avaient quelque reproche à se faire !

Si Proudhon est sévère pour les économistes, il l'est encore plus pour les socialistes. Il explique tous leurs systèmes par ce principe de Rousseau : « L'homme est bon, mais la société le déprave. » C'est le principe de la chute de la société substitué à celui de la chute de l'homme. Il a été adopté, dit Proudhon par l'immense majorité des socialistes, Saint-Simon, Owen, Fourier en tête, par les communistes, les démocrates, les progressistes de toute espèce, qui proclament à l'unisson que l'homme est bon comme son auteur, mais que la société est mauvaise. Comme si entre l'homme et la société, entre la cause et l'effet, il pouvait y avoir une opposition aussi flagrante et aussi radicale ! Ils tirent même de la bonté prétendue de l'homme des conséquences devant lesquelles Jean-Jacques aurait reculé, c'est que ses passions sont bonnes comme lui et que les institutions pénitentiaires et répressives n'ont aucune raison d'être. A ce principe, qui est au fond de tous les systèmes socialistes et qui a passé de là dans les journaux et les romans, Proudhon oppose hardiment le principe contraire. Il déclare, comme de Maistre et Schopenhauer, que l'homme est mauvais, ou que, du moins, le mal et le bien se mêlent dans son essence. Il semble résumer en lui, dans son étonnante complexité, tout ce qu'il y a de pire comme tout ce qu'il y a de meilleur dans l'univers. Il est « perfide comme la vipère, sanguinaire comme le tigre, glouton comme le porc, obscène comme le singe, et dévoué comme le chien, généreux comme le cheval, ouvrier comme l'abeille, monogame comme la colombe, sociable comme le castor et la brebis. — Il est de plus, ajoute noblement Proudhon à l'encontre des socialistes ses confrères, homme, c'est-à-dire raisonnable et libre, susceptible d'éducation et de perfectionnement..., capable, comme l'Hercule antique, de vaincre l'animalité qui l'obsède, la légion infernale qui semble toujours prête à le dévorer [1]. »

C'est du haut de cette théorie, comme du haut d'une citadelle inexpugnable, que Proudhon foudroie avec une force invincible le socialisme en général et le communisme en particulier. Les socialistes prétendent que les passions de l'homme sont bonnes et qu'il suffit de les abandonner à elles-mêmes pour qu'elles produisent de salutaires effets ; Proudhon répond qu'elles sont mauvaises et que, si elles ne sont pas sévèrement disciplinées, elles enfanteront des résultats désastreux. Les communistes soutiennent qu'il ne s'agit que d'établir le règne de la charité, pour faire le bonheur du genre humain ; Proudhon ne veut pas entendre parler de la charité et ne fait appel qu'à la seule justice : « La charité, dit-il, nous est commandée comme réparation des infirmités qui affligent par accident nos semblables... Mais la charité prise pour instrument d'égalité et loi d'équilibre, serait la dissolution de la société. » Ces paroles peuvent paraître, au premier abord, un peu sèches et un peu dures ; mais on trouve, à la réflexion, qu'elles sont pleines de vérité, d'abord parce que nous ne sommes capables de dévouement que par intermittence et ensuite

---

[1] *Contradictions économiques*, t. I, p. 347.

parce que les devoirs de dévouement ne sont pas susceptibles d'une détermination rationnelle et précise. Avec Proudhon nous passons de la sphère du sentiment dans celle de la raison.

Ce n'est pas seulement à la raison, mais encore à la liberté et à la personnalité humaine dont elle est la source, que Proudhon fait appel contre la doctrine de la communauté. Établir le communisme, c'est, dit-il, tout mettre à la merci de l'État et ne laisser à l'individu aucun droit ; c'est tenir les cent yeux de la police constamment ouverts sur toutes nos actions, à l'unique fin de constater que nul d'entre nous ne s'approprie rien et n'entreprend rien sur la communauté, enfin c'est aboutir à la promiscuité universelle ; car il faut nécessairement aller jusque-là, si on veut être un communiste conséquent. Proudhon, qui avait des mœurs pures, s'en indigne, et son indignation l'emporte parfois jusqu'à l'éloquence. Il s'élève contre les « constitutions du saint-simoniens, fouriéristes et autres prostitués, se faisant fort d'accorder l'amour libre avec la pudeur, la délicatesse, la spiritualité la plus pure, » puis il s'écrie : « A quel degré d'abaissement intellectuel faut-il que nous soyons parvenus, pour que la critique se croie obligée, en l'an 1846, de remuer tout ce fumier [1] ! »

Autant Proudhon déploie de vigueur quand il s'agit de renverser les théories de ses adversaires, autant il montre de faiblesse quand il est question d'établir la sienne propre. C'est en vain qu'il cherche à opérer entre la communauté et la propriété, entre la thèse et l'antithèse,

---

[1] *Contradictions économiques*, t. II, p. 281.

une synthèse chimérique, il lui est impossible d'y réussir. C'est pourquoi, quand on le serre d'un peu près, comme M. Tissot, il répond qu'il n'est pas un inspiré, mais un chercheur, et qu'il ne peut communiquer au public que des investigations, non des découvertes. Cette possession, en effet, qu'il nous donne comme une sorte de compromis entre la communauté et la propriété, a la plupart des inconvénients de la première sans avoir les avantages de la seconde. Proudhon veut que les possessions soient égales ; mais la force des choses détruira cette égalité, si l'État n'intervient pas de mille manières pour la maintenir. Le travail des uns et la paresse des autres, la prodigalité de ceux-ci et l'économie de ceux-là, l'absence ou la pluralité des héritages, tout contribuera à rétablir entre les hommes cette inégalité dont notre auteur ne veut pas, à moins que l'État n'immobilise les propriétés dans les mêmes mains et ne fixe un maximum qu'elles ne dépasseront pas. Mais c'est là, du même coup, ralentir la production et limiter la liberté, en faisant appel à ce pouvoir gouvernemental que le théoricien de l'anarchie condamne si sévèrement et devant lequel il reproche si amèrement à Cabet, à M. Louis Blanc et aux autres de se prosterner. En partant de l'individualisme, Proudhon aboutit, malgré tous ses efforts, au socialisme.

Proudhon avait composé son *Système des contradictions économiques* à Lyon, dans la maison des frères Gauthier, où il occupait un poste de confiance, au milieu du tracas des affaires industrielles et commerciales. Mais à peine son livre eut-il été publié qu'il partit pour Paris, où on lui offrait la rédaction d'un nouveau journal, intitulé : *le Peuple*, qui devait paraître cette année même, mais qui ne put voir le jour qu'en 1848, après la Révolution de février. Cette révolution, Proudhon ne l'avait pas souhaitée, il l'avait, au contraire, vue arriver avec une grande appréhension ou plutôt avec de véritables angoisses, convaincu que ni les républicains, qui n'avaient point d'idées, ni les socialistes, qui n'en avaient que de fausses et de confuses, ne pourraient faire face aux périls de la situation. Cependant, quand elle eut éclaté et qu'il se fut lancé dans le mouvement, il en devint, comme on sait, la personnification la plus excessive. Nous ne le suivrons pas dans cette vie fiévreuse de publiciste militant où l'écrivain plébéien, surexcité par la lutte, déploya tant de talent et de colère, tant d'éloquence et de frénésie. Nous nous bornerons à rappeler que ce fut durant cette période orageuse de son existence que, mis en demeure de formuler ses doctrines économiques, il exposa sa théorie de la gratuité du crédit, qui n'était, du reste, que celle de la suppression du fermage, du louage, du prêt à intérêt sous un autre nom, et qu'il lui donna pour complément ce qu'il appelait la banque du peuple. Mais il trouva, comme on sait, deux redoutables contradicteurs dans Frédéric Bastiat et M. Thiers.

Proudhon soutenait, dans son journal *la Voix du peuple*, que l'intérêt du capital, sous ses diverses formes, avait pu être utile et légitime autrefois, mais qu'il ne l'était plus aujourd'hui ; comme il était allé sans cesse en diminuant, il devait arriver enfin à zéro. Mais Bastiat lui fit très-bien voir qu'aujourd'hui comme autrefois, le prêt constitue une privation pour le prêteur, qui a plus d'avantage à jouir immédiatement de son capital ou à l'avoir sous la main pour l'utiliser, le cas échéant, à sa manière et à son profit qu'à le remettre gratuitement aux mains d'un autre. Il lui montra qu'aujourd'hui comme autrefois il implique certains risques, car on voit souvent les spéculations les plus sûres en apparence échouer misérablement, de sorte que le capitaliste fait bien de garder son argent dans sa caisse, si, en lui demandant de l'exposer, on ne lui offre rien en échange. Enfin, il lui prouva que maintenant, comme à toutes les époques, le prêt, de quelque nature qu'il soit, est un service que le prêteur rend à l'emprunteur et qui lui permet quelquefois de réaliser des bénéfices considérables, et que ce service, comme tous les autres, doit avoir sa récompense. La gratuité du crédit est sans doute une belle chose, ajoutait Bastiat, mais elle a un inconvénient, c'est qu'elle entraînerait, dix-neuf fois sur vingt, le refus du crédit lui-même, et partant la suppression des travaux qu'il alimente et des richesses qu'il produit. Pour déterminer le capital à se prêter, il faut lui faire des avances, des promesses et surtout les tenir, c'est-à-dire lui offrir une juste et suffisante rémunération. C'est ce qu'on a toujours fait dans le passé, c'est ce qu'on fait encore dans le présent et c'est ce qu'on fera également dans l'avenir. Ce système est si excellent qu'il a augmenté considérablement la somme des capitaux disponibles et que ces capitaux se faisant concurrence, par suite de leur augmentation même, les intérêts ont diminué d'autant. Il est à croire qu'ils continueront à diminuer, à mesure que les capitaux deviendront plus abondants et seront par conséquent plus offerts et moins demandés, mais sans que le chiffre en descende pourtant jamais jusqu'à zéro, comme Proudhon le désirerait. Pour que l'on continue à les multiplier, il faut, en effet, qu'on ait intérêt à le faire, c'est-à-dire qu'on ait l'espoir d'en retirer quelque chose. Qui se donnerait la peine de construire des maisons et des bateaux, s'il devait les louer pour rien, et d'amasser de l'argent, s'il devait le prêter gratis ? La gratuité du crédit aurait pour effet, si on venait à l'imposer à un pays, d'y arrêter immédiatement la formation des capitaux, et de faire, par conséquent, hausser le chiffre de tous les intérêts le jour où les échanges redeviendraient libres.

Quant au système de la banque du peuple, nous ne voulons pas en refaire, après M. Thiers qui s'en est si bien acquitté, l'exposition et la réfutation. Proudhon diminue, par décision de la puissance législative, tous les revenus, fermages, loyers, intérêts de capitaux, salaires, puis il fait subir à toutes les marchandises une réduction proportionnelle : il arrive ainsi au bon marché au moyen d'une sorte de réciprocité et sans faire tort à personne. Mais comment ne voit-il pas que si cette conception pouvait se réaliser, elle n'aurait pas des résultats bien merveilleux ? Chacun, en effet, aurait autant perdu que gagné, puisque ses recettes et ses dépenses auraient diminué dans la même proportion. Proudhon veut encore qu'on supprime le numéraire, qui a la fâcheuse disposition à se refuser, et qu'on le remplace par un papier de banque, qui aura pour gage la production entière du pays et qui sera délivré à tout travailleur dans la proportion de ses besoins. Mais, ou les papiers de la banque, comme M. Thiers le remarque très-bien, seront délivrés à tout le monde indistinctement, et alors cet établissement, si riche qu'il soit, fera bientôt faillite, ou ils ne seront délivrés que sous certaines conditions de solvabilité et alors nous retombons dans la pratique courante. La ruine de la banque, et partant celle de l'État qui la garantit, ou le *statu quo*, entre ces deux termes il n'y a pas de milieu [1].

On voit quel a été le rôle de Proudhon dans l'ordre économique. Frappé des abus inhérents à la propriété, comme à toutes les institutions humaines, il les a attaqués avec fureur, mais il a eu le tort de conclure de l'abus contre l'usage. Également rempli du sentiment de la justice absolue et de celui de la dignité humaine, il a combattu avec une égale vigueur les économistes qui semblent méconnaître l'une et les socialistes qui font litière de l'autre; mais il a échoué dans la tentative qu'il a faite de concilier leurs doctrines contraires au sein d'une doctrine supérieure. Il a posé beaucoup de questions et mis la science en demeure d'en trouver la solution : il n'en a, quant à lui, résolu aucune.

III

PROUDHON PHILOSOPHE, ANTITHÉISME PROUDHONIEN
SCEPTICISME MORAL DE NOTRE ÉPOQUE

Nous n'avons vu jusqu'ici en Proudhon qu'un économiste s'attachant obstinément à résoudre une seule et

---

[1] M. Thiers, *de la Propriété*, liv. III, ch. VIII.

unique question, celle de la propriété ; nous allons voir maintenant en lui un philosophe essayant d'embrasser du regard l'ensemble des choses. Proudhon, en effet, n'était pas un de ces esprits exacts, mais timides, qui se renferment volontiers dans l'horizon d'une science particulière et déterminée, sans se préoccuper de ce qu'il peut y avoir en deçà et au delà : c'était un esprit hardi et généralisateur que les grandes spéculations attiraient et qui aurait pu y réussir, s'il eut été favorisé des circonstances. Il n'était pas étranger à la philosophie. Il avait lu de bonne heure, outre Voltaire, Diderot, Volney et les autres penseurs du dix-huitième siècle qu'il avoua toujours pour ses maîtres, de Maistre, de Bonald et Lamennais qui les avaient combattus ; il s'était tenu au courant des travaux de Cousin, de Jouffroy, de Damiron, mieux que tous les socialistes ses confrères, à l'exception peut-être de Pierre Leroux ; il avait même connu de bonne heure les doctrines de Kant par les traductions et un peu aussi par les conversations de M. Tissot, de Dijon, dont il appréciait fort la pénétration et le savoir, et c'est sans doute par là qu'il faut expliquer le demi-rationalisme qui perce dans la plupart de ses ouvrages. Mais, si l'écrivain bizontin parcourut beaucoup de systèmes, il ne se reposa dans aucun. Il demandait à chacun d'eux des instruments de combat, plutôt que des croyances paisibles, et aimait mieux guerroyer pour la vérité, et même contre elle au besoin, que d'en avoir la tranquille possession : c'était une nature essentiellement militante. Néanmoins, à un certain moment, les idées qu'il avait reçues un peu de toutes mains se mirent à fermenter dans cette tête ardente et il éprouva le besoin de les produire au dehors sous la forme d'un ouvrage qui lui parut d'abord merveilleux et qu'il intitula : *de la Création de l'ordre dans l'humanité*.

Dans cet ouvrage, qui se place, par la date de sa composition, entre les *Mémoires* sur la propriété et le *Système des contradictions économiques*, Proudhon traite non-seulement de la religion qui a été le fondement de l'ordre dans le passé, mais encore de la philosophie, de la métaphysique, de l'économie politique et de l'histoire, qui peuvent tenir dans l'ordre futur une si grande place. Il ne se propose pas seulement de perfectionner sur certains points ces sciences diverses : c'est une besogne trop modeste et dont le premier venu est capable. Il veut les démolir entièrement et les refaire de toutes pièces sur un plan à lui : il ne sera pas content à moins. Mais comme un homme ne peut pas accomplir l'œuvre des siècles, ses synthèses improvisées n'offrent aucune consistance, et son travail n'est, suivant l'expression de Sainte-Beuve, qu'un grand effort de cerveau sans résultat positif et durable.

La philosophie a encore laissé sa trace dans un autre ouvrage de Proudhon, dans ses *Contradictions économiques*. Cet écrivain s'y pose une question que les économistes ne se posent guère, celle de savoir s'il y a ou s'il n'y a pas une Providence, et il la résout négativement. Il se fonde pour cela sur les arguments les plus faibles qu'on puisse imaginer, et on ne se rend compte du bruit qu'a fait sa doctrine sur ce point que par l'expression volontairement scandaleuse qu'il lui a donnée. Il tire ses objections contre la Providence du mal qu'il y a dans le monde, non pas du mal métaphysique, qui s'explique très-bien (il le reconnaît) par la limitation naturelle des êtres, condition essentielle de leur avènement à l'existence; non pas du mal moral, qui s'explique parfaitement par l'abus de la liberté ; mais du mal économique, c'est-à-dire des souffrances qui atteignent les travailleurs et que Dieu n'a pas su ou n'a pas voulu prévenir. Ainsi, pendant que d'autres avaient été poussés à nier la Providence divine par le spectacle des grandes convulsions de la nature ou de la chute effroyable des républiques et des empires, Proudhon est amené à une telle négation par la vue des misères du prolétariat et de la plaie béante du paupérisme : « Dieu, dit-il, savait de toute éternité, puisque, après six mille ans d'expériences douloureuses, nous, mortels, l'avons découvert, que l'ordre dans la société, c'est-à-dire la liberté, la richesse, la science, se réalise par la conciliation d'idées contraires qui, prises chacune en particulier pour absolues, devaient nous précipiter dans un abîme de misères : pourquoi ne nous a-t-il point avertis ? pourquoi n'a-t-il pas, dès l'origine, redressé notre jugement ? pourquoi nous a-t-il abandonnés à notre logique imparfaite[1] ? »

Quoiqu'il ait la prétention de voir grandement les choses, Proudhon considère ici la question du mal par son petit côté. Au sein de cet univers, où toutes les espèces sont armées les unes contre les autres et s'acharnent pour vivre à leur destruction mutuelle, il n'en voit qu'une seule, qui est la nôtre. Dans cette espèce même, qui est

---

[1] *Contradictions économiques.* t. I, p. 356.

sujette à tant de maux, que le destin frappe tout entière à coups redoublés et qui ne s'avance que par un chemin semé de ruines et jonché de cadavres vers l'abîme qui doit bientôt l'engloutir, il ne voit qu'une minorité infime, la population ouvrière de nos cités industrielles, et oublie cette immense population rurale qui porte, d'une étoile à l'autre, le poids du jour et sur laquelle pèsent presque toutes les charges de la civilisation. Quant au reproche qu'il adresse à l'Être suprême, il ne nous paraît pas exempt de ridicule, aujourd'hui que nous avons perdu beaucoup de notre foi aux doctrines, jadis si révérées, de la philosophie allemande. Il consiste, en effet, tout uniment à blâmer Dieu de n'avoir pas enseigné à l'homme d'assez bonne heure le passage de la thèse et de l'antithèse à la synthèse et de l'avoir laissé longtemps s'égarer avec la logique d'Aristote, quand il était si simple de lui révéler tout de suite celle d'Hégel et de Proudhon.

La conclusion que notre philosophe tire de ces singulières considérations n'est pas moins singulière que ces considérations mêmes. Il n'en conclut point, comme on serait d'abord tenté de le croire, que Dieu n'existe pas; mais qu'il n'a rien de commun avec nous, que sa nature est en tout le contraire de la nôtre, et qu'on ne saurait sans absurdité voir en lui une Providence. Son intelligence parfaite et immuable ne connaît, suivant lui, que l'immutabilité et la perfection : l'imperfection et le mouvement lui échappent. Aussi, non-seulement elle ne saurait mettre un terme à nos agitations et à nos misères, mais elle les ignore. De là les étranges paroles de Proudhon opposant l'homme à Dieu et soutenant que, si l'un se développe, se perfectionne, se civilise, ce n'est qu'en s'éloignant de l'autre, de là, en un mot, je ne dirai pas son athéisme, mais son *antithéisme* et les déclamations vides et creuses par lesquelles il l'a développé : « Maintenant, dit-il, en s'adressant à cet Être suprême qui ne peut pas l'entendre, maintenant te voilà détrôné et brisé. Ton nom si longtemps le dernier mot du savant, la sanction du juge, la force du prince, l'espoir du pauvre, le refuge du coupable repentant, eh bien ! ce nom incommunicable, désormais voué au mépris et à l'anathème, sera sifflé parmi les hommes. Car Dieu, c'est sottise et lâcheté ; Dieu, c'est hypocrisie et mensonge ; Dieu, c'est tyrannie et misère ; Dieu, c'est le mal ! »

Jamais, depuis Lucrèce qui avait représenté la religion comme le principe de tous les maux et accablé de malédiction ce monstre qui, du haut du ciel, montrait sa tête hideuse aux mortels terrifiés : *Quæ caput e cœli regionibus ostendebat Horribili super aspectu mortalibus instans*, jamais on n'avait vomi contre Dieu de plus affreux blasphèmes, contristé plus douloureusement les âmes pieuses et excité chez les natures perverses un frémissement de joie plus infernal. Seulement il y a cette différence entre l'écrivain moderne et le poëte ancien que celui-ci exprime en vers saisissants une émotion sincère, tandis que celui-là déclame une tirade pour la galerie et s'applaudit lui-même, comme un acteur de mélodrame, de l'effet qu'il produit sur les spectateurs : « J'ai été, dit-il avec une satisfaction visible et en exagérant du reste beaucoup son succès de mauvais aloi, j'ai été prêché, joué, chansonné, placardé, biographié, caricaturé, blâmé, outragé, maudit... Les dévots m'ont menacé, dans des lettres anonymes, de la colère de Dieu ; les femmes pieuses m'ont envoyé des médailles bénites ; les prostituées et les forçats m'ont adressé des félicitations dont l'ironie obscène témoignait des égarements de l'opinion [1]. » Il faut que la passion malsaine de la popularité aveugle singulièrement Proudhon pour que ce dernier trait ne le fasse pas rentrer en lui-même et ne l'avertisse pas que le sentiment religieux et le sentiment moral sont si étroitement unis dans la plupart des âmes qu'il est difficile de frapper l'un sans toucher à l'autre.

Bien loin de le comprendre, notre philosophe soutient précisément la thèse de l'incompatibilité de la morale et de la religion dans un autre de ses livres, dans son grand ouvrage : *de la Justice dans la Révolution et dans l'Église*, qui marque la maturité de sa pensée et l'apogée de son talent.

Aujourd'hui comme au temps des Césars, s'il faut en croire Proudhon, la société menace de se dissoudre, et la question est de savoir où elle doit chercher son salut, si c'est dans la doctrine de l'Église ou dans celle de la Révolution. La France a perdu ses mœurs, ou du moins ses principes, sans lesquels ses mœurs ne sauraient subsister longtemps. Les mots *droit* et *devoir*, *morale* et *vertu* n'ont plus de sens pour elle et ne disent plus rien à son esprit ni à son cœur. Elle n'est plus gouvernée que par des convenances sociales qui peuvent bien régler pour un temps la vie extérieure, mais qui ne sauraient ni entretenir la vie morale ni la raviver, quand elle

---

[1] *Confessions d'un révolutionnaire*, p. 152.

est sur le point de s'éteindre : « Sous l'action desséchante du doute, dit l'éminent écrivain, et sans que le crime soit peut-être devenu plus fréquent, la vertu plus rare, la moralité française, au for intérieur, est détruite. Il n'y a plus rien qui tienne : la déroute est complète. Nulle pensée de justice, nulle estime de la liberté, nulle solidarité entre les citoyens. Pas une institution que l'on respecte, pas un principe qui ne soit nié, bafoué. Plus d'autorité ni au spirituel, ni au temporel : partout les âmes refoulées dans leur moi, sans point d'appui, sans lumière. Nous n'avons plus de quoi jurer ni par quoi jurer ; notre serment n'a plus de sens [1]. »

Sans doute le scepticisme moral dont nous sommes atteints ne détruit pas le respect extérieur des personnes et des propriétés, parce que la loi positive et la force publique sont là pour les maintenir ; mais il altère gravement les rapports des hommes entre eux dans l'ordre politique et produit ainsi, dans la société tout entière, une perturbation profonde. Il faut à l'homme et à la femme, dit admirablement Proudhon, une *foi conjugale*, c'est-à-dire une certaine idée de leur dignité mutuelle « qui, les élevant au dessus d'eux-mêmes, les rende l'un à l'autre encore plus sacrés que chers, et leur fasse de leur communauté féconde une religion plus douce que l'amour même. » Il faut au producteur et au consommateur une *foi juridique* qui, les élevant au dessus des appétits égoïstes, « les rende plus heureux du respect du droit d'autrui que de leur propre fortune. » Il faut aux citoyens une *foi politique* qui, les mettant

[1] *La Justice dans la Révolution et dans l'Église*, t. I, p. 3.

au-dessus des attractions divergentes de l'individualisme, les pousse à s'unir en un organisme vivant et à trouver leur bonheur au sein de leur union, Sans cela, le mariage devient une association onéreuse et la population même va diminuant de jour en jour ; la société devient un coupe-gorge où le plus fort exploite le plus honnête, et l'État « un agrégat d'existences incohérentes et répulsives que disperse comme poussière le premier souffle. » Le sentiment, du devoir et du droit, c'est-à-dire le sentiment moral est comme l'âme de la société : qu'il vienne à s'appauvrir ou à s'évanouir, la société elle-même s'affaiblit ou expire. Proudhon veut le ranimer parmi nous et cela, en s'inspirant, non des principes de l'Église, mais de ceux de la Révolution.

C'est, en effet, l'oubli de ces principes sacrés qui a, suivant lui, engendré l'immoralité qui nous ronge et dont nous nous sentons lentement et ignominieusement mourir ; car tout ce qui est sorti de la Révolution s'est tourné contre elle. La démocratie a substitué la politique des intérêts à celle des principes ; elle a renié Voltaire et Condillac, Diderot et Volney, les docteurs et les pères de la Révolution, pour se faire idéaliste et sentimentaliste, apriorique et mystique. L'Empire, la Restauration, la monarchie de Juillet ont prévariqué plus gravement encore. Sous ces deux derniers gouvernements, le système parlementaire s'est avili en plaidant toutes les causes ; la philosophie, sous prétexte de combattre un matérialisme inoffensif, a ressuscité un spiritualisme dangereux et donné le signal de la réaction contre le dix-huitième siècle ; la littérature, qui s'était élevée si haut et avait montré tant d'indépendance dans l'âge précédent, s'est dégradée, avec l'école romantique, jusqu'à chanter l'idéal vaincu. Mais, malgré ces défaillances et ces trahisons, la Révolution est vivante dans l'âme du peuple. Or, la Révolution comprend un élément positif, qui est l'affirmation de la justice, et un élément négatif, qui est la négation de l'Église.

Ainsi, la justice et l'Église, la morale et la religion que la plupart des hommes regardent comme destinées à s'appuyer l'une l'autre et à se soutenir mutuellement, Proudhon les déclare radicalement hostiles et absolument inconciliables. Il est, suivant lui, impossible à un esprit logique de les admettre ensemble : elles se corrompent et se détruisent réciproquement. Ou la pure justice avec toutes ses conséquences politiques et sans rien qui en altère la notion, ou la pure religion, avec les institutions sociales qui en sont l'accompagnement nécessaire et sans aucun mélange de raisonnement ni de liberté. La Révolution d'un côté, l'ultramontanisme de l'autre : entre ces deux termes, Proudhon ne voit pas de milieu.

Voilà l'idée dominante du livre de Proudhon et l'esprit dans lequel il a été conçu. Il s'agit maintenant de savoir ce qu'il faut en penser.

Le tableau que cet écrivain trace du scepticisme moral de notre époque ne manque ni de vérité ni d'éloquence, mais il offre de graves défauts. L'auteur n'y montre aucun sentiment des nuances et y prodigue outre-mesure les couleurs sombres et noires. C'est la manière de Lamennais et de tous ceux qui, étant plus hommes de lettres que hommes d'État, cherchent avant tout dans les matières politiques des sujets de déclamation et ont besoin de thèses tranchées et excessives pour donner carrière à leur brillante faconde. Dans la démangeaison qu'il éprouve de produire de l'effet, Proudhon laisse même échapper plus d'un trait qu'on pourrait retourner contre le parti qu'il défend et contre lui-même. S'il n'y a plus de respect, pourrait-on lui dire, à qui la faute, sinon à vous et aux vôtres qui n'avez rien respecté ? S'il n'y a plus d'autorité, ni au spirituel, ni au temporel, pour unir les hommes en un organisme vivant, à qui faut-il s'en prendre, sinon à ceux qui ont traîné toute autorité dans la boue et appelé de leurs vœux le règne de l'anarchie ? S'il n'est pas une institution qui n'ait été niée, pas un principe qui n'ait été bafoué, si nous n'avons plus ni de quoi jurer, ni par quoi jurer, est-ce à vous à vous en plaindre, à vous dont les négations audacieuses ne se sont pas même arrêtées devant l'institution qui sert de fondement à tout l'ordre social, devant la propriété, et qui avez déclaré que le principe de toute justice, que celui qu'on prend à témoin dans tous les serments, était identique au mal et devait désormais être honni et sifflé parmi les hommes ?

Non content d'exagérer l'immoralité contemporaine, Proudhon l'attribue à l'oubli des principes de la Révolution. Et ces principes, où les voit-il ? Dans Voltaire et Condillac, dans Volney et Diderot, qu'il nomme les pères et les docteurs de la société nouvelle. Nous n'avons rien à dire de Condillac, sinon qu'il était moins un moraliste et un politique qu'un métaphysicien, mais que sa métaphysique, en supprimant dans l'homme tout principe rationnel et actif, menait tout droit à la suppression du devoir et du libre arbitre, c'est-à-dire à la négation de cette morale dont Proudhon s'est constitué le défenseur. Il n'a pas tiré les conséquences de sa métaphysique ; mais ses disciples, entre autres Volney, les ont tirées pour lui : ce dernier fait, comme on sait, de la morale une simple annexe de la physique et érige l'intérêt personnel en règle unique de nos actions. Il n'y a rien là, que nous sachions, qui soit de nature à rendre aux âmes leur désintéressement et leur noblesse et à relever le niveau de la moralité. Quant à Voltaire et à Diderot, c'étaient de grands esprits sans aucun doute, mais c'est se moquer que de vouloir les faire passer pour des réformateurs des mœurs publiques.

Il serait trop long de défendre tout ce que Proudhon attaque ; mais nous ne pouvons passer sous silence le reproche qu'il fait à la philosophie de notre temps d'avoir substitué à un matérialisme inoffensif un spiritualisme dangereux et d'avoir injustement réagi contre le dix-huitième siècle. Comment Proudhon peut-il parler de l'innocuité du matérialisme et des dangers du spiritualisme, quand la raison nous atteste si hautement qu'en supprimant l'esprit et en ramenant tout à la matière, on détruit avec le libre arbitre la moralité elle-même à sa source, et quand l'histoire confirme sur ce point avec tant d'autorité les données de la raison ? Quant au dix-huitième siècle, nous ne voyons pas pourquoi on serait obligé de n'en parler qu'à genoux, et pourquoi on n'apprécierait pas ses grands hommes avec la même indépendance dont ils ont usé envers leurs devanciers. Ses vrais héritiers ne sont pas ceux qui se prosternent devant lui comme devant une idole et qui recueillent toutes ses paroles comme des oracles, mais ceux qui le regardent en face et qui le jugent à sa véritable valeur.

Mais le point sur lequel il importe surtout d'appeler l'attention, parce que c'est le fond même de l'ouvrage de Proudhon, c'est l'incompatibilité qu'il prétend établir entre l'idée morale d'une part et l'idée religieuse de l'autre. Que l'idée du juste puisse s'analyser comme celle du vrai et comme celle du beau, indépendamment de l'idée du bien, et puisse donner naissance à une science spéciale qui ne se lie pas plus nécessairement à la théodicée que la logique et l'esthétique, tout le monde en convient. Mais tout le monde convient aussi que ces deux idées sont deux idées congénères, qui dérivent toutes deux de la raison absolue et qui s'imposent toutes deux à nous avec la même autorité, de sorte qu'au lieu de se repousser, elles s'appellent en quelque sorte l'une l'autre. Aussi voyons-nous que les philosophies les plus morales ont été les plus religieuses, témoin celles de Platon et des stoïciens, et que les plus immorales ont été les plus irréligieuses, témoin l'épicurisme dans l'antiquité et le sensualisme au dix-huitième siècle. En présentant non-seulement comme distinctes, mais encore comme inconciliables, la conception de Dieu et celle du devoir, Proudhon a donc contre lui l'expérience en même temps que la raison. Il ne tombe pas dans une erreur moins grave, quand il soutient que le théisme, quels que soient les motifs qu'il invoque et les formes qu'il affecte, n'est qu'un ultramontanisme en puissance, condamné par une nécessité interne, inéluctable, à devenir tôt ou tard un ultramontanisme réel. C'est là une affirmation parfaitement gratuite. Platon et Aristote,

Leibniz et Kant, Voltaire et Rousseau eux-mêmes ont suffisamment prouvé qu'on pouvait croire en Dieu sans être ultramontain.

IV

DOCTRINE DE L'IMMANENCE, MORALE DE LA DIGNITÉ PERSONNELLE

A la suite de tous ces préliminaires, Proudhon se demande quel est l'objet de la morale et quelle est la méthode qu'il faut suivre pour l'étudier : « On appelle, dit-il, éthique ou morale la science des mœurs, c'est-à-dire des conditions formelles de la vie humaine et de sa félicité, aussi bien à l'état solitaire qu'à l'état social. » C'est la science du bien et du mal, et qui dit bien dit bonheur, qui dit mal dit peine. Pour dissiper ce que cette définition peut avoir d'équivoque, notre auteur ajoute que le bonheur et la peine dérivent de la sincérité et de la dépravation des mœurs, de sorte que la dignité du sujet constitue pour lui une loi positive, ayant pour sanction le bonheur, s'il la respecte, le malheur, s'il la viole. Quant à la méthode à suivre en morale, Proudhon ne paraît pas s'en être bien rendu compte. Il ouvre son livre, comme Spinosa fait le sien, par des axiomes et des définitions et affiche la prétention de procéder à la manière des géomètres, *more geometrico*, c'est-à-dire par la méthode rationnelle, ce qui ne l'empêche pas de déclarer ailleurs qu'il observe, qu'il décrit, qu'il compare, c'est-à-dire qu'il emploie uniquement la méthode expérimentale. Il y a là une contradiction qui dénote un écrivain peu maître de ses idées et qui flotte entre le rationalisme de Kant et l'empirisme d'Auguste Comte.

Nous reprocherons encore à Proudhon d'aborder les principales questions qu'il traite, celle de la justice, celle des personnes, celle de l'État, celle de l'éducation, celle du mariage un peu au hasard et sans les avoir fait précéder d'une étude telle quelle de la nature humaine et des grands faits psychologiques où la morale a ses principes et ses fondements. Il en résulte que son livre n'a pas le caractère philosophique qu'il avait prétendu lui donner et qu'il est moins une philosophie de la morale qu'une simple morale pratique. Ce serait même une morale pratique fort incomplète, si Proudhon s'en était tenu à son titre et à ses grandes divisions ; car traiter de la justice ce n'est pas traiter de toute la morale sociale ni, à plus forte raison, de la morale pratique tout entière. Heureusement la pensée féconde de l'auteur ne se renferme pas dans ces formules et déborde à chaque instant le cadre qu'il s'était tracé.

A la différence des auteurs du dix-huitième siècle qui ne se préoccupaient guère que de nos devoirs sociaux, Proudhon pose en principe, comme une proposition évidente, que l'homme a des devoirs envers lui-même, et se demande seulement comment il peut en avoir envers la société. L'opposition de l'individu et du groupe, des intérêts de l'un et de ceux de l'autre, et la difficulté de les concilier, voilà, suivant lui, le problème moral par excellence, et c'est à le résoudre qu'il veut consacrer tous ses efforts. Il affirme d'abord, à l'encontre des sensualistes de tous les temps, que la subordination de chacun à la société, c'est-à-dire la justice, n'est ni un préjugé de l'éducation, ni une invention de l'autorité, mais qu'elle résulte de la nature même des choses. L'homme étant sociable, il est naturel qu'il se subordonne au groupe dont il fait partie; car, de même que le corps est plus précieux que chacun de ses membres, la société vaut mieux que chacun des sujets qui la composent, et sa prérogative doit passer avant la leur. A ces considérations déjà passablement rationalistes Proudhon en ajoute d'autres qui le sont encore plus. Il est impossible, dit-il, de déduire la morale de l'hygiène ou de l'économie politique : si ces sciences peuvent fournir une matière à ses prescriptions, elles ne sauraient leur servir de fondement. La loi hygiénique ou économique ne peut être proposée qu'à titre de conseil, avec la perspective d'un bénéfice pour qui s'y soumet et d'un sinistre pour qui s'y refuse, tandis que la loi morale s'impose, utile ou nuisible, comme une injonction absolue et avec une autorité souveraine. C'est là, comme on voit, du kantisme le mieux caractérisé.

Mais cette justice qui nous commande et à laquelle nous sommes tenus d'obéir, a-t-elle son principe hors de nous ou en nous? A-t-elle son siège dans la société ou en Dieu, ou bien dans l'homme lui-même, dont elle constituerait ainsi toute la dignité et serait le plus noble attribut? C'est le système de la transcendance et celui de l'immanence. D'après le premier, l'âme humaine, réduite à elle seule, est incapable de vertu : elle a besoin pour vivre de la vie morale, d'une révélation soit historique, soit psychique, c'est-à-dire d'un secours étranger. C'est la doctrine des théologiens de toutes les communions et celle des spiritualistes de toutes les nuances, depuis Jean-Jacques Rousseau et Kant jusqu'à Jules Simon et Jean Reynaud. De cette doctrine, Proudhon n'en veut pas : il la repousse sous le nom assez mal choisi de morale de l'Église et lui oppose la morale de l'immanence qu'il appelle assez arbitrairement celle de la Révolution. Ce n'est pas, d'après lui, que la Révolution l'ait inventée, car elle a de tout temps existé à quelque degré et à l'état latent dans les âmes d'élite, mais c'est depuis la Révolution qu'elle a pris nettement conscience d'elle-même et qu'elle aspire à se réaliser dans sa plénitude. La justice, suivant cette grande doctrine, est innée à l'âme humaine, au lieu de lui être inspirée et comme insufflée du dehors ; en d'autres termes, l'homme sent sa dignité en lui-même et en autrui tout ensemble, et ce sentiment jaillit spontanément de sa nature, au lieu d'y être surajouté. C'est un sentiment qui lui est intime, immanent, et qui se confond avec sa propre essence. « C'est la forme propre de l'âme humaine, forme qui ne fait que se préciser et se perfectionner de plus en plus par les relations que fait naître chaque jour la vie sociale [1]. » Proudhon conclut de tout cela que la justice n'a rien de commun avec Dieu ; qu'elle est humaine, rien qu'humaine et que c'est lui faire tort que de la rapporter à un principe supérieur à l'homme.

Quant à son éclosion dans l'âme, elle s'explique, d'après notre philosophe, comme celle de la vérité en général : « De même, dit-il, dans un esprit tout rationaliste, que son intelligence, avant l'excitation de la sen-

---

[1] *La Justice*, t. I p. 840.

sibilité, est vide, sans notion aucune de l'espace ni du temps, de même sa conscience, avant l'excitation de la société, est vide aussi, sans connaissance du bien ni du mal. L'expérience des choses, nécessaire à la production de l'idée, l'est aussi au déploiement de la conscience [1]. » Mais, de même que l'expérience ne saurait créer les idées de l'intelligence, sans une préformation de l'esprit qui rende le concept intellectuel possible, de même elle ne saurait créer les idées de la conscience, sans une préformation du cœur qui rende possible le concept moral. Sans une telle préformation, ni les leçons de l'expérience, ni celles des maîtres ne serviraient à rien. Cela revient à dire, comme on voit, que ni l'empirisme ni le traditionalisme, réduits à eux-mêmes, ne peuvent rien expliquer. Tout s'explique au contraire parfaitement par le concours de la conscience et de l'expérience, et la vie morale et la science morale elle-même : « La science de la justice et des mœurs est, en effet, possible, puisqu'elle repose, d'une part, sur une faculté spéciale, ayant, comme l'entendement, ses notions fondamentales, ses formes innées, ses anticipations, ses préjugements ; de l'autre, sur l'expérience quotidienne avec ses inductions et ses analogies. » Mais la pensée de Dieu (Proudhon ne se lasse pas de le répéter) n'a rien à faire dans tout cela. La vie morale et la science morale peuvent également se passer de lui ; l'humanité se suffit à elle-même et ne jure que par elle-même : elle ne relève d'aucune majesté.

Après avoir posé et défini l'idée de justice, Proudhon

---

[1] *La Justice*, t. I p. 86.

passe aux applications qu'on en peut faire. Il l'applique d'abord et avant tout à la personne humaine, qu'il regarde comme éminemment respectable ou plutôt comme sacrée. La justice est surtout, en effet, le respect de la personne. Aussi la société antique, qui avait la justice à cœur, portait haut le respect de la personne humaine. Chez les Grecs, une sorte de consanguinité unissait les dieux et les hommes et nourrissait chez ces derniers le sentiment de leur dignité et de leur valeur. Dans Homère, Achille marche presque l'égal de Jupiter : il est réellement, comme le dit le poëte, semblable aux dieux. Chez les Romains, les patriciens descendent aussi quelquefois des immortels, comme les Jules, et, dans tous les cas, ils ne connaissent que leur droit, leur prérogative, même en face de la patrie en péril : c'est l'histoire de Coriolan que ni les députés du peuple, ni les représentants de la divinité ne peuvent fléchir, et qui ne cède qu'à lui-même dans la personne de sa mère : « De ces mœurs énergiques, dit Proudhon, naquit le stoïcisme, formule suprême de l'antique vertu, qui fleurit surtout parmi les descendants de la Louve, et compta dans ses rangs tout ce que les siècles postérieurs virent paraître d'âmes fortes et d'inflexibles caractères. » Longtemps comprimée par le césarisme romain et le mysticisme oriental, la personnalité a été relevée parmi nous par la Révolution. La Révolution, en effet, nous a rendu le sentiment de notre dignité et nous a en même temps donné, ce que l'antiquité n'avait pas fait, le sentiment de la dignité d'autrui. Grâce à elle, nous sentons maintenant notre dignité dans les autres, au point non-seulement de l'y respecter, mais encore de l'y faire respecter au besoin et de nous irriter contre l'indigne qui souffre qu'on lui manque, comme si entre sa dignité et la nôtre il y avait une sorte de solidarité. Grâce à Dieu, ajoute Proudhon qui frappe ici à la fois sur les théologiens et sur les positivistes de l'école de Bentham, nous respectons l'homme à l'heure qu'il est, non par crainte de Dieu, non en considération de l'intérêt social, c'est-à-dire pour des motifs étrangers à sa nature, mais parce qu'il est éminemment respectable, c'est-à-dire pour un motif intrinsèque et tiré de son essence ; nous affirmons la *respectabilité* en nous-mêmes d'abord, c'est le droit ; dans les autres ensuite, c'est le devoir. Or, la morale tout entière est contenue dans cette brève, mais féconde formule, qui est celle de l'innéité, de l'immanence de la justice, et qui constitue la propre doctrine de la Révolution.

Il ne faut pas confondre, suivant Proudhon (et il se sépare ici nettement et des saint-simoniens et des positivistes français), la justice, qui est le fond de la morale, avec la sympathie, la sociabilité, qui n'en est qu'un simple accessoire. Celle-ci est une vertu de conseil, comme disent les théologiens ; celle-là une vertu de précepte ; l'une nous est commune avec les animaux, l'autre nous est exclusivement propre. L'homme, en effet, bien qu'il soit un animal sociable, répugne au communisme et entend bien sauvegarder sa personnalité au sein de la société même. Aussi il n'accepte qu'avec répugnance l'assistance d'autrui : il sent que sa dignité personnelle en est amoindrie. Ajoutons qu'il peut bien témoigner de la sympathie aux animaux, mais qu'il ne pratique la justice qu'à l'égard de ses semblables. La raison en est qu'il sent sa dignité dans les derniers, mais non dans les premiers. C'est pourquoi il ne se fait aucun scrupule de les pourchasser, de les enfermer, de les vendre, de les tuer et de s'en nourrir. C'est en vain qu'on a prétendu de nos jours, sous l'influence d'un panthéisme nuageux et d'un sentimentalisme efféminé, établir entre les animaux et nous je ne sais quelle fraternité chimérique et nous imposer à leur égard des devoirs que nous avons déjà bien de la peine à remplir envers les humains. Proudhon s'élève ironiquement contre ce retour à l'alliance universelle des êtres et maintient fermement la distance qui sépare l'homme de la brute. Sur ce point, comme sur tant d'autres, il est pour les rationalistes un auxiliaire précieux. Il demande ce que deviennent nos beaux sentiments philozoïques avec l'immense consommation que nous faisons de cuirs, de cornes, de bleu de Prusse, de viande fraîche ou salée. Ils se réduisent à bien nourrir, à bien soigner, à bien croiser les animaux, suivant la pratique anglaise, pour les utiliser et les manger. Avec les hommes, nous ne pouvons nous permettre des procédés semblables, autrement nous nous sentons coupables, nous nous offensons nous-mêmes en les offensant. La justice est donc un sentiment *sui generis* qui a pour unique sujet et pour unique objet l'homme, et qui distingue tranchément notre espèce, comme la parole, la poésie, la dialectique et l'art.

C'est, suivant Proudhon, sur la justice ainsi conçue que la Révolution a voulu fonder l'ordre social. Elle a admirablement compris que la constitution de la société est un acte par lequel des hommes proclament, en se réunissant, la solidarité de leurs dignités respectives, s'en portent réciproquement garants et se servent les uns aux autres de dieux tutélaires et de Providence, conception qui efface tout ce que la raison des peuples avait jusqu'alors imaginé de plus profond. Une fois constituée de cette manière, la société modifie profondément l'individu. Sans le faire renoncer à son bien-être, elle l'habitue à se subordonner à la justice et y réussit d'autant mieux qu'elle lui fait trouver dans cette subordination une félicité supérieure dont la satisfaction des tendances purement personnelles n'approche pas. Il en est, en effet, de l'amour de la justice comme de cet amour de Dieu dont parlent les théologiens, la béatitude en est inséparable. C'est ainsi que l'homme arrive par le sentiment de sa dignité dans les autres à prendre, à l'occasion, parti pour les autres contre lui-même et, en un certain sens, à se dénaturer ; c'est ainsi qu'il finit par créer en lui, au dessus de sa volonté égoïste, une volonté juridique et en quelque sorte surnaturelle, et par acquérir une grandeur et une valeur qu'il n'avait pas.

Voilà peut-être la partie la plus importante et la plus remarquable de l'œuvre de Proudhon. Lors même qu'il n'aurait écrit que les pages fortes et vigoureuses que nous venons d'analyser, elles suffiraient pour l'élever bien au-dessus des socialistes vulgaires et pour lui assigner une place distinguée parmi les moralistes contemporains. Il a raison de repousser les prétentions de l'empirisme qui croit pouvoir expliquer par l'éducation et la législation, c'est-à-dire par des influences extérieures et accidentelles, cette loi du devoir qui est si positivement innée et naturelle. Il fait bien de soutenir qu'elle n'a rien de commun ni avec les lois de l'économie politique, ni avec celles de l'hygiène; car celles-ci ne sont que des faits généralisés, tandis que celle-là est une injonction catégorique, qui se produit à la suite des faits sans en être le résultat, et dont une sorte de préformation intérieure peut seule rendre compte. Ses attaques contre la doctrine qui refuse à l'homme toute valeur et fait venir tout ce qu'il a de bon du dehors ne sont pas moins dignes de considération. Il est seulement regrettable qu'il aille jusqu'à opposer diamétralement le système de l'immanence et celui de la transcendance, comme s'ils étaient absolument inconciliables ; car il est évident qu'ils ne le sont pas. N'est-il pas clair, en effet, que, si l'homme est une personne et a droit par lui-même à notre respect, il n'a pas créé, à lui tout seul, les éléments qui le composent, mais qu'il les a en grande partie reçus d'ailleurs ? C'est du principe, quel qu'il soit, de son existence qu'il tient, en même temps que son être, ses principales manières d'être, qui en sont inséparables, et par conséquent la faculté de concevoir et celle de vouloir la justice. La question des rapports de Dieu et de l'homme, du créateur et de la créature, est une des plus difficiles de la métaphysique : c'est un procédé par trop commode que celui dont Proudhon se sert, quand, pour le résoudre, il en élimine simplement un des deux termes.

Les vues de Proudhon sur la personne humaine et sur la justice sont certainement d'une rare noblesse, et l'énergie avec laquelle il les exprime en double encore le prix ; mais elles ne sont point, suivant moi, suffisamment élaborées et approfondies. Au lieu de se borner à célébrer la personnalité de l'homme, il aurait dû, comme Maine de Biran, en rechercher les conditions essentielles : il aurait vu qu'elle est le pouvoir que l'homme possède de faire un personnage à part *(persona)* au sein de l'univers et de se soustraire aux lois fatales qui le régissent; qu'elle implique la liberté et, avec la liberté, l'unité et l'identité, tous attributs incompatibles avec la matière, et qu'elle suppose, par conséquent, au-dessus du monde des corps, un empire des âmes, un royaume des esprits : il aurait été amené à professer le spiritualisme. Au lieu de se contenter de proclamer que l'idée de justice est nécessaire et absolue, il aurait dû se demander comment elle pouvait avoir des caractères si opposés à notre nature d'êtres relatifs et contingents, et il aurait soupçonné qu'elle est ou une vision de l'être absolu et nécessaire ou au moins une empreinte, suivant l'expression de Descartes, qu'il a mise sur son ouvrage; il se serait élevé, d'une manière ou d'une autre, de l'absolu dans le connaître à l'absolu dans l'être : il aurait abouti au théisme. Cette double démarche que la logique lui imposait, Proudhon n'a pas su la faire. De là une doctrine noble et fière, mais incomplète et insuffisante, puisqu'elle nous attribue une justice sans principe et une personnalité inexplicable.

Sans doute nous sommes respectables par nous-mêmes et sommes organisés de manière à sentir la respectabilité de nos semblables, ce qui veut dire que la justice est un attribut constitutif de notre être. Mais de ce que nous sommes naturellement capables de justice, s'ensuit-il que celui dont nous tenons notre être et notre justice ne le soit pas? Cela reviendrait à prétendre, suivant l'expression de Bossuet, que des êtres intelligents peuvent provenir d'une matière brute et insensée, ou, pour parler le langage d'Auguste Comte, que le supérieur peut s'expliquer par l'inférieur. La vérité est que nous avons en nous l'idée éternelle de justice et que cette idée éternelle implique un être en qui et par qui elle est éternellement comprise et qui n'est autre que Dieu lui-même. Considérée en nous, cette idée est notre règle prochaine ; considérée en Dieu, c'est notre règle éloignée : c'est la distinction classique de la loi naturelle et de la loi divine, deux lois qui se supposent et ne s'excluent pas. On peut bien étudier l'une, abstraction faite de l'autre, ainsi le veulent et la faiblesse humaine et le principe de la division du travail, mais à la condition qu'une telle abstraction ne sera pas une négation, et que nous n'afficherons pas la prétention de vivre, en quelque sorte, de notre propre substance et de nous séparer du principe des choses.

V

LA LIBERTÉ, LE MARIAGE, LE TRAVAIL

Les limites de ce travail ne nous permettent pas de suivre Proudhon dans toutes les applications qu'il fait de son principe de la personnalité et de la dignité humaines : nous nous bornerons à quelques indications générales et rapides. Par cela seul qu'il conçoit l'être humain comme une personne, il doit le concevoir comme une force active, libre, autonome et capable de faire échec aux autres agents qui composent cet univers. Suivant lui, en effet, nous ne sommes pas, comme les panthéistes le prétendent, de simples véhicules d'un influx divin, d'une puissance infinie : nous sommes doués d'une puissance qui nous appartient en propre et qui nous est immanente. De ce que tous les phénomènes se rapportent à une substance, les spinosistes en concluent qu'ils se rapportent tous à une substance unique. La conclusion dépasse de beaucoup les prémisses ; car ils peuvent se rapporter à plusieurs substances tout aussi bien qu'à une seule. Le panthéisme est donc une hypothèse sans fondement. Au lieu d'une seule cause infinie et universelle de laquelle tout rayonne et qui tient tout sous ses lois, Proudhon admet une infinité de causes particulières, de monades indépendantes qui se développent concurremment et qui luttent éternellement entre elles. C'est le système de la liberté ou plutôt de l'anarchie transporté de l'ordre économique dans l'ordre cosmique.

Proudhon admet donc la liberté de l'homme, bien qu'il ne s'en fasse pas une idée bien claire et qu'il ne la démontre pas par des raisons bien péremptoires. Il en résulte néanmoins qu'il ne conçoit pas le progrès, à la manière des réformateurs sensualistes, comme une évolution organique et fatale qui s'accomplit sans nous, sinon malgré nous, mais comme un mouvement moral et volontaire, qui a la justice pour loi et la liberté pour moteur. Accroissement de la population, augmentation de la vie moyenne, développement de l'industrie, de la science et des arts, toutes ces choses, suivant Proudhon, peuvent être des effets du progrès : elles ne sont pas le progrès lui-même. Elles sont hors de l'homme et ne dépendent pas toujours de lui ; le progrès est dans l'homme et émane directement de l'homme : il n'est que la justice et la liberté en tant qu'elles se développent et qu'elles modifient, dans leur mouvement, et les autres facultés de l'être humain et ses œuvres. En d'autres termes, la sanctification et le perfectionnement de l'humanité par elle-même, voilà le progrès ; la corruption de l'humanité par elle-même, voilà la décadence. Il s'ensuit que le progrès étant libre dans son principe, ne peut être soumis à aucune loi nécessaire ; qu'il se précipite ou se ralentit, s'interrompt ou recommence au gré de l'homme lui-même, qui en est à la fois le sujet et l'auteur. Cette conception du progrès permet de rendre compte des accidents et des tergiversations, des retards et des rétrogradations qui se produisent si souvent dans la marche de l'humanité et sur lesquels il plaît à Hégel et aux autres théoriciens du progrès organique et fatal de fermer les yeux.

Proudhon n'arriva pas du premier coup à cette théorie du progrès. Il en avait professé une toute différente dans un de ses précédents écrits, et il mêle encore à celle-ci, dans le livre *de la Justice*, où il l'a développée, bien des vues contestables. Cependant, telle qu'elle est, elle peut être considérée comme une des meilleures protestations qui aient été élevées contre le fatalisme contemporain. La plupart des partisans actuels du progrès se figurent, en effet, qu'il doit se produire pour ainsi dire de lui-même, en vertu d'une loi imposée dès le principe soit à l'homme seul, soit à l'ensemble des êtres créés. De là un fatalisme et un quiétisme d'un nouveau genre contre lesquels les modernes feront bien de se prémunir. Proudhon leur en a donné l'exemple : sur ce point, comme sur tant d'autres, il se montre un vrai défenseur de la personnalité de l'homme, c'est-à-dire de la liberté et de la raison, et un adversaire décidé du pur naturalisme [1].

Si de l'ordre métaphysique et de l'ordre social nous suivons Proudhon dans l'ordre domestique, nous le trouverons ici encore fidèle à ses principes. Suivant lui, l'amour, qui est le principe de la famille, dérive de l'organisme, mais il n'existe à l'état pur que chez les bêtes. Chez l'homme, être intelligent et libre, il est toujours mélangé, à plus ou moins forte dose, d'intelligence et de liberté. Tendant naturellement à se développer dans sa force et son indépendance, l'être humain a honte de l'œuvre de chair, comme d'un asservissement de l'esprit à la matière, et c'est en cela, dit très-bien notre philosophe, que consiste proprement la pudeur. Il s'enorgueillit d'être capable de s'en abstenir par un acte de volonté et de prouver ainsi que son âme est maîtresse du corps qu'elle anime : la continence, la chasteté et la considération qui s'y attachent n'ont pas d'autre cause. Aussi serait-il à craindre qu'à mesure que l'homme se spiritualise, il ne devînt moins enclin à l'amour et partant à la génération, qui en est la fin physiologique, si la nature n'y avait pourvu, en remplaçant l'excitation organique par une excitation animique non moins forte et plus relevée, par l'attrait de la beauté, par le sentiment de l'idéal, qui fait de l'homme et de la femme un couple qui conserve sa dignité en amour et qui triomphe de l'animalité, en même temps qu'il en accomplit le vœu.

---

[1] V., sur ce sujet, outre les remarquables articles d'Edgard Quinet et de M. Renouvier, le beau livre de M. Bouillier intitulé : *Morale et Progrès.*

Mais, en se sauvant du sensualisme, l'être humain risquerait de se perdre dans l'idéalisme, si ces deux éléments n'étaient pas purifiés et assainis à leur tour par un troisième, par le condiment du droit, par le sel de la justice, qui seul empêche l'amour de dégénérer en débauche et la vie de s'éteindre dans la luxure. Or, la forme de la justice et du droit, dans les relations sexuelles, c'est le mariage.

Pendant que tant d'auteurs modernes se déchaînent contre le mariage comme contre un préjugé qui a fait son temps, et revendiquent la liberté en amour, comme en toute autre chose, Proudhon prend hardiment sous son égide les vieilles mœurs et les vieilles lois en matière matrimoniale, et déclare que la liberté qu'on réclame n'est qu'un pur libertinage et n'est pas plus conforme à la nature qu'à la raison. Il sent, s'il ne le dit pas, que la vraie nature n'est pas celle de l'enfant ou du sauvage, comme Rousseau et ses pareils se l'imaginent, mais celle de l'homme arrivé à la plénitude de son développement et de sa perfection. Or, la nature, ainsi considérée, s'accorde avec la raison pour proclamer que l'amour et la génération doivent, comme toutes les manifestations de notre être, tomber sous la loi de justice. C'est pourquoi elle fait du mariage un contrat d'une espèce supérieure, qui implique l'unité, l'inviolabilité, l'indissolubilité ; qui confère aux époux une dignité à la fois juridique et religieuse, *juris humani et divini communicatio*, et où la société civile trouve son plus solide fondement. Quoi de plus beau, dit admirablement notre auteur, qu'une institution qui substitue à une passion orageuse et inégale un attachement plein de sérénité et de constance, qui résiste aux plus dures épreuves de la vie et triomphe de la mort même ! La tendresse conjugale, sans exclure l'inclination amoureuse, la rejette au second rang et la subordonne à la conscience. Elle n'est pas le caprice de deux individus particuliers : elle implique le consentement des familles, la sanction de la cité et de la religion et affecte par là un caractère surnaturel qui la met hors de pair avec toutes les autres affections. Ce qui frappe surtout Proudhon dans cette institution mystérieuse, c'est la prétention hautement avouée de dompter l'amour en le soumettant à la volonté juridique du couple conjugal et de l'élever, comme il le dit dans son langage expressif, par une sorte d'exorcisme qui le purge de toute lasciveté et de toute défaillance, au-dessus de lui-même, jusqu'à la région des sentiments sacrés et immuables.

Une fois unis dans la justice, les jeunes époux se trouvent capables de donner l'initiation juridique à d'autres êtres, formés de leur sang, et complètent, en la leur donnant, leur initiation propre : en d'autres termes, le pacte conjugal n'est que le premier degré de la juridiction domestique ; la famille est le second. La jeune femme, initiée à la justice par son époux, initie à son tour ses enfants à ce devoir sacré, dont le culte passe des uns aux autres autour du foyer domestique et devient comme le lien et la religion de la famille tout entière, sous la haute garantie du père dont il semble que tout émane. La paternité est, en effet, pour l'homme un moment décisif, qui lui fait sentir avec une force jusqu'alors inconnue la dignité dont il est revêtu et la responsabilité qui lui incombe. Il est porté, dans cet instant solennel, à appeler, comme l'Adam de Milton, la bénédiction du ciel sur son nouveau-né et à jurer qu'il lui transmettra, avec son nom, l'amour du devoir et de l'honneur. En présence de ce berceau, les sens et l'amour font silence : la charité et la conscience parlent seules et rendent l'homme noble et la femme splendide. La famille se maintient ainsi, grâce à l'admirable communauté de conscience qui unit tous ses membres, et elle se perpétue grâce à cette salutaire institution qu'on nomme l'hérédité, contre laquelle a si honteusement protesté le socialisme du dix-neuvième siècle [1].

Elle se perpétue aussi grâce au travail, que le théoricien de la personnalité ne pouvait manquer de glorifier ; car il est la personne même en action. Nous sommes, en effet, obligés de consommer pour vivre, c'est notre première loi et elle nous est commune avec les brutes ; mais nous sommes, en outre, obligés de travailler pour pourvoir à notre conservation, c'est notre seconde loi ; or celle-là nous est particulière et nous élève bien au-dessus de tous les êtres animés. Le travail, en effet, est un exercice de l'esprit en même temps que du corps ; tout art, toute science, en même temps que toute richesse, en dérive : par lui, notre existence se spiritualise de plus en plus. Mais comment l'homme doit-il travailler ? De la manière la plus continue et la plus opiniâtre, et c'est là sa troisième loi. Il ne peut vivre, quoi qu'on en ait dit, ajoute Proudhon, en faisant allusion à la doctrine du travail attrayant de Charles Fourier, qu'à la sueur de son front, *in sudore vultus tui vesceris pane tuo*. Ici

---

[1] *La Justice*, t. III, p. 458.

lé sévère moraliste montre parfaitement, à l'encontre de ces socialistes qui nous promettent le paradis sur terre, que l'homme ne peut obtenir, à force de labeurs, que tout juste ce que réclament l'entretien de son corps et la culture de son âme, et qu'il est condamné par la nature des choses, et sans qu'il y ait de la faute de personne, à vivre dans une pauvreté plus ou moins décente, mais enfin dans la pauvreté. On a beau dire que la terre est d'une fécondité inépuisable : elle ne nous fournit un surcroît de biens qu'au prix d'un surcroît de travail. De plus, à mesure que la richesse augmente, la population augmente également, de sorte que l'homme, considéré économiquement, se trouve toujours à peu près au même point: Il ne peut subsister qu'à la condition d'un labeur persistant et d'une austère tempérance : « Ainsi, le Créateur, dit notre philosophe, dont la morale semble ici se colorer d'une teinte religieuse, ainsi le Créateur, en nous soumettant à la nécessité de *manger pour vivre*, loin de nous promettre la bombance, comme le prétendent les gastrosophes et les épicuriens, a voulu nous conduire pas à pas à la vie ascétique et spirituelle, il nous enseigne la sobriété et l'ordre et nous les fait aimer. Notre destinée n'est pas la jouissance, quoi qu'en ait dit Aristippe : nous n'avons pas reçu de la nature et nous ne saurions nous procurer à tous, ni par industrie ni par art, de quoi *jouir* dans la plénitude du sens que la philosophie sensualiste, qui fait de la volupté notre souverain bien et notre fin, attache à ce mot. Nous n'avons pas d'autre vocation que de cultiver notre cœur et notre intelligence, et c'est pour nous y aider, au besoin pour nous y contraindre, que la Providence nous fait une loi de la pauvreté : *Beati pauperes spiritu*[1] ! »

On voit que le vieux socialiste désabusé revient ici aux principes de la morale éternelle que ses devanciers et lui-même avaient trop mis en oubli ; mais il y revient par le libre mouvement d'une pensée indépendante et active. Aussi les marque-t-il, pour ainsi dire, de son cachet et leur donne-t-il un caractère tout nouveau. D'après les meilleures statistiques, dit-il, le revenu moyen d'un pays comme la France est, par tête et par jour, de quatre-vingt-cinq centimes et demi, soit de trois francs cinquante par famille composée de quatre personnes. Or, il est impossible de l'élever sensiblement sans développer davantage l'intelligence des travailleurs, c'est-à-dire sans leur créer de nouveaux besoins, de sorte que le rapport entre les désirs et les moyens de les satisfaire resterait toujours à peu près le même. Il n'y a donc qu'un moyen d'être heureux, c'est de savoir être pauvre. L'antique sagesse avait entrevu ces vérités, et le christianisme les a proclamées à la face du monde : « La pauvreté glorifiée par l'Évangile, dit Proudhon, est la plus grande vérité que le Christ ait prêchée aux hommes. » Nous sommes loin, comme on voit, des enseignements de Saint-Simon et d'Enfantin.

On ne peut se lasser de citer les nobles pensées qui s'échappent en abondance de l'âme de ce tribun radouci. Suivant lui, la pauvreté est l'aiguillon de la vertu, comme du travail ; l'aisance est déjà un commencement de corruption et de servitude ; enfin, la richesse est la

---

[1] *La Guerre et la Paix*, t. II, p. 130.

perte de l'âme et du corps. Elle pervertit l'homme par l'illusion des sens et la séduction de l'esprit et le fait retomber jusque dans l'animalité ; elle efférnine les nations et les précipite sur la pente de la décadence : « Le progrès ou perfectionnement de notre espèce, dit Proudhon, est tout entier dans la justice et la philosophie. L'augmentation du bien-être y figure moins comme récompense et moyen de félicité que comme expression de notre science acquise et symbole de notre vertu. Devant cette réalité des choses la théorie sensualiste, convaincue de contradiction avec la destinée sociale, s'écroule à jamais [1]. » C'est là du stoïcisme retrouvé et admirablement approprié aux besoins de la société présente.

On se prend à regretter, en lisant de tels passages, que celui qui les a écrits, au lieu de se jeter dans le feu de nos discordes politiques, ne se soit pas renfermé dans le champ paisible de la morale, et qu'au lieu de recevoir ses idées un peu de toutes mains, il ne se soit pas inspiré uniquement de celles de l'école rationaliste, en dehors de laquelle il n'y a pas de morale sérieuse. Il avait connu, dans sa jeunesse, son illustre compatriote Jouffroy, qui l'avait bien accueilli et avait apprécié à sa vraie valeur sa vive et forte intelligence. Pourquoi ne l'a-t-il pas cultivé davantage et n'a-t-il pas essayé d'appliquer méthodiquement, et sans se laisser égarer par l'esprit de parti, à toutes les sphères de la vie pratique, les principes que celui-ci avait établis dans l'ordre de la spéculation ? Au lieu de composer des ouvrages où se

---

[1] *La Guerre et la Paix* t. II, p. 145.

mêlent à égales doses la vérité et l'erreur, et de léguer à l'avenir une renommée équivoque, il aurait sans doute élevé un monument irréprochable et atteint à la véritable gloire.

Ce qui lui a fait le plus de tort, c'est la manie qu'il a eue trop souvent de soutenir le pour et le contre sur le même sujet, sous prétexte qu'il fallait passer par la thèse et par l'antithèse pour arriver à la synthèse. C'est pourquoi il a été jugé si sévèrement par plusieurs auteurs contemporains. M. Renouvier lui reproche son goût pour la contradiction et ses procédés de sophiste et déclare que c'est pour cela qu'un « écrivain si heureusement doué, un penseur si entreprenant et si passionné pour la justice, qui aurait pu presque être le Rousseau de son siècle, a dû passer sa vie à jouer insolemment avec les idées devant un public ébahi et mourir sans avoir atteint la maturité de l'esprit [1]. » M. Ravaisson, de son côté, après avoir reconnu son mérite littéraire, estime qu'il a plus d'idées que de discernement pour choisir entre elles et que de puissance pour les enchaîner les unes aux autres, et doute qu'il ait eu un esprit sérieusement philosophique [2].

Quant à nous, nous ne serons pas tout à fait aussi rigoureux envers Proudhon que nos deux éminents devanciers. Nous avons pu nous convaincre, en effet, que si son intelligence n'a jamais pu se débrouiller entièrement et s'est toujours un peu complue aux thèses contradictoires, il y a pourtant une idée maîtresse qui domine toutes ses conceptions et les ramène à l'unité,

---

[1] Renouvier. *Année philosophique*, p. 74.
[2] Ravaisson, *Philosophie en France*, p. 43.

c'est l'idée de la haute valeur de l'homme, de la souveraineté de l'individu : bien loin d'être socialiste, sa doctrine est avant tout individualiste. C'est parce qu'il a un sentiment énergique de l'individualité, de la personnalité humaine, qu'il ramène toute la morale au principe de la dignité personnelle, identique au droit et au devoir tout ensemble, et qu'il dédaigne les doctrines de sympathie, d'amour et de fraternité. C'est pour cela que, dans l'ordre économique, il revendique si énergiquement pour l'individu la possession de tout ce qu'il produit et raille si amèrement tous les systèmes de communauté. C'est pour cela que, dans l'ordre politique, il ne veut entendre parler que de la liberté individuelle et de la libre fédération des individus entre eux, et témoigne à l'égard de la centralisation et de l'État une aversion si profonde. C'est pour cela que, dans l'ordre historique, il attribue, contrairement à la plupart de ses contemporains, le progrès de l'espèce humaine à la vigoureuse initiative des individus qui la composent et non pas au jeu et au mouvement du mécanisme social. C'est pour cela que, dans l'ordre domestique, il repousse les plaisirs des sens et même les enchantements du cœur comme des atteintes à la liberté dont il jouit et à l'empire qu'il exerce sur lui-même. C'est pour cela peut-être enfin que, dans l'ordre religieux, il entend ne relever que de sa conscience et écarte l'idée de Dieu moins comme fausse que comme attentatoire à sa propre dignité : fière et orgueilleuse doctrine dont Pascal aurait frémi, lui qui voyait déjà dans celle d'Épictète une *superbe diabolique!* Toutes ces idées peuvent être les unes excessives, les autres incomplètes, les autres erronées, mais elles ne sont pas aussi mal liées qu'on le prétend et constituent, suivant moi, une philosophie, s'il faut entendre par là une conception telle quelle de l'ensemble des choses.

Il faut convenir cependant que cette philosophie n'a pas beaucoup de consistance et de force. Avec son esprit bouillant, mobile et désordonné, Proudhon s'est laissé entraîner plus d'une fois à soutenir des thèses diamétralement opposées à son idée fondamentale. Ainsi, il nous représente quelque part l'humanité, à l'exemple de Pierre Leroux et d'Auguste Comte, comme une substance immense dont les individus ne seraient que des fragments ; il nous parle ailleurs de la raison générale comme d'une autorité supérieure devant laquelle les raisons individuelles doivent toujours et partout s'incliner ; ailleurs enfin, il déclare avec les positivistes que la raison se réduit aux sens et à l'expérience et ne peut rien connaître d'absolu. Voilà sans doute pourquoi ce théoricien de la justice absolue se permit à un certain moment de justifier les coups d'État et les guerres même offensives, c'est-à-dire le recours à la force.

La morale de Proudhon, qui est la partie principale de son œuvre, est fort supérieure à celle des autres socialistes, sans être à beaucoup près irréprochable. L'idée du devoir et celle de la liberté, plus ou moins bien comprises, occupent une grande place dans ses écrits ; dans ceux de ses devanciers, elles ne brillent guère que par leur absence. En lisant ces derniers, on croit lire des traités d'histoire naturelle, tant les moyens qu'on y indique pour perfectionner l'espèce humaine ressemblent à ceux dont on se sert pour améliorer les diverses espèces animales, au lieu qu'en lisant les premiers et en écoutant les énergiques appels qu'on y fait à la dignité et à la responsabilité de l'homme, on se sent transporté dans une sphère supérieure non-seulement à celle de la pure animalité, mais encore à celle de l'humanité vulgaire. Il y a là comme un écho des nobles sentiments qui animent les pages austères de Marc-Aurèle et de Kant et qui vibrent dans les vers de notre grand Corneille.

Mais ce principe de la dignité personnelle, qui sert de base à la morale de Proudhon, cet écrivain ne l'établit nulle part d'une manière nette et précise. Tantôt, dans son engouement pour la méthode expérimentale, il nous le donne pour un fait d'expérience qui consiste dans le sentiment, spontanément éprouvé, de notre dignité et de celle d'autrui, et qui doit conférer à la morale une vraie positivité ; tantôt il le pose comme un concept qui implique une sorte de préformation intérieure et qui s'explique, non par l'expérience agissant toute seule, mais par l'expérience et la conscience réunies et opérant de concert. Mais, s'il est un simple fait, il n'est ni un principe ni une loi et on n'en peut faire sortir aucune obligation. De ce que je sens ma dignité et celle d'autrui, il ne s'ensuit pas que je doive la sentir : entre le fait et le devoir il n'y a rien de commun, et toute conclusion de l'un à l'autre est illégitime. Si, au contraire, il est une conception rationnelle, cette conception aurait besoin, pour avoir quelque valeur scientifique, d'être sériée, comme s'exprime Proudhon lui-même, c'est-à-dire d'être insérée dans un groupe de conceptions analogues, dont la nature, l'origine et la portée eussent été mises en pleine lumière : elle devrait, en un mot, être appuyée sur une théorie approfondie de la raison. C'est ainsi que l'impératif catégorique de Kant a pour support la critique de la raison pratique. Or, cette théorie, Proudhon a bien essayé de la faire, mais il ne l'a pas faite. Il en résulte que son principe, quoique, à le bien prendre, il ne manque pas de solidité, aurait de la peine à résister aux attaques de l'empirisme contemporain, qui n'admet que les faits et les rapports constatés par l'observation, et qui ne peut voir dans une conception *a priori*, ainsi isolée et séparée de ses congénères, qu'une chose qui ne ressemble à rien, c'est-à-dire un non-sens et une impossibilité.

En même temps que Proudhon affirme notre dignité, il affirme notre liberté, mais sur ce point encore sa doctrine est indécise et chancelante. Est-il possible qu'il y ait un sujet qui, à la différence de tous les autres, ait l'initiative de ses actes, qui produise des faits qui soient des antécédents sans être des conséquents, et qui échappe au vaste engrenage des choses, au déterminisme universel ? Et, si cela est possible, comment cela peut-il se faire ? Ne doit-il pas y avoir une différence essentielle entre les êtres qui sont de véritables causes et ceux qui ne sont que de simples effets, entre ceux qui sont des principes et ceux qui sont des véhicules d'actions, entre ceux qui composent le règne de la moralité et ceux qui constituent le règne de la nature ? Et cette différence ne serait-elle pas précisément celle qu'on a exprimée de tout temps par les deux mots *esprit* et *matière*, et que le poëte semble avoir aperçue, quand il a dit que l'esprit meut et que la matière est mue, *mens agitat molem ?* Faute d'avoir rattaché le fait de la liberté à une théorie suffisamment élaborée des êtres libres, Proudhon s'expose à le faire regarder comme une apparence illusoire et à ne pouvoir le défendre contre le naturalisme moderne, qui prétend que tous les faits se ressemblent et qu'il n'y a pas lieu d'admettre dans l'immense empire de la fatalité un tout petit coin pour la liberté.

Non-seulement Proudhon n'a pas pris une position assez forte contre l'empirisme et le naturalisme, parce qu'il n'a pas professé un rationalisme assez décidé et un spiritualisme assez profond, mais encore il a affaibli cette position en soutenant que la morale est immanente, non transcendante, et que l'idée de liberté et l'idée de devoir n'ont rien de commun avec celle de Dieu. Si, en effet, nous admettons sans hésiter que nous sommes des êtres libres et moraux, c'est que nous croyons dériver d'un principe libre et moral. Mais que l'existence d'un tel principe vienne à nous paraître douteuse et que nous inclinions à penser que la matière est notre première et unique cause, nous inclinerons en même temps à croire que nous n'avons pas d'autres attributs que ceux de la matière, car il ne saurait y avoir plus dans les effets que dans la cause qui les a produits. L'idée religieuse est, quoi qu'en dise Proudhon, le contre-fort de l'idée morale : en ébranlant l'une, il a dû nécessairement ébranler l'autre.

Si les principes de la morale proudhonienne prêtent le flanc à plus d'une objection, les conséquences que l'auteur en tire ne sont pas non plus irréprochables. Je puis bien faire à la rigueur, et en ne pressant pas trop le sens des mots, du sentiment de ma dignité la base de mes devoirs de réciprocité et de justice, puisque je sens ma dignité dans autrui comme dans moi-même et que je me sens obligé de la respecter dans un cas comme dans l'autre. Mais je ne puis asseoir là-dessus mes devoirs de charité et de bienfaisance, puisque, au lieu de tenir au sentiment de la dignité personnelle, ils se rattachent à celui de la sociabilité qui est tout différent. Aussi Proudhon rabaisse-t-il outre mesure ces derniers devoirs. Ce sont pourtant, en définitive, les plus relevés de tous, puisqu'ils ne consistent pas seulement, comme les précédents, à s'abstenir du mal, mais à pratiquer le bien, c'est-à-dire à se prodiguer soi-même pour ses semblables avec tout l'élan d'une nature noble et généreuse. C'est ce que Proudhon n'a pas compris et ce que l'étroitesse de son principe le condamnait à ne pas comprendre. Aussi sa morale, malgré ses beaux côtés que nous avons signalés en historien impartial, est purement individuelle, négative, restrictive, au lieu d'être en même temps sociale, positive et incitative : elle n'est en quelque sorte qu'une hérésie au sein de la morale universelle, c'est-à-dire un choix d'idées arbitrairement fait dans un corps de doctrines où tout se tient et qui veut être accepté en entier et sans réserve.

Proudhon n'a pas fondé une école, comme Saint-Simon, Fourier et Auguste Comte. La raison en est bien simple, c'est que cet esprit, plus critique que dogmatique, plus propre à détruire qu'à édifier, n'avait ni une doctrine philosophique, ni une doctrine économique qui pussent servir à ses contemporains de point de ralliement. La seule partie de son œuvre qui offrît quelque solidité, la morale, fut aussi la seule qui lui attira des disciples sérieux. Elle fut représentée, pendant quelques années, dans la presse périodique, par un organe qui fit quelque bruit, par la *Morale indépendante*. Nous ne reprendrons pas ici l'examen de la thèse soutenue par ce journal : nous l'avons jadis étudiée dans notre *Philosophie du devoir* et nous nous en tenons aux conclusions que nous y avons formulées[1]. Nous remarquerons seulement qu'en tombant des livres de Proudhon dans la sphère du journalisme, la doctrine nouvelle perdit beaucoup de son élévation. Si Mme Coignet et Frédéric Morin la maintinrent à une certaine hauteur, le principal rédacteur du journal, Massol, qui avait été autrefois saint-simonien et qui était plus pénétré de l'esprit du P. Enfantin que de celui de Kant, lui donna une couleur sensualiste peu faite pour la recommander aux âmes nobles et aux esprits délicats. Des deux éléments qui se heurtaient et se combattaient dans la morale de Proudhon, je veux dire l'élément sensualiste et l'élément rationaliste, le premier devait, en devenant prédominant, entraîner la ruine du système ; car la morale et le sensualisme sont incompatibles, et là où ces deux principes se trouvent en présence, l'un doit nécessairement absorber l'autre.

[1] V. notre *Philosophie du devoir*, p. 11, et aussi le récent ouvrage de M. Caro, *Problèmes de Morale sociale*, p. 5.

CONCLUSION

Telle est l'histoire de cette philosophie des sens qui, après être née au dix-huitième siècle, s'est développée au dix-neuvième sous des formes si diverses, avec une puissance si remarquable, et qui menace aujourd'hui de tout emporter. Le principe commun à tous ceux qui la professent est qu'il n'y a pas d'autre moyen de connaître que les sens, ni d'autre méthode que l'observation sensible. C'est en partant de ce principe, exprimé ou sous-entendu, que les plus conséquents d'entre eux arrivent à nier la liberté, le devoir et le droit que l'observation sensible n'atteint pas, et finissent par concevoir l'humanité comme soumise aux mêmes lois que le reste du règne animal, ou plutôt que le reste de la nature, aux lois du déterminisme universel. Or, ce principe dont tout dépend et sans lequel tout le système croule, on a vu combien les philosophes dont nous parlons mettent peu de soin à l'établir, et combien peu de raisons, je ne dis pas solides, mais plausibles et spécieuses, ils invoquent en sa faveur. Ils entreprennent une immense construction, qui doit embrasser l'homme, la société, la nature dans son ample sein, et ils n'oublient qu'une chose, c'est de lui donner des fondements : ils la laissent, pour ainsi dire, suspendue en l'air.

Il n'y a, dit-on, d'autre méthode légitime que l'observation sensible ! Parmi les penseurs que nous avons étudiés, quels sont ceux qui ont essayé de prouver cette proposition et de réfuter la proposition contraire ? Nous n'en voyons guère que deux, Broussais et Auguste Comte. Or, nous avons montré combien leurs arguments sont insuffisants et nous osons dire superficiels. Que l'homme ne puisse pas connaître directement les pensées, les sentiments, les résolutions qui se produisent en lui et qui font comme partie intégrante de lui-même ; que son être même lui échappe, avec l'unité, l'identité, l'activité qui le caractérisent, c'est là une assertion en opposition si manifeste avec le bon sens et l'expérience qu'il était impossible à des esprits, même éminents, de la soutenir avec quelque vigueur. Quant à combattre directement l'opinion de Descartes et de Maine de Biran, qui ont établi avec tant de force la légitimité de l'observation intérieure, et pris, l'un le phénomène intérieur de la pensée, l'autre le phénomène intérieur de l'effort pour base de leur système, ils n'y ont pas même songé. Bien loin, en effet, de discuter avec l'attention qu'ils commandent les arguments de ces deux maîtres de la science psychologique, nos philosophes sensualistes n'ont pas seulement eu l'air de les connaître.

Mais ramener tous les procédés de l'esprit à l'observation sensible, ce n'est pas seulement nier l'observation intérieure, c'est encore condamner l'intuition rationnelle. Or, peut-on considérer cette dernière comme une opération chimérique ou sans valeur? Il y aurait de l'absurdité à le prétendre : « Quelque nombre d'expériences particulières qu'on puisse avoir d'une vérité universelle, dit Leibniz, on ne saurait s'en assurer pour toujours par l'induction, sans en connaître la nécessité par raison. » Sans cela, on ne pourrait pas savoir s'il n'y a pas un point, soit de l'espace, soit de la durée, où la justice est identique à l'injustice et où la partie est plus grande que le tout. Mais Comte et Broussais ne pénètrent pas dans ces profondeurs : c'est de la métaphysique et ils ne veulent pas en entendre parler. Ils affirment que tout vient de l'expérience, et de l'expérience sensible, sans tenir compte ni du mot de Leibniz que nous venons de citer, ni de sa fameuse restriction au principe sensualiste : Il n'y a rien dans l'esprit qui n'ait été auparavant dans les sens; — rien, excepté l'esprit lui-même. Ils ne paraissent même pas se douter que ce grand homme a combattu, pied à pied, chez Locke, la plupart des assertions qu'ils reproduisent dans leurs ouvrages comme nouvelles et inattaquables. Il est impossible, comme on voit, d'en prendre plus à son aise avec les opinions contraires à celles que l'on a et avec les penseurs, si éminents qu'ils soient, qui les ont défendues.

Le principe constitutif du sensualisme une fois posé, les conséquences qu'il contenait ont dû en sortir, pour ainsi dire, toutes seules. Si nous ne connaissons rien que par les sens, nous ne pouvons connaître que les objets sensibles et corporels, et nous devons nous ranger nous-mêmes dans cette catégorie. Mais, si nous sommes des êtres purement corporels, nous ne possédons pas d'autres attributs que ceux des corps et ne sommes pas soumis à d'autres lois qu'à celles qui les gouvernent. La faculté d'agir librement et conformément aux lois de la raison fait place en nous à un mouvement plus ou moins machinal, qui n'implique ni volonté, ni obligation, ni responsabilité. Le règne de la liberté, pour parler le langage de Kant, disparaît : il est englouti dans le règne de la nature.

Quel est, en effet, parmi nos philosophes sensualistes, celui qui a protesté avec quelque énergie en faveur de la liberté et de la responsabilité humaines ? Est-ce Saint-Simon, qui nous compare à l'immense machine de l'univers et qui veut que tout se passe dans la petite machine que nous sommes exactement comme dans la grande ? Est-ce Fourier, qui nous soumet à la loi de l'attraction et qui prétend que cette loi régit le monde moral comme le monde physique ? Est-ce Gall et Comte, qui font consister le libre arbitre dans l'équilibre de nos penchants, ou mieux dans celui de nos organes, où ils ont leur siége, et qui voient, l'un dans l'infanticide, l'autre dans l'esclavage un simple résultat de la force des choses ? Quel est parmi eux celui qui a compris le devoir comme il fallait le comprendre, c'est-à-dire comme un ordre absolu de la raison auquel il ne nous est jamais permis de désobéir, comme un impératif catégorique par lequel nous sommes tenus de rechercher le bien pour lui-même et non en vue d'autre chose, sous peine de nous sentir avilis et dégradés ? Ce n'est pas Saint-Simon, qui subordonne le devoir aux circonstances historiques, ni Fourier, qui le considère comme une invention arbitraire de l'homme et qui voit dans la passion la seule et unique loi de notre nature. Ce n'est pas Gall, non plus que ses deux disciples Comte et Broussais ; car ils l'identifient avec le sentiment de la bienveillance, qui est localisé dans notre cerveau et qui dépend de l'organisation de certains éléments matériels. Dans un pareil système, la morale s'évanouit, et il ne faut pas s'en étonner : comment y aurait-il encore de la morale, quand il n'y a plus d'êtres moraux et que l'homme n'est plus qu'un être physique comme un autre ?

Il en est du droit comme du devoir : il périt tout entier avec le libre arbitre et la raison qui l'engendrent, avec la personne humaine, dont il est l'attribut essentiel. Si je ne suis qu'une machine ou qu'un animal, il est permis à chacun de me traiter comme un animal ou comme une machine. De là le dédain que les saint-simoniens montrent pour les droits de l'homme, quand ils soumettent ce dernier à tous les caprices d'un pontife qu'ils intitulent eux-mêmes la loi vivante; de là le mépris avec lequel Fourier en parle, quand il les appelle des sornettes renouvelées des Grecs, et le peu de cas qu'en fait Auguste Comte, quand il défère à un pouvoir spirituel de sa façon une autorité absolue sur les consciences. Aussi y a-t-il entre ces doctrines sociales issues soient du sensualisme idéologique, soient du sensualisme physiologique, et les doctrines politiques qui sont née du rationalisme de Rousseau et de la révolution de 89, une opposition flagrante qui rend difficile à comprendre l'alliance que certains esprits cherchent à opérer aujourd'hui entre le socialisme et la démocratie[1].

De tous nos socialistes, Proudhon est peut-être le seul qui n'accepte pas les conséquences soit morales, soit politiques, que le principe sensualiste renferme, et qui reconnaisse quelque chose d'absolu dans les idées du devoir et du droit. Suivant lui, en effet, la justice est tellement respectable et sacrée que devant elle le blasphème et l'ironie doivent s'arrêter et faire silence. Cette attitude du penseur bisontin s'explique par le caractère semi-rationaliste de sa doctrine ; car le propre du rationalisme est de reconnaître une justice absolue que les institutions humaines doivent réaliser dans la mesure du possible. Que si cet écrivain admet quelque part une sorte de droit de la force et défère au vainqueur, à la suite de ces grandes batailles qui sont comme les duels des nations, l'autorité sur le vaincu, cela tient à ce qu'il n'est rationaliste qu'à moitié et à ce que l'élément sensualiste se mêle à l'élément rationaliste dans sa philosophie.

Plus on étudie la philosophie des sens en elle-même et dans les conséquences que ses propres partisans en ont tirées, plus on demeure convaincu qu'elle n'est, suivant la remarquable expression d'Auguste Comte, que l'explication du supérieur par l'inférieur, c'est-à-dire une philosophie erronée et inadmissible. Elle consiste, en effet, à faire abstraction, dans la conception de l'homme, de la liberté et de la raison, qui sont l'homme

---

[1] V. sur ce point un brillant article de M. Caro, *Problèmes de morale sociale*, d. 127.

même, et à rendre compte de tout ce qui se passe en lui, soit par les éléments qui lui sont communs avec les autres animaux, soit par les forces qui régissent les autres êtres créés. C'était l'idée de Saint-Simon et de Fourier, quand ils soumettaient à une seule et même loi, à la loi de l'attraction, le petit monde et le grand, l'homme et la nature. C'est l'idée des positivistes eux-mêmes, malgré l'appareil scientifique dont ils s'environnent, quand ils font de la psychologie et de la sociologie des sciences purement physiques, subordonnant ainsi les connaissances les plus élevées et les plus complexes aux plus humbles et aux plus simples. Or, c'est là, sinon renoncer à la philosophie proprement dite, dont la morale est le principal objet, du moins se réduire à cette philosophie subalterne qui ne traite que de la vie inférieure de l'homme et qui laisse en dehors de ses spéculations sa vie supérieure, celle qui le caractérise essentiellement et qui lui assigne un rang à part parmi les autres êtres de la création.

Aussi le positivisme peut bien s'extasier devant la grandeur matérielle ; il peut même admirer jusqu'à un certain point la grandeur intellectuelle : quant à la grandeur morale, il semble privé de la faculté de l'apprécier et de la sentir. Et pourtant il reste vrai, comme le dit magnifiquement Pascal, qu'elle est la première de toutes, et que, si un seul esprit vaut mieux que tous les corps de l'univers réunis, un seul noble cœur vaut mieux que tous les esprits ensemble.

Et qu'on ne dise pas que cette philosophie rachète par l'exactitude ce qui lui manque du côté de la dignité. Bien qu'elle se livre à d'intéressantes considérations sur les sciences positives, elle n'est, comme M. Janet l'a très-bien remarqué [1], ni scientifique ni positive pour cela. Autrement tous les savants l'admettraient sans balancer, comme ils admettent la géométrie ou l'algèbre, et il n'y aurait entre eux, à cet égard, ni dissentiment, ni dissidence. Or, il n'en est point ainsi. Parmi les savants, le plus grand nombre la repoussent, quelques-uns seulement l'acceptent et encore ne l'acceptent-ils que sous bénéfice d'inventaire : ils prennent ceci, ils laissent cela. Les disciples les plus autorisés d'Auguste Comte sont eux-mêmes, sur certains points, en désaccord avec le maître et en désaccord entre eux. Stuart-Mill et M. Littré tiennent pour sa philosophie et ne veulent pas entendre parler de sa religion, tandis que M. Robinet fait exactement le contraire. D'accord sur le fond de sa philosophie, ces deux esprits éminents se divisent à leur tour sur les détails, comme nous l'avons fait voir. Où est dans tout cela le caractère de la science et de la positivité ?

Quant à Proudhon, il se distingue avantageusement des positivistes en ce qu'il maintient fermement contre eux cette dignité de l'homme qu'ils se plaisent à abaisser devant les êtres inférieurs de la nature, et en ce qu'il défend énergiquement contre eux cette loi morale qu'ils aiment à confondre avec la loi hygiénique ou avec la loi économique. Seulement il a le tort de séparer l'idée du devoir de celle de Dieu, au point de les déclarer inconciliables, et de confondre dans la même réprobation le théisme des bonnes femmes et celui des

---

[1] Janet, *Crise philosophique*, p. 130.

penseurs, c'est-à-dire la superstition la plus grossière et la philosophie la plus haute. Par cette partie de sa doctrine et par la forme agressive qu'il lui a donnée, il n'a pas été étranger au débordement d'idées irréligieuses qui s'est produit de nos jours. Ce n'est point ainsi qu'avaient procédé, avant lui, Jean-Jacques Rousseau et Emmanuel Kant, dont il relève par son demi-rationalisme. Ils avaient admis, en même temps que la morale, les *postulats* de la morale elle-même et placé au dessus de la loi sévère du devoir le souverain législateur qui doit tôt ou tard en récompenser l'accomplissement, et c'est de leurs doctrines que se sont inspirés les représentants les plus illustres de ce spiritualisme du xixe siècle dont nous ferons peut-être un jour aussi l'histoire.

FIN

TABLE DES MATIÈRES

Introduction. 1

CHAPITRE PREMIER. — Saint-Simon et les Saint-Simoniens.   1

    La vie et les idées de Saint-Simon. — Les saint-simoniens. — Leur doctrine : la science, l'industrie, l'art, le progrès — La propriété. — L'éducation et la législation. — La religion. — L'Église saint-simonienne.

CHAPITRE II. — Charles Fourier et l'Attraction passionnelle. 83

    La vie de Fourier et ses premiers travaux. — L'association agricole et l'attraction passionnelle. — Les douze passions radicales. — L'éducation phalanstérienne. — Le mécanisme de l'attraction passionnelle. — Les évolutions de la société et de la nature. — La vie future. — L'école de Fourier. — Conclusion.

CHAPITRE III. — Cabet ou le Communisme icarien. 153

CHAPITRE IV. — Pierre Leroux et Jean Reynaud ou le Semi-Saint-Simonisme. 163

    I. Pierre Leroux, la *Réfutation de l'Éclectisme.* — Le livre de *l'Humanité,* l'immortalité terrestre. — II. Jean Reynaud, *Terre et Ciel,* la terre, les âges. — L'origine des âmes, la préexistence. — Le ciel, l'infinité du monde, l'immortalité sidérale.

CHAPITRE V. — Gall et Broussais ou le Naturalisme. . 239

I. Gall. — Phrénologie de Gall. — Sa métaphysique et sa morale. — II. Broussais. — Ses attaques contre l'observation intérieure. — Ses attaques contre la spiritualité de l'âme. — Sa doctrine phrénologique.

CHAPITRE VI. — Auguste Comte ou le Positivisme. . . 309

I. *La Philosophie positive* ou *le Positivisme physique :* Vie d'Auguste Comte, nature du positivisme. — Théorie des trois états. — Classification des sciences. — Physiologie cérébrale. — Sociologie ou physique sociale. — II. *La Politique positive* ou *le Positivisme mystique :* la méthode subjective, le tableau cérébral, la morale de l'altruisme. — La famille, la société, la religion.

CHAPITRE VII. — Proudhon ou le Socialisme semi-rationaliste. 407

Proudhon économiste : ses attaques contre la propriété. — Ses attaques contre les économistes et les socialistes, gratuité du crédit. — Proudhon philosophe : antithéisme proudhonien, scepticisme moral de notre époque. — Doctrines de l'immanence. Morale de la dignité personnelle. — La liberté, le mariage, le travail.

Conclusion. 472

FIN DE LA TABLE DES MATIÈRES

LYON. — IMP. PITRAT AÎNÉ, RUE GENTIL, 4.

www.ingramcontent.com/pod-product-compliance
Lightning Source LLC
Chambersburg PA
CBHW071709230426
43670CB00008B/956